工商管理案例研究

重庆工商大学 2018届MBA研究生 案例成果精选

孙芳城 ◎ 主　编
柏　群 ◎ 副主编

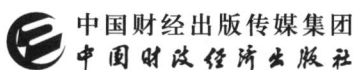

图书在版编目（CIP）数据

工商管理案例研究：重庆工商大学 2018 届 MBA 研究生案例成果精选 / 孙芳城主编． —北京：中国财政经济出版社，2018.11
ISBN 978 - 7 - 5095 - 8563 - 4

Ⅰ. ①工⋯　Ⅱ. ①孙⋯　Ⅲ. ①工商行政管理 - 案例 - 汇编　Ⅳ. ①F203.9

中国版本图书馆 CIP 数据核字（2018）第 226040 号

责任编辑：卢元孝　　　　　　责任印制：刘春年
封面设计：陈宇琰　　　　　　责任校对：李　丽

中国财政经济出版社 出版

URL：http://www.cfeph.cn

E - mail：cfeph @ cfeph.cn

（版权所有　翻印必究）

社址：北京市海淀区阜成路甲 28 号　邮政编码：100142
营销中心电话：010 - 88191537　北京财经书店电话：64033436　84041336
北京财经印刷厂印装　各地新华书店经销
787 × 1092 毫米　16 开　24 印张　500 000 字
2018 年 11 月第 1 版　2018 年 11 月北京第 1 次印刷
定价：98.00 元
ISBN 978 - 7 - 5095 - 8563 - 4
（图书出现印装问题，本社负责调换）
本社质量投诉电话：010 - 88190744
打击盗版举报热线：010 - 88191661　　QQ：2242791300

编委会名单

主　编：孙芳城
副主编：柏　群
编委会委员：

　　田双全　曾庆均　靳俊喜　杨　柏
　　骆东奇　程文莉　蔡继荣　何淑明
　　徐重久　孙洪杰　任　毅　贾　鸿

序言

案例研究具有十分重要的意义，许多创新理论的发现，创新观点的提出，创新方法的诞生，都来源于案例研究。为了提升MBA人才培养质量，我校积极推进MBA学生在教师指导下从事案例研究，按照"实践方法——实践行动——成果展示——总结升华"的思路，设计了以案例开发为目标的实践训练体系，全面提升学生的实践能力。

为全面总结我校MBA案例研究工作成果，增强MBA案例库建设，进一步推动MBA教育教学改革，MBA教育中心精心选择部分优秀案例成果编纂成册，并以《工商管理案例研究》丛书公开出版，迄今已出版四册，取得了预期效果，不仅激发了MBA师生们参与案例研究的热情，也在一定程度上宣传了我校MBA教育品牌。

本期《工商管理案例研究》共汇集了8篇案例研究论文，主要为2014级至2016级MBA学生案例研究成果。这些成果具有鲜明的行业特色，较强的实战性，每一篇案例都凝结了案例作者的心血，不仅展示了学生对课堂知识的理解和重构能力，也体现出学生多年工作积累的管理智慧和追求创新的品质。

本书的出版，既是对MBA学生在校学习的一个总结，也是我校MBA教育可供传承的一笔宝贵财富。我们深知案例研究任重道远，我们也清醒地认识到我校MBA教育起步较晚，与知名高校MBA教育还存在一定的差距。我希望MBA教育团队恪守"含弘自强，经世济民"的工商精神，肩负"弘扬渝商文化，培育行业精英，服务地方经济"的办学使命，秉承"规范、质量、特色、品牌"的项目理念，依托我校坚实的经管学科优势和长期的商科教育积淀，紧密围绕区域经济社会发展对高级经营管理人才的需求，理顺管理体制机制，组建优秀师资队伍，创新人才培养模式，建构质量保证体系，为重庆及周边地区经济社会发展培养"懂经济、擅管理、宽视野、重责任"高层次经营管理人才和行业精英。

本书的出版，离不开指导教师们的精心指导，离不开中国财政经济出版社各位领导和编辑的关心和支持，也离不开我校MBA教育中心员工的组织和推动，在此一并致谢！当然，本书的编写，难免存在不足与缺憾，恳请读者批评指正。

重庆工商大学校长　孙芳城

目录

武陵山大裂谷景区营销策略优化研究 …………………… 易施璇　朱　沙（ 1 ）

HB 制药公司销售人员绩效考核体系优化研究 …………… 刘　伟　饶扬德（ 53 ）

YDHB 公司营销人员绩效考核方案优化研究 ……………… 张成清　何淑明（110）

重庆 YL 茶叶公司网络营销策略研究 ……………………… 邓常青　田双全（162）

"营改增"后 M 公司虚开"黄金票"案例研究 …………… 左　捷　陈永丽（220）

重庆 PY 农产品公司营销策略研究 ………………………… 江　翱　孙洪杰（257）

重庆 YH 超市员工离职原因及对策研究 …………………… 李　平　何淑明（295）

HY 跨境电子商务公司发展战略研究 ……………………… 刘婉仪　梁　云（336）

武陵山大裂谷景区营销策略优化研究

易施璇　朱　沙

摘　要：　随着国民经济的快速发展，我国旅游产业发展迅猛。截至2017年年末，我国旅游业综合贡献8.77万亿元，对国民经济的综合贡献达到11.04%，对住宿、餐饮、民航、铁路客运业的贡献超过80%，创造直接和间接就业8000万人次，对社会就业综合贡献达到10.28%。虽然我国旅游行业具有较好前景，但其发展过程中仍然面临着各种困难与挑战。在竞争中，景区存在低质量复制、模仿、跟风等方式进行促销和产品打造，缺乏对消费者需求的关注和自身产品的深度挖掘。并且，缺乏与周边景区良好的沟通合作，在营销推广过程中，对新兴信息技术传播的综合运用不强。面对上述问题，开展对景区营销策略的创新和研究就格外重要。

武陵山大裂谷景区为重庆市涪陵区实施"旅游兴区"战略，重新打造开发的国家4A级风景区，目前正在申创5A景区。为系统构建景区的营销策略，提升景区运营效率，提高景区收入，本文在研究国内外旅游营销相关学术文献的基础上，整理了当前国内外在旅游营销旅游的研究热点和存在不足，对旅游营销概念作了简要论述，对4Ps、4Cs营销理论间的关联性互补性和之于旅游营销适用性进行了分析，认为4Ps、4Cs理论在景区营销工作具有较强的指导意义，景区应用4Cs来思考，用4Ps来行动，综合4Ps、4Cs关注要素开展分析。在此基础之上，本文开展了景区相关人员调研走访，设计了消费者调查问卷，从基本信息、现有景点及营销内容满意度和对景区的期望三个维度，对消费者需求进行了调研分析，认为景区现有的营销问题主要为产品线路不成熟、营销渠道和促销策略需要改善和创新等。最后，吸收4Ps、4Cs营销理论各自优点长处，以4Ps理论为基础，结合调研走访发现的问题，从产品、价格、渠道、促销四方面得出消费者需求和景区自身发展规划兼顾的营销策略优化建议，并提出开展景区营销工作的保障措施。本文的研究目的是改进和提高武陵山大裂谷景区营销工作水平，让武陵山大裂谷景区在同质化竞争中脱颖而出。

关键字：　武陵大裂谷；景区营销；4Ps理论；4Cs理论

1 导论

1.1 研究的背景及意义

1.1.1 研究背景

近年来，随着我国居民生活水平的不断提高，全国旅游行业实现了快速发展。根据国家旅游局网站发布消息显示：2017年全年，国内旅游人数到达50.01亿人次，同比增长12.8%；国内旅游收入5.40万亿元，增长15.1%。尤其是在各行业整体增速下滑的新常态下，旅游行业仍然保持着两位数的高速增长态势。可预见，未来我国旅游行业仍将是一块极具增长潜力的洼地，开展旅游营销的研究对经济增长、人口流动和社会交流都会起到积极的促进作用。

重庆地处中国西南部，旅游资源丰富，拥有主城都市人文景观、渝东南武陵山山脉喀斯特地质景观、渝东北三峡景观和中山亚高山台原地貌。截至2017年8月，重庆市有国家A级旅游景区214个，其中4A级景区76个，5A级景区8个，包含城市风光旅游、自然景观旅游、红色文化旅游等多种类型的旅游产品，形成了能够满足不同旅游者需求的综合型旅游体系。随着近年重庆旅游业的快速发展，市内依托"花海"的人工景观、依托"漂流""玻璃廊道""喀斯特"地貌的自然景观等近距离、低水平、同质化的景区项目频现，竞争严重。在此背景下，武陵山大裂谷景区面临的景区同质化竞争问题尤为突出。武陵山大裂谷景区位于重庆市涪陵区，为全国4A旅游景区（目前正在申创国家5A景区），是当地政府旅游兴区发展战略推出的王牌旅游产品，由当地国企武陵山大裂谷旅游公司负责景区的开发和经营，但由于武陵山大裂谷景区与周边众多景区同属武隆山脉卡斯特地貌，自然风光类似，加之景区开发起步较晚，在知名度、配套设施建设、景区营销等方面与周边成熟景区相比存在较大差距。本文以对武陵山大裂谷景区的营销策略研究为例，通过参考借鉴国内外相关旅游营销理论和案例，调研诊断景区营销工作存在问题和挑战，在分析4Ps、4Cs理论之于武陵山大裂谷景区的适用性、互补性和关联性的基础上，以消费者需求对应景区产品、消费者成本对应景区定价、消费者便捷性对应营销渠道、与消费者双向沟通对应促销活动，提出景区的营销策略优化建议，以求解决武陵山大裂谷景区面临的同质化竞争问题，推动景区更好更快的发展。

1.1.2 研究意义

（1）理论意义。在营销学领域，4Ps与4Cs理论通过学者们的不断努力和积极探索，已经形成了较为完善的理论体系，对指导营销实践具有较为重要的作用。同时，不同地区、不同类型、不同产业和不同背景下的营销实践也对以上理论的佐证和发展做出了贡献。本文整合借鉴了近年国内外对旅游景区营销的相关研究成果，分析探讨了4Ps与4Cs理论的适用性、互补性和联动性，提出了武陵山大裂谷景区消费者导向和商家导向兼顾的营销策略。不仅仅是从单个理论体系出发来解决实际问题，而是通过不同理论体系的核心观点的结合，并应用到景区营销实践之中。研究结论和相关成果有助于加强理论界对旅游景区4Ps、4Cs理论联动运用的探索，丰富旅游景区营销研究体系。

（2）实践意义。首先，本文以4Ps、4Cs传统营销理论为基础，采用了真实的景区作为研究对象，通过到景区内部进行调研和访谈，分析了武陵山大裂谷景区营销工作存在问题和面临挑战，提出景区营销策略优化建议，所研究成果对武陵山大裂谷景区地营销体系优化和改进具有一定的实践意义。其次，本文的研究也为具有类似问题的景区营销战略的选择提供了思路和借鉴，对相关景区的发展和建设具有一定的指导意义。最后，本文对景区营销策略的研究是基于供应商和消费者需求的两个视角，两者结合的研究得出了基于消费者需求的营销策略能够促进景区的经营，具有一定的社会意义。

1.2 国内外研究现状

为作好论文的撰写准备，笔者阅读了旅游营销有关书籍，并通过中国知网数据库查阅了大量资料，对这些资料进行整理和归纳，分析旅游营销研究学术动态，以期梳理出旅游营销研究的热点问题和主要特点。

1.2.1 国外研究现状

旅游市场营销是市场营销的一个分支，是市场营销在旅游行业中的具体运用。市场营销学理论的逐步成熟，为旅游市场营销策略的研究提供了科学的理论依据和研究基础。经过大半个世纪的发展，国外旅游景区营销从单一的广告推销，发展出了绿色营销、关系营销、网络营销等营销新理念，并结合景区营销系统、旅游消费者行为分析等对旅游景区营销进行研究。

在旅游营销策划方面，莫里森等人对旅游服务营销进行了研究，涉及旅游服务业营销、顾客行为、分析营销机会、营销调研、产品开发与合作、项目包装与活动策划等方面[2]。菲利普·科特勒等在其作品旅游市场营销中结合市场营销学特点和旅游营销案例，对旅游市场营销组合进行了探索[3]。

有关旅游消费者行为的研究，主要集中在旅游行为动机、认知形象、行为意向和顾客满意程度等方面。Swarbrooke 和 Horner 认为旅游需求市场的模式和区域性差异是旅游行为的重要因素[5]。Beerli 和 Martin（2004）分别以重游者和初游者作为对比样本进行分析，着重分析不同类型的游客在消费行为之间所存在的差异，并对相关问题的差异进行原因探索分析[57]。Leung（2015）采用内容分析法对159篇研究论文进行分析，结果显示，消费者行为、品牌管理和网络营销是收集亚洲和非亚洲国家地区最热门的研究课题[70]。

此外，Frew 和 O'Connor（1999）研究了目的地营销系统的评价体系，并运用评价体系对苏格兰和爱尔兰两国目的地营销系统的运营效果进行了具体分析[59]。Burgess，Coopers 和 Cerpa（2005）建立的景区营销系统电子商务扩展模型实现了商业活动的三个功能：网络促销、服务供给和交易执行，提出了目的地营销系统具备的三大功能：信息、服务的提供功能、营销功能和交易执行功能[61]。Tunnard 和 Haines（1995）指出，在发现价值、整合资源、宣传推广等旅游地营销功能方面，旅游目的地营销系统优于传统的信息系统[62]。Chih-Hsing Sam Liu（2016）通过借助模糊德尔菲法等分析工具，分析中国台湾金门旅游品牌资产和旅游动机，得出品牌资产对旅游营销策略和旅游动机具有直接和间接的影响，旅游意愿是游客前往金门旅游的首要因素[68]。

Feifei Xu 等（2016）探索游戏化趋势及其在体验发展和旅游营销方面的潜力。文章使用焦点小组讨论游戏和旅游，并探讨驱动游客玩游戏的原因。结果表明游客玩游戏的动机是多维的。玩家倾向于从有目的的信息搜寻开始，然后转向内在的刺激[64]。Sotiriadis 等（2015）研究了地域环境对旅游营销中游客吸引力的影响，研究结果表明，来自中国的访客往往受到文化特定影响，而不是特定目的地因素[65]。作者的结论是，这可能是为了吸引中国游客的每个目的地的重要发现。上述研究结果在 Kapiki 等人的题为《中国旅游市场展示希腊的战略框架》的研究中得到证实，他们认为吸引中国游客到希腊主要是由于希腊岛屿的真实性、文化遗产和安全。

综上所述，西方学者大多从旅游资源与客体角度出发，借助心理学、社会学、地理学、信息学等理论重点研究旅游营销理论内容包括旅游营销方式和营销体系构建等问题，而对于旅游营销的应用研究相对较少[49]。

1.2.2 国内研究现状

随着我国旅游行业的高速发展，近年国内专家学者对我国旅游行业营销策略的研究越发丰富，通过归纳得出研究方向主要集中在三个板块：一是旅游营销理念，二是旅游品牌，三是旅游营销策略。

（1）有关旅游营销理念。

朱孔山（2009）结合旅游业市场需求、发展特点和发展规律，认为旅游整合营销内容至少应该包括旅游行业部门优化整合、旅游品牌形象整合、旅游目的地营销组织整合、旅游产品开发整合及旅游营销区域整合等五方面内容[6,56]。潘丹（2006）以南京市旅游营销研究为例，结合旅游市场营销理论、资源整合理论，对南京旅游营销发展的发展现状及存在问题进行了深入分析，在此基础上提出了"整合营销，水平营销"

的营销理念，文中特别强调了政府在旅游营销中应有明确的职能定位[25]。于笑云等（2008）研究整理了生态旅游营销的发展情况，强调了绿色理念对营销工作的重要性，认为将绿色理念贯穿到营销工作之中，是旅游业发展的必然趋势[23]。

(2) 有关旅游品牌营销。

吴必虎的《区域旅游规划原理》（2001）从旅游形象设计、产品开发、空间结构等方面对区域旅游规划问题进行了详尽阐释，探讨了区域旅游品牌构建和市场细分的评价理论和方法，并以伊春市为案例对区域旅游形象塑造进行了分析[1]。郭英之的《旅游市场营销（第三版）》（2014）认为旅游品牌营销要获得成功，应具备想象力、科技力、拓展性等特征，同时要注重整合营销、体验营销、品牌形象间的结合[13,56]。唐峰陵、林龙飞（2008）在《论旅游品牌文化的构建》一文中，探讨了旅游品牌的特性，提出了构建旅游品牌四大要点，即资源、服务、营销、质量[9]。王懿（2017）的研究以沙溪古镇游客为样本，从文化、物资、精神三个维度研究了游客对古镇旅游的文化氛围的感知，认为文化旅游品牌的树立，需要基于准确的目标市场细分、品牌定位和自身特色文化支撑、有力的品牌宣传推广[34]。马林、李雪丽、祁洪玲（2008）以大连市为例，分析了大连如何利用自身旅游资源，打造旅游城市形象，对"大连模式"进行探讨，认为发展城市旅游应强化自身特色资源的打造和宣传，构筑城市旅游形象，融入可持续发展的理念[12]。

(3) 有关旅游营销策略。

李晓东（2013）认为旅游体验营销具有强调参与性、个性化、感情化的重要特点，在明确旅游体验营销含义、特点的基础上，围绕情景、娱乐、文化、信仰、情感等五个维度提出了体验营销策略[7]。陈江波、刘任中、于潇（2014）基于4Cs理论对旅游定制营销进行了探讨，强调对顾客信息的收集分类、旅游产品的柔性化设计，认为以顾客导向式客户关系管理的定制营销模式是旅游定制营销策略的核心和关键[8]。许刚（2010）总结分析了旅游市场营销组合理论发展基础，对常用的4Ps、7Ps、8Ps、4Cs、4Rs营销理论进行了逐一介绍，并探讨各项理论关注的重点[10]。陈霁（2011）结合相关案例，分析了传媒与旅游联动模式，包括景区景点的营销模式、旅行社与旅行集团公司的营销模式、酒店与连锁酒店的营销模式、整合服务与搜索引擎供应商的营销模式，强调了新媒体运用在旅游营销中的重要性[26]。陶薇（2016）从消费者市场细分入手，对我国老年人旅游市场发展现状进行了研究，认为旅游服务商应从营销策略、营销产品、促销活动等方面，给予老年群体在食住行上更多的人文关怀[14]。丁正山、周永博、李亚儒、谢朝栋（2012）以江苏省常熟市为例，通过数据分析旅游者对从网络、点数、电台、平面、口碑、服务吸引力、环境吸引力、资源吸引力等渠道，探讨旅游信息传播渠道的最有效途径[11]。许连（2017）对移动互联网环境下的乡村旅游营销策略进行了研究，认为移动互联网在乡村旅游发展过程中起到了重要的作用，能够有效地提升消费口碑和服务质量[35]。王婉婷等（2017）研究了基于整合营销理念的陕西新媒体旅游营销策略，认为旅游消费是区域经济增长的重要拉动力量，开展旅游营销和管理工作应整合运用好新媒体资源[33]。张国芬（2014）阐述了旅游与微博对旅游景区及游客的影响，通过SWOT分析，提出了提升旅游微博营销的建议，其还认为应重点加强对微博运营的管理，提高信息发布的质量，多渠道推广吸引微博粉加入[30]。王惠（2017）在分析天目湖网络营销的基础上，设计了景区自媒体营销对游客意向的问卷，分析了自媒体营销对游客出游影响的程度[31]。滕茜等（2015）以上海市景区为研究对象，研究政府部门宣传和游客感知对景点的影响，并结合社会网络研究景点间的互动[32]。

综上所述，国内有关旅游营销的研究范围较广，具有较强的实践运用特点，对旅游景区借助新媒体传播的研究较多，具体的案例分析研究较多。营销策略主要建立在4Ps、4Cs、7Ps、4Rs等经典营销理论基础上，多选取其中一种营销理论进行分析解读，提出具体策略，而对于几种理论间的组合运用相对较少。

1.3 研究的内容、方法及思路

1.3.1 研究内容

在参考借鉴国内外相关旅游营销理论和案例的基础上，探讨4Ps、4Cs理论关联和其对武陵山大裂谷景区的适用性，通过实地走访和调研，分析景区营销工作存在问题和面临挑战，再以4Ps、4Cs理论为基础提出景区营销策略优化设计建议。本文通过四个部分对武陵山大裂谷景区营销策略优化设计进行分析研究。

第一个部分包括第1、第2章。该部分首先介绍武陵山大裂谷景区研究背景及研究意义，从实践的角度分析了武陵山大裂谷景区的发展背景和本研究在理论和实践两方面的研究意义。其次，对国内、国外旅游营销策划研究现状进行分析，找出国内、国外旅游营销相关的学术研究的方向特点和不足之处，梳理理论研究基础，为本文的研究应用提供可能。最后，阐释旅游景区营销概念和定义，并对4Ps、4Cs理论关联性适用性进行分析，为后文研究作好铺垫。

第二个部分为第3、第4章。在该部分中，借助PEST工具对旅游景区发展的宏观情况进行分析，并通过实地访谈相关工作人员，了解武陵山大裂谷景区现阶段营销工作开展情况，整理出制约营销工作开展的8方面问题。在此基础上，对景区游客开展问卷调研，分析游客个人信息和对景区游览满意度，为营销优化策略的提出作准备。

第三个部分包括第5、第6章。提出了营销策略优化原则，并结合4Ps、4Cs理论，在景区存在问题和消费者调研基础上，从产品策略、价格策略、渠道策略和促销策略四个方面提出武陵山大裂谷景区营销策略优化设计对策和相关保障措施。

第四个部分为第7章。总结本文研究情况，得出文章的研究结论，指出武陵大裂谷的营销策略体系建设应该充分考虑景区自身和消费者需求的结合，在现有营销方案的基础上进行改进和优化。最后提出本文研究的不足和需要进一步完善研究的方向。

1.3.2 研究方法

（1）描述性研究法。参考相关文献，分析4Ps、4Cs理论对武陵山大裂谷景区的适用性、互补性、关联性。根据调研走访情况，解释描述武陵山大裂谷景区营运工作存在问题。

（2）调查法。对武陵山大裂谷景区相关负责人、营销工作人员、景区现场管理人员和参与过大裂谷研究工作的工作者进行调研走访，收集整理各层面对大裂谷问题的反馈和营销工作的建议。以4Cs理论为基础，设计消费者问卷，对武陵山大裂谷景区游客进行问卷调研，收集分析消费者诉求，为营销策略制定提供依据。

（3）数量分析法。以消费者调研数据为基础，对游客个人信息、景区游览满意度、消费偏好进行统计分析，为营销策略研究提供数据支撑。

1.3.3 研究思路

首先结合参考文献对旅游营销相关研究情况、概念和理论做阐述和界定，探讨4Ps、4Cs理论适用性、互补性、关联性。再借助PEST工具分析武陵山大裂谷景宏观发展背景，介绍重庆武陵山大裂谷景区营销工作现状。通过实地调研访谈相关工作人员，梳理景区存在问题；通过开展景区游客问卷调研，了解消费者特点和需求，进而从景区管理者和游客两个角度来查找问题发现需求。在此基础上，以4Ps理论四要素为基础，4Cs理论有关消费者需求的思考为补充，从产品、价格、渠道和促销四个方面提出武陵山大裂谷景区营销策划优化建议。最后，提出相关保障措施（见图1.1）。

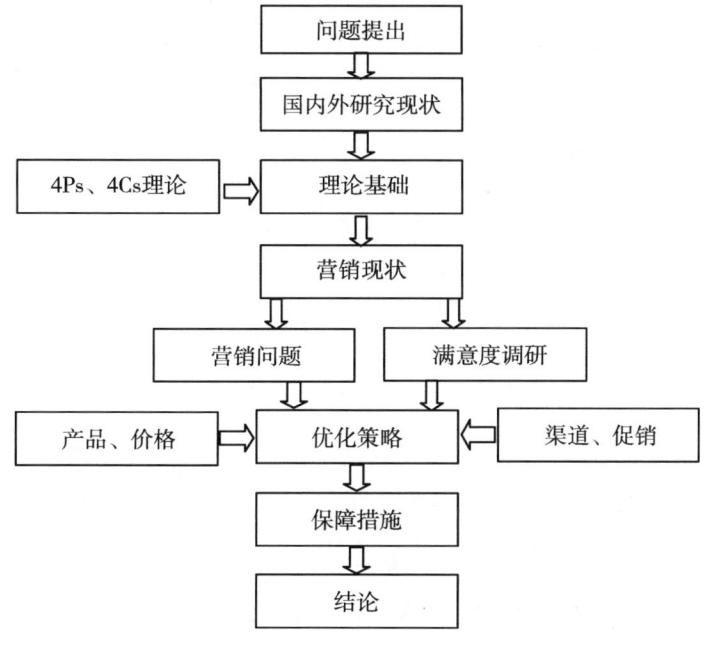

图1.1 研究思路

2 相关概念与理论基础

2.1 旅游景区营销概念

旅游营销是指基于游客需求的旅游产品通过不同的服务和项目来满足市场需求、获取销售成果的过程。旅游营销是营销学领域的重要概念，其内容包括旅游市场环境分析、旅游者行为分析、市场细分与目标市场选择、旅游营销策略制定和营销控制与管理等。旅游营销观念从最初的生产观念，到后来的推销观念，再到营销观念，最后到社会营销观念，是一个渐进发展的过程，是经济和政治相互影响促进的结果。在营销观念阶段，企业奉行"旅游者需要什么，我们就提供什么"，经营者已经开始正确确定目标市场，了解并满足客源市场的需求和欲望，并且想比竞争对手更有效地提供客源市场所期望满足的服务。社会营销阶段是更高层次的营销观念阶段，是基于现代环境、能源、人口等世界性问题日益严重而提出来的，旅游业的经济效益需要考虑社会利益，克服以我为中心的做法，把社会利益作为必须考虑的内容，强调各方的利益和长远发展。

旅游景区营销是综合旅游产品、配套服务、特色活动和旅游商品的整体营销对策。同时，需要采取科学合理的营销手段、渠道建设和促销方式来形成景区营销的体系，提升景区营销的效率和进一步发展。特别是在社会不断进步、人民生活水平不断提高的情况下，景区游览的需求量不断提升，各个景区之间的竞争也日趋激烈。这就对我国旅游景区营销工作的科学性、系统性和独特性提出了新的要求。

2.2 4Ps 与 4Cs 营销理论介绍及适用性分析

本节主要介绍研究武陵山大裂谷景区营销策略优化设计所需用到的营销理论，介绍 4Ps、4Cs 理论的形成、发展和关注点，分析两者间的关联性、互补性和之于旅游景区的适用性，进而为大裂谷营销策略的研究提供理论上的支持。

2.2.1 4Ps 营销理论介绍

20 世纪 50 年代末，麦卡锡（Jerome M. Carthy）在产品导向基础上提出 4Ps 营销组合理论，即产品（product）、价格（price）、分销（place）、促销（promotion）。该理论是从企业的视角出发，认为企业的营销策略应该通过为消费者提供产品、制定相关的合理价格以及采取有效的分销渠道和促销方式。但由于国际市场竞争日愈激烈和贸易保护主义日愈盛行，4Ps 营销理论很难适应市场环境的快速变化，80 年代，营销学大师菲利普·科特勒又在4Ps的基础上提出了"大市场营销理论",强调还应充分利用社会政治力量(political power)和公共关系(public relation),树立良好形象,处理好双边、多边关系,更好地实现企业目标,将4Ps变为6Ps[27,48]。后来,他又增加了调研(probing)、市场细分(partitioning),目标优选(prioritizing)和市场定位(positioning)4个营销战略因素,即质变为10Ps。此后,受行为科学潮流影响,他又追加了人(people),构成一个完整的营销理论体系;营销策略6Ps—产品(product)、价格(price)、分销(place)、促销(promotion),社会政治力量(political power)和公共关系(public reation),做出了里程碑式的重大贡献[27]。

随着服务业日趋兴盛,目前菲利普·科特勒的研究重点转向服务市场营销,在《专业服务营销》一书中提出了特别适用于服务营销的7Ps,即产品(product)、价格(price),分销(place)、促销(promotion),物理特征(physical evidence),流程(processes)以及人员(people)。旅游服务营销研究学者阿拉斯塔·莫里森(Alstair Morrison)在其《旅游服务营销》中也提出8Ps,即产品(product)、合作(partnership)、以人为本(people)、项目包装(packaging)、活动策划(programming)、分销(place)、促销(promotion)和定价(price)[27]。

由于4Ps理论是诸多营销理论的重要基础,在营销策略设计中扮演着重要的角色。因此,本文在优化武陵山大裂谷景区营销策略时,也会将其作为理论基础。同时,通过对消费者需求的调研,引入4Cs以消费者为中心的营销理念,丰富和优化具体营销策略。

2.2.2　4Cs营销理论介绍

由于市场竞争逐渐激烈,并且买房市场逐渐扩大,在传统的营销策略中,仅仅考虑到产品供应方的策略已经很难达到客户的要求。20世纪80年代,美国企业营销专家劳特朋(Lallterborn)针对4Ps理论存在的问题,提出了4Cs营销组合理论,即:顾客需求与欲望(customer wants and needs)、成本(cost)、便利性(convenience)和沟通(communication)[48]。

该理论主张企业营销要以顾客为导向,首先研究和了解顾客的消费行为、价值需要,被营销界认为是针对4Ps的营销策略革命。理论的核心观点认为企业应该将刻画的需求考虑到产品的研发中来,需要根据客户来进行产品画像,生产客户满意的产品。定价方面,也从产品成本转变为考虑客户愿意付出的成本。真正地从客户视角出发,建设便于客户采买的销售渠道,并积极建立与客户之间的交流,倾听客户的反馈,来不断改进产品和营销措施。

从以上分析来看,4Cs营销策略理论注重以消费者需求为导向,对本文所研究的武陵山大裂谷景区的营销方案优化具有以下启示:

第一,从我国景区的功能定位来看,景区与旅游度假区相比,尽管都具有游览的功能，但在其功能和管理上的要求又有很大不同，景区更强调"严格保护"，对旅游设施，甚至游客要有很大的限制。但是，景区适当采纳坚持以顾客需求为导向的4Cs营销策略来部分完全满足旅游者的需求，可以提高营销效率。

第二，4Cs理论并不能完全解决景区的所有问题，景区的发展也无法完全按照其理论核心进行策略的设计和执行。那是因为旅游景区较为特殊，其天然的自然资源具有不可变动性，即景区能够提供给游客的核心产品无法满足游客的所有要求。从游客的角度出发，希望产品既低廉又便利，但是旅游景区必然有淡旺季的差异，不能满足游客的所有需求。

第三，4Cs总体上虽是4Ps的转化和发展，但却具有一味适应消费者需求的嫌疑，而且消费者所表述需求也往往并非其真实意图的体现，很多时候消费者本身也并不清楚自己究竟需要什么。鉴于该情况，单纯以消费者需求为主导可能会走入营销误区，需要在景区自身和旅游者之间建立起更好的互动关系、双赢关系、关联关系等。

2.2.3 4Ps、4Cs理论适用性分析

本文认为，对于景区营销而言，4Ps营销理论不仅未过时，其核心的营销思想恰恰契合景区营销的基本因素。通过4Ps理论，景区营销可以合理地将营销要素进行优化，达到较为理想的营销效果。同时，由于负责本景区运营的公司是全资国有企业，在营销过程中应兼顾好政策导向和综合效益，即需更多地体现自身的发展定位和意志，这就需要运用好自身资源引导游客进行以我为主营销引导。而4Cs要素对景区来讲也十分重要，因为游客毕竟是一切营销的终端对象，能否抓住他们直接决定着景区的经济效益，且加大对游客需求的关注和调研，也可增强景区营销工作的针对性有效性，对景区打造旅游产品、建设销售渠道、开展促销活动起到事半功倍的效果。概而言之，虽然两种营销理论是从不同的视角出发，但是殊途同归，都是想实现营销效果的最优化。如果不顾4Cs理论，只一味地强调4Ps理论，就很难制定出考虑到游客需求的营销计划。同样，如果景区一味站在消费者角度强调4Cs要素，而忽略景区自身状况，投入的成本将不可避免地加大，而且很可能打造出既不符合游客真实需求，又不适合景区发展和综合保护的产品[27]。因此，本文认为有必要在4Ps，4Cs营销策略理论的基础上，从景区自身和游客两个角度，把两种概念有效地融合在一起开展分析论证，以兼顾景区和游客共同利益。对旅游景区而言，景区营销要用4Cs来思考，用4Ps来行动，只有将两者有机结合扬长避短，才能在激烈的旅游市场营销中求得更好的发展。在本文的营销策略优化设计中，笔者将结合4Ps、4Cs理论思维，尽量兼顾景区自身发展定位和游客需求，以期找到符合景区自身和消费者间的共同利益，提出更具针对性的营销策略优化建议（见图2.1）。

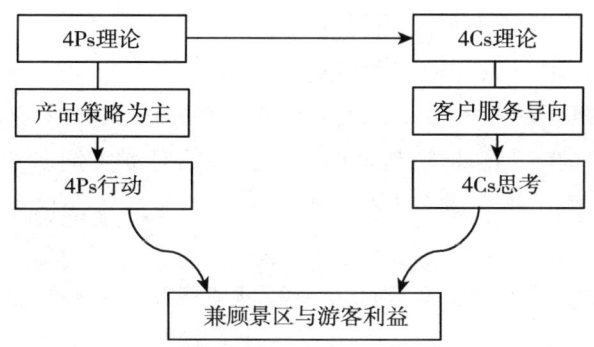

图 2.1 4Ps、4Cs 理论运用思路

3 武陵山大裂谷景区营销工作现状与存在问题分析

通过对研究背景、研究意义的介绍，并综合国内外现有景区的研究现状，本研究首先需要对研究对象（武陵山大裂谷景区）现有的情况和营销工作进行调研和分析。从先前研究经验的总结基础上，结合景区相关人员的访谈，探析景区现有营销工作所面临的重要问题和挑战，为景区的营销策略优化作好铺垫。

3.1 PEST 宏观环境分析

PEST 宏观分析模型，由 G. Johnson 和 K. Scholes 于 1999 年提出，是从政治、经济、社会、技术四个方面对一个行业和具体企业进行宏观背景分析的方法。由于旅游行业具有较强综合性，受政策、文化等宏观因素影响较大，故此处运用 PEST 模型对武陵山大裂谷景区所处宏观环境进行分析，以反映当前宏观环境对景区发展带来的利弊因素。

政治：随着旅游行业的快速发展和综合经济效益的日渐凸显，中央和国家加大了对旅游行业在政策上的发展扶持，出台了多项战略性文件和行业规范性文件。重庆市也积极响应，提出了要将重庆市旅游业发展成为重要国民经济的支柱性产业战略。在此基础上，涪陵区也深度挖掘自身旅游资源，提出了"旅游兴区"发展战略，规划了武陵山大裂谷、武陵山国家森林公园、大木风景区、白鹤梁博物馆等一批区内重点旅游项目，并在道路交通等配套基础设施建设上，商贸服务、旅游等行业管理上给予了极大的支持，为推动全区旅游产业的快速发展奠定了基础。

经济：近年来，我国旅游行业发展迅速，在国民经济中占据了重要的地位。就重庆而言，自直辖以来，由于拥有山水都市景观、三峡风光、喀斯特地貌、高山地质和土家苗家等人文风景，旅游业更是迎来了飞速发展。2017 年，重庆共接待游客 5.4 亿人次，旅游总收入 3300 亿元，同比增长 20% 和 25%。旅游经济总量增长率相较全国旅游经济增长水平较高。

社会：目前，中国社会发展日益繁荣，人民生活水平不断提高，人均GDP已超8800美元/年，与此同时，旅游的社会效益也在逐步增大。2017年，我国旅游业创造直接和间接就业共8000万人次，对社会就业综合贡献达到10.28%。重庆市人民的消费意识有着较为巨大的转变，越来越多的人会在节假日或者周末选择出游。其中，周边区县的短途旅行受到了越来越多人的青睐。地处于重庆涪陵区的武陵山大裂谷在此社会环境下具有较大的商机。

技术：互联网的发展为旅游行业的发展提供了便利，使旅游企业开展个性化的营销和大规模定制成为可能。在良好的互联网技术和网络旅游平台、微信公众号等平台不断发展的情况下，越来越多的重庆地区的旅游景区采用了网络营销作为其重要的营销方式之一。通过返点、优惠券、团购券的模式为景区带来了大量的客源，为武陵山大裂谷景区营销工作的开展提供了技术支撑和营销方式的借鉴。

综上所述，不论是在政治、经济、文化还是技术上，都对武陵山大裂谷景区的发展提供了有利的条件和因素。

3.2 景区概况及规划

本节主要介绍武陵山大裂谷景区的自然资源情况、发展现状及未来规划，以便更好地了解景区基本概况。

3.2.1 景区自然资源概况

武陵山大裂谷旅游景区位于重庆市涪陵区城东南约45公里的武陵山乡境内，地处武陵山脉西北尾端。景区地处乌江下游边滩峡东面纵深，东接武隆县双河乡，东北与涪陵区白涛街道和武陵山国家森林公园、大木花谷等景区共同构成涪陵武陵山旅游度假区。景区平均海拔1300米，最高处1980米，山势奇峻多姿，原生植被丰富，种类繁多，共有2000余种野生植物和200余种野生动物；空气清新宜人，负氧离子含量每立方厘米超过3000个；生态环境优良，自然旅游资源丰富，有山、林、泉、洞、瀑、崖、湖、潭、峡、坑、缝等景观。景区游程全线途经26个景点，多为奇峰异境。核心景点有獐子堡、天门洞、云梦溪、古乐坊、青天峡"一米阳光"等，以及享有国内100个最佳摄影点之一称号的"铜墙铁壁"。

3.2.2 景区发展现状及规划

武陵山大裂谷景区前身为涪陵石夹沟风景区，现由涪陵区武陵山大裂谷公司负责开发运营，隶属于涪陵交通旅游投资集团，为国有独资企业。景区现为国家4A级旅游景区，按照涪陵区"旅游兴区"计划，正在积极争创国家5A级景区。2016年10月，经国家旅游专家评审组评审认为，大裂谷旅游景区自然资源条件已达5A景区要求。为打造5A级景区、完善基础设施，2017年景区又投资1.5亿元，启动了周边59个配套项目升级改造工程，以便游客更好地体验"地球奇迹、自在天地"的旅游乐趣。目前，景区新开通了塘垭口索道，游客可自行选择下行索道直达谷底游览。2018年，景区营销中心计划将投资2500万元营销工作经费，在巩固重庆市场的基础上，全面启动全国市场开发，计划全年游客入园人数达到100万人次，其中入境市场5万人次，重点开发华东、西安、四川、湖北市场和入境市场。入境市场方面，重点拓展东南亚市场（见表3.1）。

表3.1　　　　　　　　2018年景区营销中心规划拓展市场

一级市场		二级市场						三级市场		
重庆大区		四川市场	湖北市场	贵州市场	华东大区	华北（中）大区	华南大区	西北大区	全国市场	入境市场	游船市场
渝中与渝西	涪陵	涪陵周边区县	渝东北	川东	川南	成都	恩施、宜昌、武汉	贵阳、遵义	江苏、浙江、上海、山东	河南、北京、天津	福建、广东、广西、海南	陕西、甘肃	全国其他区域市场	港澳台、东南亚地区	三峡游轮市场

3.3　景区营销工作现状分析

本节主要通过基础素材收集，介绍景区内部营销组织架构情况，介绍2017年景区旅游收入、旅游总人数等基本情况和营销中心营销工作开展情况。通过调研走访，分析得出当前影响景区营销工作开展的相关问题，从而为后文优化策略的研究提供解决问题思路和导向。

3.3.1　景区营销组织机构

景区营销中心位于重庆渝北区龙头寺，下设推广与市场两部门，工作人员16~18人。景区总经理兼任营销中心主任，直管中心工作。常务副主任兼市场与推广总监，具体负责中心工作。另配置推广副总监与市场副总监各1人、分别协助常务副主任开展市场与推广部门相关工作。推广部下设文案、后勤、设计、网络主管、媒介督查岗位。市场部下设市场主管、活动执行、团队预订岗位。具体管理层次详见图3.1。

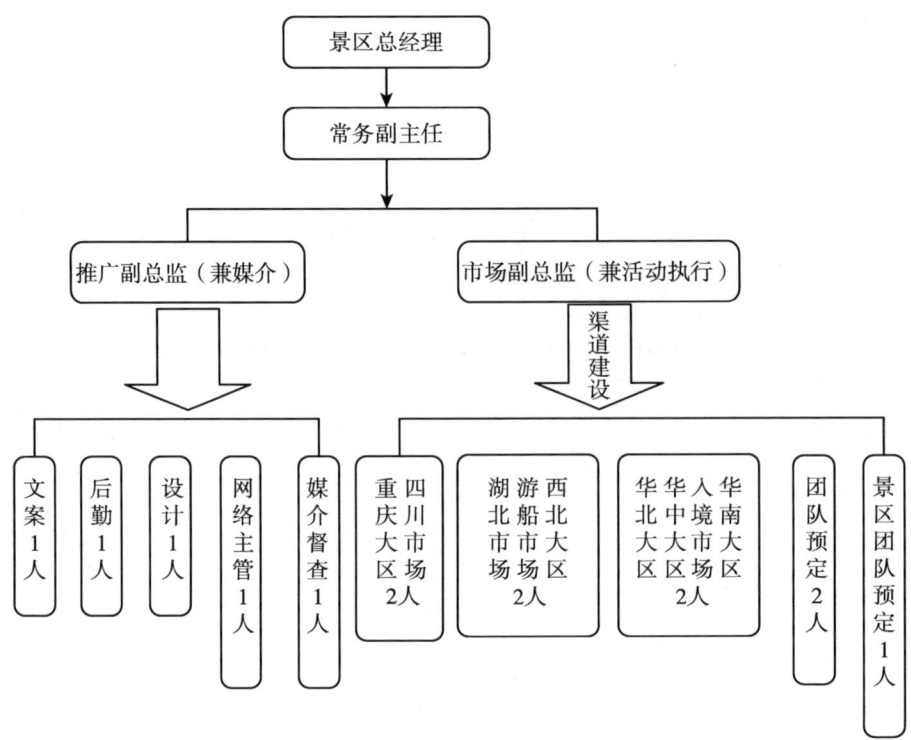

图 3.1　景区营销人员岗位配置

3.3.2　景区营销工作开展情况

在政策、资金的双轮驱动下，近年，武陵山大裂谷景区在营销方面实现了快速增长，2015 年游客总人数 625431 人次，景区收入 5786.33 万元；2016 年游客总人数 689973 人次，景区收入 6904.15 万元；2017 年游客总人数 899100 人次，景区收入 8622.96 万元。游客人数、营业收入呈逐年递增趋势（见图 3.2）。

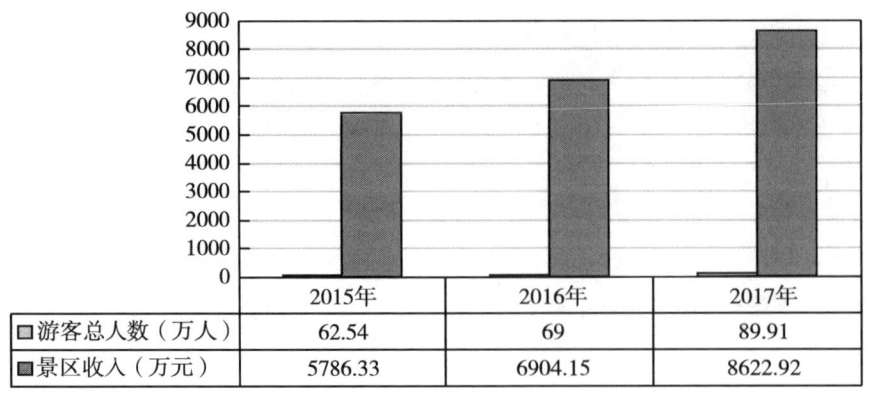

图 3.2　武陵山大裂谷景区 2015～2017 年游客人数及景区收入

在产品设计和渠道建设方面，结合景区 5A 创建与市场需要，景区营销中心对三级市场开展了联线、各市场踩线、广告发布、销售网络建设、游客组织等系列工作。并与渝东北、渝东南各区域及部分景区进行了联线互动营销事宜，达成了二日游与多日游线路。目前，正在筹备与同程、携程、途牛、去哪儿、驴妈妈五家主流电商平台的合作事宜。

在促销活动方面，按照"小活动大营销"的营销思路，中心策划并执行了数十项主题、促销与展销活动。多次组织自驾活动、《英雄武陵王者归来》《裂谷历险奇遇季》主题活动。并根据各个节庆时点，组织母亲节、端午节、七夕节门票免费优惠促销活动。此外，景区还积极参加了由市旅游局官方"周三福利日"微信活动以及重庆人人乐大型超市进行"裂谷有礼超市满减送"促销活动。

在营销推广方面，中心参加了由市、区旅游局主办的各类展销活动，多角度展现宣传武陵山大裂谷景区，积累了一定的人气，提高了景区的知名度。景区营销中心按市场节点分别对三级市场投放了 37 项广告，其中品牌类广告计 29 项，大众类广告计 7 项，创 5A 类广告 1 项。景区针对重庆卫视、江北机场 T3 灯箱、高速户外大牌、主城公交车车身广告、各商圈 LED 等进行品牌推广。并结合电梯挂板、轻轨内包车广告、交通广播、大渝网、华龙网等网络媒体进行大众推广。

3.4　景区营销相关工作面临的问题分析

为准确把握景区营销工作面临的问题，笔者分夏、秋、冬三季对大裂谷景区进行了实地游览体验，并访谈征集了武陵山大裂谷景区工作负责人、营销工作人员、现场工作人员和旅游行业主管单位工作人员等 6 人的相关意见。在访谈过程中，被访谈人员谈及的问题较广泛，不仅仅局限营销工作本身，又与营销工作的开展息息相关，为更好地诊断反映景区存在问题，笔者对直接和间接营销影响工作开展的相关问题均予以保留，共整理出 8 项制约景区发展的问题（见表 3.2），其中涉及营销策略的问题有 4 项，涉及旅游线路打造、营销渠道建设、旅游商品开发、促销活动及效果评估等方面，详见下文。

表 3.2　　景区相关人员访谈及自身实地走访主要问题汇总

问题项目	同质化竞争严重（提及次数）	周边旅游资源联动效应不强（提及次数）	景区旅游线路单一（提及次数）	景区配套基础设施建设滞后（提及次数）	旅游商品开发空缺（提及次数）	营销推广效果难以评估（提及次数）	管理人员市场化意识不足（提及次数）	景区淡旺季差异问题凸显（提及次数）
景区负责人 1 名	1	1	1	1	1	1	1	1
营销人员 2	2	2	2	2	2	1	2	2
景区现场管理人员 2 名	—	1	—	1	1	—	—	2

续表

问题项目	同质化竞争严重（提及次数）	周边旅游资源联动效应不强（提及次数）	景区旅游线路单一（提及次数）	景区配套基础设施建设滞后（提及次数）	旅游商品开发空缺（提及次数）	营销推广效果难以评估（提及次数）	管理人员市场化意识不足（提及次数）	景区淡旺季差异问题凸显（提及次数）
行业主管部门工作人员1名	1	1	1	1	—	—	1	1
笔者	1	1	1	1	1	—	1	1
反映问题提及次数合计	5	6	5	6	5	2	3	7

3.4.1 周边区县旅游资源同质化竞争严重

武陵山大裂谷景区位于重庆市涪陵区，地处武陵山脉，与发展较成熟的武隆区内沿线喀斯特风景区属同质自然资源。在同质化资源竞争的过程中，武陵山大裂谷景区相对开发较晚，在景区周边配套基础设施建设、品牌建设以及营销渠道建设上较为滞后，在与武隆区相关景区的竞争过程中处于不利地位。游客对景区景点的游览体验往往会与其他景区进行比较，不利于景区形成核心竞争优势。因此，在发展过程中，景区更应考虑营销策略和景区运营管理等方面的软实力建设，争取在自然资源同质化的前提下，寻求差异，形成自身的核心竞争能力。

3.4.2 景区周边旅游资源联动效应不强

在营销渠道建设方面，目前景区的营销工作更多集中在大裂谷本身，目标客户群体多是短途旅行的游客，在周边景区资源的整合联动上较欠缺。特别是在同质景区总体差异不明显、仅有少量特色景观的情况下，周边景区之间的联动就显得尤为重要。一方面涪陵区内有多个人文景点可以与景区形成联动；另一方面景区地址位置优势明显，交通较为便利，有利于与周边区县的特色景区形成营销联动。基于以上两点，都为景区的旅游资源联动创造了有利条件，目前景区已着手开展该项工作，但尚未全面铺开，须继续加大拓展力度。另外，景区与自身周边乡村环境的整合也较为欠缺，在周边相关配套游乐设施不齐全的情况下，很难吸引计划多天在区内旅游的游客，影响了游客在景区的二次消费。

3.4.3 景区旅游线路单一

在景区旅游线路打造方面，目前景区游览路线较单一，仅有一条，游览时长约3~4小时，其中裂谷带核心景观长约1.5公里，行程约30分钟，其余游览沿线景色整体较为平淡,与武陵山脉周边景区相仿。大裂谷1.5公里核心景观带相较其他景区资源具有一定独特性,但单一的游览线路大大限制了景区的游客接待能力,并且景区游客行道较为狭窄。受制于单一线路接待力不足的问题(综合环保等因素,景区规划游客接待上限为12000人/日,而实际游客接待能力约8000人/日),已严重制约了游客入园,是景区入围"百万级俱乐部"的重大障碍。

3.4.4 景区配套基础设施建设滞后

景区配套设施产生的二次消费项目是景区增加收益的重要组成部分。景区内部硬件设施,特别是景区大门前的广场和游客接待中心,堪称顶级,广场面积宽阔,接待中心建筑大气、设施设备高端,远超周边5A级景区标准。除此之外,景区内部配套及周边配套设施尚不完善。景区水晶湖、培训中心酒店、滑道、商业街等配套设施正处于规划和建设阶段,在游客游览过程中,沿线观景、摄影、用餐等人气节点较少,仅有一处集中用餐场所,景区内也未引入小摊小贩,游客不能在游览沿线购买当地特产、小吃、零食、纪念品,造成了景区二次消费空白。

3.4.5 旅游商品开发空缺

在旅游商品开发方面,目前各旅游景区普遍存在旅游商品空白化和同质化的问题,无法激起游客的购买欲望。武陵山大裂谷景区在旅游商品开发上也处于真空阶段,景区官方在营销设计时,未推出具有景区特色的旅游商品,能供游客选择的仅为在周边村民处购买的农副产品。此类产品对游客很难形成较强的吸引力,并且也难以为景区创造收益。能够体现地域特色、手工制造、文化背景的旅游产品欠缺,影响了整个景区品牌形象的建立,降低了部分游客的旅游体验,也致使潜在增收点流失。

3.4.6 营销体系不健全推广效果难以评估

在促销活动和效果评估方面,主要存在四点问题需进一步优化。其一,促销活动呈点状化,主题常新,缺乏系统性和核心元素统领,也无常年固定的品牌促销活动,活动过程中注重前端的策划和中期的执行,对后端效果的有效评估较弱;其二,在景区广告宣传推荐上注重宣传景区自身自然资源的特点,但忽视了景区在大重庆片区的地理区位优势的宣传,忽略了相关文化因素的引入;其三,广告投放点多面广量大,但缺乏对广告效果的监测和评估;其四,景区营销中心机构设置已建立,但工作人员时有流动和调整,影响了工作开展的连续性,且专业策划力量仍需加强。

3.4.7 景区开发政策导向性明显,管理人员市场化意识不足

从景区内部管理组织建设来看,景区运营管理单位的国有背景,让景区在运营发展过程中既受益于政策支持,又受制于政策影响。景区发展导向偏向于以服务全区

"旅游兴区"为主,企业和景区自身运营为辅,追求整体综合效益,进而忽视了企业和景区的自身建设和发展,忽视了市场因素和顾客需求。这种以政策主导和资金驱动的旅游项目,如不采取有效考核激励手段,极易滋生景区管理人员"等靠要""大锅饭"老国有企业的意识。景区管理人员的市场化意识欠缺,是景区持续发展以及核心竞争力形成的巨大阻碍。

3.4.8 景区淡旺季差异问题凸显

武陵山大裂谷景区淡旺季分明,夏秋季为旺季,高峰期每日可接待达到接待上限,为8000人左右。春冬季为淡季,尤其是冬季,每日游客接待人数仅为50~200人。淡季造成的资源浪费较大,但却难以避免,主要是受景区自身自然资源局限性的影响。一般而言,自然景区吸引冬季游客的最大法宝就是冰雪主题活动,然而建立在崇山峻岭之间的武陵山大裂谷景区,沿线多为崎岖山路,无草场或开阔地带,致使滑雪等参与性和体验性较强的冰雪项目难以在景区内开展。因此,大裂谷项目淡旺季问题客观存在,难以解决,只能缓解。

4 武陵山大裂谷景区游客问卷调研分析

在分析武陵山大裂谷景区旅游营销工作现状与存在问题的基础上,笔者用两周时间对景区游览游客开展了问卷调查,以从游客角度了解其需求,为后文优化策略的提出作准备。

4.1 调研问卷设计

基于4Cs理论,为了进一步了解客户需求和对景区现有景点和营销情况的满意度,本研究设计了包含游客对景区景点、服务和产品等相关内容的满意度考查题目,并于景区中随机抽取游客进行了游客个人基本信息、游客对景区的满意度和期望等内容的调研。在调研方案设计上,首先,随机抽取了游客进行问卷发放,指导游客进行逐个问题的回答,保证答案的真实性和有效性。共发放问卷208份,剔除答案不完整、回答态度不认真的问卷,共回收有效问卷200份。其次,随机抽取个别游客进行短时间的访谈,以便更加直观地了解游客的游览感受和消费需求。

在问卷设计上,首先根据相关的文献阅读和理论依据,结合景区的具体研究内容,对问卷进行结构设计。其次,针对不同板块下设计通俗易懂、不具歧义的问题,用来考察消费者需求和满意度。具体问卷的基本结构由游客的基本信息、游客对现有景点和营销内容的满意度以及游客对景区的期望三大部分组成,共涉及23项问题。具体调查内容主要涉及旅游资源、旅游环境、营销情况和旅游体验等多个方面。

4.2 被调研游客基本信息分析

在游客的基本信息部分，主要包括游客的年龄段、所居住的城市、所采取的旅游方式、是否是第一次来武陵大裂谷、游览天数、是否与周边景区一起游览、是否为自驾游以及旅游信息获取渠道等问题。从调研的结果看来，被调研的游客中36%的游客处于40~50岁的年龄阶段，27%的游客处于30~40年龄段，低于20岁和高于50岁的游客分别占比为5%和11%（见图4.1），说明武陵山大裂谷景区对中年游客有着较强的吸引力。被调研的有54%均来自重庆本地，西南地区的游客占比21%，港澳台地区的游客占比2%，我国其他地区的游客占比为13%，东南亚的游客则为0（见图4.3）。说明了武陵山大裂谷景区目前的游客资源仍以重庆本地以及西南地区为主，需要进一步开拓国内其他地区的市场和国际市场。在被调研的游客中，选择以家庭为单位进行出

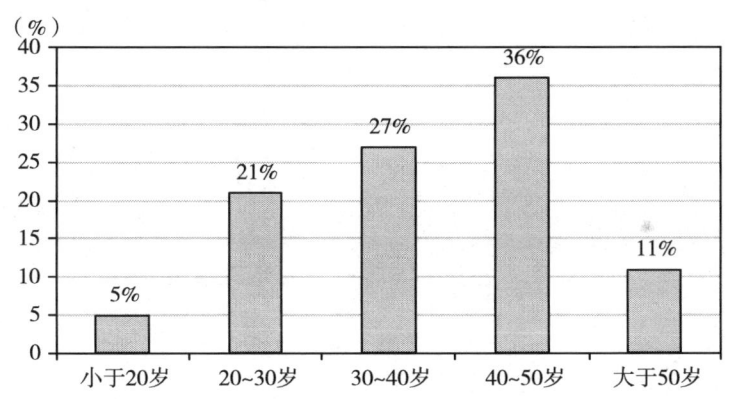

图 4.1 被调研游客年龄分布

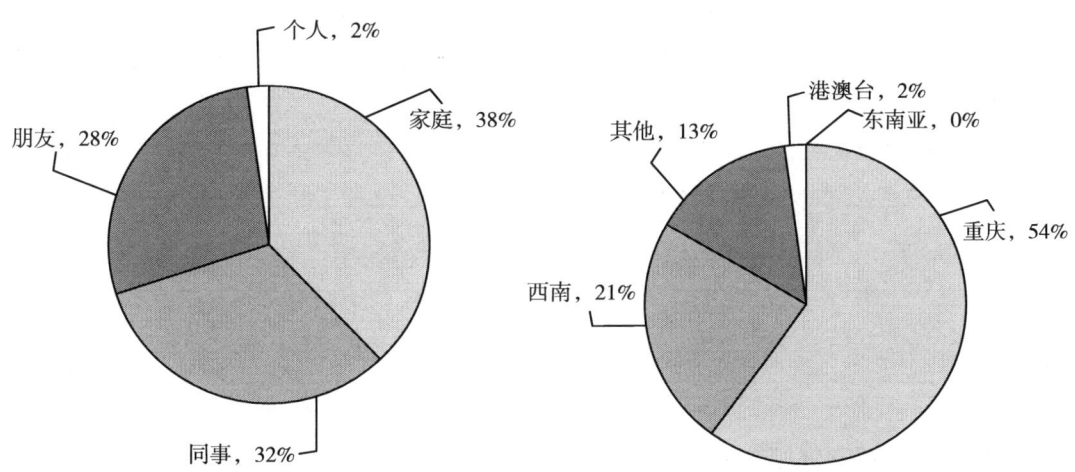

图 4.2 被调研游客来自城市分布　　图 4.3 被调研游客旅行方式分布

游占比为38%，与同事一起的商务出游占比为32%，与朋友一起的出游占比为28%，而个人出游的仅占2%（见图4.2）。说明景区比较适合进行团体出游，因此景区在营销策略上可以考虑增加团体体验项目和团体价格优惠活动。此外，有35%的被调研游客是从朋友家人间的口头相传知悉的武陵山大裂谷景区，27%的游客是从旅行社获得的信息，22%和16%的游客分别从旅行平台和其他新闻媒介了解的景区（见图4.4）。说明景区在营销推广上还需要进一步加强，增加旅行社和旅行平台中介的效应。此外，还统计了被调研游客是否多次、是否自驾等问题的统计结果。结果显示（见表4.1），第一次来武陵大裂谷游览的被调研游客占比为83%，仅游览一天的游客占比为92%，和周边景区一起游览的游客占比为29%，自驾游的游客占比为62%。

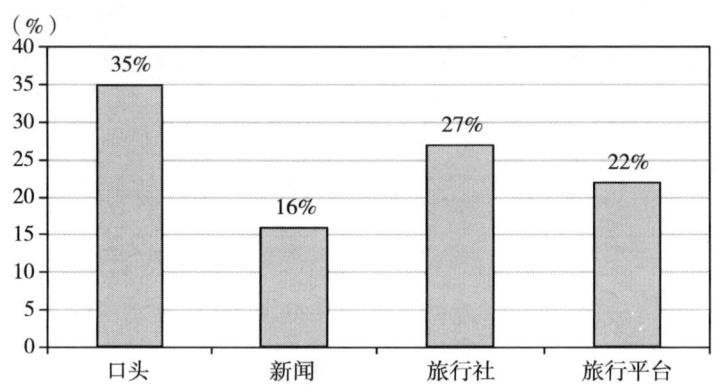

图4.4 被调研游客景区知悉渠道分布

表4.1　　　　　　　　　　问卷问题结果统计　　　　　　　　　　单位:%

调研问题	是	否
5.1 是否第一次游览武陵大裂谷	83	17
5.2 是否停留不超过1天	92	8
5.3 是否与周边景区一起游览	29	71
5.4 是否为自驾游	62	38

综上分析，目前武陵山大裂谷景区所吸引的游客大多是本地或者西南地区的游客，游客多为以家庭或团体为单位的自驾出游且停留时间较短，游客年龄集中在30～50岁，二次出游的游客占比较少。景区尚未形成对外地游客的吸引力，多数外地游客倾向于选择与周边景区一起游览。

4.3　景区游客满意度分析

4.3.1　基本情况分析

在游客满意度的调研部分，主要从游客整体游览体验、景区景点设置、游览路线、硬件设施、配套服务、旅游商品六方面收集了解游客对武陵山大裂谷景区旅游产品的满意度和需求[5]。经调研统计，有31%的游客对景区的总体游览体验非常满意，有40%的游客对景区总体游览体验满意，但仍然有10%的游客对景区总体游览体验不满意；对景点的满意度结果显示，有45%的游客达到了满意，而有20%的游客不满意；对景区的游览路线调研显示，有9%的游客对景区的旅游路线较为满意，有38%的游客认为景区的旅游路线比较一般，而25%的游客对景区的旅游路线不满意。对景区的硬件设施调研显示，有37%的游客对景区的现有旅游硬件设施较为满意，有25%的游客认为景区的旅游设施比较一般，而8%的游客对景区的旅游设施不满意。在对景区配套服务的调研过程中，11%的被调研游客非常满意，43%的游客认为景区的配套服务一般，有26%的游客对景区的配套服务不满意。在景区的旅游商品方面，33%的游客对景区的旅游商品比较满意，35%的游客对景区的旅游商品不满意（见表4.2）。

表4.2　游客对景区的满意度情况　　单位:%

	非常满意	满意	一般	不满意	非常不满意
景区总体游览体验	31	40	19	10	0
景区的景点	13	32	35	20	0
景区的游览路线	9	28	38	22	3
景区的硬件设施	37	30	25	8	0
景区的配套服务	11	20	43	21	5
景区的旅游商品	8	25	32	27	8

综上分析，按照表4.2中各项目权重一样的方式，用加权平均计算游客对景区的平均满意度为47.33%（满意及非常满意）。调研数据反映，超7成的游客对景区的总体游览体验满意度较好，超2/3的游客对景区的基础硬件设施持认可态度，但景区在景点设置、线路设计、配套服务、旅游商品方面的满意度低于平均满意度，这四项问题需在今后的工作中加以改善。

4.3.2　综合情况分析

为更深层次地了解游客满意度，根据被调研游客的年龄阶段不同，笔者统计了游客对景区的满意程度，其中，低于40岁的游客占被调研游客总数的53%，高于40岁的游客占比为47%（见图4.1）。相比较而言，年龄低于40岁的游客相较于平均游客对景区总体游览体验、游览路线和配套服务的满意度偏低，但是对景区的景点、硬件设施和旅游商品的满意度偏高。说明对于较为年轻的游客，游客的游览需求体验更加偏重于观看景点的独特性，重点在新奇、有趣和丰富的景区游览过程，而不是很在意景区的硬件设施和旅游商品。而对于年纪偏长的游客来说，景区的舒适度则更为重要，其更加关注景区的相关配套设施和总体游览体验（见表4.3）。因此，针对不同年龄段的游客来说，需要采取不同的景区营销策略，推出适合不同年龄段的景区游览活动，增强景区的吸引力。

表4.3　　　　低于40岁游客对景区的满意度情况　　　　　　　　　　单位：%

	非常满意	满意	一般	不满意	非常不满意
景区总体游览体验	21.70	37.74	20.75	19.81	0
景区的景点	15.09	34.91	31.13	18.87	0
景区的游览路线	8.49	25.47	38.68	24.53	2.83
景区的硬件设施	37.74	34.91	21.70	5.66	0
景区的配套服务	9.43	16.98	43.40	25.47	4.72
景区的旅游商品	11.32	28.30	29.25	25.47	5.66

由于目前武陵大裂谷景区游客多来自重庆本地和西南地区（见图4.3），对不同地区游客的满意度需求进行分析也能反映景区目前的问题。其中，与平均水平相比，来自重庆地区的游客对景区的总体游览体验满意度、景区的景点和游览路线的满意度水平较低，而对景区的硬件设施和配套服务、景区旅游商品的满意度较高（见表4.4）。结合对游客的访谈分析原因主要为重庆本地游客对景区景色独特性的认同较低，与周边同质景区相比，在整体游览体验中缺乏较强的惊喜感。目前景区的景点较少且浏览路线较为单一。与此同时，重庆本地游客对配套服务和旅游商品的需求较低，反而对景区的现状相较外地游客要求较低。

表4.4　　　　本地游客对景区的满意度情况　　　　　　　　　　单位：%

	非常满意	满意	一般	不满意	非常不满意
景区总体游览体验	24.07	30.56	27.78	17.59	0.00
景区的景点	9.26	24.07	41.67	25.00	0.00
景区的游览路线	6.48	23.15	39.81	25.93	4.63
景区的硬件设施	37.96	31.48	24.07	6.48	0.00
景区的配套服务	13.89	22.22	39.81	20.37	3.70
景区的旅游商品	12.04	28.70	29.63	24.07	5.56

此外，调研内容还涉及游客感知视角的景区渠道建设、产品价格以及游客对景区的相关期望等内容。本文将综合4Ps理论和4Cs理论，在对景区营销策略优化设计中逐项体现。

5 武陵山大裂谷景区营销策略优化设计

在第 3 章、第 4 章的研究中,通过相关管理人员走访,从景区管理人员角度分析了武陵山大裂谷景区营销工作现状及存在问题,通过消费者调研,站在消费者角度分析了其需求。在此基础上,本章以 4Ps 四要素为基础,吸收 4Cs 有关消费者需求的优点,从产品、价格、渠道和促销四个方面对武陵山大裂谷景区的营销策略进行优化。

5.1 景区营销策略优化设计原则

(1) 市场导向原则。市场导向原则是旅游景区开发所要遵循的重要营销原则。虽然我国目前大多数景区都有国有背景,在旅游景点的规划和开发等方面要与国家相应的环保政策、水资源保护政策等相匹配,但是在景区独立运营的过程中,需要景区管理人员具有较强的市场意识和竞争意识,以便能够在景区营销上先发制人,提升营销效果。

(2) 供需两端并重原则。虽然景区的营销方式和营销策略需要考虑到游客需求,但是景区核心自然景观的开发仍然需要充分结合景区的实际情况,避免过度开发和恶性开发等情况出现。否则不仅会影响游客的满意度,更会造成自然景观不可修复的损失。在景区营销策略的制定过程中,要充分考虑景区自身定位、资源与客户需求的结合。依托景区现有资源,结合旅客对景区预期的心理需求对景区进行进一步完善和开发。

(3) 差异化竞争原则。竞争者是景区需要考虑的重要营销策略制定因素,尤其是面对景区资源同质性较为严重的情况下,景区的营销策略更加需要密切关注竞争者的情况。不仅要做到与竞争者进行差异化竞争,也需要考虑结成战略联盟等形式提升景区的营销效果。

(4) 营销策略适度超前原则。适度超前性的营销能够协助景区建立长远的竞争意识,从长期发展的角度考虑景区营销问题,不仅能够使得景区在面对未来问题上可以做到未雨绸缪,更能够制定较为新颖出奇的营销战略,争取竞争优势。

5.2 基于消费者需求的景区产品策略

本节主要介绍景区现有旅游产品情况,并对消费者需求产品进行分析(基于调研数据),进而提出有针对性的景区产品优化策略。

5.2.1 景区旅游产品与消费者需求产品分析

武陵山大裂谷景区现有的旅游产品多以自然风光为主进行开发,如鲜花环道、云中漫步、天门奇险、一米阳光、武陵泰斗等。同时,也有少量体验式项目和人文景点。

但是这些景点相对独立散乱，存在各自为政的问题，降低了游客的旅游体验。针对景区现有旅游产品的现状，通过消费者的期望调研了解，有13%的游客认为景区可以增加户外活动的景点，而31%的游客认为景区应该加强文化的体验，26%的游客认为景区需要加强亲子家庭类的景点设计，而只有30%的游客认为景区应该开发设计像养生休闲类景点（见图5.1）。在开放性问题"对景区旅游产品的建议"中，有游客反映希望景区能够在部分景点和旅游纪念品的设计中增加个人定制服务，能够满足不同年龄、不同收入和不同偏好游客的不同需求。

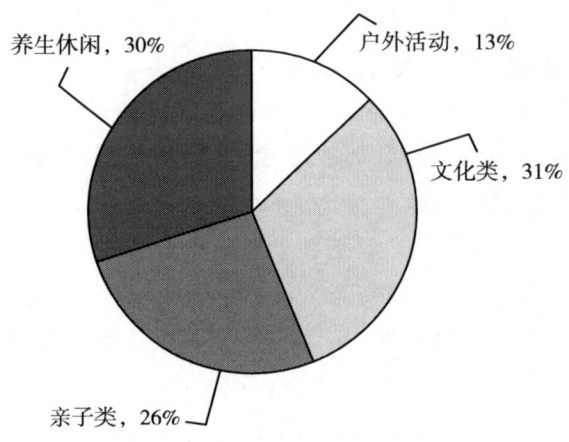

图5.1 需增加的旅游产品类型

此外，综合调研问卷问题对比统计显示，本地游客对景区的总体满意程度相较于外地游客较低，如图5.2所示。说明景区的风景特征对外地游客有着较强的吸引力。同时，也说明了景区的自然风光较为独特。但是在本地游客看来，景区仅仅是居住地周边的休闲娱乐场所，周边景区的自然风光的同质性造成了景区产品在本地人看来缺乏竞争力和吸引力。因此，在设计产品策略时，要尤为注意景区产品的舒适性、便利性和独特性。

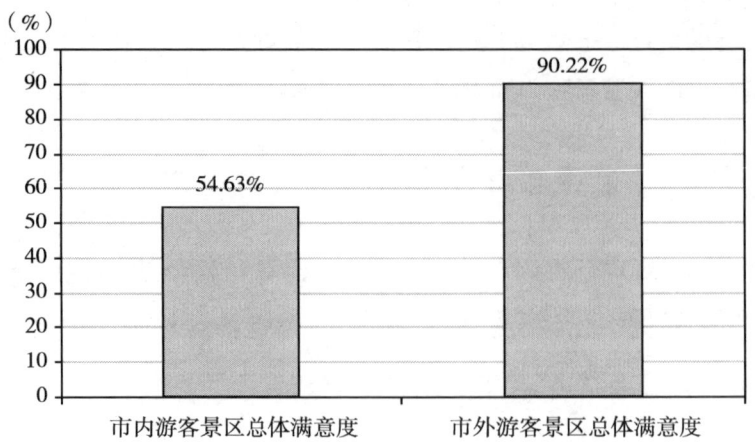

图5.2 不同地区的游客对景区总体满意程度

5.2.2 景区旅游产品策略

通过上节分析，可以看出游客对景区的总体满意程度较好，但景区旅游产品的开发仍然有待改进和提高。根据消费者对旅游产品的调研分析，结合景区自身资源和定位，提出以下产品策略优化建议。

（1）打造综合性服务景区。打造综合性服务景区就是将各景点景区充分整合起来，树立横向联合的经营思路，在区域旅游资源上追求一体化，在不同类别的景点实行区域化，以资源共享、优势互补、协调发展的原则形成共同大旅游圈，打造旅游品牌[6]。在打造综合性服务景区的问题上，消费者需求（特别是40岁以上游客和市外游客）与景区自身发展的规划和定位是趋于一致的，为此，应充分利用政策优势，加大招商力度，吸引相关企业对景区进行综合开发，加快景区周边旅游配套项目建设，健全星级酒店、特色商业街、娱乐休闲、农家乐旅游要素资源，提升景区综合服务能力，打造"住、吃、行、游、娱、购"为题的综合性服务景区[37]。

（2）打造巴国文化旅游产品。目前，国内景区旅游商品开发较为单一，武陵山大裂谷景区也基本处于空白，可思考从旅游商品上做文章[20]。其一，充分挖掘巴国文化，对现有旅游设施进行一定的微调和改造，将文化元素融入建筑和基础设施中，打造突出文化的旅游设施建设（基于图5.1）。在文化体验中，设计多种体验模式，从参观、感受到具体的文化互动和交流，多维度地营造巴国文化氛围[7]。其二，将膳食、养生的概念引入文化旅游产品体验中，通过小规模的养生园、天然作物种植、养生药膳等相关旅游商品的开发[49]，将巴国文化贯穿到游客的游览中、游览后（基于图5.1），以满足更多市外游客和40岁以上游客需求。其三，设计属于景区自己的旅游吉祥物或形象大使[67]。形象可为卡通白虎（白虎为巴人的象征和图腾）或猕猴（景区内现有3波猴群），除形象可掬以外，还应注重制作精良。吉祥物可根据不同年龄层游客对礼品的喜好，制作为钥匙链挂件等小件精美纪念品，在游客游览前或游览结束时作为礼品赠送游客，以提高游客的旅游体验，同时，让随身携带在游客身边的礼品成为景区的传播者。其四，联合涪陵本地特产品牌，设立涪陵榨菜、油醪糟等专卖区，方便区外游客在游玩的同时购买当地特产。

（3）注重旅游线路的升级，提升旅游产品档次。提升旅游线路档次是避免各类景区之间产品同质化的有效措施。为此，武陵山大裂谷景区可按照旅游业态多样性、互动性的要求，在保护现有生态资源的基础上，新增打造一批体验性金牌景点，以满足更多市内游客和40岁以下游客需求。从现有的线路设计来看，在现有旅游路线基础上，再造设计，丰富沿线景观节点，注重景点的游览的便利性、特色性，同时新增有关文化体验的专门线路，突出文化重点和互动体验，让游客多角度、多维度欣赏景区风景，体验景区文化。从新增景区游览线路来看，可新增游览主线和支线，开辟文化专线，在新线路设计时应考虑打造更多景区人气节点，与原有线路的交错设置，让游客从不同角度欣赏景区景色[43]。新增游览路线，主要有三点价值：一是可解决景区同时存在旅游线路单一、高峰期每日接待能力有限的问题，符合景区利益。二是可让游客从不同角度、不同层次欣赏景区风景，提升观光性，满足游客需求。三是可注入更多的文化元素、娱乐设施，增强游客的体验感。

（4）整合区内区外景区资源，打造景区联盟。目前，游客在大裂谷游玩后大多在当天直接离开，极少游客会停留入驻景区酒店（枳城客栈），产生二次消费。一方面是由于景区周边配套娱乐设施不全；另一方面是景区经营相对独立，与区内区外景区联动不强。因此，建议联合区内武陵山国家森林公园（距离武陵山大裂谷景区20公里）、大木花谷等景区，开发旅游套票，从宣传推荐、游览路线、营销资源整合等方面，打造区域旅游景区联盟，以增加游客在景区周边的停留时长，提高景区酒店入驻率和二次消费比例[25]。此外，也可加强与武隆仙女山景区的联动和捆绑营销（两者距离较近约50公里），吸引游客到武陵山大裂谷景区游览驻足。武陵山大裂谷景区地处重庆中部地区，东北连接奉节、巫山、巫溪片区，东南连接武隆、酉阳片区，渝东北渝东南两个片区旅游资源丰富，旅游产业发展成熟，因此须发挥好武陵山大裂谷景区在重庆地理位置的中心效应，在区外景区联动上可设计辐射渝东北和渝东南片区的产品线路，渝东北整合以"大裂谷+巫山+巫溪+奉节"为线的旅游产品，渝东南整合主以"大裂谷+武隆+酉阳"为线的旅游产品，将武陵山大裂谷景区整合融入全市旅游景区的主要线路之中，借力成熟景区品牌效应，提高景区知晓率[13]。

5.3 基于消费者心理成本的景区定价策略

本节首先介绍旅游产品的主要定价策略，再对比分析天坑三桥景区与武陵山大裂谷景区定价，分析消费者对景区产品定价心理（基于调研数据），最后提出景区利益和消费者心理兼顾的定价优化策略。

5.3.1 旅游产品定价方法概述

价格策略是景区旅游营销的重要部分，是围绕价格采取的各项营销方法的总称。当前旅游营销的价格策略有三种：一是以成本为主导的定价策略。也就是考虑旅游产品一次性投资和经营费用，以此确定基本的价格；也有的以目标利润作为定价依据，根据投资和投资回报，反推价格。二是以需求为主导的定价策略。根据市场对旅游产品的认知程度和态度确定价格。三是以竞争为主导的定价策略。主要着眼于竞争对手，以对手的价格为参照，求得价格上的竞争优势[50]。

景区的价格策略并非是一成不变的，需要具体考虑到景区的实际情况，综合运用多种价格策略。按照景区管理实践经验，如果景区实际接待量远远超过了景区的最佳容量，对景区环境、资源、设施以及周边社区民众造成了不利的影响，就必须利用价格杠杆，限制入园人数。当然，价格手段并不是唯一的方法。如果景区淡旺季非常明显，可以利用淡季的低价刺激消费。对于不同的目标市场，应该采取不同的价格策略。对于待开发的目标市场，应该给予旅游分销商更大的利润空间，一方面抵消其广告宣传的成本，另一方面以更大的利润刺激他们的积极性。对于成熟的目标市场，价格可以相对坚挺。对于特殊的群体可以采取特殊的价格。如军人、教师、学生、老人享有折扣优惠等[14]。

5.3.2 周边同类景区旅游产品定价分析

景区处在一个变化的竞争环境之中，它的生存与发展受到外界各种因素影响。周边旅游景区是影响景区的一个重要因素。理性分析景区与周边景区的关系，对于景区产品定位是十分必要的。如果在景区周边的景区档次和旅游产品数量远远超过景区本身，换句话说，如果景区在一定的地域范围内是一个不起眼的旅游产品，那么景区无论如何开发和营销，都难以与其他景区抗衡，那么这个景区产品的定位，只能是依附型的，景区要认真分析自身的优势和特点，在周边林立的旅游景区中，以"新"和"奇"取胜，争取游客。反之，如果景区的周边景区的资源档次和旅游产品都不能与景区相比，或者说，景区的旅游产品在一定地域范围内具有很强的竞争优势，那么，景区的产品定位可以高一些，把它当作本地域重要旅游产品，在开发建设中，把设施和服务设计成为地方一流水平，在旅游营销上，以更强势的姿态开展宣传。周边景区的密度也是一个值得注意的问题，相对集中的旅游产品，对于打造旅游目的地品牌有好处，但是在一定区域内过于集中，或者说过多的旅游产品，可能因为给旅游者提供了更多的选择机会，而游客因为受时间、体力、资金方面的限制而有所取舍，这时竞争是不可避免的，景区产品定位时需要认真分析博弈情况，力争景区投资收益的最大化。

目前，武陵大裂谷周边同类的景区主要为武隆沿线以天坑三桥为代表的喀斯特地貌景区。由于武隆天坑三桥等景区开发较早，不仅依托自身独特的自然景观资源形成了周边景区的联动，更是通过作为影视作品的取景地打开了自身的知名度。在价格策略方面，武隆天坑三桥旺季套票价135元（其中门票价95元，环保车40元，不包含其他自费项目），与武隆天坑三桥相比，武陵大裂谷暂时的定位为依附性的价格策略，在价格上具有一定优势（见表5.1）。

表 5.1　　　　武陵大裂谷与武隆天坑三桥门票价格对比

	武陵大裂谷	武隆天坑三桥
门票	70 元	95 元
观光车	20 元	40 元
索道（可选消费）	70 元	—
套票	160 元	135 元

5.3.3 景区现有定价与消费者心理价格分析

目前,武陵山大裂谷景区的套票价格为160元,淡季为115元,包括景区门票、游览车票和索道票,其中门票70元;观光车20元,索道70元,索道项目可自费。由于武陵山大裂谷景区内部尚未开发其他收费项目,游客仅仅需要支付门票、车票和索道的费用即可游玩整个景区,过程中无须再支付其他费用。与武隆天坑三桥、仙女山等景区相比,游览武陵大裂谷的总成本相对较低。通过对游客的调研,大部分游客对景区现有消费比较满意。调研结果显示,对于现行的淡季和旺季的价格,有29%的游客觉得非常满意,42%的游客比较满意,总体满意程度高达71%,仅有9%的游客对价格不满意(见图5.3)。并且,与周边景区相比,有39%的被访谈游客认为景区的价格偏低(见图5.4)。

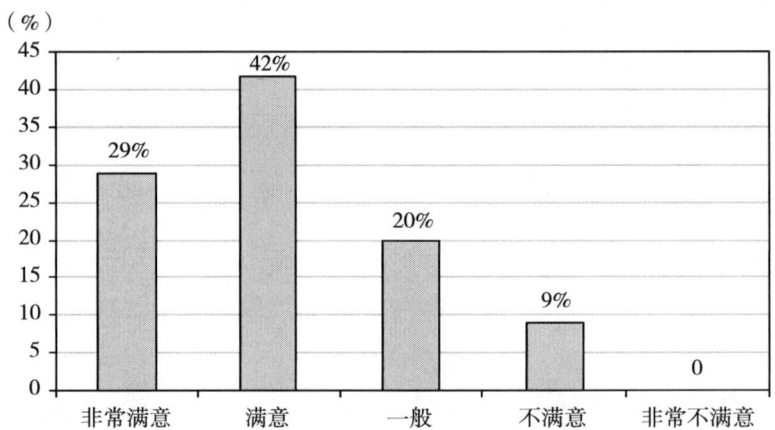

图 5.3 游客对景区价格的满意度

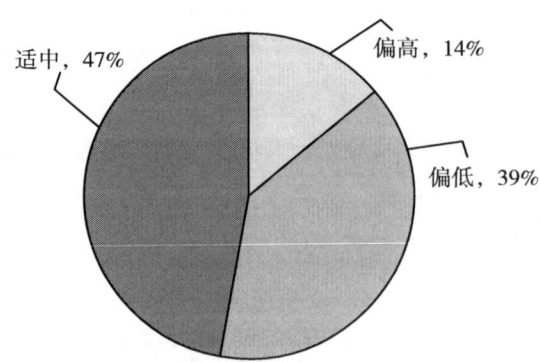

图 5.4 与周边景区相比的价格感知

但是,当消费者对景区定价通常较为满意时,说明景区整体的定价水平偏低,不利于景区的综合开发和治理。为进一步探讨消费者对景区定价的心理感知,设计了相关的问题进行调研。调研结果显示(见图5.4),在面对保持原有价格不变和价格小幅度上浮但淡季等情形优惠力度更大之间进行选择时，有58%的游客选择了后者。结果说明，目前景区的定价偏低，游客的心理能够接受的价格比目前的价格偏高。并且，大多数游客希望景区能够加大优惠力度，可以得出小幅度的提高票价消费者是能够接受的。此外，不同年龄阶段的游客对价格感知的满意度水平不同，如图5.5所示。小于20岁和大于50岁的游客对景区价格的满意度较低，在价格策略的制定中可以尝试考虑针对不同年龄段的游客进行差别化定价，推出特价票来吸引少年和老年游客。

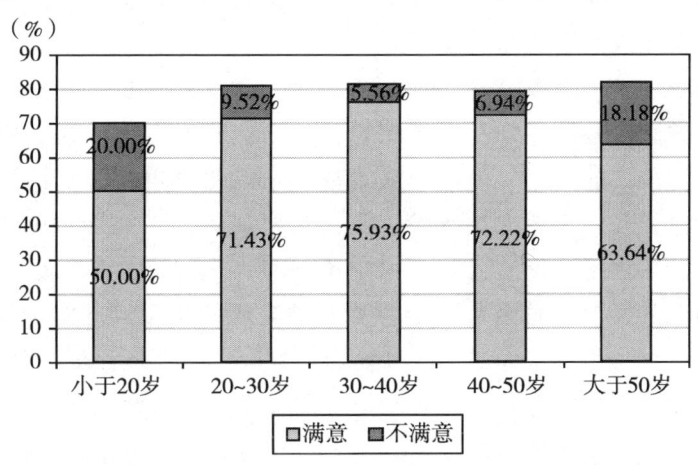

图 5.5 不同年龄层对景区价格的满意度

5.3.4 景区旅游定价策略

（1）差异化定价。景区不可能用同样的旅游产品创造并满足不同客户需求。因此，基于客户成本的定价策略的主要特点就是根据不同客户需要而形成差异化价格，这种差异化不仅表现为价格的高低不同，还反映在定价方式差异化、数量差异在价格上的体现、价格折扣差异化上[48]。根据之前对游客调研的结果显示，景区的游客30~50岁人数偏多，并且大多是以家庭为单位和公司为单位的团体出游，据此，可以考虑对于各种团体以降低价格的方式刺激其消费，如推出家庭套票的优惠方案，鼓励全家出游，对各级各部门组织的活动给予特殊优惠等。针对本地区游客满意度相对外地游客较低的问题和消费者能够接受更高的定价，同时希望景区加大优惠力度的调研结果，在地域差异上应对游客进行差别定价。可降低重庆市内游客的门票价格，同时推出涪陵区市民旅游一卡通业务，鼓励游客多次游览，促进景区内的旅游商品以及景区周边地区的食宿等产业的发展。在年龄较小和年龄较大的游客满意度较低的问题上，既可在年龄上对游客进行差别定价，也可考虑从游客工作职业上进行差别定价。目前景区已有实行儿童、老人、学生、残疾人等门票半价的制度。

（2）感受价值定价。针对传统定价方式着重从产品或景区本身出发，考虑客户因素不多的缺陷，在以跟随战略为主、随行就市的大前提下，本研究还主张采用弹性化的感受价值定价法作为价格微调的补充。感受价值定价法,即旅游产品的定价不单纯由景区决定,而要从客户成本角度出发,定价的高低取决于客户所能承受的最大成本。采用感受价值定价法,应持续对游客进行价格感知测试,即让客户自行确定其可接受的价格水平[48,61]。可以在游客游览结束时设计简单的问卷来调查游客对价格的感知,并在游客回答完问题后发放一些小的礼物表示感谢,鼓励游客进行反馈。根据游客对景区的体验和需求,动态调整景区的旅游产品价格[54]。在具体操作过程中,可能存在游客期望价格明显过低与事实不符或不负责随意填写的情况,这就需要工作人员合理甄别剔除,让调研结果反馈情况接近真实。

(3) 积木结构定价。目前武陵山大裂谷景区旅游的对外报价,多数是一种包干式的直观价格,客户在旅游期间的花费全都包括在内。这种定价形式虽然能够避免游客在游览过程中多次购票的麻烦,但也容易给游客造成整体票价过高的错觉。目前景区只有门票、观光车票和索道票三项收费项目,通票的形式尚能够被游客所接受,但随着未来景区规划的项目逐渐增多,包干式定价势必大大提高整体票价。根据对消费者价格偏好调研情况的反馈(见图5.6),多数消费者希望采用浮动定价方式。因此武陵山大裂谷景区定价可采用积木式结构,尽量减少旅游产品综合报价中的刚性消费项目,增加自费项目,让游客自主选择是否参与消费[48]。同时,对个别优质廉价旅游产品和项目可采取捆绑定价和半卖半送等多种模式,提升游客的旅游体验。客户也许会说谎,但消费的金钱却不会说谎,这种定价方式由客户自主选择在先,更易于为客户认可和接受,也有助于景区更快地识别景区优质项目,淘汰更新低质低效项目,促进景区最终提供的旅游产品更能更好地满足客户对产品类型和价格的需求。

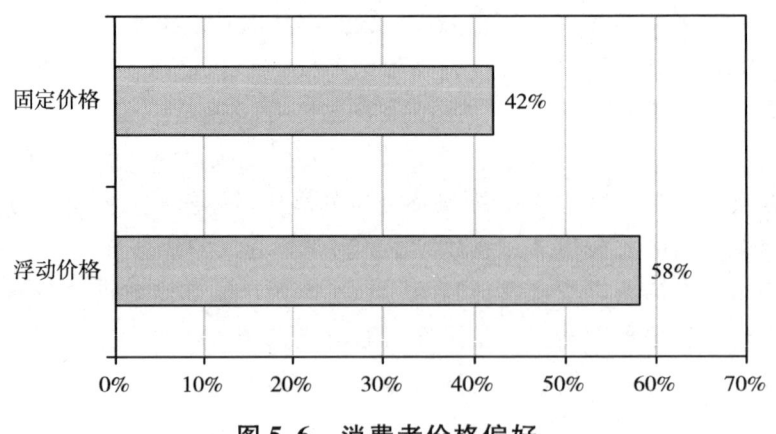

图 5.6 消费者价格偏好

5.4 基于消费者便利的景区渠道策略

本节首先对旅游景区分销渠道类型进行介绍,再分析周边核心景区渠道和消费者了解、购买景区产品的渠道,最后提出基于消费者消费偏好的景区渠道优化策略。

5.4.1 旅游景区分销渠道类型概述

旅游景区分销渠道的起点是旅游景区运营企业，终点是旅游消费者，中间环节是旅游中间商，包括各种代理商、批发商、零售商及其他中介组织和个人。在旅游市场上，没有哪个旅游企业能够拥有全部或足够的控制权，只有尽可能多尽可能好地建立畅通、完善的分销渠道，才能为景区营销提供有效的运营网络，使其能快速发布景区旅游产品信息、开展活动促销、及时接受客户预定和购买、及时受理、协助解决客户投诉并在企业与客户间搭建起一座沟通的桥梁[27,48]。

在旅游营销活动中，由于市场、企业、中间商以及最终消费者等诸多因素的影响，分销渠道呈现出多种多样的状态，即使是同一种旅游商品，也可通过完全不同的分销渠道来实现销售。根据旅游中间商是否参与可将旅游产品分销渠道分为直接分销渠道和间接分销渠道。

直接分销渠道又叫作零层渠道，是指旅游产品生产者不通过任何旅游中间商，直接把旅游产品销售给最终消费者的销售渠道，主要有以下三种模式（见表5.2）[27,48]。

表 5.2　　　　　　　　　　直接分销渠道模式

直接分销渠道模式	特征	适用范围
旅游产品生产者—最终消费者（在生产现场）	最终消费者登门购买	餐馆、旅游景点、娱乐场所等
旅游产品生产者—最终旅游消费者（在客源地）	最终消费者通过预定方式购买	最终消费者通过电话、传真活互联网渠道预定
旅游产品生产者—旅游企业自营网点—最终消费者（在销售点现场）	产品生产者拥有自营销售网点	连锁酒店、交通服务企业、旅游公司等

间接分销渠道是指旅游产品生产者借助旅游中间商将其产品转移至最终消费者的销售渠道。根据中间商所介入环节不同，分销渠道分为一层渠道、二层渠道和多层渠道（见表5.3）[27,48]。可从图中直观地看到分销渠道和各种间接分销渠道的差别。

表 5.3　　　　　　　　　　间接分销渠道模式

渠道层级	间接分销渠道模式	特征	使用范围
一级渠道	旅游产品生产者—旅游零售商—最终消费者（在旅游零售商销售现场）	仅有一个中间商介入	饭店、航空公司等
二级渠道	旅游产品生产者—旅游批发商—旅游零售商—最终消费者（在旅游零售商销售现场）	两个中间商介入	旅游目的地酒店等

续表

渠道层级	间接分销渠道模式	特征	使用范围
多级渠道	旅游产品生产者—本国旅游批发商—外国旅游批发商—旅游零售商—最终消费者（在旅游零售商销售现场）	有三个或以上中间商介入	国际旅游营销

5.4.2 周边同类景区主要分销渠道分析

一般而言，景区自设销售网点实力有限，必须借助中间商的力量组织客源和扩大销售。同时中间商更了解该地市场，可以根据市场的偏好组成新线路。武隆天坑三桥、仙女山等景区经过多年的开发，已形成一定的市场规模，所需的销售网点也越来越多，武隆天坑三桥、仙女山景区采取了直接销售渠道（包括网络渠道）和间接销售渠道的分销方式。销售网点较多，几乎遍布主城每一家旅行社，且跟随旅行社的网店分布，形成了较合理的市场网络布局。其销售网点主要集中于旅游景区、市区以及一些核心客源市场和游客比较集中的市场。

武隆天坑三桥、仙女山景区虽然采取了网络的分销渠道方式，但并没有发挥出网络应有的作用。武隆天坑三桥、仙女山景区到目前为止还没有外语的网站，武隆天坑三桥、仙女山景区的入境游客少与它的分销渠道也有很大的关系。武隆天坑三桥、仙女山景区在采用间接销售渠道时，对旅游中间商并没有进行很好的选择和管理，出现了一些中间商报价不统一、扰乱市场的现象。

5.4.3 景区现有营销渠道与消费者期望营销渠道分析

由第3章介绍可知，景区在渠道建设方面主要开展了三项工作：一是开展旅行社合作，组织旅行社景区踩线，给予旅行社相关合作优惠；二是开展区外景区联线合作，设计旅游线路；三是开展旅游网络平台合作。目前，景区建立了微信公众号、未建立景区网站，但通过微信公众号和其他自媒体渠道传递和发布的相关信息相对较少。

随着旅游业的不断成熟，旅游市场需求正在全球范围内由大众旅游时期的大规模标准化向目前的个性多样化进行着不同强度的转变。为对其做出有效反应，旅游营销正经历着由大规模营销向以"一对一"的客户定制化营销为终极形式的目标市场营销的变革。因此，武陵山大裂谷景区在固定的分销渠道基础上，应更加重视消费者购买旅游产品的便利性，将旅游分销渠道由"长宽并重"逐步变为"短宽化"。在互联网不断发展、自媒体和平台越来越多地融入人们生活的时代，游客对景区的了解更加便利。通过对游客的调研发现（见图5.7），有25%的游客希望通过微信公众号等方式直接了解景区的基本信息和活动信息，并且直接购买旅游产品。有57%的游客倾向于通过履行中间商网站进行旅游产品的购买。有18%的游客会通过传统的旅行社中间商购

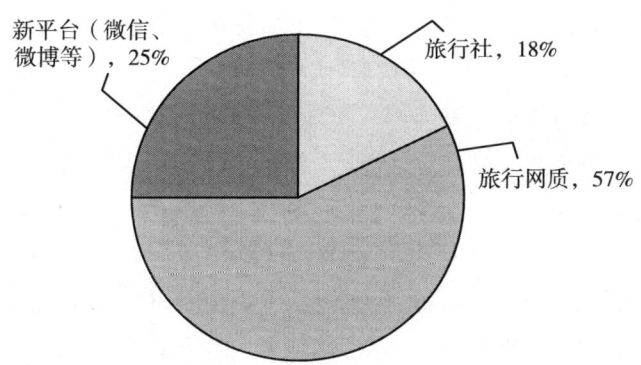

图 5.7 消费者选择的渠道

买景区的产品。武陵山大裂谷景区应设计出适合自身情况的分销渠道网络,并充分利用飞速发展的互联网、成熟的中间商以及微信微博等公众平台,跨越冗余的中间环节,尽量缩短并拓宽分销渠道,综合运用多种创新的分销方式,增强客户购买的便利性[30,52]。

5.4.4 景区旅游渠道策略

(1) 间接营销渠道。景区间接营销的渠道很多,方式也比较灵活,最典型有效的分销商当属各地的旅行社。由于旅行社在地方市场有自己的销售网络,与地方媒体有着长期的合作关系,可以以较低的价格投放媒体广告,另外,它们的营销网络也很容易为景区拓展业务服务。通过旅行社对景区产品的代理,旅游消费者还可以向旅行社一次性地预订包价旅游产品,并一次性地支付,从而简化时间和手续。通过图5.7可知,目前被调研的游客中仍然有相当比例的是倾向于通过旅行社来制订自身的出游计划。鉴于旅行社等中间商在营销中发挥的重要作用,武陵山大裂谷景区须积极拓展旅行社网点,加强与旅行社的联系合作,给予更优惠宽松合作政策,积极向中间商提供自己的产品宣传册和有关信息资料,以便旅游消费者可以从中间商那里获得旅游信息。在与游客进行沟通的基础上,考虑到游客所乘坐的交通工具,为了提高游客对景区了解的便利性,除旅行社中间商的渠道拓展外,还可尝试与航空公司、铁路、公交系统和市区各大游客入驻比例较高的宾馆、酒店的合作对接,设置相应的景区产品营销点,拓展层级较低的间接营销渠道,增加景区信息的曝光度。在布局间接营销渠道时,景区应结合自身拓展全国市场发展境外市场的需求,加大景区踩线推荐活动力度,制订具体详尽的踩线活动方案,明确各区域踩线名额、批次、时间等信息,分批次组织相关区域市场旅行社门店赴景区考察踩线,增进旅行社门店销售人员对景区的认识了解,培育发展专业的线下推广人员,以便更好地开展推荐与销售。

(2) 直接营销渠道。景区直销是普遍利用的营销方式。涪陵是重庆市工业强区,招商政策条件优惠，对市内市外投资商具有较强吸引力，部分旅行社还开辟了涪陵工业旅游线路。再根据景区游客同事身份游览人数较的特点，武陵山大裂谷景区可结合区情，主动出击，开展与区内大型企事业单位、社团组织等单位的直接合作，开通面向本地企业的窗口，由企业直接输送游客，特别是在冬、春淡季，在传统营销渠道销售效果不佳的情况下，更应重点加强与企业的合作和地推，把企业年终的各类会议、团拜活动、春季的职工旅游福利等引入景区，缓解淡季景区冷清的问题。同时，在周边同类景区、娱乐场所、餐饮酒店等地开辟直销渠道，开展景区推荐，也是可考虑的方式。鉴于直销渠道建设初期投入成本相对较高，开辟前应对其产生的经济效益作好充分论证。

（3）网络营销渠道。现今，以互联网和移动互联网为代表的新媒体营销已经成为广告市场的主要力量[26]。通过调查了解，超50%的游客是通过旅行网络平台渠道了解景区促销信息和旅游线路甚至购买门票（见图5.7）。为此，景区可以加强与国内去哪儿网、携程网、飞猪网等多家网络平台建立合作，借助互联网平台，降低景区在宣传空间、时间和资金投入上的制约[55]。同时，加强与旅行网络平台的合作，也符合景区加快国际化拓展的定位，有利于信息更快地直达海外市场。目前景区尚未开通官方网站，景区可对官网建设问题开展专题论证，论证官网建设的可行性，确定官网服务项目，以拓展景区网络宣传渠道、销售订购渠道，使游客能够更加详细和全面地了解景区，方便其产品预订和购买，进而提升品牌形象。由调研可知，相当比例的游客通过微信等新平台了解景区信息，为此，武陵山大裂谷景区应结合游客心理特点，通过微信平台、微博等渠道，以软广告的方式，发布更多的网文推荐信息，激发共鸣，培育潜在游客[28]。此外，在自媒体时代，还应更加注重游客的口碑传播，可通过关注官方微信、转载点赞活动信息等方式给予游客纪念品、折扣奖励，让游客成为景区信息传播者，扩大景区传播范围和传播质量[52]。

5.5 基于双向沟通的景区促销策略

本节首先分析了营销景区促销活动的相关因素，再对景区现有促销渠道进行介绍，对消费者对景区促销活动的期望进行了分析，最后提出景区自身市场规划与消费者需求兼顾的促销优化策略。

5.5.1 景区促销活动影响因素

促销沟通组合是企业在一定时期内所采用的各种促销沟通工具的搭配。不同的促销工具各有特点，不同企业、产品在不同时间、空间等情况下，应选择适合于自己需要的促销策略和手段。除要考虑到不同促销手段的特点和要求外，还要考虑到以下几方面的因素：

（1）产品类型。不同旅游产品的消费者往往有不同要求，所选择的促销工具组合也应有所不同。如价格昂贵、购买风险较大的旅游产品，购买者往往不满足于一般广告所提供的信息，倾向于理智性购买，希望能得到更为直接可靠的信息来源，对这类产品，人员推销、公共关系往往就是重要的促销手段。而对于购买频繁、价值不高以及季节性较强的旅游产品，旅游购买者则倾向于品牌偏好，因而选择广告为此时的促销手段，其效果就较突出，如一些民俗节日旅游、餐饮产品等[27,48]。

（2）市场特点。目标市场的特点不同，不同促销工具所能发挥作用的空间就不同，促销水平也会不一样。首先，不同市场范围决定了必须选择不同的促销工具组合。若市场地域范围大，则宜选取广告促销，若地域范围较小，则宜应用人员推销，而中等范围实则宜综合运用多种工具[27,48]。

（3）沟通策略。旅游企业的促销沟通策略一般可分为"推"和"拉"两种。"推"的策略是指以中间商为主要促销沟通对象，将产品推入分销渠道，再由中间商推向市场；而"拉"的策略是指以最终消费者为促销沟通主要对象，直接诱发其购买欲望，由最终消费者向零售商、零售商向批发商、批发商向产品供应商求购，层层拉动购买的促销方式[27,48]。

景区促销的目的并非吸引的游客越多越好。如果景区人流量超过了景区的接待能力，会造成景区超负荷运营，带来景区过度消费并且会存在安全隐患。因此，促销活动应根据景区的淡旺季，在景区承受能力之内，开展促销吸引游客。

5.5.2 景区现行促销活动与消费者期望促销活动分析

由于旅游业是一个固定成本较高的行业，其产品是非物质的、不可贮藏，同时，旅游产品的需求弹性较大，季节性较强，因而，促销有相当重要的作用。单一的促销是不够的，旅游地通常将广告、销售促进、人员推销、公共关系等多种促销形式有目的、有计划地配合起来，形成一个整体的促销组合，以获得最佳的促销效果。

武陵山大裂谷景区在旅游广告上投入较多，采用广播、电视、报纸杂志等媒体进行促销。由于人员推销成本较高，近几年武陵山大裂谷景区也较多采用业内促销手段，即在业内人士范围内召开旅游发布会，参加各种旅游交易会、展销会。促销活动开展较多较频繁，遍布一年四季，"短小平快"特征突出，车友会等活动虽有一定针对性，但整体而言缺乏系统性，没有兼顾景区产品自身特点、渠道建设等因素，缺少王牌活动，更缺少对活动效果的后端评价。通过对游客的调研发现，越来越多的游客对主题活动的促销更加感兴趣，如文化主题月促销、驴友活动促销等。并且，游客对节假日促销和家庭优惠促销比较推崇（见图5.8和图5.9）。此外，针对不同消费群体的促销活动也受到了游客们的广泛欢迎。

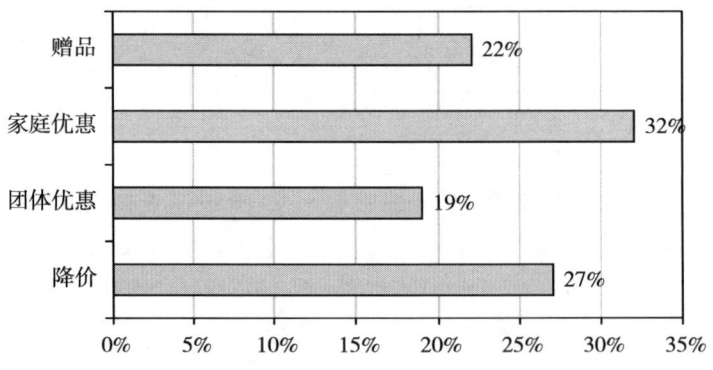

图 5.8　游客偏好的促销类型

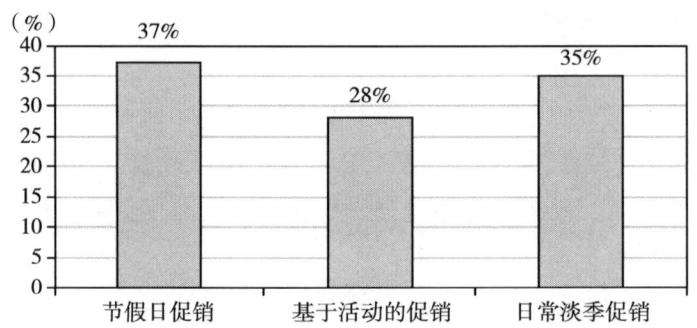

图 5.9　游客偏好的促销方式

5.5.3　景区旅游促销策略

（1）广告促销。

根据武陵山大裂谷景区 5A 景区的发展定位，长远来看其市场是面向全国乃至世界的，但短期而言，相较周边其他成熟景区，本地市场还有较大的发展和提升空间，因此目前还应继续坚持做好本土市场的培育。在广告宣传上，建议采用以本土宣传为主、市外市场为辅的模式。

在本土市场上，可继续加大本土特定媒体广告（户外媒体、电波媒体、印刷媒体、POP）和大众媒体广告（如报纸、杂志、电视、广播等）的投入，根据调研反映（见图 5.10），游客认为有效的广告渠道主要集中在人流集中的场所，因此应重点增加在人口密集区域的广告投入，可在原有广告渠道基础上，新增如交通站台、轨道交通、公交系统、商业中心户外立面广告等广告。鉴于景区自驾游客比例较高，结合图 5.10 调研情况反映，还应考虑在高速公路和车友俱乐部等区域投放广告，如重庆市区、涪陵区各条高速干线的服务区广告和高速立面广告。增加高速干线和室内人流节点的广告量，打牢市内宣传基础，不仅可对市内市民进行宣传推广，同时可引起到市内自驾游玩和自由行的外地游客的关注，引导其前往景区观光。

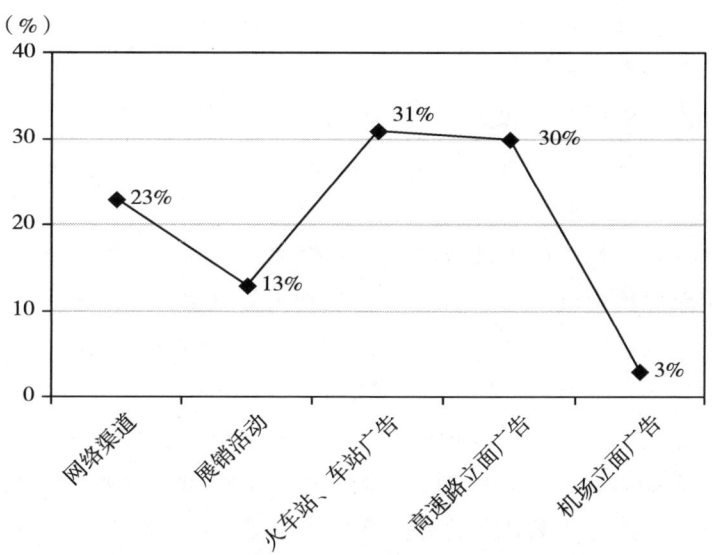

图 5.10　消费者认为最有晓得广告渠道

在对外宣传时，由于武陵山大裂谷景区系新开发运营景区，品牌效应不强，如以武陵山大裂谷单个景区独立对外推荐，很难吸引市外游客专程造访游览。鉴于此，景区应主动融入大重庆的景区旅游营销之中，借力重庆旅游大品牌和周边知名景区品牌，整体包装、整体营销，成为重庆旅游线路组合中的一部分[51]。广告内容设计须在全市统一宣传的基础上，特别突出武陵山大裂谷景区在全市旅游区的区位便利性（见图5.11），把武陵山大裂谷景区当作重庆旅游的中间节点进行宣传，向西连接主城渝西，东南连接武隆、酉阳，东北连接巫山、巫溪。即：游览武陵山大裂谷景区，既可从重庆主城快速直达，也可沿途向渝东南游览喀斯特地貌，领略土家、苗家风情，还可上

图 5.11　武陵山大裂谷区位及旅游连线辐射线路

渝东北游览高山景色和三峡风光，游览路线既可正向也可逆向。从而引导更多市外游客对到武陵山大裂谷景区驻足。

强化文化元素的引入。资源是景区的基石，文化元素是景区的灵魂。根据调研显示和武陵山大裂谷景区自身定位，武陵山大裂谷景区在广告宣传上，除做好景区特有的自然风光宣传外，还可将文化元素更多地融入景区宣传之中，既提高游客游览满意度，又提高景区经营效益，也符合涪陵区"旅游兴区"战略总体定位。

加大网络广告宣传力度。在5.4.4节中提到了景区有必要开展官网建设可行性论证的问题，如不须建设官网，景区可购买搜索引擎广告服务，向潜在消费者推送景区信息、超链接合作旅游平台，或通过官方微信、自媒体等形式开展网络宣传。如须建设官网，应在做好其他网络广告宣传的基础上，通过官网向潜在消费者提供实用新颖的服务，如虚拟导游、旅游线路定制、旅游信息查询、服务中心、旅游投诉等。利用多媒体软件技术展示旅游产品，并让客户在网上"亲身"体验[47]。同时，应注重与客户沟通的互动性、参与性和交流性，如让其参与旅游产品、旅游地形象设计和网页改版等活动中，采用激励措施和吸引工具（如电子贺卡、搜索引擎等）提高客户对网站的忠诚度[9,42]，进而提升官网的宣传效果。

（2）事件促销。

由于消费者精力有限，在信息爆炸和碎片化的时代，网络各类信息铺天盖地，严重影响着信息传播效果，人们更倾向于了解最新的实时热点，相信品牌效应和名人效应，以减少在选择过程中的时间成本。换言之，一则专题报道往往比一则广告更令目标客户信服。为此，武陵山大裂谷景区在做好广告推广这个面上工作的基础上，还应深度挖掘，关注实时热点，开展各类事件促销，及时宣传报道。例如，邀请公关专家策划"大手笔"的公关活动；邀请当地旅行社高管、有广泛影响的新闻媒介记者和专栏作家等来景区参观；邀请当地德高望重的社会名流、英雄人物和明星等来景区度假，授予代表性游客（如名人、专家等）以景区"荣誉游客"的称号等[47,66]。武陵山大裂谷景区还可积极参与当地政府精准扶贫工作和全市各类公益活动，帮助和引导周边村民围绕景区发展农副产业，并形成宣传报道。以武陵山大裂谷景区名义，积极参与到各类社会热点事件的讨论中，引导工作正面发声，树立景区良好的公众形象。在参与扶贫事件的促销推广中，应注意景区经济效益、社会效益和村民效益的结合，如达不到两者以上利益的兼顾就没有必要参与。景区还应继续参与真人秀等电视节目、参与影视作品拍摄，为节目和影视作品提供场地，从而在结合和影视作品播出过程中获取广泛关注度，提高景区知名度。此外，武陵山大裂谷景区还应注意建立完善景区危机公关体系，降低有关景区负面事件负面宣传造成的不良影响。需特别说明，在事件促销执行过程当中，不能本末倒置，只关注于促销执行过程，最重要的是突出对事件正面及时的宣传报道。

（3）活动促销。

在竞争激烈的旅游市场，景区不可能提供适合各个不同层次需要的资源，也不能将有限的资金进行全方位的宣传促销，只有在市场分析的基础上确定目标市场、深挖文化元素、紧贴节庆时点，有针对地运用各类促销活动，才能给旅游营销工作带来事半功倍的效果[53]。结合景区实际和游客调研情况（见图5.12），在大裂谷促销工作上，可从四方面进行思考。

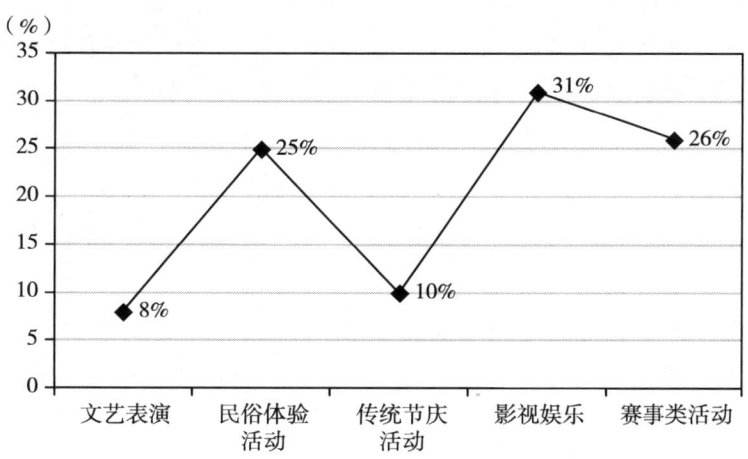

图 5.12　游客希望景区开展的活动

其一，继续做好游客细分和目标市场定位，为制订有针对性的促销活动打下基础。在研究过程中，本文对游客细分进行了初步研究，得出了部分结论，但取样量较小，在未来的工作中，大裂谷还需大量收集游客信息，通过整理分析，精准化目标市场定位，提高活动促销效果。

其二，继续开展和优化现有优质活动促销，如车友自驾活动和部分重要节庆时点活动促销，在开展自驾活动促销活动时，应结合市场开发计划，把目标对象从市内转向四川、湖北、贵州等省份，引导市外游客自驾来涪旅游，以培育市外客户市场。同时，根据活动反馈情况和焦点热点事件，及时优化和变更促销策略，推出热门项目，如2018年为世界杯年，可开展相关主题活动。

其三，可加强文化元素的引入，特别是文化体验类活动的引入，引入文化元素时，应注意尽量挖掘自身文化，将景区核心文化元素植入景区的对外宣传和各项活动促销之中。这里需特别注意，从图5.12调研情况反映，游客对文艺表演的活动形式认可度相对较低。景区应做好对已开展类似演出活动的后端统计和效果评估，以探讨文艺活动的有效性。同时，还可考虑创新文化类的主题活动，吸引社会团队、学校等参加，打造文化主题节。需注意的是，在引入相关活动时，对知名度一般、艺术形式平平的舶来文化不予引入，对广为公众接受的品牌文化应积极争取引入。

其四，丰富娱乐元素、打造重点活动[18]。由于游客对景区影视娱乐和赛事活动有较高的偏向（见图5.12），景区在打造活动时可引入更多旅游+影视、旅游+娱乐等元素，同时把一些经典的节庆、赛事活动培育形成每年举办的传统，形成具有相当规模的大型活动，形成固定的节庆项目，使这些节庆活动、影视娱乐元素成为提高武陵大裂谷知名度、提升旅游城市形象的重要载体。

（4）人员促销。

人员促销是景区促销的重要方式，通过营销人员在各个城市和各个单位进行营销是景区营销不可忽视的部分。首先，景区应单独或联合组团派员到目标市场举办旅游展览会，促销重点是周边主要城市，打开景区的知名度，吸引更多的游客；其次，促销人员对临近周边区县的专业团体，如各类协会、旅游公司企业等经常登门拜访，使对方及时了解武陵山大裂谷景区旅游产品信息，增加信任感[47]；再次，促销人员需要与重点客源市场的代表性机构建立长期、密切的关系，通过与机构之间的长期合作来保证景区的基本客流量。并且，以大裂谷为中心打包涪陵旅游资源组合推介，包括各市场推介与区市旅游局组织的各类旅游展览。此外，景区还需要通过人员促销，进一步加强市内与渝东南及渝东北各景区联线，同时按照发展规划，组织市场人员前往湖北、贵州、华东、华北、华南、西北、境外等区域，开展景区踩点、信息发布等推荐活动，拓宽受众人群。

6 营销策略的保障措施

在第 5 章的研究中，基于消费者调研，结合 4Cs 思维，运用 4Ps 工具，从产品、定价、渠道和促销四个方面对武陵山大裂谷景区营销策略进行了优化设计，主要解决的是营销策略方面的问题。但影响景区营销工作的因素涉及方方面面，有微观的也有宏观的，有可控的也有不可控的，在具体实施过程中仍需要做好各种各样的保障措施，以健全内部管理机制、用好宏观优势资源。以下措施不仅能够协助优化方案的有效实施，更能够帮助提升景区的营销体系和营销效果。

6.1 健全营销效果反馈体系

有效的营销效果反馈体系是景区调整营销策略、保障营销质量、提高营销效率的关键[11]。目前武陵山大裂谷景区在营销工作存在着重过程、轻反馈的问题，在营销效果的反馈上较为欠缺。一方面，景区缺乏大样本的游客信息、对景区满意度和意见建议的基础调研数据；另一方面，景区对各项促销活动、广告宣传等营销手段尚未建立准确量化的效果评价体系。因此，在未来的营销工作中，武陵山大裂谷景区须精心设计调研项目，加强对游客的调研、统计、整理和分析，进而提出指导景区产品打造、活动促销、渠道建设、广告投放的精确建议，同时还要建立完善的营销效果反馈和评价体系，加强对各类营销活动的对比和总结，以保障营销工作质量。

6.2 分阶段淡化行政主导，增强市场化意识

在前文中，简要介绍了大裂谷旅游景区经营背景，提到了行政主导的问题。在行政力量的主导下，景区当前的价值并非追求景区自身经济效益最大化，而是行政所需综合效益的最大化。由于行政主导的力量将影响到景区的定位整体规划等因素，会对营销工作产生影响，因此需要逐步淡化行政意识，增强市场化竞争意识，进而更好地保障武陵山大裂谷景区未来营销工作的开展。

现阶段，行政主导因素客观存在，但就武陵山大裂谷景区当前发展情况而言，是利大于弊的，主要原因有三点：其一，景区周边基础设施建设尚不完善，需要行政力量的强势介入为景区开发保驾护航，重点涉及武陵山大裂谷景区在区内旅游资源整合、交通基础设施建设、景区配套项目招商引资等。其二，旅游业的特性决定了它是一项综合性、依托性极强的行业，同时也具有一定的脆弱性，任何一个环节出现问题，都会对旅游业产生一定影响。在行政力量的关注下，景区可受益于行政力量对景区发展偏向性的宏观规划和对各行各业的调节稳控，以降低景区受到的外界冲击和不利影响。因此，在武陵山大裂谷景区尚处于快速发展快速扩张的背景下，武陵山大裂谷景区应加强与区内行政单位的联系，用好区政策资源，加快配置基础设施的打造，以促进景区快速发展。

按照哲学原理，凡事具有两面性，行政主导为武陵山大裂谷景区发展带来了利也必将带来弊，而且伴随景区的成长，利弊间的占比会动态变化。可以假设，如果只从景区自身利益出发（不考虑综合效益），随着景区的日渐成熟，景区盈利能力将越变越强，但由于行政力量讲求综合效益最大化的特点，势必出现综合效益最大化与景区经营效益最大化相矛盾的情况，此时此刻，行政主导的力量，又可能成为影响景区自身经营利益的因素。因此，随着情况的发展成熟，站在景区自身利益角度，适度淡化行政主导，减少行政主导可能带来的景区自身发展影响是有必要的。需要说明的是，淡

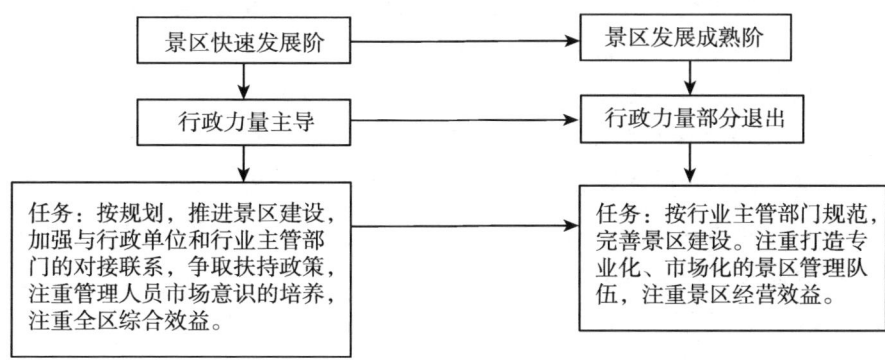

图 6.1 淡化行政主导的路线示意图

化行政主导是指在景区营销工作、经营管理、人员意识上的市场化，突出效益和质量，减少行政干预的与市场化原则相悖的开发建设，但仍需在政府旅游行业主管部门的指导下规范景区各项工作。作为行政主管部门，有必要从经济效益、社会效益、环境效益等维度建立完备的景区绩效评价体系，保证景区良性可持续发展[45]。

6.3 加强景区周边居民素质教育，改善景区整体形象

除景区工作人员以外，景区周边的居民同样是景区的形象代言，他们的一举一动一言一行都向游客传递着整个景区的形象，是景区软实力的重要体现。由于武陵山大裂谷景区周边多为贫困村镇，居民受教育程度普遍较低。对此，景区在打造好自身形象的同时，也应联合当地政府，加强居民素质教育。第一，加强文明宣传教育，景区公司应借力涪陵区创建全国文明城区的东风，积极与当地政府联合举办各类文明城区创建活动，引导周边居民树立基本的文明意识、环保意识和安全意识。第二，要把周边居民作为景区公司的编外人员对待，在开展文明素质教育的同时，融入对景区的介绍和相关标准化服务培训，让他们成为景区的宣传和形象打造的一部分[9]。第三，结合全区乡村旅游发展规划，引导周边有条件的居民参与到景区配套服务建设之中，如农副产品销售、农家乐等，让他们成为武陵山大裂谷景区的利益共同体，参与到景区全员营销之中[48]。需要指出的是，提升周边居民素质是一项长期而复杂的系统工程，也是一个循序渐进的积累过程，景区公司应做好打持久战的准备，建立长效的宣传教育机制，同时还应强化对依附景区开展相关经营活动的居民的管理，如采取定期考核、授牌推荐等管控措施，促使他们向游客提供更优质的服务。

6.4 加快景区周边配套设施建设

景区周边配套设施完善程度是景区发展和营销策略顺利实现的基础和保障。现阶段，武陵山大裂谷景区处于快速发展阶段，景区周边配套设施尚不完善，要增强旅游体验，吸引更多游客游览，务必加快景区周边配套基础设施建设，特别是周边交通道路、配套餐饮和住宿、休闲娱乐等项目等。周边交通配套重点是加快梓白高速建设（见图6.2），截至2018年2月，该道路已完成工程量的70%，预计年底通车，届时从重庆市区出发通过梓白高速达到武陵山大裂谷景区将节省40分钟左右行程。配套餐饮主要是增设景区内部用餐节点，引入更多小吃摊位，方便游客用餐和享受当地特色美食。住宿主要是联合当地政府引导周边村民季节性的发展农家乐，以作为景区枳城客栈的辅助和补充，同时也为游客提供更多档次和价位的居住选择。休闲娱乐设施主要是增设周边旅游商品等配套购物区域，此外，还要重点打造景区内部景观工程和娱乐项目，增强游客游览体验。

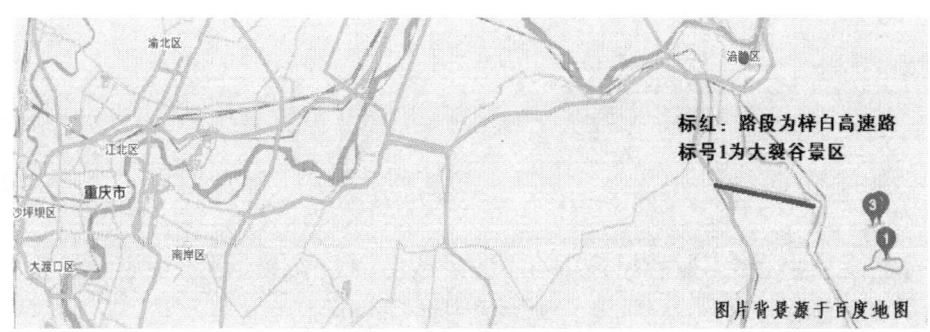

图 6.2　梓白高速区位示意图

6.5　完善员工管理体制机制，保障营销工作顺利开展

完善员工职业发展规划和晋升机制。员工是景区发展的基础，建立完善的员工职业发展规划，打通员工晋升通道，才能更好地激发员工工作潜能，实现景区利益与员工利益有机融合。目前景区公司尚建立员工的发展规划和晋级升职机制，集团公司也未严格落实好相关文件精神，对员工的个人发展关注缺乏。建议景区公司要在集团公司相关文件的基础上，体现"以人为本"的精神，制订与景区公司市场化经营定位相符的员工职业发展规划和晋升机制，避免"大锅饭"情结，让有胆量有能力的员工在竞争中脱颖而出。

完善景区营销中心人员的绩效考核机制。目前景区营销中由景区所属集团公司统一组织考核，但更多的是基于整个中心层面，对营销中心具体到个人的考核机制还需完善。对此，建议加强中心内部考核，为绩效奖金的分配提供更准确的依据，增强考核的全面、客观、公正性。其一，增加营销中心后勤工作人员考核任务，重点是及时收集营销中心内部考核依据，并每月开展评估。其二，建立日常工作记录台账和特殊贡献记录台账，对比工作任务完成情况进行考核，评定考核等级。其三，根据岗位性质，分类设计中心不同岗位人员的考核评价表格，完善绩效考核体系。其四，增设中心全员额外目标任务奖，提取一定比例的景区收入作为营销人员超额完成全年任务的奖金，提高营销人员工作积极性。

加强景区工作人员管理培训。景区旅游从业人员包括景区员工尤其是导游、景区工作人员、酒店员工等从业人员。目前，景区内工作人员大多对游客不够热情友好，让游客感觉冷漠。为此，景区应定期组织标准化的接待服务培训，定期考核，以转变待客的态度，提高服务质量。景区内部可以自行做培训，可以组织参加区旅发委定期组织的相关培训，还应从"住、吃、行、游、娱、购"等方面引入可量化的服务考核评价体系，以增强服务专业性，提高景区旅游从业人员的服务能力[46]。

7 研究结论及展望

7.1 研究结论

本文认为4Ps作为经典营销理论包含旅游营销过程的所有必备因素,在现代旅游营销中仍具备较强实用性,特别是在以国资主导、追求社会效益、综合效益的情况下,更能体现其价值。4Cs理论强调对消费者需求的关注,是对4Ps理论的补充和完善。在实践应用中,应结合4Ps与4Cs思维,兼顾景区自身发展定位和消费者需求开展营销策略设计。

在对武陵山大裂谷景区的调研分析过程中,本文采用了对景区有关人员走访和游客问卷调研相结合的方式,不仅从景区的产品角度考虑景区建设所存在的问题,更从游客需求的视角来审视景区的产品策略、价格策略、渠道建设和促销体系的优化调整。

本文根据武陵山大裂谷景区存在的问题、自身发展和游客需求,提出了以下营销策略优化建议:

在景区产品方面,应注重文化旅游商品的开发和景区旅游线路的改造升级,打造综合性服务景区,整合区内区外景区资源,建立景区联盟。

在景区产品价格方面,应结合竞争景区和游客需求,采用差异化定价、感受价值定价、积木结构定价等方式动态调整产品价格。

在景区渠道建设方面,要重视游客购买旅游产品的便利性,加强旅行社、酒店、区内企业和社会组织等间接、直接渠道的开发,加强自媒体、电商平台等渠道的应用,缩短并拓宽分销渠道,重视游客的口碑传播效益。

在景区促销活动方面,应在做好现有优质促销活动的基础上,继续开展市场细分,提高广告促销、事件促销、活动促销和人员促销的针对性,促销时应注重重要节庆时点和品牌活动的打造,引入更多影视娱乐元素,加大网络等新媒体的营销力度。

在营销策略保障措施方面,要健全营销效果评价体系,根据景区发展情况分阶段淡化行政主导的发展模式,同时,还须加强景区周边居民素质教育、加快周边配套基础设施建设、完善员工管理体制机制。

7.2 研究不足及展望

由于笔者研究水平和能力有限,因此,在研究过程中还存在着诸多不完善之处,主要有:

(1)在相关知识的运营理解方面。本文需要对营销学理论有较为深入的了解和研究,涉及跨学科理论和4Ps与4Cs的联动分析,增大了研究难度,论证过程可能出现叙述不完整、论证不严谨的问题。

（2）在相关数据的收集分析方面。由于周边景区营销数据涉及商业机密问题，收集难度较大；在武陵山大裂谷景区游客的调研上，调研数据样本较少，且调研时段集中在冬季，很难全面客观地为景区目标客户定位提供有力的支撑，进而可能影响到策略的有效性和针对性。

（3）在营销策划的优化设计方面。对比景区现有营销策划工作存在问题，并提出了部分有针对性可操作的优化措施，但部分问题仅限于发现和提出概念性意见，缺乏具体操作的意见。

本文对武陵山大裂谷景区营销策略优化进行了探索，但仍存下述问题有待进一步研究，分别为：

（1）如何充分利用新媒体的覆盖面和营销渠道的多元化特点，更优更好地开展市场调研，为开展景区营销策略提供基础数据。

（2）如何建立精准全面的营销效果评价体系。

（3）如何设计打造景区整体形象，融入文化元素，开展精准高效的营销推广活动。

（4）论证建设景区官网可行性，如确定需建设，如何设计官网服务项目。

参考文献

[1] 吴必虎. 区域旅游规划原理［M］. 中国旅游出版社, 2001.

[2] 阿拉斯塔·莫里森, 莫里森, Morrison, 等. 旅游服务营销［M］. 电子工业出版社, 2004.

[3] 科特勒. 旅游市场营销（第5版）［Marketing for Hospitality and Tourism (Fifth Edition)］［M］. 东北财经大学出版社, 2011.

[4] 戴维·韦弗, 劳拉·劳顿, David Weaver 等. 旅游管理［M］. 中国人民大学出版社, 2014.

[5] （英）约翰·斯沃布鲁克（John Swarbrooke）, （英）苏珊·霍纳（Susan Horner）著, 旅游消费者行为学［M］. 电子工业出版社, 2004.

[6] 朱孔山. 旅游整合营销内容范畴探讨［J］. 商业研究, 2009（3）：214 – 216.

[7] 李晓冬. 浅析旅游体验营销及开发策略［J］. 现代营销（学苑版）, 2013（3）：38 – 39.

[8] 陈江波, 刘任重, 于潇. 基于4C理论的旅游定制营销策略［J］. 哈尔滨师范大学社会科学学报, 2014（2）：80 – 82.

[9] 唐峰陵, 林龙飞. 论旅游品牌文化的构建［J］. 乐山师范学院学报, 2008（1）：113 – 116.

[10] 许刚. 旅游市场营销组合理论综述［J］. 北方经贸, 2010（5）：131 – 132.

[11] 丁正山, 周永博, 李亚儒, 谢朝栋. 政府旅游营销传播的实证研究——以江苏省

常熟市为例 [J]. 经济地理, 2012 (12): 182-186.

[12] 马林, 李雪丽, 祁洪玲. 大连市旅游营销策略探讨 [J]. 商业研究, 2008 (8): 134-137.

[13] 郭英之, 张红. 21世纪区域旅游市场营销策略发展趋势研究 [J]. 唐都学刊, 2003 (1): 148-150.

[14] 陶薇. 我国老年人旅游市场发展现状及营销策略分析 [J]. 对外经贸, 2016 (11): 70-72.

[15] 胡晓琳, 李欣亮, 胡鸿杰. 中国旅游市场营销发展策略分析 [J]. 中国商贸, 2011 (8): 152-153.

[16] 王凯, 代斌. 浅析我国旅游营销发展趋势及存在的问题 [J]. 网络财富, 2010 (12): 99-100.

[17] 刘凤文, 刘艳贞, 谢华, 杨春晓, 袁淑香, 马卉, 刘春起. 大兴安岭旅游营销策略初探 [J]. 科技创新导报, 2011 (7): 202-203.

[18] 喻晶琪, 曾克峰, 刘超. 地质公园的旅游营销策略研究——以当阳百宝寨为例 [J]. 国土与自然资源研究, 2014 (6): 45-49.

[19] 胡婷婷, 罗洁. 国内旅游营销研究综述 [J]. 科技广场, 2011 (6): 141-144.

[20] 唐峰陵, 林龙飞. 论旅游品牌文化的构建 [J]. 乐山师范学院学报, 2008 (1): 113-116.

[21] 高锐. 浅谈中国旅游业发展现状及发展趋势 [J]. 旅游纵览 (行业版), 2012 (5): 82.

[22] 王凯, 代斌. 浅析我国旅游营销发展趋势及存在的问题 [J]. 网络财富, 2010 (12): 99-100.

[23] 于笑云, 张玉钧. 生态旅游市场营销研究综述 [J]. 四川林勘设计, 2008 (1): 31-34+76.

[24] 谭敬学. 我国旅游营销的发展现状及对策 [J]. 中外企业家, 2013 (8): 98-99+119.

[25] 潘丹. 基于资源整合的南京市旅游营销研究 [D]. 东北师范大学, 2006.

[26] 陈霁. 新媒体背景下的中国旅游营销研究 [D]. 中央民族大学, 2011.

[27] 王军委. 基于4PCs理论的景区旅游营销诊断与策划 [D]. 广西大学, 2007.

[28] 谢朝栋. 旅游景区新媒体营销策略研究 [D]. 南京师范大学, 2014.

[29] 杨帆. 张家界旅游景区营销策略研究 [D]. 湖南大学, 2009.

[30] 张国芬. 基于旅游与微博联姻视角下的旅游景区营销策略研究 [J]. 价格月刊, 2014 (8): 65-67.

[31] 王惠. 基于自媒体的旅游景区营销策略研究——以常州天目湖景区为例 [J]. 安徽农业科学, 2017, 45 (31): 182-184.

[32] 滕茜,杨勇,布倩楠,等.基于网络文本的景区感知及互动研究——以上海为例[J].旅游学刊,2015,30(2):33-41.

[33] 王婉婷,刘晓岗,董蕊.基于整合营销理念的陕西新媒体旅游营销策略探析[J].智富时代,2017(2):33.

[34] 王懿.基于游客感知的沙溪古镇文化旅游品牌营销研究[J].中国商论,2017(28):53-55.

[35] 许莲.移动互联网环境下的乡村旅游营销策略创新研究[J].农业经济,2017(3):143-144.

[36] 琚胜利,陶卓民,韩彦林.南京乡村旅游景区游客网络关注与景区引力耦合协调度[J].经济地理,2017,37(11):220-228.

[37] 田逢军.中部崛起背景下江西旅游景区发展问题与提升路径[J].经济地理,2016(1):194-199.

[38] 王建英,黄远水,叶新才.可达性及游憩压力视角下乡村旅游景区(点)空间结构优化[J].地理与地理信息科学,2016,32(5):110-114.

[39] 郑永贤,张智光.森林旅游景区生态安全要素及其景观感知传递性分析[J].中南林业科技大学学报,2015,35(2):123-129.

[40] 张佳运,高敏华,刘海军.新疆A级旅游景区空间结构演变分析[J].水土保持研究,2016,23(4):138-142.

[41] 周薇薇,曹俊华,胡晓峰.旅游景区"门票经济"的经济学分析及对策[J].辽宁工程技术大学学报(自然科学版),2015,17(5):512-515.

[42] 李伟,李慧凤,杨洁.基于智慧旅游视角的景区网站服务功能及其评价——以华北地区10家5A级旅游景区网站为例[J].资源开发与市场,2015,31(9):1149-1152.

[43] 李东瑾,毕华.中国国家森林公园旅游景区空间结构研究[J].中国人口资源与环境,2016(S1):274-277.

[44] 申倩琳,董凤丽.乡村旅游景区可持续发展评价指标体系研究[J].沈阳农业大学学报:社会科学版,2015(2):129-134.

[45] 隋玉正,李淑娟,王蒙.山东半岛蓝色经济区旅游景区绩效评价研究[J].中国海洋大学学报:社会科学版,2015(5):67-72.

[46] 包珺玮,王晓峰,宋光飞,等.基于IPA法的精品旅游景区服务质量定量评价——以翠华山景区为例[J].干旱区资源与环境,2015(2):196-201.

[47] 蒋凌云.桂林旅游营销研究[D].广西大学,2005.

[48] 何晓晴.基于客户价值导向的入境旅游营销组合策略研究[D].河海大学,2006.

[49] 刘玲.江西龙虎山景区旅游营销研究[D].广西师范大学,2016.

[50] 闫金亮. 中国森林公园旅游营销研究 [D]. 北京林业大学, 2010.

[51] 苏雅婷, 马元柱, 袁书琪, 石玉. 同城化背景下的旅游营销策略研究——以厦漳泉为例 [J]. 海南师范大学学报 (自然科学版), 2012, 25 (4): 458 – 464.

[52] 周效东. 新媒体时代提升旅游营销策略的途径初探 [J]. 河北旅游职业学院学报, 2016, 21 (2): 32 – 35.

[53] 刘勇. 节事旅游营销策略研究——以"哈尔滨国际冰雪节"为例 [J]. 旅游纵览 (下半月), 2013 (6): 101 – 105.

[54] 杨衍江. 顾客感知价值与旅游景区商品价格策略的抉择 [J]. 价格月刊, 2016 (7): 63 – 66.

[55] 高峰. 旅游网络营销渠道策略分析 [J]. 人民论坛, 2010 (14): 148 – 149.

[56] 胡婷婷, 罗洁. 国内旅游营销研究综述 [J]. 科技广场, 2011 (6): 141 – 144.

[57] Beerli A, Martín J D. Factors influencing destination image. [J]. Annals of Tourism Research, 2004, 31 (3): 657 – 681.

[58] Garcia H C. Destination image: Toward a conceptual framework [J]. 2002.

[59] Frew A J, O' Connor P. Destination marketing system strategies in Scotland and Ireland: an approach to assessment. [J]. Information Technology & Tourism, 1999, volume 2 (1): 3 – 13 (11).

[60] I. Nyoman Sudiarta, I. Wayan Suardana. Tourism Destination Planning Strategy: Analysis and Implementation of Marketing City Tour in Bali [J]. Procedia – Social and Behavioral Sciences, 2016, 227.

[61] Burgess L, Cooper J, Cerpa N, et al. A comparative analysis of the use of the web for destination marketing by regional tourism organisations in Chile and the Asia Pacific [C] // Collecter Conference. 2005: 82 – 90.

[62] Tunnard C R, Haines P. Destination marketing systems: a new role for tourist board marketing in the information age [J]. Journal of Vacation Marketing, 1995, 1 (4): 392 – 399.

[63] Nikola Cuculeski, Ilijana Petrovska, Vasko Cuculeski. Sustainable marketing and consumers' preferences in tourism [J]. European Journal of Tourism, Hospitality and Recreation, 2016, 7 (2).

[64] Xu F, Tian F, Buhalis D, et al. Tourists as mobile gamers: Gamification for tourism marketing [J]. Journal of Travel & Tourism Marketing, 2016, 33 (8): 1124 – 1142.

[65] Sotiriadis M, Apostolakis A. Marketing challenges in travel, tourism and hospitality industries of the European and Mediterranean regions [J]. EuroMed Journal of Business, 2015, 10 (3).

[66] Park S B, Ok C M, Chae B K. Using twitter data for cruise tourism marketing and re-

search [J]. Journal of Travel & Tourism Marketing, 2016, 33 (6): 885 - 898.

[67] Kolcun M, Kot S, Grabara J. Use of elements of semiotic language in tourism marketing [J]. International Letters of Social and Humanistic Sciences, 2014, 15 (1): 1 - 6.

[68] Liu C H S, Chou S F. Tourism strategy development and facilitation of integrative processes among brand equity, marketing and motivation [J]. Tourism Management, 2016 (54): 298 - 308.

[69] McCamley C, Gilmore A. Entrepreneurial co - creation in emerging heritage tourism regions: the role of entrepreneurial networks [J]. 2016.

[70] Leung R, Au N, Law R. The recent Asian wave in tourism research: The case of the Journal of Travel & Tourism Marketing [J]. Asia Pacific Journal of Tourism Research, 2015, 20 (1): 1 - 28.

附录

武陵大裂谷消费者满意度调查问卷

尊敬的游客您好！本问卷旨在调查游客对武陵大裂谷的满意度和游览需求，调研结果仅仅用于学术研究，您的信息会被严格进行保密。感谢您的配合！

一、基本信息

1. 年龄：_____ <20岁；_____ 20～30岁；_____ 30～40岁；_____ 40～50岁；_____ >50岁

2. 居住城市：_____ 重庆；_____ 西南地区；_____ 其他；_____ 港澳台；_____ 东南亚

3. 旅行方式：_____ 家庭；_____ 同事；_____ 朋友；_____ 个人

4. 第几次来武陵大裂谷？_____ 第一次；_____ 多次

   游览几天？_____ 1天；_____ 多天

   是否和周边景点一起游览？_____ 是；_____ 否

   是否为自驾游？_____ 是；_____ 否

5. 从哪个渠道得知的景点信息？_____ 口头；_____ 新闻广告；_____ 旅行社；_____ 旅行平台

二、对景区的满意度

1. 总体游览体验：_____ 非常满意；_____ 满意；_____ 一般；_____ 不满意；_____ 非常不满意

2. 景点：_____ 非常满意；_____ 满意；_____ 一般；_____ 不满意；_____ 非常不满意

3. 游览路线：_____ 非常满意；_____ 满意；_____ 一般；_____ 不满意；_____ 非常不满意

4. 硬件设施：_____ 非常满意；_____ 满意；_____ 一般；_____ 不满意；_____ 非常不满意

5. 配套服务：_____ 非常满意；_____ 满意；_____ 一般；_____ 不满意；_____ 非常不满意

6. 旅游商品：_____ 非常满意；_____ 满意；_____ 一般；_____ 不满意；_____ 非常不满意

7. 景区价格：_____ 非常满意；_____ 满意；_____ 一般；_____ 不满意；_____ 非常不满意

三、对景区的期望

1. 希望增加哪种类型的景点：_____ 户外；_____ 文化；_____ 亲子；_____

养生

2. 景区价格偏好：_____固定价格；_____浮动价格
3. 与周边景区相比，价格：_____偏高；_____偏低；_____适中
4. 何种广告渠道最有效：_____商圈立面广告；_____展销活动；_____火车站、车站广告；_____高速路立面广告；_____机场立面广告；
5. 倾向于哪种销售渠道：_____旅行社；_____旅行网站；_____新平台（微博、微信）
6. 倾向于哪种促销：_____节假日；_____依托活动；_____淡季促销
7. 喜欢的促销方式：_____降价；_____团体优惠；_____家庭优惠；_____赠品
8. 倾向于景区开展的活动：_____文艺表演；_____民俗体验活动；_____传统节庆活动；_____影视娱乐；_____赛事类活动

再次感谢您的配合！祝您旅途愉快！

消费者调研问卷各问题选项统计

基本信息	年 龄	小于 20 岁	20～30 岁	30～40 岁	40～50 岁	大于 50 岁
		5%	21%	27%	36%	11%
	居住城市	重庆	西南	其他	港澳台	东南亚
		54%	21%	13%	2%	0%
	旅行方式	家庭	同事	朋友	个人	
		38%	32%	28%	2%	
	第几次来武陵大裂谷？	第一次	多次			
		83%	17%			
	游览几天？	1 天	多天			
		92%	8%			
	是否和周边景点一起游览？	是	否			
		29%	71%			
	是否为自驾游	是	否			
		62%	38%			
	从哪个渠道得知的景点信息？	口头	新闻	旅行社	旅行平台	
		35%	16%	27%	22%	

续表

	项目	非常满意	满意	一般	不满意	非常不满意
对景区的满意度	景区总体游览体验	31%	40%	19%	10%	0%
	景区的景点	13%	32%	35%	20%	0%
	景区的游览路线	9%	28%	38%	22%	3%
	景区的硬件设施	37%	30%	25%	8%	0%
	景区的配套服务	11%	20%	43%	21%	5%
	景区的旅游商品	8%	25%	32%	27%	8%
	景区价格满意度	29%	42%	20%	9%	0%
对景区的期望	希望增加的景点	户外活动	文化类	亲子类	养生休闲	
		13%	31%	26%	30%	
	景区价格偏好	固定价格	浮动价格			
		42%	58%			
	与周边景区相比，价格	偏高	偏低	适中		
		14%	39%	47%		
	认为何种广告渠道最有效	网络渠道	展销活动	火车站、车站广告	高速路立面广告	机场立面广告
		23%	13%	31%	30%	3%
	倾向于哪种销售渠道	旅行社	旅行网质	新平台（微信、微博等）		
		18%	57%	25%		
	倾向于哪种促销	节假日促销	基于活动的促销	日常淡季促销		
		37%	28%	35%		
	喜欢的促销方式	降价	团体优惠	家庭优惠	赠品	
		27%	19%	32%	22%	
	倾向于景区开展的活动	文艺表演	民俗体验活动	传统节庆活动	影视娱乐	赛事类活动
		8%	25%	10%	31%	26%

HB 制药公司销售人员绩效考核体系优化研究

刘 伟　饶扬德

摘　要： 经济全球化是世界经济发展的结果，对市场经济的影响越来越显著，我国的经济形势也由此发生了很大变化。医疗保健行业也随着需求增长逐渐在壮大和规范，在国民经济中占据着越来越重要的位置。作为医药产业的上游，制药产业一直以来都是关系国计民生的重要产业，开放的市场环境和庞大的医药市场也吸引了国际众多的制药企业。医药市场的秩序也随着国家法治体制的不断完善，进行着一次次的"医改""药改"等调整，整个行业持续保持着良好发展态势，规模效益日益稳步增长。

销售是制药企业的关键环节之一，是企业实现目标利润和产品价值的保证，是企业攻坚克难的第一关口。药业企业销售人员的绩效考核不同于传统的企业绩效考核。本文以 HB 制药企业为研究对象，全文共分成六个部分。第一部分主要是选题的背景、意义、国内外研究现状及研究思路。第二部分主要是绩效考核的相关概念及理论综述，对绩效考核相关理论基础进行综述。第三部分是 HB 制药企业销售人员绩效考核现状及问题分析，介绍 HB 制药企业概况及销售人员绩效考核现状，并通过问卷调查分析 HB 销售人员当前绩效考核存在的问题。第五部分针对 HB 制药绩效考核存在的问题，优化设计其绩效考核体系。第六部分是结论及展望。

本文研究结论：制药企业的销售人员绩效考核体系应该紧密围绕企业的发展战略，结合自身的发展阶段和管理实际进行优化设计。本文引用 KPI 绩效管理方法，构建 HB 制药公司销售人员绩效考核体系，该绩效管理的设计方案，必将对 HB 制药公司销售人员整体的人力资源管理工作起到极大的推动和提升作用，也将为其他类似企业提供借鉴参考。

关键词： HB 制药企业；销售人员；绩效考核

1 绪论

1.1 研究背景

经济全球化是世界经济发展的结果,对市场经济的影响越来越显著,我国的经济形势也由此发生了很大变化。党的十九大以来,我们国家进入了一个更加崭新的时代,国民经济也开始从高速增长向高质量发展的方向转变,逐步进入优化经济结构和转换增长动力的关键阶段。在经济改革的关键时刻,市场经济的竞争会更加激烈,对国有企业和私营企业来说,都面临着机遇和挑战,当前这种经济发展的格局会常态化。在这种复杂多变的经济环境中,增强自身竞争力、优化内部资源成为企业发展的首要任务,只有这样,才能确保企业获得丰厚的经济效益,在竞争中处于绝对优势,使企业得到更大的发展。

根据"不评价就无法进行管理"的论断,可以看到绩效考核在公司管理中的重要性。在现代社会,社会文化与社会经济并肩前行,这使企业员工更加注重自我价值的实现。这对国有企业的发展转型提出了更加迫切的要求。不断完善企业绩效考核体系既是对企业内部体制的调整,也是为了国有企业能够更好面对未来市场中的风险而做的准备。只有健全了企业的绩效考核体系,才能够更好地激发企业员工的积极性,促进企业良性发展,不断提高企业软实力及硬实力。

药业企业绩效考核体系的建立虽基于传统企业绩效考核方式,但还是有所差别。在传统的企业绩效考核体系中,注重企业销售人员的业绩结果和企业当前的市场环境综合做出判断,核准绩效标准。但随着我国经济步入新时代,企业规模不断发展,为了便于管理,公司经营和公司本身的所有权不再是一个整体。这个时候如果继续仅以公司的财务收支状况最终结果作为员工考核的标准,尤其是一线销售人员的业绩考核标准,就有失偏颇。面对这样一个日渐复杂的市场环境,企业需要掌握更加丰富、全面的信息,才能保证企业内部考核的公正性。药业企业也是如此,在对待企业员工的业绩考核上,要多方面、多层次考量,综合做出评价,只有这样,才能从制度上保障员工的利益,推动企业发展。

HB 制药就是我们今天的研究对象,这个制药企业自成立以来,一直没有制订科学完善的绩效考核指标体系,所以在经营管理过程中也不能对销售人员进行合理、公正的评价。

1.2 研究目的及意义

1.2.1 研究目的

通过对 HB 制药销售人员绩效考核体系的深入研究,帮助大家对 BSC 绩效考核体系理论脉络了解得更清晰，通过运用绩效考核体系建立过程中的实例，总结经验，吸取教训，更希望 HB 制药以此为参考，将企业销售人员绩效考核体系做得更加完美。

1.2.2 研究意义

本文在运用现代绩效理论的基础上，认真分析和研究了 HB 制药企业销售人员的业绩情况，建立了 HB 制药企业销售人员绩效考核指标体系，本文的研究意义主要有以下几点：

（1）绩效考核指标体系的构建，转变了 HB 制药企业销售人员的观念，提高了 HB 制药企业的销售人员经营管理水平，进一步提高了企业的竞争力。新的绩效考核制度可以使 HB 制药企业销售人员，及时沟通和反馈销售情况，完善了销售人员内部的信息机制，提高了 HB 制药企业内部的管理水平和工作效率。企业内部管理水平的提高，为 HB 制药企业确立了正确的运营方向和目标，同时摒弃了企业陈旧的绩效管理模式，使企业的领导管理层转变了企业经营观念，促使企业在管理运营方面更加科学化，专业化，规范化。

（2）绩效考核指标体系的构建，有利于促进企业战略目标的实现，对研究企业战略与绩效考核之间的相互联系、推动企业发展有着十分重要的意义。只有在绩效管理的运行过程中，才能形成完备的战略性绩效管理体系，因此，企业战略目标的实施一定要和企业管理紧密结合，这样才能保证企业目标的实现。对于企业销售人员的绩效考核，应以企业的战略目标为指导，这样才能确保企业的绩效管理和战略管理相互统一。

（3）绩效考核指标体系的构建，有助于研究 HB 制药销售人员的管控模式，对深入研究企业绩效考核理论的应用有着重要的借鉴意义。本文以传统的绩效考核理论为依据，构建了 HB 制药企业销售人员绩效考核指标体系，这项研究对于探索有效管理企业销售人员及其管控模式具有十分重要的意义。

（4）绩效考核指标体系的构建，有助于在 HB 制药企业内部形成科学的激励管理体系，提高企业的工作效率。在 HB 制药企业构建绩效考核指标体系，利用提高销售人员的主观能动性、工作积极性和销售技巧创新性，使 HB 制药企业的运营效率大大提升。因此，在企业未来的发展中，绩效考核制度作为企业激励和约束机制中的重要组成部分，会越来越完善，越来越科学和规范。

1.3 研究的思路和方法

1.3.1 研究的思路

本文研究思路如图 1.1 所示。

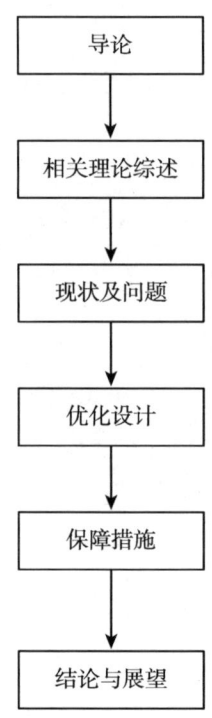

图 1.1　研究思路

1.3.2　研究的方法

（1）文献分析法。通过对国内外众多相关论文、文献、书籍进行分析整理，统计绩效管理的主要研究内容，首先是绩效的定义、绩效考评的目的、绩效评价常采用的方法，并详细分析了平衡记分卡。

（2）问卷调查法。由于笔者对 HB 制药销售人员的主要问题比较了解，因此积极运用问卷调查法，对 HB 制药公司销售人员进行抽样调查，了解相关销售人员对当前绩效考核意见。

（3）统计分析。主要运用比率分析、趋势分析、同比环比分析等常规统计分析的手段，对 HB 制药公司当前销售人员特点进行分析，对问卷调查中样本销售人员对当前绩效考核的满意程度进行整理。

1.4　可能的创新点

第一，针对制药企业销售人员这一被考核主体，确定了绩效考评主体和符合本类企业特点的绩效考核周期。在以往的研究中，都是选取各种固定时间点考核周期的搭配，来实现合理考核周期的设定，本文在此基础上增加了不同岗位的考核，迎合了制药企业的特点。

第二，优化 HB 制药公司销售人员绩效考核体系，提升销售人员工作效率。HB 制药公司销售人员当前的绩效考核体系已经运行四年，该绩效考核体系制定初期的外部环境、内部环境都发生了较大变化，该绩效考核体系从实际运行效果来看存在较大问题，如何解决这些问题就成为 HB 公司当前绩效考核的重点。本文通过对绩效考核体系的优化，结合措施可以进一步提高销售人员工作积极性，提升工作效率。

第三，完善 HB 制药绩效考核体系，有利于企业战略的实施。本文的绩效 KPI 试图从企业层面、部门层面开始设计，在企业、部门等层级 KPI 指导下再设计各级销售人员 KPI，促进销售业绩的提升，进而实现 HB 公司的经营战略。同时完善闭环绩效管理的考核体系，有利于企业战略的实施。在辅助措施中强调了闭环绩效管理，强化各个环节的沟通交流，形成绩效闭环管理，通过绩效成果在企业管理各个环节共享，实现绩效管理全方位的激励作用。

2 文献综述与理论基础

2.1 绩效考核相关理论

2.1.1 关于绩效考核内涵的研究

伯纳丁（BernArdin，1984）认为绩效的基本定义为：当主体已经将某一活动或者任务完成时，由此取得的效果及成绩为绩效，换而言之就是投资产出比。绩效主要由三个方面组成，分别是个人绩效、部门绩效、企业绩效。因其所获得的成绩不同，所以所得绩效也不相同。个人属于部门的一部分，而部门又属于企业的一部分，当个人完成其绩效，自然部门也就完成了绩效；当企业中每个部门都完成其所属绩效，企业绩效自然也就完成了。但是当企业绩效完成时，并不能代表就已完成个人和部门绩效。

绩效具有动态性、多维性、多因素性，其所受影响因素较多，如组织的内部环境与外部环境的变化、组织奖惩制度的改变、员工个人的工作状态等。动态性主要包括绩效考核需面对的时效性问题，其会随着不同变化因素随之发生变化；多因性是指绩效所受影响因素相对较多，如内部制度改变、外部市场环境改变等；多维性是企业需从不同角度和维度分析员工绩效考核指标，并将员工工作积极性和工作结果作为考评的主要依据。

绩效管理是在原有绩效考核基础上建立的。绩效考核从属于绩效管理，它属于绩效管理众多环节之一。根本目的是提高员工、部门、组织绩效。绩效管理的过程由四个阶段组成，分别是计划（Plan）、执行（Do）、核（See）和反馈（Feedback）四个阶段，简化称为 PDSF。

2.1.2 绩效考核的目的

绩效考核的目的具有多样性,其不仅是对薪酬体系的设计,还包括对员工和组织工作能力的考核,通过绩效考核,使员工与企业共同进步,共同发展。

打好实现企业战略目标的基础。目前绩效考核已突破传统局面,超出人资管理范围,上升至更高的层次。绩效考核对于企业发展起着十分重要的作用,不仅可以及时知晓企业发展过程中存在的不足之处,还能调整企业运营模式,提高企业在市场竞争中的优势,为企业战略目标转换提供基础和指导,应结合企业短期目标与长期目标,为企业可持续发展打下坚实基础。

提高员工个人管理水平。作为评价员工工作绩效的直接措施,绩效考核在企业运营发展中具有较多好处,首先根据绩效考核情况,可有针对性地对员工薪资进行调整,对于突出表现员工给予升值等;其次通过绩效考核可使员工认识到工作中存在的不足之处以及可取之处,继续发挥其优势,改进其不足,从而提高员工工作效率,改善工作质量,使员工对职业有较为清晰的规划;通过绩效考核,可增加员工与部门领导之间的有效沟通;最后绩效考核可使员工与管理者提高危机意识,不断提高自身工作水平。综上所述,绩效考核对于企业而言起着积极指导作用,企业应将其放在重要位置。

2.1.3 绩效考核的内容

绩效考核主要由两大考核指标组成,分别是业绩考核和行为考核。业绩考核为其最基本考核方式,主要通过员工业绩完成情况来评判员工工作情况,其考核结果依赖于员工实际工作业绩,可以较为直观地了解员工完成工作情况,它也是发展员工潜力、提高员工工作态度的最佳方法,因此绩效考核被认为是企业选择人才、管理人才、岗位调整的根本依据。

目前,企业在发展过程中存在一个误区,过分注重业绩考核,而忽视行为考核,这将直接导致业绩好的员工不注重日常工作行为,不遵守公司纪律,影响其他员工工作等,虽然其业绩较为突出,但也为公司正常运转带来困扰,必将会成为企业前进过程中的"鸡肋",如果将此类员工调职为管理层员工,将会加剧情况恶化,因此行为考核也应作为绩效考核的重点。

2.1.4 激励理论

激励一词最早出现于心理学中,其含义为:人行为具有一定动机性,找出其动机性并依此激烈行为加强。管理学认为激励是将个体目标内心激发出来,从而产生动力。威廉·詹姆斯教授通过对激励与不激励两种情况对比分析,发现员工在这两情况下积极性相差 8~9 倍。由此得出结论,激励措施对于员工起着重要的作用。

目前激励理论主要分为内容型和过程型。内容型主要以员工心理需求为基础,包含众多学者的激烈理论,如马斯洛学者的需求层次理论、赫茨伯格学者的双因素理论等。需求层次理论从不同角度分析了人类需求的多样化和层次化,是激励理论中的核心。马斯洛将人的基本情况划分为五大类,分别为生理、心理、社交环境、尊重、自我价值,人的需求会随着现实情况调整而发生变化,并不是固定的,也是逐层上升的,只有完成其低层次需求后,才会激发其高层次需要。过程型激励理论主要通过对人行为和心理的研究分析,找出激发员工需求的方法,制订合理考核目标。

弗洛姆(V. H. Vroom)的期望理论是最具代表性的理论,他认为激励程度不仅受需求目标的实现价值的影响,还受目标期望实现值的影响,目标实现可能性越大,员工的积极性就会越高,反之员工的积极性则会变低。因此应合理设置目标,既不可过高也不可过低。企业应根据实际情况建立合理的激励体系,减少员工工作负面情绪,提高工作积极性及工作效率,减少企业人员流动,将员工与企业紧密联系在一起,从而达到绩效管理的目的,加快企业战略目标的实现速度。

2.1.5 绩效考核方法

目前企业的绩效考核标准并不统一,比较普遍采用的主要有两大类:一种是以工作行为作为考核标准,另一种是以工作成果作为考核标准。而为了保证其高效率且公平可信,可以结合两种考核形式,从而最终达到有效考核的目的。从当前国内外现状能够发现,考核方式并不单一,其中最常用的有目标管理法、平衡计分卡法、360度考核法以及关键绩效指标法等。

(1)关键绩效指标法(KPI)。

关键绩效指标法在所有的绩效方法里面的衡量性最高,就是把绩效化繁为简成为目标化的量化管理。在其绩效过程中主要考核两大部分的关键指标:一个是企业内部流程的输出,另一个是输入端的关键点。通过对这两大部分的关键数据进行考核分析,从而简化企业在其运转过程中的关键要素,以此作为员工工作绩效的考核标准依据(见图2.1)。

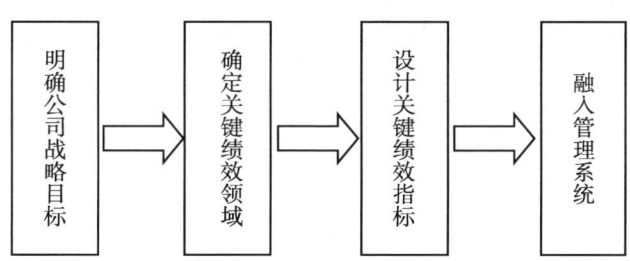

图 2.1 关键绩效指标法流程

从管理方面来看,关键绩效指标法的目的性很明显,它是结合企业的发展大方向和战略,将员工的绩效考核标准融入企业实现目标战略的工作安排中,这样可以很好地保持绩效和企业发展在大方向上的统一,从而可以帮助企业提高效率和完成目标。

SMART 原则对于关键绩效指标法有很强的指导性，SMART 是其关键单词缩写，其中 S 是指代具体的意思，也就是要求绩效要做到具体化，要具体情况具体分析，适度细化考核指标，而不能一概笼统考核。M 是指代可度量的意思，也就是要求必须用确切的数据来证明考核目标是否完成。A 是指代可实现的意思，也就是绩效的目标设置要结合实际，目标设置得遥不可及，明显就实现不了；目标设置过低，则会失去绩效的意义。R 是指代相关性的意思，也就是指在设置绩效目标时结合工作内容，不能设置一个与工作内容无关的目标。T 是指代时效性，也就是说考核目标是要有一定时间限制的，不能定一个无期限的目标（见图 2.2）。

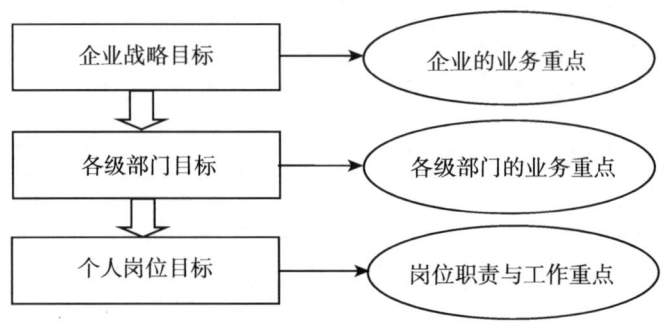

图 2.2　KPI 层次分解图

（2）目标管理法（MBO）。

1996 年，学者德鲁克在其管理著作中第一次提出自我管理和目标管理的理念。在他的研究中，工作开展前要求目的明确。目标可以让其工作方向更清晰，通过组织全体工作人员积极参与到目标的设置和实施工作中，可以很好地引起员工对绩效的重视，将其深入每个员工心里。并让每个部门和员工接到和明确属于他们的那部分责任之后，再结合目标的实现情况设置奖惩制度。

目标管理法的目标性非常明显，就是以员工的目标完成情况作为绩效考核标准，这可以很公平合理地对各员工实行奖惩行为，可以帮助员工更好地实现自我价值和促进企业目标的实现。但要设置一个合适的目标是不容易的，很难将所有的考核工作量化，往往很容易出现目标定的太高或者太低的情况，如果绩效目标本来就不能完成，那这个考核也不可取（见图 2.3）。

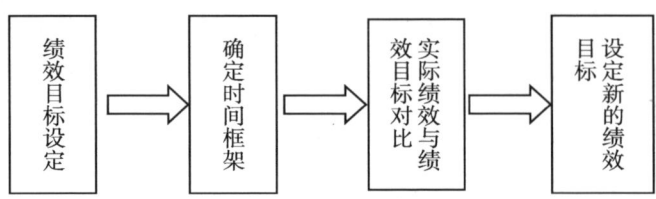

图 2.3　目标管理法流程

(3) 360°考核法。

从名字上可以看出，所谓的360°考核法是全方位无死角的综合考核方法，这个考核方法可以从各角度出发，比较全面地考核员工的绩效特征，这个考核方法和以前的上级评估下级有很大的不同，这里不是以上级一个人的意见来考核下属，同时还要综合客户提供的信息。这样就可以从比较多的方面也比较客观地考核被考核人员。而且各考核机制里的不同阶层都可以发挥它们的优势，如图2.4把来自不同人提供的信息汇总在个人考核里面，综合多样的信息做出综合的评价指数，从而让被考核人可以得到比较客观有效的信息反馈，帮助其发展进步（见图2.4）。

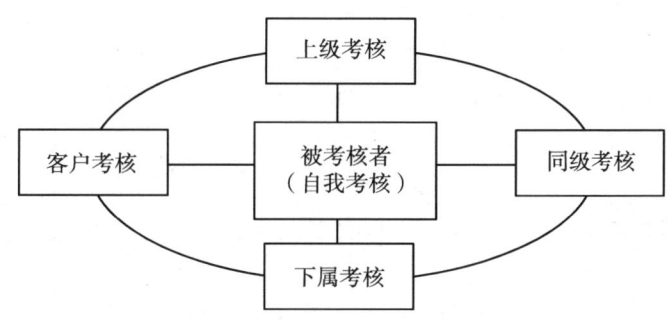

图2.4　360°考核法图示

(4) 平衡计分卡法（BSC）。

1992年，朗顿研究所所长Norton和哈佛商学院教授在前人研究的基础上开展研究，得出了一个新的绩效方法——平衡计分卡（BSC），同时还有4个新的概念定义，即客户、财务、流程和学习成长。此论文在1992年正式对外发布，他们在论文中表示，在不断发展且日益复杂的市场环境下，企业不能将视线仍然停留在过往的和短期财务数据上，而应把注意力扩大关注到长期的、财务之外的数据。如可以从客户、财务和学习成长这几个部分来进行综合的考量。到1993年他们的研究有了新的突破，对于平衡记分卡有了新的实用性，他们对于领导人的管理方法做了很详细的流程解释，主要包括目标的设立和预算与薪酬等内容。2001年他们的研究得到更新，经过不断的实践和研究，两位教授发表新作《战略中心型组织》，分析总结了很多实际操作中可能出现的问题，并将理论融合到企业发展战略中。

而诺顿与卡普兰教授则持有这样的观点，他们认为信息如传统的财务指标体现的是企业经营生产状况，而这恰恰缺少了对企业未来可持续发展方向。特别是在科技不断发展的今天，过于传统的评价形式很难深入体现企业的整体经营状态和绩效水平，并且未起到帮助企业整合发展战略和调整产业结构的作用。基于这样的现实，他们提出了一种全新的平衡计分卡，这种衡量形式中包含对企业内部流程、财务、成长和学习以及客户四个层面的内容，这几个层面共同作用互相影响，从而形成了平衡计分卡的基础和要点。

两位学者提出平衡计分卡的概念并不是偶然得出的，该理论的建立是在四个层面间存在极强的因果关系的基础上形成的。若我们将这种方式形容为一棵大树，就能看出，只有根部吸收了更多的营养并输送到树干部分，才能使整棵树快速生长，使得消费者接受企业生产的产品，最终达到目的——企业获得更为客观的经济效益。

一个企业的发展历程和其他活动情况，能在一定程度上反映至财务数据中。因此，当企业财务数据表现喜人时，就意味着该企业获利水平就较为理想。因此，很多企业在制订财务目标时常常将人员管理方式作为财务管理的主要着手点。平衡计分卡的出现并不意味着否定过去的财务评估方式，而是在其基础上对绩效管理方式进行调整和改进。如在过去的绩效管理方法中，很多企业只重视财务管理，并未意识到内部流程等内容的重要性。从平衡计分卡的内容来看，其依然将财务指标作为重要的考核内容，但是其也关注到了企业营业额对股东投资态度的影响，因此除了财务指标之外，其还关注成本、产品附加价值和盈利等。

①财务维度。

准确和及时的财务数据可以表明企业的实施和执行情况，这往往与企业的获利水平相关，财务目标也是企业管理人员制订发展战略时优先考虑的因素。平衡计分卡的提出不是要全部否定传统的财务数据评定法，而是要在传统评定方法的基础上，对传统的绩效管理方法进行修订和平衡，如由以前只注重财务考核转变为财务、内部流程、客户、学习与成长并重。但财务指标仍然是处于首位的，在平衡计分卡中，财务维度主要用来体现股东的利益，对企业综合的营业额有个客观的反应。主要的指标有现金流量、资本回报率、经济附加值、营业利润等。

②内部流程维度。

比较传统评估方式，其在内部流程评估上平衡计分卡更加凸显优势，这是因为其在继承了原流程的基础上，帮助企业不断改进自身的流程，使财务目标以及顾客价值等内容形成相互作用的联系。从过去的评估方式可以得知，企业内部经营路程是持续且稳定

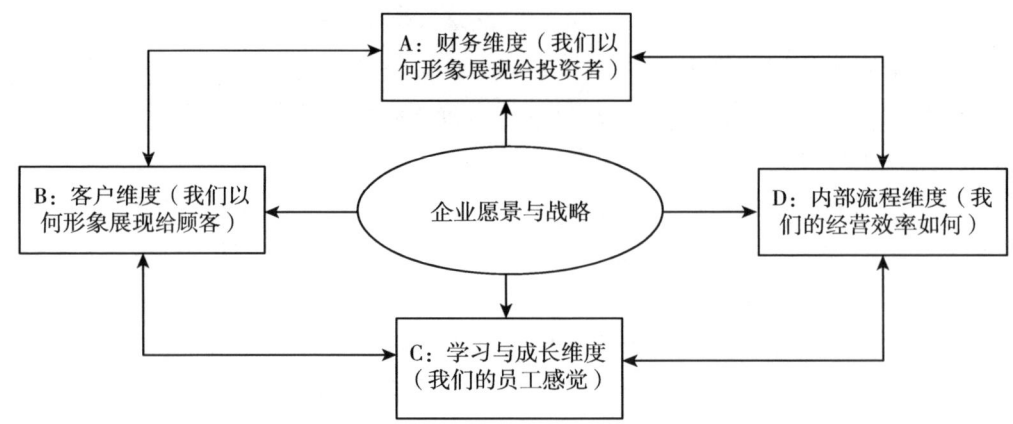

图 2.5　平衡计分卡（BSC）四维度之间的联系

的，但由于平衡计分卡更加重视这一内容，因此，不断改进过程汇总，各部门之间也形成了相互配合的合作关系，帮助企业实现经营成本把控，并提升其市场竞争力。

③客户维度。

从客户和企业两个方面出发设置一个积分卡以此来达到客户维度的平衡。由于客户群体不同，若是企业没有得到客户支持，就无法形成合理的管理秩序，甚至影响了企业的未来发展和资金流动，因此可以发现，就企业而言，客户在其平衡计分卡中扮演着十分重要的角色。一旦企业拥有了忠诚稳定的客户群体就能获得更多的利润，而利润正是企业保持市场竞争力的关键。

④学习与成长维度。

该层面作为企业持续发展的主要动力，更应该受到关注和重视。但由于企业是受到外部环境的影响而变化的，因此这就要求企业不断地学习和成长。通过学习和成长，企业的创新能力能够得到很大提升，也才能实现新产品的研发和制造，进而占据更大的市场份额，获得更高的经济效益。因此，学习和成长作为平衡计分卡的重要内容，是促进其他维度不断发展的主要对象。

（5）上述考核方式存在不同程度的优缺点，主要表现如表2.1所示。

表2.1　　　　　　　　考核方法的主要优缺点

考核方法	优点	缺点
关键绩效指标法	该考核方式化繁为简，将绩效指标分解为几个考核层面，甚至对于一些难以量化的绩效考核，其也能对其进行评估。降低了考核过程中费用产生的程度，在促成企业达成战略目标的同时将企业和员工的利益联系，提高了企业的市场竞争力	①但需要指明的是，这一方式并非适用于所有的岗位考核。②由于其标准难以制定，因此企业在建立体制的初期不得不消耗一定程度的人力和资金。③过于关注指标考核将无法认识企业因素对企业发展的影响，从而导致考核结果不被员工认可
目标管理法	该方式能够将主要工作内容具象化，同时起到良好的考核作用，很少出现偏差，对企业而言能够帮助平衡评与被评双方的意见	①由于其制定的工作目标存在较大差异，因此很难对员工的绩效进行公正考核。②需要花费较长时间来制定目标
平衡计分卡法	在一定程度上遏制了短期评价方式的出现，将组织战略转化为绩效和行为，帮助员工更好地协调工作，使得企业获得更可观的经济效益	操作存在较大难度且流程繁琐
360度考核法	对考核人进行了多方位地考核，使得考核结果误差和偏差出现的概率降低，得出较为公平的考核结果	在收集信息的过程中需要耗费大量资金，且需要花费的时间周期过长，另外该工作对执行人员的综合素质要求较高，这也在一定程度上提高了企业在培训工作中面临的难度

2.2 绩效考核国内外研究现状

2.2.1 国外研究现状

国外有关于此方面的丰富实践，使其拥有相对完整的绩效管理体系。以下对国外绩效管理方面的相关理论研究分析、实证研究分析的整理。

1954 年，研究人员彼得·德鲁克（Peter F. Drucker）发表了《管理实践》（the practice of management），其中谈到了绩效管理的内容，使用频率较高的为目标管理理论与激励理论等。不一样的国家在构建绩效管理模式时，会以本国价值观和文化背景作为基础进行构建，此种具有特色性的绩效管理模式更符合本国的发展状况。1984 年，Bernardin 谈及：部分企业开展绩效管理的目标即就员工工作状况予以奖惩，但绩效管理的目标应该是如何完善组织的整体绩效水平与员工的竞争力。因此，当绩效执行时，组织方面须提升绩效反馈方面的程度，在获得绩效反馈之后，企业须分析其绩效状况，分析其中相关问题，与员工间进行交流，让员工最大限度地了解自身存在的问题以及优势，进而通过针对化的方式予以改进，并最终达到组织和员工一同进步的目的。

2015 年，Tsolas 谈及：部分跨国企业中时常会由多个部门、企业一同开展相关项目，此种状况之下很容易出现不同部门之间推卸责任、夺取利益的状况。公司方面须加强关于单位、岗位与部门方面的监督，针对其中拖拉、推卸任务的部门予以惩处，针对完成目标状况较佳的部门予以奖励。同一年，Elliott 谈及，公司方面须将提升员工心理安全感作为起始点，与相关人员进行交流时，要确保场所的安全性与交流的独立性，才能构造出较佳的交流氛围，除此之外，可有针对性地提出相关建议，让被交流者有目标的优化工作，并且要同时关注被考核者在企业方面的感情，了解其是否对某些方面存在不满，或是有相关改进措施。

2015 年，Kadiresan 谈及：在绩效管理体系中，所谓绩效计划，即制订相关计划时，必须具有合理性与科学性，同时针对反馈进行绩效优化也是绩效计划的最终目标。获取相关绩效结果之后，必须以合理方式采取，一方面与薪酬存在关联，另一方面还与培训计划、激励计划以及职业生涯规划等内容有关。绩效管理并非都是具有正面影响的，当其使用不当时也会对企业带来负面影响。一个目标的制定与实现，其中须配合艺术内容，也须拥有执着性，所以必须对其中的相关方面进行全面关注。2015 年，Kozica 谈及：绩效管理中须全方位配合质量管理。绩效管理对于管理人员来讲属于工具性的内容，此种工具的使用可以辅助管理者把全面质量管理放置在企业整体文化中来进行关注。

2.2.2 国内研究综述

国内学者通过对国外绩效管理相关文献的研究，以国外理论为基础，提出自己的建议，为国内绩效管理奠定基础。

李颖（2015）认为绩效管理过程具有系统性，但许多企业没有明确认识到绩效管理与绩效评价之间的区别，认为绩效管理对于统筹员工方面没有作用，导致绩效管理没有发挥其作用。事实上，绩效管理不仅能评价员工工作情况，还可以评价其工作态度，以及企业对员工绩效的管理，后期结果反馈，可使企业提高管理水平。

郭佳（2015）认为只有员工充分掌握其工作内容，并对企业具有一定的忠诚度，才能优化绩效管理方式，同时员工在工作中，应不断发现自身不足之处，并及时改进，减少工作中不必要的麻烦，提高工作效率。很多企业在其发展过程中，并未完善员工权利责任制，权利划分不明确，甚至有一个人身兼数职的现象。

孟蜜蜜（2015）认为企业如果想完善绩效目标，必须及时关注员工在不同阶段的工作状态，以便在出现问题时及时解决问题，有效帮助员工完成绩效目标。

樊宏泉（2015）认为在考核结束之后，企业应将考核单位结果进行汇总，并将考核结果传送于被考核员工，员工可提出其不合理之处，企业须重新核实并对考核结果做出调整。很多企业在考核结束之后，并不会及时反馈考核结果，导致员工并不知道自身不足之处，企业如果想优化绩效管理，必须注重反馈，否则难以有效发挥其作用。

李颖（2015）提出优化绩效管理措施，主要是通过对不同岗位员工监督与考核，对不履行工作义务的采取惩罚措施，对于工作态度积极、工作效率高、能完成业绩指标的员工给予奖励，以此激励员工积极完成工作。有效的绩效管理不仅可以保障企业内部责任划分明确，还能确保企业利益合理分配。

赵创（2016）认为如果原有绩效目标因内部环境或外部环境变化不得不做出调整时，企业首先应结合实际情况重新规划绩效目标。同时，企业也应将关注重点放在管理层员工与普通员工之间能否有效沟通上，只有建立良好沟通才能知道员工在完成绩效目标时所遇到的困难，避免因信息交流不及时导致的决策错误。

王鹏飞（2016）认为绩效管理具有系统性，其由多个环节及方面组成，如结果处理及反馈、前期计划、后期执行及控制等。绩效管理不仅是作为对员工奖罚的依据，更是对员工工作状态的考核。想要提升员工工作积极性，提高工作质量，实现员工之间的有效沟通，必须依赖于绩效管理，绩效管理在企业管理中的作用不容小觑。外部环境不断变化，如果员工始终采用传统工作方法可能会赶不上变化的速度，因此员工必须不断增强其专业技能，并随变化及时作出调整，企业可采用定期培训、引进先进设备等方式，提高员工专业技能，确保企业在竞争激烈的市场中立于不败之地。

刘嫄（2017）认为绩效管理的关键工作是将责任利益合理划分，包括人事管理也应遵循此原则。企业应明确内部不同岗位之间的职责，并且分析主要权利及任务，避免因权利划分不明确，出现责任无人承担情况。

3 HB 制药销售人员绩效考核现状及存在问题

3.1 销售概况及人员特点

3.1.1 HB 公司概况

从成立至今，HB 公司始终秉承"以人为本，打造百亿集团"理念，积极为人类制药事业做出应有贡献，公司主要战略目标为做好做强制剂。HB 制药公司在 2009 年 6 月根据医改新形势，正式开始启动制剂重组工作，将各相关分属部门集中整合到 HB 制药销售有限公司。

HB 制药公司目前拥有八大药系，300 多个产品群，提高其在市场中的竞争优势，目前在公司全体员工的努力下，被计入医保与基药目录的药品各有 50 余种。

HB 公司发展至今，已在 30 个省级行政区开办分公司，拥有 10 万多名终端客户，销售队伍已超过 300 人。并在 2017 年全年销售额达到 14.6 亿元，缴纳利税已经超过 6000 余万元。

HB 制药公司组织架构为 1 名董事长兼总经理，3 名副总经理，2 名总经理助理，5 名事业部总监，11 名相关职能部门负责人。具体架构详见图 3.1。

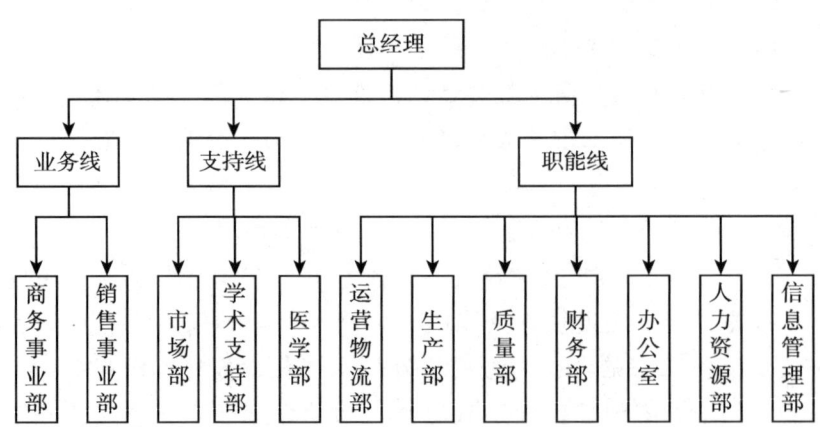

图 3.1 HB 公司的组织结构

商务部主要负责公司票据开发、药品回笼、药品流通等工作，HB 制药公司经过几十年的经验累积，已自成一套完整的组织体系和市场关系网，目前销售网络已经遍布全国，建立 8 个大区进行系统化管理，商务部架构详见图 3.2。

销售事业部为公司重点宣传部门，负责产品宣传推广工作，产品市场活跃度直接取决于销售部推广情况。销售部虽已成立较长时间，但对于终端推广工作经验较少，

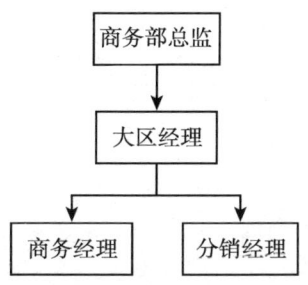

图 3.2 商务部结构

组织架构也还未完善,目前主要对 20 个省区市进行管理。终端业务模式在每个省区市开展模式不同,但万变不离其宗,主要都通过基础医疗终端业务推广、医院终端推广、OTC 推广。由于终端服务对象存在区别,因此应分别配予销售人员。销售部架构详见图 3.3。

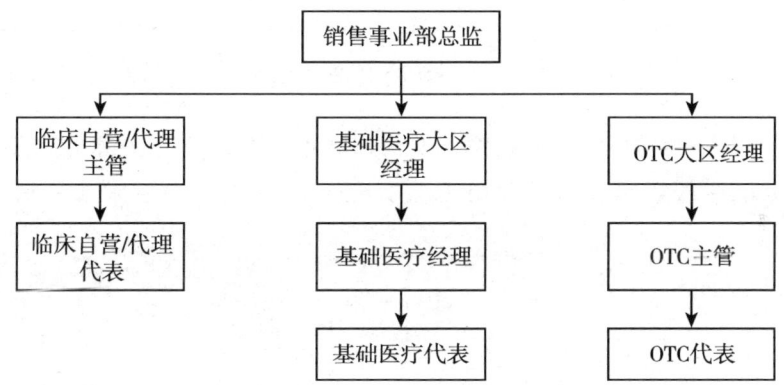

图 3.3 销售部结构

3.1.2 HB 公司营销模式

从图 3.4 可以明确看出,HB 制药公司既包含基础销售,还包括终端销售一级渠道销售。企业应根据市场情况调整战略目标、规划市场前景,对于不同产品类型选择不同销售模式。商务部主要承担公司产品开票与回笼的工作,并推进市场采购业务的发展,确保在竞争激烈的市场中站稳脚跟。

销售部负责推广产品业务量,可通过活动策划、活动宣传,加强市场认知度,引导医生使用此药,并通过终端产品的促销活动带动消费者消费热潮。销售部终端客户服务可从县区医院、连锁药房、集体药房、小区诊所、社区服务中心入手。

商务部主要承担公司产品销售渠道的流通以及相应回笼工作,通过市场策划,产品规划,宣传产品信息,提高市场活跃度,推动产品销售情况。商务部具体营销过程

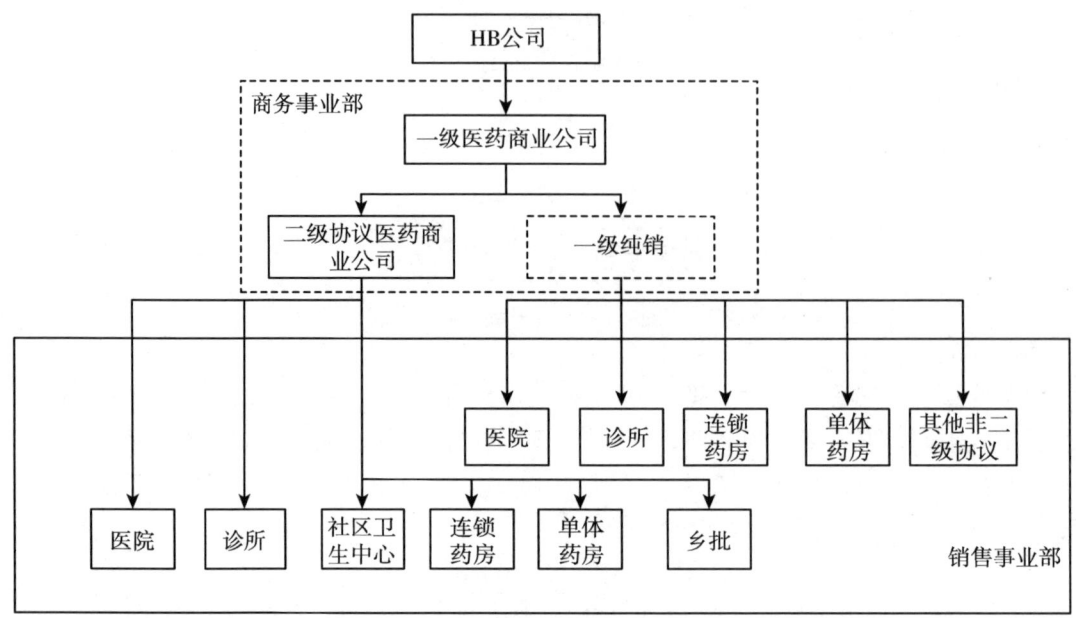

图 3.4　HB 公司营销模式

详见图 3.5，商务部管理层员工应根据情况沟通和维护合作医药公司关系，此外，商务经理还应确保市场回笼率，确保公司运营有充足资金支撑，避免出现呆账、死账等情况。

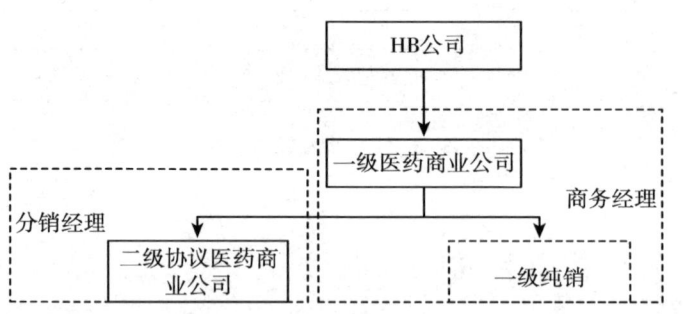

图 3.5　商务部营销模式

图 3.6 详细表明销售部终端销售模式，销售人员应按照业务不同改变推广方式，对症下药，提高销售业绩。主要可从三部分着手，基础性终端推广应通过自营和招商两种途径开展，主要负责基层卫生院、药店、诊所的宣传与推广工作；医院终端推广应从重点医院着手，做好品牌宣传策划工作。

OTC 主管和代表应在地区经理的带领下，做好终端市场宣传工作，主要对连锁药房进行业务宣传。销售部的销售模式相对较为复杂，如果想实现业务全面覆盖，必须投入大量成本和人工。因此，为改善这一现状，应采用自建队伍及招商结合方式，为企业发展做出应有贡献。

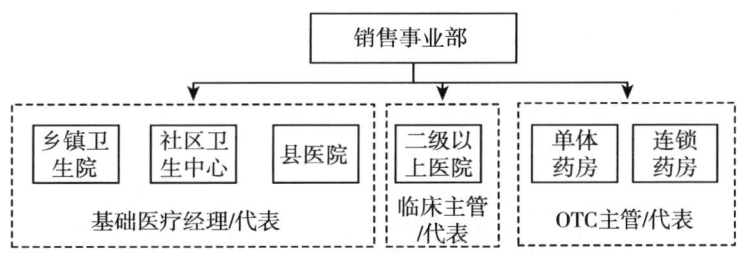

图 3.6 销售部销售模式

3.1.3 HB 公司销售人员特点

结合公司发展实际情况，近几年公司始终以精简员工全面销售为发展目标，不断对员工情况进行调整，以此适应快速发展、日益更新的市场方向。公司总部近两年内人员岗位调整情况详见图 3.7。

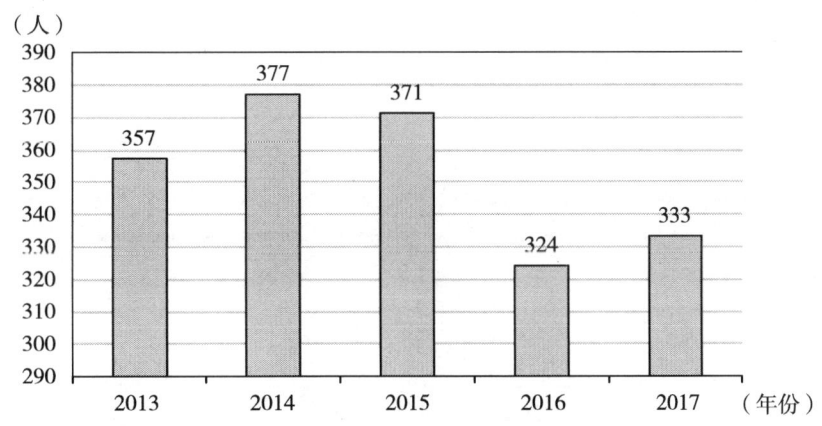

图 3.7 销售人员数量

（1）销售人员的年龄结构。销售人员年龄分布见图 3.8。

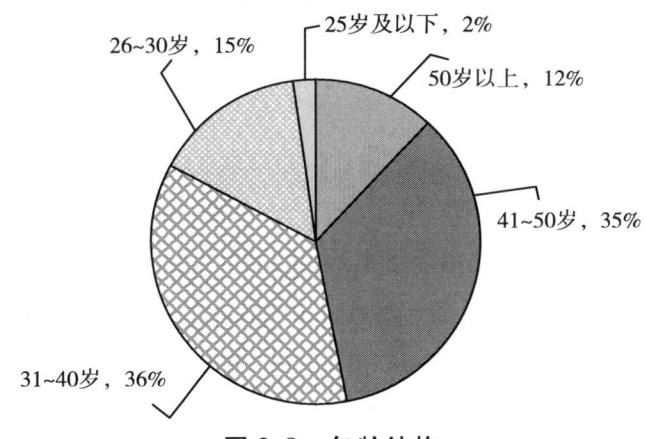

图 3.8 年龄结构

（2）销售人员职位类别结构，具体见图3.9。

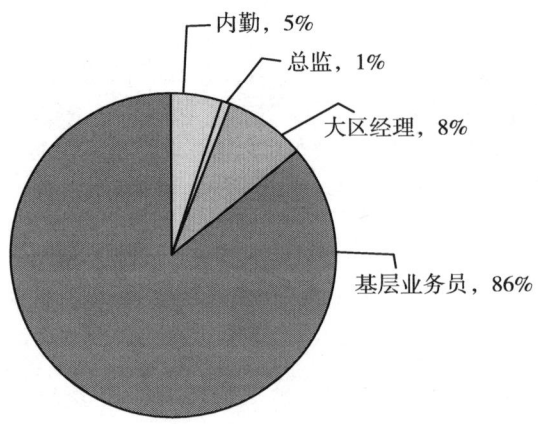

图 3.9　职位类别

（3）销售人员公司就职时间结构，具体见图3.10。

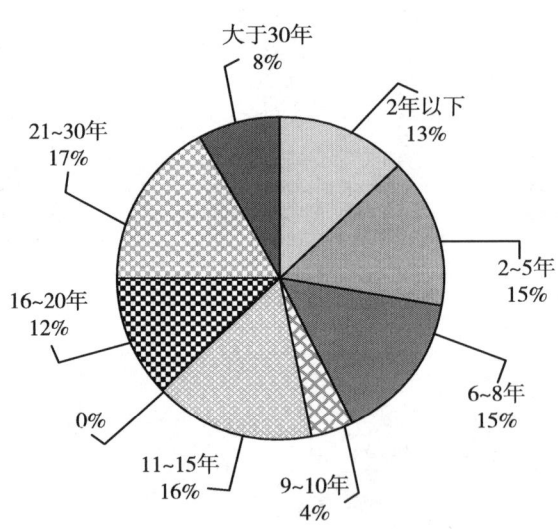

图 3.10　公司就职时间分布

（4）销售人员学历结构，具体见图3.11。

整体看来，HB制药公司拥有一支正处于中壮年和较长工作经历的销售队伍，销售人员教育背景层次较低，职位分布较为合理。

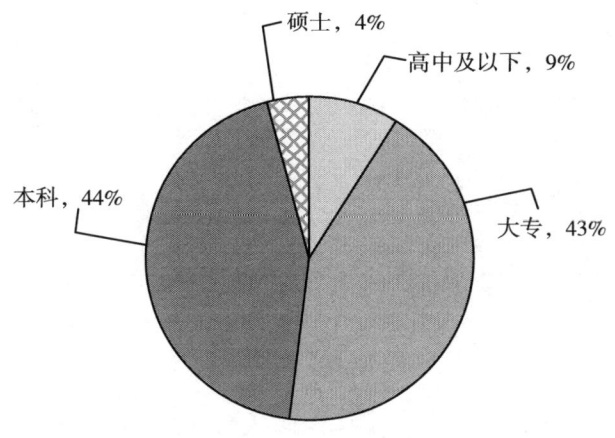

图 3.11 学历结构

3.2 销售人员绩效考核现状

3.2.1 现行绩效考核体系的基本思路

HB 公司以营销方式为划分标准，将企业绩效考核划分为商务人员绩效考核和终端人员绩效考核，以此对应商务和终端两类员工。HB 公司这样做的思路始终贯彻其"效益第一，规模共同发展"的发展目标。

HB 公司考核体系以效益为指导思想，提高产品性能，促进产品市场销量的提高，销售部与商务部考核指标根据其工作内容不同而不同，销售部主要为效益指标，商务部主要为规模指标。公司应对考核体系公开，对于相同岗位的销售人员设定相同考核原则，其中包括考核时间、内容、流程等。根据岗位不同，商务人员与终端人员的考核体系不尽相同，各指标所占比例和权重也存在差别。

公司目前绩效考核方式主要为点对面考核，通过各部门指标完成情况，合理定制其对应绩效结果，对于有突出贡献的员工给予奖励，对于工作态度不认真，业绩未达标的员工给予相应惩罚。

HB 制药公司目前已建立自上至下的考核体系，基层员工的考核结果直接影响上层员工，将员工之间紧密联系在一起。

3.2.2 各级销售人员 KPI 指标

当前 HB 公司并没有企业层面、部门层面的绩效考核指标，仅仅只有针对各级销售人员的绩效考核指标。

（1）商务部总监考核指标及权重，如表 3.1 所示。

表 3.1　　　　　　　　商务部总监考核指标及权重　　　　　　　　单位:%

考核指标	权重
事业部全品种销售额达成率	15
回笼率	15
利润额达成率	30
销售部重点品种 A 系列销售额达成率	20
总经理及主管领导考评	20
合计	100

如表 3.1 所示，商务部总监的绩效考核指标重点是利润额的达成率，次之是全部销售品种及重点销售品种的销售额达成率，以及总经理及主管领导的考评，最后才是回笼率与全品种销售额达成率。就工作内容来说，回笼率重要性被低估了，总经理考评重要性被高估了。

（2）销售部总监考核指标及权重，如表 3.2 所示。

表 3.2　　　　　　　　销售部总监考核指标及权重　　　　　　　　单位:%

考核指标	权重
事业部全品种销售额达成率	10
重点推广品种 A 系列销售额	10
利润额达成率	60
总经理及主管领导考评	20
合计	100

销售部总监的考核指标与商务部总监的考核指标基本相同，并没有突出销售部作为终端销售行为执行的特点，也没有突出销售总监自身的全部工作内容。

（3）商务部大区经理整体考核指标及权重，如表 3.3 所示。

表 3.3　　　　　　　　商务部大区经理考核指标及权重　　　　　　　　单位:%

考核指标	权重
事业部全品种销售额达成率	20
回笼率	20
利润额达成率	40
销售部全品种及重点品种 A 系列销售额达成率	20
合计	100

商务部大区经理的绩效考核指标仅仅是在商务部总监绩效考核指导的基础上删减得到，缺少对商务部大区经理自身工作内容的考核，没有凸显大区经理的工作特点。

（4）销售部大区经理整体考核指标及权重，如表3.4所示。

表3.4　　　　　销售部大区经理考核指标及权重　　　　　单位：%

考核指标	权重
事业部全品种销售额达成率	10
重点推广品种A系列销售额达成率	20
利润额达成率	70
合计	100

销售部大区经理的绩效考核指标特点与商务部大区经理的绩效考核指标特点比较类似，这里不再详述。

（5）商务部基层员工考核指标及权重，如表3.5所示。

表3.5　　　　　商务部基层员工考核指标及权重　　　　　单位：%

考核指标	权重
事业部全品种销售额达成率	40
回笼率	40
重点推广品种A系列销售额达成率	20
合计	100

商务部基层员工在实际销售过程中经常发生的串货行为并没得到考核体现。不同渠道的药品价格存在差异，这给基层员工串货提供了动机，HB制药公司应该制订相关指标来制止该行为，但是目前缺少相关绩效指标。

（6）销售部基层员工考核指标及权重，如表3.6所示。

表3.6　　　　　销售部基层员工考核指标及权重　　　　　单位：%

考核指标	权重
事业部全品种销售额达成率	40
重点推广品种A系列销售额达成率	60
合计	100

如前面 HB 制药公司销售模式所属，销售部基层员工类别分成基础医疗经理、基础医疗代表、临床主管、OTC 主管等类别，但是绩效考核却并没有针对这三类来设计，考核过程过于笼统。

3.2.3　绩效考核周期及应用

（1）绩效考核的考核周期及计算方法。

根据业绩完成情况、工作情况对 HB 制药公司销售人员进行绩效考核，其中还包括销售整体利润等，将实际结果与计划结果进行对比分析，确定销售人员所完成情况占应完成情况比例，从而核算出绩效指标。对于销售人员，HB 制药公司应采用统一考核标准，周期固定为一月度。

（2）绩效考核结果的用途。

绩效考核的根本目的在于提高员工工作积极性，通过奖励措施，激励员工完成考核指标。由于受传统管理体系影响，很多员工对绩效考核认识较少，绩效指标低的员工并没有自觉改进不足之处，加之上级领导也没有对此产生督导，造成绩效考核体系发展受到阻碍。

3.3　销售人员绩效考核存在的问题

为了更好地了解 HB 制药公司销售人员对目前绩效考核体系的满意度，本文针对公司销售人员进行了绩效考核满意度调查。

3.3.1　问卷设计

问卷设计共分为三个部分。第一部分为基本信息部分，对 HB 销售人员基本信息进行调查。第二部分从绩效考核满意度、战略导向、指标项目、考核周期、结果计算、结果应用等六个方面设计明细指标来调查销售人员对绩效考核的意见。第三部分为被调查人员的建议。

具体见附录。

3.3.2　问卷调查

（1）样本选择。

本次调查共发放问卷 50 份，回收有效问卷 40 份。问卷数量调查分布如表 3.7 所示。笔者针对 HB 制药各类销售员工采取分层抽样，为了防止调查结果的片面性，根据每个层级的人数来确定抽样人数，保证 40 份问卷能够涵盖 HB 制药的各个部门（见图 3.12）。

表 3.7　　　　　　　　　　问卷调查发放

类　别	部门人数	占　比
基层员工	28	70.00%
大区经理	10	25.00%
总监	2	5.00%
合计	40	100%

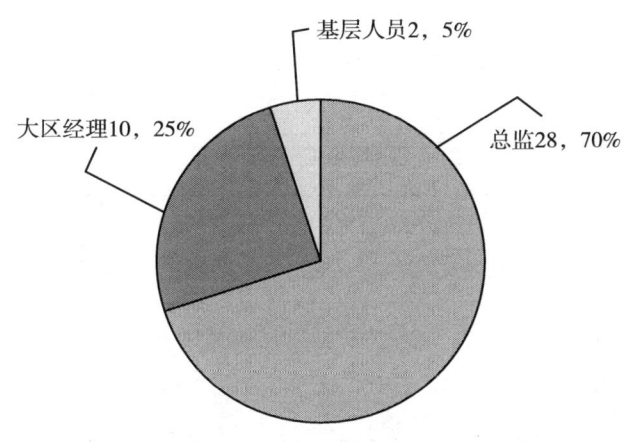

图 3.12　抽样比例

（2）样本概况。

以下为问卷中第一部分根据基本信息部分统计的调查结果进行的统计，见表 3.8。

表 3.8　　　　　　　　　　样本概况

特征	类　型	数　量	百分比
性别	男	22	56%
	女	18	44.00%
年龄	25 岁及以下	1	2.00%
	26~30 岁	6	16.00%
	31~40 岁	14	35.00%
	41~50 岁	14	35.00%
	50 岁以上	5	12.00%
学历	中专及以下	4	10.00%
	大专	16	40.00%
	本科	19	48.00%
	研究生	1	2.00%

续表

特征	类型	数量	百分比
本公司工作年限	2年以内	6	14.00%
	2~5年	6	16.00%
	6~10年	8	20.00%
	11~20年	6	15.00%
	21~30年	7	18.00%
	30年以上	7	17.00%
职位	基层	28	70.00%
	大区	10	25.00%
	总监	2	5.00%

整体看来，问卷调查的样本与 HB 制药公司销售人员的基本结构相同。

3.3.3 结果分析

（1）销售人员绩效考核总体满意度。

对销售人员绩效考核满意度进行了统计后，汇总见表 3.9。

表 3.9　　　　　销售人员对绩效考核的满意度情况

满意度情况	人数	百分比
非常满意	3	7.50%
比较满意	8	20.00%
基本满意	15	37.50%
不满意	11	27.50%
很不满意	3	7.50%
合计	40	100%

从总体分析可以得到销售人员对绩效考核总体并不满意，因此还需要进一步分析销售人员各个维度不满意的情况。

（2）战略导向维度。

为了进一步明确销售人员对其工作指向性的了解程度，在战略导向维度一共设置了两个问题，分别是公司经营目标与部门经营目标。

首先是公司经营目标了解程度。非常清楚公司年度经营目标的员工数量是 6 人，占比 15%，基本了解的是 6 人，占比 15%（见表 3.10）。从职位上来说这 12 人基本上就是公司的总监及大区经理层员工。量化年度经营目标的了解程度，得分为（2.95±1.21）。

表 3.10　　　　　　　　销售人员对公司经营目标的清楚程度

清楚情况	人　数	百分比
非常清楚	6	15.00%
比较清楚	6	15.00%
基本清楚	12	30.00%
不清楚	12	30.00%
很不清楚	4	10.00%
合计	40	100%

其次是部门经营目标了解程度。非常清楚所在部门年度经营目标的员工数量是 10 人，占比 25%，比较清楚的是 8 人，占比 20%（见表 3.11）。不清楚、很不清楚的人数是 8 人，合计占比是 20%。量化部门经营目标的了解程度，得分为（3.45±0.87）。可以看到员工对部门经营目标了解程度要好于公司年度经营目标。

表 3.11　　　　　　　　销售人员对部门经营目标的清楚程度

清楚情况	人　数	百分比
非常清楚	10	25.00%
比较清楚	8	20.00%
基本清楚	14	35.00%
不清楚	6	15.00%
很不清楚	2	5.00%
合计	40	100%

总结以上两个明细指标的分析可以看到，HB 公司销售人员的绩效考核缺少战略导向。即没有将公司战略着力在绩效考核上，缺少对战略目标的宣传，也缺少对战略目标一级一级细化到部门、个人的过程。

（3）指标项目维度。

指标项目维度分成两个问题：一是从绩效考核指标到工作重点，二是工作内容到绩效考核指标。

首先是绩效考核指标到工作重点。非常同意、比较同意的人数共计 20 人，占比是 50%，基本同意人数是 10 人，占比 25%，仅有 10 人占比 25% 选择了不同意（见表 3.12）。可以看到总体上，HB 公司当前绩效考核指标能反映各级销售人员的工作重点，能推动销售人员有效开展工作。

表 3.12　　　　　　　　　绩效指标反应工作重点

同意情况	人　数	百分比
非常同意	12	30.00%
比较同意	8	20.00%
基本同意	10	25.00%
不同意	10	25.00%
很不同意	0	0
合计	40	100%

其次是工作内容到绩效考核指标。可以看到从工作内容到绩效指标，大部分销售人员的意见比较大。结合笔者在做问卷调查时的沟通情况，销售人员的一些非财务事项没有体现在绩效考核指标中，例如，销售地区经理与政府专家沟通，由于没有直接体现资金流入，不能体现在绩效考核指标体系中，但是对于 HB 公司后期工作开展具有重要意义。类似工作内容没有体现在绩效考核指标体系中，无疑会降低销售人员的积极性（见表 3.13）。

表 3.13　　　　　　　　　工作内容体现绩效指标

同意情况	人　数	百分比
非常同意	4	10.00%
比较同意	5	12.50%
基本同意	8	20.00%
不同意	12	30.00%
很不同意	11	27.50%
合计	40	100%

通过以上分析可以看到，HB 公司当前的绩效考核指标体系没有能够反映销售员工实际工作内容，一些很重要但又不能马上产生经济效益的事项，并没有得到绩效考核指标体系的关注，进而在一定程度上挫伤了销售员工的积极性。

（4）考核周期维度。

绩效考核周期主要分析是否适应了销售人员的工作特点。绩效考核周期的得分分布比较极端，非常同意的有 13 人，占比 32.5%，很不同意的有 11 人，占比 27.5%（见表 3.14）。可以说在该维度上，销售人员在该绩效考核周期上的评价差异较大。究其原因主要在于现有考核周期对于不同层级的员工影响差异较大。

表 3.14　　　　　　　　　　　　　绩效考核周期

同意情况	人　数	百分比
非常同意	13	32.50%
比较同意	6	15.00%
基本同意	5	12.50%
不同意	5	12.50%
很不同意	11	27.50%
合计	40	100%

对于大区经理及总监而言，按季度考核的周期较短，很可能该考核周期内业绩为零；下一个考核周期业绩暴增。因此可以进一步拉大对大区经理、总监等的考核周期，从原来的月度考核转变为季度考核。

（5）结果计算维度。

结果计算维度分成两个问题：一是计算过程的清楚明了，二是被考核人员对自身绩效水平的预估。

在计算过程方面，有 32 个人选择非常同意或比较同意，占比为 80%（见表 3.15），说明大部分销售人员对 HB 当前绩效的计算过程并无异议，统计其得分为 4.25 ± 0.64。

表 3.15　　　　　　　　　　　　　计算过程清楚明了

同意情况	人　数	百分比
非常同意	21	52.50%
比较同意	11	27.50%
基本同意	6	15.00%
不同意	1	2.50%
很不同意	1	2.50%
合计	40	100%

在被考核人员自身预估方面，有 28 人选择非常同意或同意，占比为 70%（见表 3.16）。总体分布与计算过程类似。但是比较很不同意选项，在自身预估中，多了 2 个人选择很不同意。笔者通过与这两人沟通，发现是商务部总监与销售部总监，其绩效考核中存在的问题在于需要由上级总经理进行主观评价，而主观评价结果对这两个人而言是未知的。

表 3.16　　　　　　　　　　自身预估

同意情况	人　数	百分比
非常同意	18	45.00%
比较同意	10	25.00%
基本同意	5	12.50%
不同意	4	10.00%
很不同意	3	7.50%
合计	40	100%

总结以上分析可以看到，HB 公司的结果计算并不复杂，大部分销售人员对此并无异议，只是对于总监层面的总经理评价可能存在一定疑虑。

（6）结果应用维度。

结果应用维度主要考察绩效考核结果应用范围。可以看到有非常同意、比较同意的人数共计 9 人，占比 22.5%，而不同意、很不同意的人数为 21 人，占比 52.5%（见表 3.17），该指标得分为 2.58 ± 0.78。说明大部分销售人员对绩效考核结果的应用存有疑虑。在访谈中大部分人员表示，绩效考核的结果除了在奖金上有所体现外，在其他方面并没有体现。

表 3.17　　　　　　　　　　自身预估

同意情况	人　数	百分比
非常同意	3	7.50%
比较同意	6	15.00%
基本同意	10	25.00%
不同意	13	32.50%
很不同意	8	20.00%
合计	40	100%

说明 HB 公司并没有有效拓展绩效考核结果的应用，在职位晋升、年假、培训等方面缺少并没有得到绩效结果的支持。

3.4　销售人员绩效考核低效问题的原因分析

总结上述分析可以看到 HB 公司销售人员绩效考核体系存在以下问题：战略导向不清楚、绩效指标没有涵盖销售人员的工作内容、销售管理人员的考核周期难以适应其工作特点、存在一定的主观评价、绩效考核结果应用范围较窄等问题。分析这些问题的原因主要有以下几个方面。

3.4.1 考核指标层面原因

HB 公司考核指标的建立依托于考核目标内容可行性，其既是对员工工作情况完成的评估指标，也是对员工岗位职责起到指导作用的指标。目前公司绩效考核指标体系不够完善，未细化各岗位对应考核指标，没有做到全员考核，仅考核部分员工，导致个体不满意度增加，业绩完成好的员工也因没有受到奖励而产生消极工作心理。

绩效考核指标设计不够完善，没有将销售工作人员全部工作内容有效整合。年初设计的绩效考核方案由于缺乏市场调查，导致设置考核项目偏多，考核内容分散，只关注管理层员工考核，忽视基层员工绩效考核。很多销售人员无法明确自身绩效考核指标由哪几部分组成，无法有效参与到工作中，进而导致绩效低，影响员工工作情绪，从而造成工作效率低下。

年初在设置考核方案时，企业内部管理层员工应引导员工知晓绩效考核内容，如明确上半年工作目标为推广 A 系列产品，以便员工确定工作方向，当人力资源管理部门制订绩效考核标准时，也应将 A 系列产品的销售额设置为重点考核目标。此外，在计算绩效考核指标时，应将各部门考核内容进行分离，避免员工对绩效奖励方式不了解。

3.4.2 人员执行层面原因

各部门管理者对于绩效考核不够重视，都抱着糊弄的心态，没有对员工的实际情况做出真实考核和反馈，很多管理者对于绩效考核不够认真，不好意思给下属员工打分，导致很多员工认识不到自身不足之处。

企业内部管理制度存在问题，虽然明确下发各项管理制度，但为了稳定员工，降低人员流动性，减少离职率，仍然采取睁一只眼闭一只眼的状态，很多未完成考核指标的员工与完成指标的员工拿同样的工资。

考核过程不够严谨，部门考核人员凭借关系远近打分，对于实际付出工作努力的员工来说，可能会因为与考核人员不熟悉等原因未拿到应有的绩效指标。

3.4.3 企业宣传层面原因

公司内部管理员工对绩效考核认识不到位，认为绩效考核就会增加工作量、加大工作压力，没有任何好处，由此造成管理者对绩效考核的抵触、敷衍，造成这一现象的根本原因在于，企业未及时宣传组织绩效与个人绩效的关联。

目前公司尚处于发展阶段，因此员工流动性相对较大，组织架构也在不断变化之中，从而导致部门和员工考核指标不断变化。但由于组织没有及时调整考核方案，对新下发的考核体系宣传不到位，讲解不清晰，造成很多员工不清楚绩效考核指标内容。

4 HB 制药销售人员绩效考核体系优化设计

4.1 绩效考核指标优化基本框架

4.1.1 指导思想

要使 HB 集团更显出快速度的增长范畴，个人和集体之间的融洽式共同发展，个人和集体之间相对连续稳定的业绩增长是至关重要的。根据需要，HB 制药公司业绩考核优化的指导思想是：

（1）将价值创造作为动力。将战略组织作为最底层的部门，以公司运营规划为中心，形成以价值创造为主的运营理念，就运营商的效益导向原则来讲，高效业绩流程能提高个人工作效率，由个人影响到集体，达到整体提升。

（2）将鼓励和业绩作为方向指标。为实现业绩增长，应将成员间的业绩效果和奖励体制相挂钩，从而达到集体业务增长和个人业务提升的共同进步。

（3）构筑全方位式的业绩体系。相比过去较为开放的业绩考核方式，业绩考核本身就是一个全方位的多次重复过程，从最初的拟订、过程实施、结果反馈，到改进措施，构建了一个全方面的多次重复过程，只有这样全方面才是更加安全、有保障、经得起考验的，也是企业实现可持续发展的必经之路。

（4）管理和最终审查相挂钩。

（5）业绩审查公开化。管理者通过业绩公开的方式，使每个人能对自己日后的方向、个人收入以及规则清晰明确，提高员工工作积极性。

4.1.2 基本原则

HB 制药集团的业绩审查体系基本原则如下：

（1）目标一致性原则。该原则认为各审查指标相对应的业绩目标应当具有一致性，要先把集团战略目标分出层次，依次实现，要将大小目标分出后，以小目标确保大目标的实现。

（2）坚持公平、公正、公开原则。公平、公开、公正原则指的是在实施过程中保持业绩的公开度和透明性，要以最大力度保证被审查者的公平性，审查的过程和结果公开面向所有人，最终以一套完整的制度化体系完成整个业绩审查，以此调动起被审查者的工作积极性。

（3）SMART 原则。业绩目标既要不冲突 SMART 原则，又要凸显出合理的人性化，S 的意思就是（Specific）要精确地审查出业绩的前进方向，讲求精准；M 的意思是

（Measurable）指业绩前进方向中应以计量单位的方式来判断出数据来源的获得可能性；A 的意思是（Attainable）指在前进方向中预测出未来可实现的目标，以此来规避出目标过于短小或远大的缺陷；R 的意思是（Realistic）证明业绩是真实有效，随时可以查询证明的；T 的意思是（Timely）规定了所要完成业务的时限。

（4）可监控原则。通过严格把关业绩的结果、过程，并在审查设计上通过一系列相应审查和记录，以此来保证数据的真实性和推动数据的进一步活动。

（5）有效激励性原则。在业绩审查项目结束之后，需要进行收尾工作。一方面要将审查结果同员工本人进行确认、了解和改进，另一方面要对员工日后的工作培训、升职和奖金状况相结合。

4.1.3 优化流程

业绩审查的关键之处在于对业绩审查指标和权重的确定，业绩审查指标和权重设计过程如图 4.1 所示。

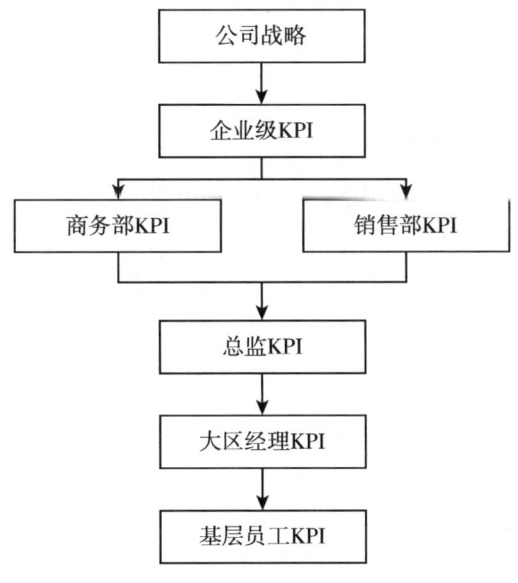

图 4.1 优化流程

4.2 企业及部门绩效考核指标

正如上文通过问卷调查所了解的情况那样，HB 制药公司销售人员的绩效考核缺少战略导向，销售人员对于自己的工作努力方向与企业经营战略之间的关系并不清楚。因此有必要梳理从企业到部门再到各级销售人员的绩效考核指标，让这些绩效考核指标形成一个有机整体，让企业级绩效指标指导部门级绩效指标，让部门级绩效指标指导各级员工的绩效考核指标。

4.2.1 企业级绩效考核指标

HB 制药集团的主要政策是：重视革新，注入新活力；重视新奇，抓好质量把关；重视变化，合理调整；重视效率，提升状态。集团各相应高层人员、相关长期合作公司多次经历相关会议和讨论，做好后期计划，对绩效考核反复作出探讨。

自销售集团成立已经四年时间，这期间集团一直将企业运营数据作为重点，因此在数据整理方面有了大量的资源，在多次询问了许多内部专家和医药行业专家之后，历经探讨，结合集团相关发展方向，以及专家和相关科学方法研究，将企业级 KPI 权重及分解指标和事业部级 KPI 权重及分解指标确定完成。

为了保证集团 KPI 指标和权重的合理运用，企业经过公司高层人员讨论和咨询相关医药专家之后，才将 KPI 指标采用权值因子判断法确定各指标权重。此外，每位专家应根据自己所填写的相应判断表将行因子和列因子比较得出自己设置的比值。在人力部门收齐表单后将最后结果折中为权重，根据各专家的意见以及公司各高层讨论后得出初步答案，将要确保权重的分配和公司集团运营制度保持一定合理的方式运营，并且能够进行分层管理。

根据最初规划模型的效益导向原则，最终将权重定为 40，集团销售总价值约在 25。权值因子判断表如表 4.1 所示。

表 4.1　　　　　　　　　企业 KPI 权重判断

指　标	专家1	专家2	专家3	专家4	专家5	专家6	总分	权重	调整
销售收入	15	20	20	30	30	25	140	23.33%	25%
利润总额	45	50	30	35	35	40	235	39.17%	40%
费用率	10	10	15	10	15	20	80	13.33%	10%
市场覆盖率	15	10	20	20	15	10	90	15.00%	15%
团队建设	15	10	15	5	5	5	55	9.17%	10%
合计	100	100	100	100	100	100	600	1	1

经过反复论证后，确定企业级 KPI 指标权重分解如表 4.2 所示。

表 4.2　　　　　　　　　企业级 KPI

指　标	调整	KPI 分解
销售收入	25%	销售收入指标达成、重点产品销售
利润总额	40%	利润指标达成
费用率	10%	费用控制及预算偏差
市场覆盖率	15%	终端覆盖率，市场份额
团队建设	10%	人才培养及文化建设

4.2.2 商务部绩效考核指标

(1) 商务部主要工作职能。

商务部的主要工作是将集团全部产品的收入与支出进行统计,并且促进集团中一级医药公司的销售和二级医药公司的药品采购,以此来提高市场中销售渠道竞争力。

具体相应内容如下:

①将公司历年的销售打算和经济预算作为基础,落实本年的销售计划和经济预算;
②将集团的前进方向进行逐级划分,力求精确到具体对应的品种类别和客户人员;
③商务部作为集团对外沟通渠道流通的重要部门,要确保库存的供货充足;
④结合公司具体发展情况,将事业部一级、二级的药品公司发货和收款进行确认;
⑤拓展重点普药的销售渠道和推广专利,确保推广的顺利进行;
⑥严格控制把关药品各项支出费用,包括一级、二级药品公司的返利;
⑦及时了解公司情况,对应相应的终端流向,为销售分析打好基础。

(2) 商务部 KPI 指标与权重。

商务部 KPI 和权重要依据企业级 KPI 和事业部的相关运行事宜,运用专家推行的方法,统计结果如表 4.3 所示,KPI 指标与权重如表 4.4 所示。

表 4.3　　　　　　　　　　商务部 KPI 指标

指　　标	权　　重
销售回笼率	35%
一二级纯销率	25%
毛利贡献率	20%
配送及时率	20%
政府事务	加分事项
市场秩序	扣分事项

表 4.4　　　　　　　　商务部 KPI 指标权重计算

指　　标	专家1	专家2	专家3	专家4	专家5	专家6	总分	权重	调整
销售回笼率	30	35	40	45	25	35	210	35.00%	35%
一二级纯销率	40	30	20	20	30	30	170	28.33%	25%
毛利贡献率	15	20	25	20	20	20	120	20.00%	20%
配送及时率	15	15	15	15	25	15	100	16.67%	20%
合计	100	100	100	100	100	100	600	1	1

KPI 指标设计分析:商务部的主要工作是将集团全部产品的收与支进行统计,特别

是在收这个环节显得相当重要，因此销售回笼率是考核商务部的首要指标；

扣除一级、二级库存之后的销售总额即一级、二级销售额的纯利润（开票总额），一级、二级销售额的纯利润数据要比开票金额数据更能真实反映企业经营实际情况。

毛利率的设定是将分层下来的管理流程空置出更多费用的产出比，以此来达到控制商务人员费用的问题。

商务部作为药品销售渠道中的两端协调部门，首要职责是保证两端的供求输出无冲突且供求相匹配，做好产品对外输出和推广的坚实保障。

4.2.3 销售部绩效考核指标

（1）销售部主要工作职能。

销售部作为公司业务运行推广的核心，其具体工作职责如下：

①将公司历年的销售结果和经济预算作为基础，制订本年的销售结果和经济预算；

②将集团的前进方向进行逐级划分，力求精确到具体的药品品种、市场和最终终端；

③及时收取市场信息，反映市场需要，进行市场的调查和走向，以此根据集团实际情况进行相应政策调整，包括及时补充市场和占领市场信息、竞争情况等；

④省级政府工作，包括控制各种相应药品的价格和交流流动渠道。及时地根据市场需要，了解相应药品政策，调整推广方式；

⑤构建以高级学术人员为核心的团队，把主要的产品、专家和终端放在首要位置；

⑥代理商的招商工作，包括了解相关客户的需要、具体药品数量和相关药品界的反响；

⑦代理商的管理工作，包括产品的发展方向、销量和未来销售趋势等；

⑧分化推广的每一个细节，会同专家和市场客户反应情况进行下一步的计划开发，推出合理的方案并实行；

⑨做好相关药品、医院和药品价格市场调查，负责公立医院招标等工作。

（2）销售部 KPI 权重及衡量标准。

依据企业级 KPI 和事业部的相关运行事宜确定销售部 KPI 与权重，运用权值因子判断表法，统计结果见表 4.5。

表 4.5　　　　　　　　销售部 KPI 权重计算

指　标	专家1	专家2	专家3	专家4	专家5	专家6	总分	权重	调整
全品种销售额	10	20	15	20	20	20	105	17.50%	15%
重点品种销售额	20	10	20	10	15	20	95	15.83%	15%
毛利贡献额度	35	45	35	24	30	45	214	35.67%	40%
终端覆盖率	15	10	15	5	10	5	60	10.00%	10%
终端上量	10	10	5	7	10	5	47	7.83%	10%
省级政府专家网络建设	10	5	10	34	15	5	79	13.17%	10%
合计	100	100	100	100	100	100	600	1	1

KPI 指标设计分析：终端工作一般是以覆盖和上量为主，终端客户又被分为新、老两批客户。对于新客户来说主要采取利用群体资源的方式，利用产品的可能性和销量方式引导新客户持续选择用药，身份也由新变成老。对于旧客户来说，要做好稳定和指导工作，在原有基础上增加信任和质量。做好后备保障工作，要在原有的销量基础之上，以高毛利的物种作为新的工作突破口，合理调配市场价格，就能够使事业部运营指标顺利完成。

4.3 各级销售人员绩效考核指标

4.3.1 总监级绩效考核指标

明确企业级 KPI 再将其分解成事业部 KPI 后，配以企业目前的业务发展规划，让人力资源部总监进行整体管理，交由企业高层领导对相关内容进行交流之后修订得出事业部总监岗位说明书，确定岗位职责，以计划性、系统性与流程性等标准获取得到个人 KPI 指标与相关权重。分析当下医药销售行业的市场状况与其未来走向，就事业部总监绩效考核体系展开优化。

（1）商务部总监的绩效考核指标体系。

商务部总监的相应职责是较高的，如年度经营指标、团队发展策略、企业整体战略等均是由其进行负责的；企业内总经理与分管副总经理掌管相关领导工作，在其指导之下，商务部总监将渠道销售与商务管理工作进行统筹、指导、规划与协调，以提升相应的销售业绩。在战略经营目标方面，企业与部门、外部状况等多个方面均是能够对其进行影响的，所以对事业部总监的相应绩效指标体系进行制定时需整体考虑 KPI 理念，对其中可完善的指标进行改进，以进一步确定工作的方向与所想达到的目标（见表 4.6）。

表 4.6 商务部总监绩效指标权重

指标	专家1	专家2	专家3	专家4	专家5	专家6	总分	权重	调整
销售回笼率（回笼额/一二级纯销）	45	35	40	50	40	45	255	42.50%	40%
一二级纯销达成率	35	40	35	30	20	30	190	31.67%	30%
毛利贡献额度	15	15	25	10	20	15	100	16.67%	20%
配送及时率	5	10	0	10	20	10	55	9.17%	10%
合计	100	100	100	100	100	100	600	1	1

运用权值因子判断表法调整后的商务部总监 KPI 衡量标准见表 4.7。

表 4.7　　　　　　　　　　　商务部总监 KPI 指标

指　　标	权　重	说　　明
销售回笼率	40%	回笼率低于80%，免除该项奖励
一二级纯销达成率	30%	事业部全部销售额低于考核基数，免除该项奖励
毛利贡献额度	20%	事业部毛利贡献额低于考核基数，免除该项奖励
配送及时率	10%	若发生一次投诉，扣0.5%，直至扣完
政府事务	加分事项	成功协助区域内政府事务，每次增加2%~5%
串货次数	扣分事项	一次扣1%
库存管理	扣分事项	库存额度超过前3个月销售额2倍，扣2%

总监绩效考核体系进行优化设计时更加关注细化考核内容。进行优化的方面展示如下：

首先，新考核指标体系中纳入新的一级与二级纯销额达成率，这样能够保证渠道品种的覆盖率，同时依据渠道的推动可增添产品的上量，之后推动商务人员更多地关注终端区域。

其次，将之前考核指标体系中与商务部没有直接联系的"品质与重点品种 A 系列销售额达成率"进行了消除，来确保考核指标具有激励作用。

再次，新的指标考核体系中增添了一个指标，即配送及时率，此指标的设置目标是监督相关商务人员让其在规定的时间内将产品进行配送。

最后，在加分项中纳入政府事务指标，在扣分项中纳入库存管理与串货次数内容，这样的方式也能最大限度地对商务人员的相应行为进行规范。

以制订详细指标的方式确定工作的重点，此种方式能提升考核指标的客观性与可操作性，以实现部门级的既定目标。

（2）销售部总监的绩效考核指标体系。

销售部总监需整体掌管销售部年度经营指标，并同时对团队发展策略与整体战略目标进行负责；在分管副总经理的企业总经理的指挥之下，其会总体掌管有关规划、系统、统筹等方面的管理与推广工作，以实现既定的销售业绩与达成相应的目标（见表4.8）。

表 4.8　　　　　　　　　　　销售部总监绩效指标权重

指　　标	专家1	专家2	专家3	专家4	专家5	专家6	总分	权重	调整
全品种销售额	15	15	15	10	20	15	90	15.00%	15%
重点品种销售额	20	10	20	10	15	20	95	15.83%	15%
毛利贡献额度	40	45	35	45	30	45	240	40.00%	40%

续表

指标	专家1	专家2	专家3	专家4	专家5	专家6	总分	权重	调整
终端覆盖率	10	10	15	5	10	5	55	9.17%	10%
终端上量	10	10	5	10	10	5	50	8.33%	10%
省级政府专家网建设	5	10	10	20	15	10	70	11.67%	10%
合计	100	100	100	100	100	100	600	1	1

因为企业内部相关因素的作用会导致战略经营目标出现相应问题，同时外部环境在经营方面所产生的作用同样是较大的，所以事业部总监对绩效指标体系进行设计时须配合KPI理念，以确保准确地找出与实际发展不符的部分指标（见表4.9）。

表4.9 销售部总监KPI指标

指标	权重	说明
全部品种销售额达成率	15%	全部销售额低于考核基数，免除该项奖励
重点品种销售额达成率	15%	重点品种销售额低于考核基数，免除该项奖励
毛利贡献额度	40%	事业部毛利贡献额低于考核基数，免除该项奖励
终端覆盖率	10%	终端覆盖率低于70%，不得分
终端上量达成率	10%	终端上量指标达成率低于60%不得分
省级政府专家网络建设	10%	建立完整动态的省级政府专家档案得5%，建立省级政府专家关系得5%

销售部总监绩效考核体系进行设计时调整内容共包含两点，展示如下：

其一，新指标考核体系中将终端上量与终端覆盖率两点纳入其中，同时把终端重点工作放置在考核项中，这样能够帮助事业部更加关注过程管理方面的内容，以精细化的管理方式来确保绩效结果与既定目标的相符。

其二，考核指标中纳入新的内容，即"省级政府专家网络建设"，此点内容使政府事务工作可以更好地细化为指标，来对相关人员的工作进行规范。

4.3.2 大区经理级考核指标

在事业部KPI明确时，需将其分解成大区KPI，在这之后，让人力资源部总监进行整体管理，交由企业高层领导对相关内容进行交流之后修订出大区经理岗位说明书，确定岗位职责，以获取个人KPI指标与相关权重。

（1）商务部大区经理层级的绩效考核指标体系。

商务部大区经理存在的意义即由事业部总监进行总体领导，负责实现大区渠道运营目标，保证企业完成渠道销售目标（见表4.10）。

表 4.10　　　　　　　　商务部大区经理绩效指标权重

指标	专家1	专家2	专家3	专家4	专家5	专家6	总分	权重	调整
销售回笼率（回笼额/一二级纯销）	40	35	40	50	40	35	240	40.00%	40%
一二级纯销达成率	40	30	35	30	20	30	185	30.83%	30%
毛利贡献额度	15	20	25	10	20	20	110	18.33%	20%
配送及时率	5	15	0	10	20	15	65	10.83%	10%
合计	100	100	100	100	100	100	600	1	1

大区经理 KPI 权重及衡量标准见表 4.11。

表 4.11　　　　　　　　商务部大区经理 KPI 指标

指标	权重	说明
销售回笼率（回笼额/一二级纯销）	40%	月回笼率低于80%或年回笼率低于90%，免除该项奖励
一二级纯销达成率	30%	大区全部销售额低于考核基数，免除该项奖励
毛利贡献额度	20%	大区毛利贡献额低于考核基数，免除该项奖励
配送及时率	10%	若发生一次投诉，扣1%，直至扣完
政府事务	加分事项	成功协助区域内政府事务，每次增加2%~5%
串货次数	扣分事项	一次扣2%
库存管理	扣分事项	库存额度超过前3个月销售额2倍，扣4%

商务部大区经理绩效考核体系主要有以下五方面调整：

①之前的考核体系所针对的对象是事业部大区经理的总体，调整之后针对的对象是每一个大区经理，以针对性的方式为各大区经理设置个性化考核指标，把面对面的考核方式细化成点对点的方式，以此来提升企业层面的管理水平。

②考核指标中纳入一级与二级纯销考核指标，这样的方式能保证渠道品种的整体覆盖面，推动商务人员将关注点更多地放置在终端方面。

③新的考核体系中纳入有关配送及时率方面的指标，这样的目的是确保商务人员在配送方面的效率。

④将之前考核指标体系中和商务部没有直接联系的"品质与重点品种 A 系列销售额达成率"进行了消除，来确保考核指标的目标针对性。

⑤在加分项中纳入政府事务指标，在扣分项中纳入库存管理与串货次数内容，扣分的分值为事业部总监的两倍，此种设置目标在于提升管理层中层级之间的管理强度。

（2）销售部大区经理层级的绩效考核指标体系。

销售部大区经理依据业务体系状况，可被划分成 OTC 大区经理与基础医疗大区经理，依据不同的职位划分各自掌管相应的区域与业务线。区域间的相应业务模式也是存在区别的，然而其共同的服务对象的是终端推广，所以在权重与考核 KPI 方面是存在相同的地方的。对于大区经理来讲，其岗位职责即：由销售部总监进行领导，整体掌管有关规划与统筹方面的推广体系内容，同时负责推广人员方面的工作，以此来保证企业设定的相应推广策略能够得到执行，既定的销售目标也可按其完成。有关大区经理 KPI 权重与相应的衡量标准展示见表 4.12 和表 4.13。

表 4.12　　　　　　　　销售部大区经理 KPI 指标权重

指　标	专家 1	专家 2	专家 3	专家 4	专家 5	专家 6	总分	权重	调整
全品种销售额	15	10	5	10	5	10	55	9.17%	10%
重点品种销售额	10	10	15	15	10	10	70	11.67%	10%
毛利贡献额度	35	30	40	35	35	45	220	36.67%	40%
终端覆盖率	10	20	15	20	20	10	95	15.83%	15%
终端上量	20	10	15	15	10	10	80	13.33%	15%
省级政府专家网络建设	10	20	10	5	20	15	80	13.33%	10%
合计	100	100	100	100	100	100	600	1	1

表 4.13　　　　　　　　销售部大区经理 KPI 指标

指　标	权重	说　明
全部品种销售额达成率	10%	大区全部销售额低于考核基数，免除该项奖励
重点品种销售额达成率	10%	大区重点品种销售额低于考核基数，免除该项奖励
毛利贡献额度	40%	大区毛利贡献额度低于考核基数，免除该项奖励
终端覆盖率	15%	终端覆盖率低于 70%，不得分。
终端上量达成率	15%	终端上量指标达成率低于 60% 不得分
省级政府专家网络建设	10%	建立完整动态的省级政府专家档案得 5%，建立省级政府专家关系得 5%

销售部大区经理方面的相应绩效考核体系设计的更改方面共有三点，展示如下：

①之前的考核体系所针对的对象是事业部大区经理的总体，调整之后的针对对象是每一个大区经理，同时会以针对性的方式为各个大区经理设置个性化的考核指标，也就是把面对面的考核方式进一步细化成点对点的方式，以此来提升企业层面的管理水平；

②新的指标考核体系中增添有终端上量与终端覆盖率考核指标，同时针对终端重点工作指标进行细化，保证绩效结果与预期相符。

③对指标体系进行设计时，终端上量与终端覆盖率两者的相应权重需高于事业部总监的相应权重，关注过程性指标的考核。

4.3.3 基层员工级考核指标

明确 KPI 权重与大区运营指标后,以基层人员掌管的相应商业客户状况当作基础,把大区运营指标进行分解,从而让每个人均有相应的指标。人力资源组织事业部领导整体掌管流程,大区经理与事业部总监两者就商务部基层人员的相应岗位说明书予以修订,进而确定其岗位职责,并明确基层员工的个人 KPI 指标与相应权重状况。

(1) 商务部基层员工层级的绩效考核指标体系。

商务部基层员工可被划分成分销经理与商务经理。其相应的 KPI 权重与最佳的衡量指标见表 4.14 和表 4.15;表 4.16 和表 4.17 体现的内容是分销经理的 KPI 权重与相应衡量标准。

表 4.14　　　　　商务经理 KPI 指标权重

指标	专家1	专家2	专家3	专家4	专家5	专家6	总分	权重	调整
销售回笼率(回笼额/一二级纯销)	60	70	40	50	55	45	320	53.33%	50%
一级纯销达成率	30	10	30	30	35	40	175	29.17%	30%
终端品种配送及时率	10	20	30	20	10	15	105	17.50%	20%
合计	100	100	100	100	100	100	600	1	1

表 4.15　　　　　商务经理 KPI 指标

指标	权重	说明
销售回笼率(回笼额/一二级纯销)	50%	月回笼率低于80%或年回笼率低于90%,免除该项奖励
一级纯销达成率	30%	个人全部销售额低于考核基数,免除该项奖励
终端品种配送及时率	20%	若发生一次投诉,扣2%,直至扣完
串货次数	扣分事项	一次扣10%
库存管理	扣分事项	库存额度超过前3个月销售额2倍,扣5%

表 4.16　　　　　分销经理 KPI 指标权重

指标	专家1	专家2	专家3	专家4	专家5	专家6	总分	权重	调整
二级购进额达成率	55	60	55	50	55	40	315	52.50%	50%
二级纯销额达成率	35	15	30	30	40	35	185	30.83%	30%
终端品种配送及时率	10	25	15	20	5	25	100	16.67%	20%
合计	100	100	100	100	100	100	600	1	1

表 4.17　　　　　　　　　　分销经理 KPI 指标

指　　标	权重	说　　明
二级购进额达成率	50%	个人全部销售额低于考核基数，免除该项奖励
二级纯销额达成率	30%	个人全部销售额低于考核基数，免除该项奖励
终端品种配送及时率	20%	若发生一次投诉，扣 2%，直至扣完
串货次数	扣分事项	一次扣 10%
库存管理	扣分事项	库存额度超过前 3 个月销售额 2 倍，扣 5%

有关商务部中的商务经理在绩效考核体系方面的调整共有五点内容，展示如下：

①之前的考核体系所针对的对象是事业部商务经理的总体，调整之后的针对对象是每一个商务经理，同时会以针对性的方式为各个商务经理设置个性化的考核指标，也就是把面对面的考核方式进一步细化成点对点的方式，以此来提升企业层面的管理水平。

②增添一级纯销考核指标，目的是提升一级纯销地位的同时，拓展市场占有范围，降低二级购进的比重，减少企业返利的情况发生。

③新的指标考核体系中有增添配送及时率内容，此种设置目标是促使商务人员的配送效率达到客户要求。

④将之前考核指标体系中和商务部没有直接联系的"品质与重点品种 A 系列销售额达成率"进行了消除，来确保考核指标的目标明确性。

⑤扣分项中有涵盖库存管理与串货次数内容，提升扣分的分值，可以进一步对营销业务进行规范。

（2）销售部基层员工层级的绩效考核指标体系。

以业务模式进行区分，销售部基层员工可划分成三类，分别是医院终端推广线、基础医疗终端推广线与 OTC 终端推广线，同时依据三类推广线进一步明确其相应的岗位设置。其中基础医疗推广线的岗位含有 OTC 代表、OTC 终端推广、OTC 主管，以及相应的基础医疗代表与基础医疗经理；医院终端推广线中设置的岗位有临床代理代表、代理主管与自营代表等。

有关 OTC 主管、临床自营主管、基础医疗经理方面的衡量与 KPI 权重内容。表 4.18 针对的对象包括临床自营主管、基础医疗经理与 OTC 主管；有关临床招商主管、销售部基础医疗经理、临床自营主管与 OTC 主管方面，其相应的绩效考核体系进行调整的内容共有两点：其一，之前的考核体系所针对的对象是事业部大区经理的总体，调整之后的针对对象是每一个大区经理，同时会以针对性的方式为各个大区经理设置个性化的考核指标，也就是把面对面的考核方式进一步细化成点对点的方式，以此来提升企业层面的管理水平；其二，新的指标考核体系中增添有终端上量与终端覆盖率考核指标，同时对终端重点工作指标进行了进一步的细化，此种调整能够很好地让大区关注过程管理方面的内容，同时在精细化管理过程中也能够保证绩效结果与预期相符。

表 4.18　　　　　　　　　基础医疗经理 KPI 指标权重

指　　标	专家1	专家2	专家3	专家4	专家5	专家6	总分	权重	调整
全部品种销售额达成率	35	30	40	20	35	35	195	32.50%	30%
重点品种销售额达成率	35	40	30	25	25	30	185	30.83%	30%
终端覆盖率	15	10	20	30	20	20	115	19.17%	20%
终端上量达成率	15	20	10	25	20	15	105	17.50%	20%
合计	100	100	100	100	100	100	600	1	1

以 OTC 代表、基础医疗代表、临床自营代表、临床招商代表等相应的 KPI 权重与衡量标准作为范例进行分析。四者的工作任务即直接掌管终端推广方面的工作，因而针对过程管理方面的终端上量与终端覆盖率方面的指标权重需予以提升，可将其分别设定成 30%，在提升终端上量与终端覆盖的基础上，可确保重点品种销售额与个人全品种销售额的实现状况与预期相符。有关 OTC 代表与基础医疗代表的相应衡量标准与 KPI 权重展示见表 4.19。

表 4.19　　　　　　　　　基础医疗经理 KPI 指标

指　　标	权重	说　　明
全部品种销售额达成率	30%	个人全部销售额低于考核基数，免除该项奖励
重点品种销售额达成率	30%	推广重点品种销售额低于考核基数，免除该项奖励
终端覆盖率	20%	终端覆盖率低于70%不得分
终端上量达成率	20%	终端上量指标达成率低于60%不得分

针对临床招商代表、销售部基础医疗代表、临床自营代表与 OTC 代表四者，其相应的绩效考核体系应进行调整的方面共有两点：其一，之前的考核体系所针对的对象是事业部大区经理的总体，调整之后的针对对象是每一个大区经理，同时会以针对性的方式为各个大区经理设置个性化的考核指标，也就是把面对面的考核方式进一步细化成点对点的方式，以此来提升企业层面的管理水平；其二，新的指标考核体系中增添有终端上量与终端覆盖率考核指标，同时针对终端重点工作指标进行了进一步的细化，此种调整能够很好地让大区关注过程管理方面的内容，同时在精细化管理过程中也能够保证绩效结果与预期相符（见表 4.20 和表 4.21）。

表 4.20　　　　　　　　各级代表 KPI 指标权重

指标	专家1	专家2	专家3	专家4	专家5	专家6	总分	权重	调整
全部品种销售达成率	15	25	20	15	20	15	110	18.33%	20%
重点品种销售达成率	25	25	20	25	25	15	135	22.50%	20%
终端覆盖率	35	30	25	35	35	30	190	31.67%	30%
终端上量达成率	25	20	35	25	20	40	165	27.50%	30%
合计	100	100	100	100	100	100	600	1	1

表 4.21　　　　　　　　各级代表 KPI 指标

指标	权重	说　明
全部品种销售额达成率	20%	个人全部销售额低于考核基数，免除该项奖励
重点品种销售额达成率	20%	推广重点品种销售额低于考核基数，免除该项奖励
终端覆盖率	30%	终端覆盖率低于70%不得分
终端上量达成率	30%	终端上量指标达成率低于60%不得分

4.4　绩效考核周期及结果应用

4.4.1　绩效考核周期

绩效考核周期会针对绩效考核目的进行区分。HB 制药公司的绩效考核目标所应用的领域多是员工薪酬激励方面，所以据此绩效考核周期能够进行进一步细分，即季度考核与月度考核。

（1）有关大区经理与事业部总监的相应绩效考核周期，其会参照销售统计周期与财务结算周期来进行计算，在此基础上所采取的考核方式是季度考核。

（2）有关事业部基层员工方面的绩效考核周期。以销售统计周期作为划分标准，事业部基层员工方面所采取的考核方式是月度考核。

4.4.2　考核结果计算

一个正常的考核周期完整之后，财务部与运营物流部会给出运营的真实完成状况，进而和不同岗位所规定的 KPI 考核指标进行对标，之后依据达成率来核算相应评分，所有的指标考评分需进行加权再纳入总分中进行核算。

$$S = \sum_{i=1}^{n} w_i a_i$$

其中，w_i 各个 KPI 指标权重；

a_i 各个 KPI 指标实际执行结果。

将商务部总监在 2017 年最后一个季度的绩效考核当作范例进行分析，相关内容展示见表 4.22。

表 4.22　　　2017 年第 3 季度商务部总监 KPI 指标执行情况

指　标	权重	说　明
销售回笼率（回笼额／一二级纯销）	40%	92%
一二级纯销达成率	30%	105%
毛利贡献额度	20%	110%
配送及时率	10%	80%
政府事务	加分事项	2%
串货次数	扣分事项	−1%
库存管理	扣分事项	0

则该总监绩效考核得分为：

$$S = 0.92 \times 0.4 + 1.05 \times 0.3 + 1.1 \times 0.2 + 0.8 \times 0.1 + 0.02 - 0.01 = 0.993$$

若将绩效考核结果应用于绩效奖金，假设季度绩效奖金为 8000 元，则实际应得：

$$\text{bonus} = 8000 \times 0.993 = 7944$$

4.4.3　考核结果应用

获取得到绩效考核结果之后，可用作绩效奖金的配比，除此之外其还有很多用处，一般来讲用处如图 4.2 所示。

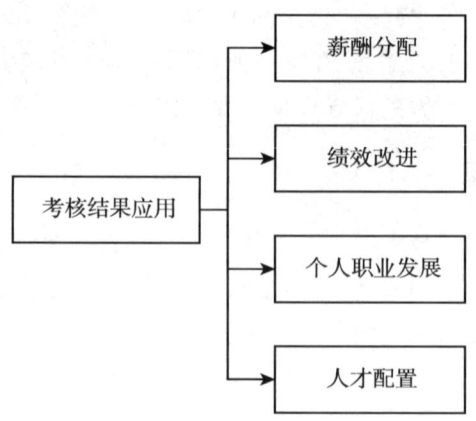

图 4.2　应用途径

(1) 薪酬分配。

进行薪酬分配的最重要的目的即让员工在企业方面的奉献有所回报，然而终极目标是进行奖励之后，员工会明确企业推崇的行为是如何的，以此推动员工更加关注与企业方面相关的业绩，让员工为自身制订相应目标来获取之后的奖励。在绩效结果中的相应可量化目标一般会和奖金相连，这样员工会有所激励，也能够为企业贡献更多。

HB 制药公司的成年时间是 4 年，内部的组织架构更改变化程度是较频繁的，同时有关销售人员与岗位方面的变化也是很快的，这样的状况使销售队伍有极大的可能在一段时间内不了解绩效考核指标，这也不能推动绩效得到进一步的优化。因此，当下最为重要的任务就是在依据企业未来三年运营计划的基础上，尊崇效益导向标准，分析得到三年薪酬激励方案，并在当下最大限度地推动企业效益和员工激励挂钩，调动起销售人员在工作方面的热情。

(2) 绩效改进。

优化绩效的目的是帮助员工看清自身工作行为在企业方面的贡献程度。一般来讲，企业中的两种员工应关注绩效改进：一类为自身绩效较低的人员，不能达到企业所规定的最低标准；另一类是绩效下降的人员。若想切实地将绩效改进应用到实际中去，就须关注员工在绩效方面有哪些问题，以针对性的方式制订相关改进措施。

以绩效面谈记录与绩效考核结果当作依据，分析员工之所以出现绩效较差的原因，之后分析审查考核人员在评价方面是不是具有客观性，并在依据员工意愿的基础上选取较易改进的内容进行改进，其中需指定得到改进计划，设定好改进计划表，确保能够实现绩效跟踪。进行绩效计划设定时，必须让所设定内容与实际相符，密切关注应优化的绩效内容，在主管和员工两者的配合之下获取较佳的措施，给出限定期限，尽可能地将时间进度表进行细化处理，来保证每一个阶段均能够达到预期的目标。

HB 制药工期之前曾有绩效改进的经历，所针对的即销售计划不达标的员工，其相应的步骤是：员工自身确定绩效改进内容，之后交由主管进行签字。人力资源部是组织部门，并没有标准化的绩效改进模板，同时未展开过相关的培训内容，而事业部领导在此方面的关注程度同样是较低的，所以使得此种绩效改进工作的实际意义较低。

分析之前相应的员工绩效改进书进行整理之后发现其存在下述的问题：撰写人在绩效落后方面的原因分析深刻度较低，所找到的仅仅为部分客观的因素，也没有发现之所以出现绩效低下的根本原因；有关绩效改进措施方面制定的可操作度较低，仅仅是以应付的心态撰写的，所以实现的概率较低；绩效改进计划中未进行分阶段处理，这样使得绩效改进完成度得不到保证。以确保绩效考核结果可与绩效改进进行搭配使用，人力资源部对绩效改进模板进行了规定，其中有示例内容，并针对相关人员展开了绩效改进培训、辅导和相应的跟踪工作。

(3) 员工职业发展。

在获取考核结果后，可将其直接用于与员工职业发展有关的方面，尤其与前程规划相关的内容更应进行关注。例如，在依据绩效结果的前提下可建立培训体系，从而把组织、个人两者的发展关联起来，此种做法的目标为提升日后的业绩水平；把员工职业生涯设计、绩效考核结果关联之后可将其看作是个人职业生涯方面的推动因素。进行明确，让其展现出与组织发展相符的内容。高绩效的持续展现，一方面是肯定员工自身能力，另一方面也可为企业做出更多的贡献。而低绩效的连续展现则也许与员工的能力欠缺相关。

(4) 人才配置。

人力资源部会依据绩效结果来确定相应的人员配置，在进行决定时应关注下述几点内容：首先，对高绩效员工的职位状况进行整理；其次，分析关键职位中的高低绩效员工数量；再次，查看目前的相应人员配置状况合理程度，分析其与企业规划的符合程度；最后，对人员配置进行优化设定，分析其中可能涉及的职位调整、岗位轮换或是相应的员工辞退。在进行上述工作之后，可得出人才矩阵模型，以针对性的方式依据员工所处位置，设计决策方案，其中的工作核心内容是员工辞退与人才储备计划。

HB制药集团当下在销售人员方面的年龄平均为39岁，全部员工中高于50岁的人数占到13%，处于40~49岁的员工所占比例是36%，处于30~39岁的员工所占比例是35%，处于25~29岁的员工所占比例是14%，低于25岁的员工所占比例是2%。分析年龄结构能够发现，销售队伍中的年龄结构是相对老化的，这部分员工在工作经验方面是较佳的，然而因为专业素质与知识素质方面的不达标，以及营销思维的固定化，与当下医药销售行业学术推广的发展趋势是不符的，所以储备后备队伍为当下的重中之重。把绩效考核结果以合理化的方式放置在人才配置中，为HB制药公司优化销售人员营销水平与工作态度的关键方式。

5 HB制药销售人员绩效考核实施保障措施

绩效考核的具体实施是一个从理论到实践再从实践到理论的循环过程，在此过程中，其具体操作方法会根据现实中不断出现的问题对初始方案进行调整，最终趋于完善。绩效考核的实施可以确保企业发展目标的顺利实现，绩效考核的实施是以建立有力保障措施为前提条件的，强有力的保障措施是实施绩效考核产生良好效果的重要因素。

5.1 培育支持考核实施的企业文化

不同的企业会根据自己公司的情况制定不同的管理制度，绩效考核作为企业管理制度的一部分，虽然也需要适合自己公司发展状况，但是有一点是固定不变的，就是要获得被管理者的支持和理解。只有企业员工本身愿意接受企业制定的考核制度，才能更好地推行企业考核。

企业绩效考核制度,来源已久,许多成功的公司都推行过适合自己公司的绩效考核制度,且这些绩效考核制度都有其共同性。其中一点就是要引导员工形成良好工作氛围,愿意接受绩效考核制度,明白绩效考核制度的目的,在实现自身价值的同时推动企业良性发展。

一套完整独特的管理理论体系的形成,是以特定的企业管理理论为基础发展而来的,由此可见,企业文化对企业的管理制度的实施效果影响巨大。要想在企业中顺利实施管理制度,必须将管理制度和企业文化结合起来。企业文化的导向作用、凝聚作用、激励作用、规范协调等诸多作用,有利于推动企业的向前发展和员工的个人进步。

绩效考核在实施过程中会有一定阻力,首先面临的是企业员工的抵触情绪。因为新的考核方法改变了员工的工作行为习惯,让一部分员工失去了原有的不合理利益,产生抵触情绪是难免的。因此,企业在实施绩效考核时,就必须要不断强调企业文化,采用员工乐于接受的方式,得到全体员工的理解和支持。还要积极做好前期准备工作,通过对各个层面员工的沟通交流,建立良好的舆论导向,以此顺利解决绩效考核实施过程中产生的矛盾和冲突,让所有员工都能心悦诚服地接受绩效考核事实。

5.2 打造闭环的绩效管理系统

企业绩效管理体系具有有效性、安全性的特点,打造闭环的绩效管理系统很有必要。传统开放型的绩效考核管理制度,已经不适应现有企业的发展。由于企业管理制度上的漏洞和缺陷,造成了绩效考核在实施管理中存在如下问题:

首先,绩效考核在实施过程中只对周期结果进行了评估,缺少对全部过程的控制,从目标到结果的全部形成过程中,都缺乏有效的监督和控制。

其次,对企业员工实行的奖惩不是封闭的,开放型的奖惩制度不能用绩效改善作为对员工的保证,因而所起的控制作用微乎其微。实践证明,如果没有绩效改善为保证,即使给了员工职位发展的机遇和利益的诱惑,大多数企业员工也不会愿意主动承担更多责任。

第三,由于企业考核不以绩效改善为目的,这就很容易造成在实施绩效考核过程中,领导管理层与企业员工之间的对立,出现员工对绩效考核不予配合、不予支持的问题,从而导致绩效考核难以实施。

在施行销售人员绩效考核体系的过程中,HB制药企业要明确绩效考核的目的,设立绩效管理流程,明确流程中各部门的责任,获取各阶层企业领导的支持,引导基层人员的积极配合,保证销售人员的绩效考核按管理流程严格执行,从而形成科学严密的绩效管理系统(见图5.1)。

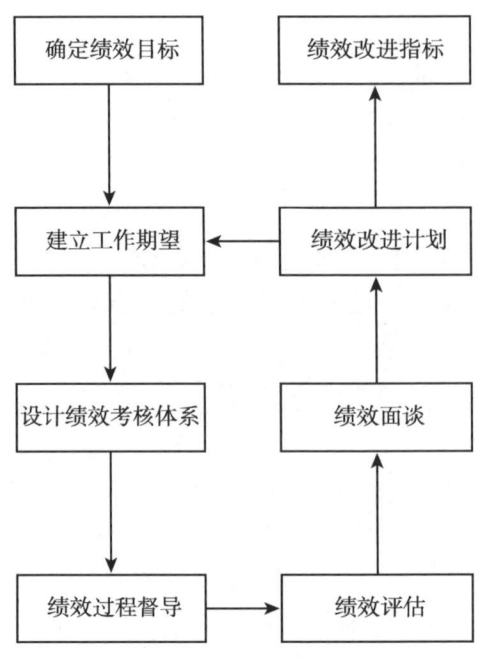

图 5.1　绩效管理闭环

　　HB 制药企业构建的绩效考核体系严密，从公司具体实际出发，公司部门整体到员工个人都制定了不同的绩效考核方式，并且在公司发展的不同阶段要对之前的绩效考核体系进行调整，使其适应公司的发展现状，帮助公司充分、合理利用现有资源，做到利益最大化。

　　绩效考核体系制定好以后，在对其实施过程中，人力资源部门一定要做好督导工作，绝对不能等到绩效考核结束后，才对没完成绩效的员工采取惩罚的方式处置。人力资源部及相关部门的督导工作非常重要，督导部门要时刻牢记：绩效考核的目的是既是为了推动企业和员工的同步发展，也是为了促使企业和个人绩效的完成。

　　员工业绩与公司的发展息息相关，而员工绩效考核的目的也不仅局限于监督员工完成任务，更重要的是帮助员工检测自己的工作状况，了解自己的长处或不足。对于在绩效考核中落后的员工，企业可以采取面谈等形式，帮助其分析在工作中的不足，以及如何改正、提高。同时，企业也可以根据绩效考核中员工反映的问题，及时对绩效考核方案进行修改，从而推动企业实现螺旋式上升。

5.3　建立权责明确的组织保障

　　在企业中构建绩效考核体系、实施绩效考核管理，组织保障起着关键的作用。企业在实施绩效考核过程中，可以成立绩效考核委员会，确定每个人的责任，明确推选的方式、日程以及解决问题的方法等事项；还可以成立由公司管理人员组成的绩效考核领导小组，加强对考核员工的政治思想、制度内容和操作方法等方面的培训工作，并做好对所有企业员工的宣传工作，帮助各部门展开工作，及时向上层管理人员汇报工作进程，总结工作过程中的经验教训；绩效考核推进小组也要成立起来，吸收那些有一定管理经验、有较强责任心的人参与进来，他们主要负责推进绩效考核制度，发现问题及时向领导决策管理层汇报，各个部门既要分清职责，又要通力合作担负起绩效考核的责任，减少绩效考核实施过程中的困难。

5.4 强化绩效考核的制度保障

绩效考核对于企业发展而言扮演着重要的角色，其可以改进企业内部管理制度上的不足，优化管理方法，尤其是对于人力资源部门而言，绩效考核可将系统重新整合，促进管理措施完善，绩效考核能否成功实施取决于企业各项制度是否完善，因此企业应注重完善绩效考核制度及其他制度的建设。

目标与机制的设立。企业应具有明确的目标，才会有方向，并以此方向建立相应标准，从而制定绩效考核制度。若想确保绩效考核成功实施，必须建立明确的战略目标及制度。此外，为促进员工接纳绩效制度，企业应定期组织绩效培训，确保员工可以充分了解绩效考核的基本意义和其起到的积极作用。

建立相应奖惩措施。根据公司的发展目标及内部结构需要，建立与之相匹配的激励措施。应将员工薪酬与考核指标相结合，指标越高其薪酬越高，越能起到促进员工工作积极性的作用，完善的绩效考核制度必须将个人利益与其为组织提供的价值成正比，打破传统平均分配思想。

5.5 加强各环节的绩效沟通

有效沟通对于绩效考核制度而言十分重要，如绩效目标制定，如果不知道各环节主要工作流程，便无法对症下药；考核实施，只有确定部门目标，才能合理制定考核措施。只有与员工进行充分沟通，才能确保所建立绩效考核制度符合员工实际情况。因此HB公司应注重管理层与员工之间的有效沟通。

绩效计划阶段：部门管理责任人应明确部门工作目标及考核标准，并准确下达。通常而言，部门设定的考核目标虽然可行，但也具有一定困难，此做法目的在于提高工作积极性，使员工增强工作能力，提高工作效率。但也应注意员工可能自己提出绩效考核目标，其目标可能会与组织目标有所出入，企业应引导员工转换其思想，改变想法，自愿调整其考核目标。

绩效实行阶段：绩效考核中最为困难的一个环节为绩效实行期。绩效实行阶段企业管理者应为员工提供四个支持，分别为心理支持、工作建议、反馈结果、绩效考核信息。在此阶段，不仅需要考虑绩效考核成本问题，还需考虑时效，此外，企业应与员工有效沟通，并对员工基本情况有一定的了解，根据实际情况提供相应帮助，体现以人为本的企业理念。

绩效考核反馈期：绩效考核与反馈的主要方式多为管理者与员工一对一面谈，在此过程中管理者应态度诚恳，对于表现突出、绩效较高的员工应给予相应奖励；而对于绩效较低的员工，管理者也应注意谈话氛围，避免员工产生不良情绪及消极工作态度，应多听取员工对于工作不满之处，对于可改善的地方及时做出调整。

绩效沟通如图 5.2 所示。

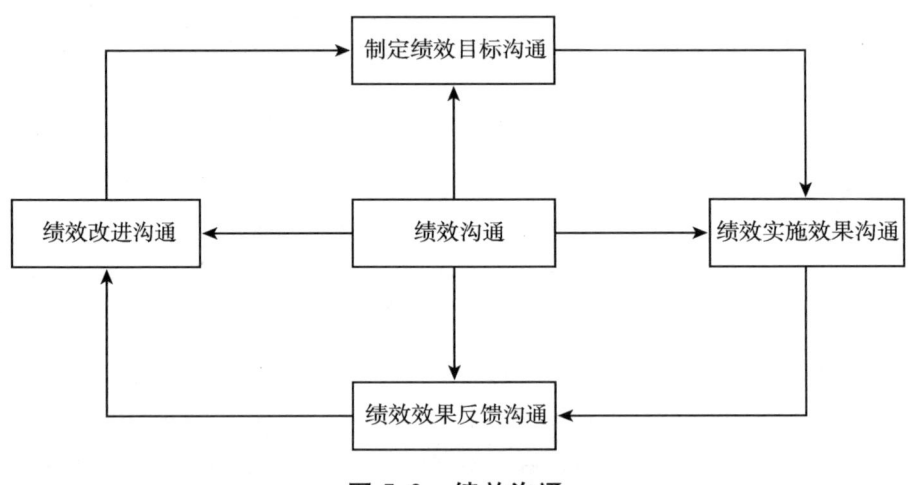

图 5.2　绩效沟通

5.6　建立明确的绩效实施流程

企业员工绩效考核不成功的因素有很多，针对 HB 制药公司销售人员绩效考核存在最严重的问题就是本企业没有建立清晰的绩效管理流程。为了落实企业长远的战略目标，制定清晰、明确的绩效管理流程和体系是当前主要工作，保障绩效考核的公平公正性，提高员工的绩效考核企业文化认识，值得我们关注的一点是绩效考核本身不能提高员工的绩效。第 4 章的主要内容就是针对 HB 制药公司销售人员的实际情况对本公司的绩效考核进行再设计，主要内容包括绩效考核指标和权重。绩效考核实施流程图如图 5.3 所示。

首先，确定考核周期和考核者。根据考核目的、内容和考核对象确定考核周期和时间。其次，进行绩效记录，在员工的日常工作中或者其他人有关的日常工作中，收集合理、准确的绩效信息，收集有说服力的绩效考核内容进行制度化的记录。最后在年终进行绩效考核的考评，以确定绩效考核结果。

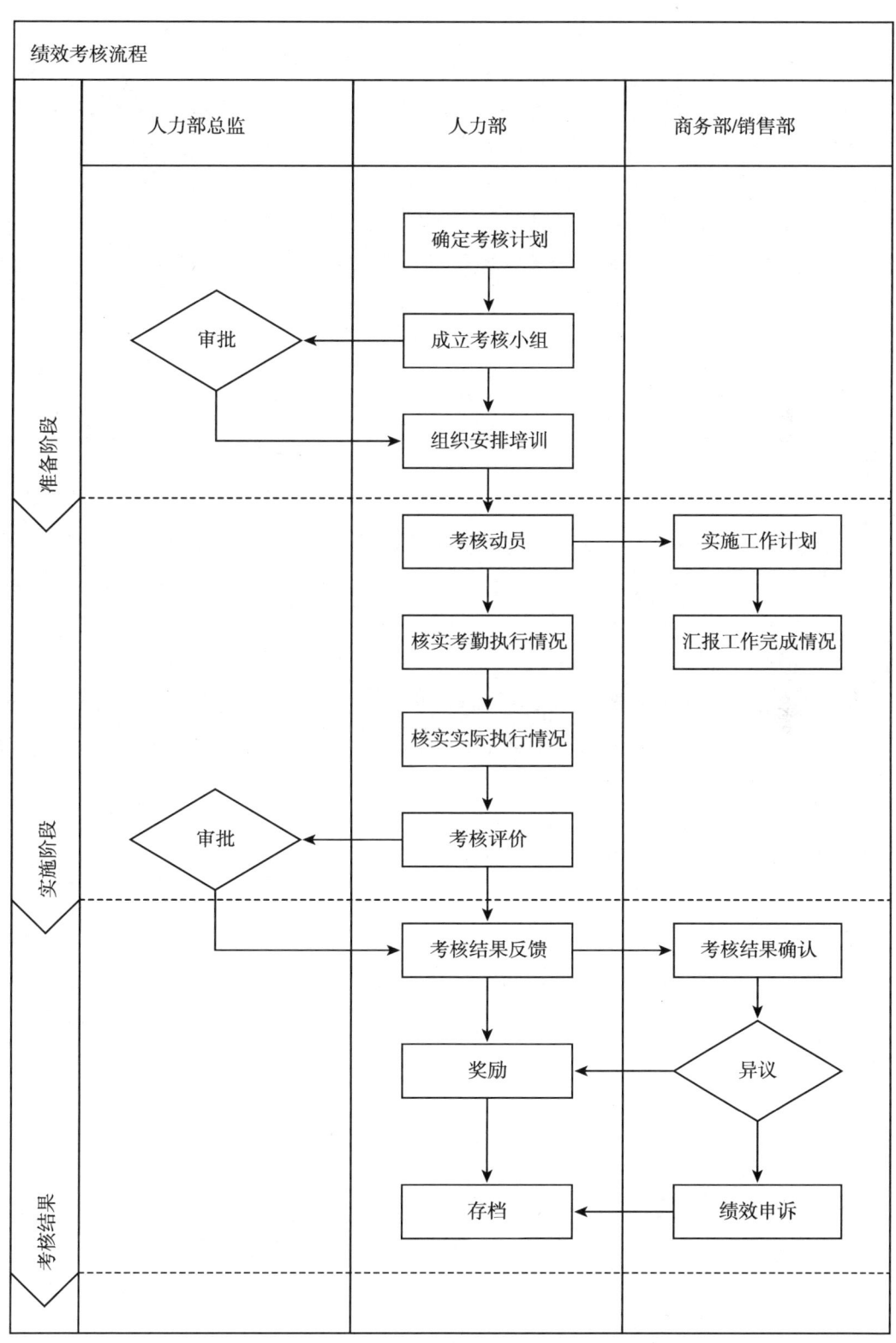

图 5.3 考核流程

绩效考核的推行是一个不断通过反馈来调整考核具体方案的过程，在此过程中沟通就显得尤为重要。在企业绩效考核中要把握好目标实现手段沟通、员工问题沟通以及员工关键节点沟通。绩效考核的根本目的是公司能够更好发展，这需要企业领导和员工双方的共同努力，这就需要与员工及时沟通，帮助其了解公司当前发展状况。其次是员工问题沟通，在员工工作过程中遇到难以解决的问题，可以及时向公司寻求帮助，提高完成工作的效率。最后是员工工作关键节点沟通，在员工推进工作时，企业领导虽不能完全了解整个工作的细节，但是工作中的重要阶段，主管领导一定要及时与员工沟通，详细了解其工作情况，帮助员工推进工作进度。

6 结论与展望

6.1 结论

本文以 HB 制药公司销售部门员工绩效为研究对象，结合绩效考核理论，找出 HB 公司在绩效考核方面存在的缺陷。可通过 KPI 法，重新设计销售部门的绩效考核体系，并保障其实施。

通过研究，将结论概括为以下几点：

（1）HB 制药公司销售部门绩效考核制度虽已建立四年，但仍存在很多漏洞，如绩效考核体系不完善、员工内部宣导过少、绩效考核不严格、缺乏有效沟通、未能及时反馈绩效结果、员工逆反心理严重等，因此当务之急是将绩效考核制度重新设计。

（2）应明确企业发展目标，结合其目标及发展规划，以绩效考核相关理论知识为基础，重新设计 HB 公司销售人员的绩效考核方法，其中不仅包括重塑销售人员对于绩效考核的认识，还包括对公司其他部门的相关绩效指标体系的重新设计，做到上下统一，全面完善绩效考核体系。

（3）对于 HB 公司销售人员绩效考核的重新设计提出以下几点建议，保障其顺利实施，包括建立相应企业文化、明确权利责任划分、加强各部门之间有效沟通、建立完整的绩效考核流程等。

6.2 展望

绩效不仅是企业发展的关键，更是企业实现可持续发展的重要环节。如今很多企业都已认识到绩效管理对于公司发展的重要性，但因实际经验较少，所以无法完善绩效管理。本文以 HB 公司为研究对象，但因对公司情况了解不够透彻，笔者自身水平有限，本文对绩效考核体系的研究存在着一定的局限。

绩效考核体系作为 HB 公司人力管理体系的一部分，其可实施性自然受到人力管理和企业管理的制约，如果人力管理体系不合理，绩效考核体系也会受到影响。因此，HB 公司想要优化绩效考核体系，首要任务便是改善人力管理体系及所涉及的各个环节，此外，还应建立相应企业文化，改进并提高公司管理制度，这将是一个漫长的过程，需要全体员工共同合作。本文观点也是一个不断学习、完善的过程。笔者会继续努力，创造出更符合时代发展的绩效考核理论。

参考文献

[1] 姜甄身，冯国忠. 医药企业销售人员绩效考核设计——基于平衡计分卡 [J]. 现代商贸工业，2012，24（8）：105-106.

[2] 任玉萍. 平衡计分卡在医药企业绩效管理中的应用研究 [J]. 中国市场，2017（19）：171.

[3] 李盼盼，马程，郭文雅，等. 浅析生物医药企业绩效评价指标体系设计的考虑因素 [J]. 财讯，2016（31）：134.

[4] 罗瑞，单国旗. B2C 医药电子商务企业的绩效评价研究 [J]. 中国药房，2016（4）：445-448.

[5] 王成，杨金燕. 媒体关注、企业社会责任与企业绩效——基于我国医药制造业上市公司的实证研究 [J]. 齐齐哈尔大学学报（哲学社会科学版），2016（8）：67-70.

[6] 褚淑贞，都兰娜. 基于 CDM 模型的创新投入、创新产出与企业创新绩效关系研究——以医药制造业上市公司为例 [J]. 工业技术经济，2017，36（7）：136-142.

[7] 李常洪，姚莹. 联盟组合合作伙伴多样性和企业绩效的关系——基于中国生物医药行业上市公司的实证分析 [J]. 工业技术经济，2017，36（2）：133-138.

[8] 米雪，冯国忠. 两职合一、总经理薪酬与企业绩效的关系探究——以医药上市企业为例 [J]. 中国药物经济学，2018（3）.

[9] 茅宁莹，李佳佳. 医药企业社会责任与绩效关系研究——基于 Heckman 选择模型 [J]. 财会通讯，2017（19）.

[10] 郭艺嘉，李朋林. 医药制造业上市公司技术创新对企业绩效的影响研究 [J]. 中国市场，2017（36）：102-103.

[11] 华幸. 我国医药上市公司的研发与绩效的调节因素研究 [J]. 特区经济，2017（7）：98-100.

[12] 王晋. 中小型医药企业销售人员激励机制现状及优化建议 [J]. 经营管理者，2013（28）：177-178.

[13] 王贵帮. 人力资源管理中绩效考核的作用分析 [J]. 现代经济信息，2016（13）：22.

[14] 彭剑. 浅谈医药销售企业在运营资金管理中存在的问题及解决对策 [J]. 黑龙江

科学, 2016, 7 (20): 54-55.

[15] 王雪云. 人力资源绩效管理存在问题及对策 [J]. 经贸实践, 2015 (10X): 166.

[16] 王志刚. 论平衡计分卡在我国政府部门绩效管理中的应用 [J]. 科技、经济、市场, 2016 (6): 86-87.

[17] 羊在家, 朱娟, 陈传标. 医药企业销售人员激励机制探究 [J]. 全国商情: 经济理论研究, 2014 (40): 22-24.

[18] 王贤初, 郝晓宁, 巫云辉, 等. 社区健康服务机构员工对绩效管理的满意度现状研究 [J]. 中国全科医学, 2013, 16 (16): 1841-1843.

[19] 朱云贵, 武军, 纪永芹. 基于"四值竞赛"的班组绩效管理 [J]. 中国高新技术企业, 2016 (2): 167-168.

[20] 黄琦. AD 药业销售人员绩效考核体系优化研究 [D]. 西北大学, 2015.

[21] 胡丹. B 医药企业销售人员绩效管理体系构建研究 [D]. 湘潭: 湘潭大学, 2015.

[22] 汪发现. 我国绩效管理现状及其提升策略 [J]. 企业改革与管理, 2016 (5): 69.

[23] 张赫. HB 制药公司销售人员绩效考核体系研究 [D]. 沈阳: 东北大学, 2013.

[24] 李小英. 企业绩效管理问题及对策初探 [J]. 商, 2014 (9): 51.

[25] 谷华菩. 基于 BSC 和 KPI 的医药企业销售人员绩效考核体系构建研究 [D]. 株洲: 湖南工业大学, 2013.

[26] 孙宗虎. 薪酬体系设计实务手册 (第3版) [M]. 人民邮电出版社, 2012.

[27] 邓成超, 唐德祥, 张斗星. 360 度绩效评价体系主体选择方法探讨——基于 360 度绩效评价体系系统误差研究 [J]. 经济问题, 2011 (7): 90-94.

[28] 潘建军. 动力还是重担: 绩效管理在美国大学中的实践与反思——以耶鲁大学为例 [J]. 复旦教育论坛, 2014 (4): 95-102.

[29] 何文盛, 王焱, 尚虎平. 政府绩效管理: 通向可持续性发展的创新路径——"第二届政府绩效管理与绩效领导国际学术研讨会"综述 [J]. 中国行政管理, 2012 (4): 126-128.

[30] 胡畅. 试析电力施工企业绩效管理中的问题和对策 [J]. 管理学家, 2013.

[31] 丁争. 谈电力施工企业绩效管理存在的问题及改进对策 [J]. 城乡建设, 2012 (23).

[32] 王贤初, 郝晓宁, 巫云辉, 等. 社区健康服务机构员工对绩效管理的满意度现状研究 [J]. 中国全科医学, 2013, 16 (16): 1841-1843.

[33] 毛永葵. 电力施工企业完善绩效管理提高员工积极性 [J]. 管理学家, 2013 (21).

[34] 张新民, 钱爱民. 财务报表分析. 第2版 [M]. 中国人民大学出版社, 2011.

［35］付亚，许玉林. 绩效考核与绩效管理（第2版）［M］. 电子工业出版社，2011.

［36］Vagnoni E. World – class manufacturing by Fiat. Comparison with Toyota Production System from a Strategic Management, Management Accounting, Operations Management and Performance Measurement dimension ［J］. International Journal of Production Research, 2015, 53（2）：590 – 606.

［37］Carlos Capelo, Ana Lopes, Ana Mata. A Simulation – Based Approach for Teaching the Systems Perspective of Strategic Performance Management ［J］. Accounting Education, 2015：241.

［38］Roenigk D J. Performance Management in Local Government：Is Practice Influenced by Doctrine? ［J］. Public Performance & Management Review, 2015, 38（3）：514 – 541.

［39］Perry J L. A Strategic Agenda for Public Human Resource Management Research ［J］. Review of Public Personnel Administration, 2010, 30（1）：20 – 43.

［40］Laschka E, Herz A. On the Effectiveness of Incentive Pay：Exploring Complementarities and Substitution between Management Control System Elements in a Manufacturing Firm ［J］. European Accounting Review, 2015, 24（2）：241 – 276.

［41］Koen Dewettinck, Hans van Dijk. Linking Belgian employee performance management system characteristics with performance management system effectiveness：exploring the mediating role of fairness ［J］. International Journal of Human Resource Management, 2013, 24（4）：806 – 825.

［42］Bianchi P. Public Managers' Skills Development for Effective Performance Management：Empirical evidence from Italian local governments ［J］. Public Management Review, 2015, 17（4）：517 – 542.

［43］Ogunyomi P, Bruning N S. Human resource management and organizational performance of small and medium enterprises（SMEs）in Nigeria ［J］. International Journal of Human Resource Management, 2016, 27（6）：612 – 634.

［44］Yang S B, Torneo A R. Government Performance Management and Evaluation in South Korea：History and Current Practices ［J］. Public Performance & Management Review, 2016, 39（2）：279 – 296.

［45］Chau V S. The relationship of strategic performance management to team strategy, company performance and organizational effectiveness ［J］. Team Performance Management, 2013, 14（3/4）：113 – 117.

［46］Pucher J, Mayrhofer R, El – Matbouli M, et al. Pond management strategies for small – scale aquaculture in northern Vietnam：fish production and economic performance ［J］. Aquaculture International, 2015, 23（1）：297 – 314.

［47］Mckenna E F, Beech N. The essence of human resource management：a concise analysis [J]. Pearson Schweiz Ag, 1995.

[48] Kaplan R S, Norton D P. The execution premium [M] // The execution premium: . Harvard Business Press, 2008.

[49] Book A T. The Practice of Management [J]. Innovar Revista De Ciencias Administrativas Y Sociales, 2009, 19 (33): 142-144.

[50] Press H. Performance Management: Measure and Improve the Effectiveness of Your Employees [J]. Harvard Business Review Press, 2006.

附录

HB 制药公司销售人员绩效考核满意度调查问卷

各位公司的精英：

您好！为深入了解企业绩效考核的运行状况及建立完善的激励机制，公司人力资源部特开展销售人员绩效考核体系问卷调查工作。感谢您的支持与合作！

第一部分

您的职位：

所在部门：

性　别：

入职年限：

您的年龄：

学历程度：

第二部分

以下问题描述，非常符合你的认识与判断的请打 5 分，非常不符合你的认识与判断的请打 1 分，中间程度以此类推。

A 绩效考核满意度

A1 您对公司当前的绩效考核比较满意。

B 战略导向

B1 您对公司今年的经营目标非常清楚。

B2 您对本部门今年的经营目标非常清楚。

C 指标项目

C1 绩效考核的各个指标项目瞄准了你工作中的重点。

C2 您的主要工作内容都能体现在绩效考核中。

D 考核周期

D1 您工作的绩效考核周期反映了您的工作特点。

E 结果计算

E1 您的绩效考核结果计算过程简单明了。

E2 考核之前你就能预估自己的绩效考核结果。

F 结果应用

F1 您的绩效考核结果对您在公司的职业晋升、培训等都有影响。

第三部分

您的建议：

YDHB 公司营销人员绩效考核方案优化研究

张成清　何淑明

摘　要： 现代企业之间的竞争，归根结底是人力资源的竞争。人力资源作为企业的第一资源，是企业实现经营发展目标的决定性要素；绩效考核作为人力资源管理的核心环节，已成为企业强化内部管理、激发团队士气的重要手段，从而影响企业战略目标的实现和可持续发展。营销人员的工作绩效对企业经营发展目标的实现起着至关重要的保障推动作用。因此，对于现代企业而言，营销人员的管理已成为企业人力资源管理的重点关注，营销人员的绩效考核成为企业绩效考核的关键控制点。目前，很多企业对营销人员绩效考核进行了一系列有益探索，并取得了一定成绩。但是，由于营销活动涉及的面较广、过程控制复杂，同时会受到企业内部条件、外部环境等因素的影响，造成营销人员绩效考核工作难度相对较大。目前，围绕相关绩效考核理论、工具等的应用，国内虽对营销人员的绩效考核进行了较多研究，但具体结合某一行业、某一企业的实际经营情况对营销人员绩效考核方案进行优化设计还有待进一步丰富。

本文首先分析了 YDHB 公司营销人员绩效考核的现状与问题，介绍了公司概况、营销组织架构及人力资源构成等，并通过"问卷调查 + 深度访谈"详细阐述了公司现行营销人员绩效考核现状，揭示了 YDHB 公司现行营销人员绩效考核存在的考核指标不合理、评价主体单一、考核结果应用不充分等六个方面的问题。

针对 YDHB 公司营销人员绩效考核存在的上述问题，本文对现行绩效考核体系进行了优化设计。介绍了设计总体思路、主要目标、基本原则和设计路线，然后从营销人员工作岗位分析入手，对营销人员绩效考核维度、具体考核指标和权重，以及评价主体与考核流程等进行了优化，给出了绩效考核优化方案。最后，对 YDHB 公司优化后的营销人员绩效考核方案具体实施提出了保障措施和过程控制建议。

本文针对 YDHB 公司营销人员绩效考核方案优化设计，对 YDHB 公司全面推行绩效考核改革，以及其他企业建立完善营销人员绩效考核制度有一定的参考价值。

关键词： 环保公司；营销人员；绩效考核；优化

1 绪论

1.1 研究背景

　　YDHB 公司成立于 1999 年，是一家以燃煤电厂大气污染治理起家的环保上市公司。经过近 20 年的发展，YDHB 公司资产总额近 90 亿元，是中国环保行业十大影响力品牌之一，现已成长为中国电力环保领域的领军企业和科技创新的"排头兵"。YDHB 公司业务范围涵盖脱硫脱硝除尘工程总承包、脱硫脱硝特许经营、脱硝催化剂和除尘器制造、核电环保、水务、节能、"互联网+"等多个领域，累计完成脱硫、脱硝、除尘 EPC 项目 270 多个，环保改造容量超过 2 亿千瓦，合同金额超 210 亿元，项目分布在全国 23 个省（市）、自治区及印度、土耳其、印度尼西亚等 7 个国家。YDHB 公司在国内电厂烟气治理市场占有率超过 10%，先后承担了国内首个百万机组脱硫、首个百万机组脱硝、首个烟塔合一脱硫、首个百万机组超净改造等多个具有里程碑意义的电力环保工程项目。

　　自党的十八大以来，生态文明建设作为国家战略纳入中国特色社会主义事业"五位一体"总体布局之中。为贯彻落实国家生态文明建设战略，国家在先后出台"气十条""水十条"和"土十条"专项行动计划的同时，国务院于 2016 年密集发布了《"十三五"生态环境保护规划》《"十三五"国家战略性新兴产业发展规划》《"十三五"节能环保产业发展规划》等系列文件，首次提出环境质量指标、先进环保产业等概念，并指出到 2020 年要将节能环保产业培育成国民经济的一大支柱产业。上述系列文件的出台，为以大气治理、水治理、土壤修复三大战役为核心的环保产业带来了广阔的市场空间，国内环保产业迎来了新的黄金发展期。国内环保市场需求将从前期的"小、散、多"向"区域化、综合化"转变，环境治理模式将从"点源治理"向"面源治理"转变。初步预计，"十三五"期间的国内环保投资规模将高达"十二五"的 3 倍，有望达到 17 万亿元，年均增长速度为 18% 左右，到 2010 年节能环保产业增加值在国内生产总值的占比将从 2015 年的 2.1% 左右增长至 3% 以上。

　　随着燃煤电厂大气污染治理市场高峰后期的到来，国内环境保护治理的范围正从电力环保领域向非电环保领域、从大气治理向水治理、土壤修复等转变，国内环保市场的营销对象、开发方式等均发生了较大变化。然而，YDHB 公司对这些新的市场需求和新的竞争形势的准备、适应度明显不足。当前，YDHB 公司围绕自身"十三五"发展规划已明确提出二次创业行动计划。二次创业中，在保持和发挥燃煤电厂大气污染治理传统竞争优势的同时，如何更好地让市场营销实现从电力市场向非电市场、从大气治理市场向水治理、土壤修复市场转变已成为 YDHB 公司市场营销工作的当务之急。在此情形下，YDHB 公司几年前制定的营销人员绩效考核方案已无法适应当前市场形势变化,一定程度上抑制了营销人员的工作积极性,影响了二次创业市场营销目标的实现。因此,对 YDHB 公司现有的营销人员绩效考核进行优化研究十分必要。

1.2 研究目的和意义

市场营销作为企业经营管理活动的重要一环,在日益激烈的市场竞争环境中,企业市场营销活动的效率很大程度上影响了企业的市场竞争地位和可持续发展能力。营销人员作为企业市场营销活动的实施主体,如何激发其工作激情和创造性,并在一定程度上提升其工作满意度水平,制订一套科学合理的营销人员绩效考核方案在营销人员管理工作中显得尤为重要。

本研究的目的在于以绩效考核为切入点,立足企业经营实际,着眼企业战略规划,提出与企业经营实际和发展目标相适宜的营销人员绩效考核优化方案,以提高营销人员工作的积极性、主动性,让企业通过绩效考核优化来促进营销人员工作绩效和企业市场订单的"双增长",最终实现营销人员个人成长与企业长远发展的良性循环。

本研究以 YDHB 公司为例,在对 YDHB 公司营销人员绩效考核现状开展问卷调查的基础上,对 YDHB 公司营销人员绩效考核存在的问题进行了全面梳理分析,然后提出 YDHB 公司营销人员绩效考核优化设计方案和保障措施。本研究针对 YDHB 公司营销人员绩效考核问题提出的优化方案,在为其二次创业提供营销人员绩效考核保障的同时,可以进一步丰富国内相关课题研究,为国内同行业、同类型的企业营销人员绩效考核提供参考。

1.3 国内外研究现状

1.3.1 国外文献综述

国外学者对营销人员绩效考核的研究起步较早,并取得了丰硕的成果。从研究内容看,在国外学者研究的成果中,与本研究关联度较高的主要包括营销人员的绩效指标和影响因素研究。

(1) 营销人员绩效指标研究。Behrman 和 Perreault (1982) 围绕营销人员绩效指标从五大产业中随机抽取 200 名营销人员进行研究,并得出营销人员绩效考核指标主要包括销售费用控制、销售目标实现、客户信赖与支持、客户满意度,以及与顾客沟通和内部协作的能力等[1]。Avila, Mann 和 Fern (1988) 围绕客观与主观两个维度对营销人员进行剖析,并指出营销人员绩效包括具体目标的达成、完成销售目标的表现和工作整体绩效[2]。Ashwin 和 Sheila (2001) 指出营销人员的绩效分为四类指标,主要包括市场信息和专业知识的掌握情况、具体营销呈现、销售目标达成率[3]。Baldauf, Cravens (2002) 在研究销售人员的行为表现,以及销售人员的绩效与销售组织效能的影响关系时指出，可以通过营销行为绩效、产出绩效和非营销行为绩效三类指标来衡量营销人员的绩效[4]。Cross，Brashear 和 Rigdon（2007）通过营销人员自我评价方式得出营销人员绩效包括销售计划达成率、产品销售数量、产品专业知识掌握、客户信息了解深度及客户关系维护情况[5]。Harri 和 Andreas 等（2015）指出可以通过顾客导向和价值销售将营销策略转化为业绩考核，其实质上肯定了顾客导向和价值销售指标在营销绩效考核中的重要性[6]。Dhruv（2016）在对子公司的营销绩效进行分解时指出，需要从过程和结果两个维度对子公司的营销绩效考核指标进行设计[7]。

（2）营销人员绩效影响因素研究。Oliver 和 Adnderson（1987）通过对营销人员控制系统、营销人员特质与绩效，以及组织营销效能开展实证研究发现营销人员的专业能力和态度等个人特质与其营销行为及非营销行为的绩效具有关联性[8]。Dwyer，Hill 和 Martin（2000）对 309 名保险业销售人员的实证研究发现营销人员的销售业绩受其自身营销行为的影响较重[9]。Holmes 和 Srivastava（2002）研究表明，营销人员工作勤勉度与其营销绩效呈正相关[10]。Balauf，Cravens 和 Grant（2002）在营销人员个人能力、产品类型、营销人员个人绩效与公司营销效能关系的实证研究中发现，营销人员的行为绩效会受到其个体特质影响且两者呈正相关，从而影响其最终产出绩效[11]。Rapp，Ahearne，Mathieu 和 Schillewaert（2006）实证研究表明，销售人员的销售绩效明显受其个人努力程度、工作勤勉度等具体行为的影响[12]。Bolander，Satornino，Hughes 等（2015）通过实证研究指出，营销绩效受到营销人员自身社会关系网络和政治能力的显著影响[13]。

1.3.2 国内文献综述

国内学者关于营销人员的绩效考核研究明显晚于国外，但对营销人员绩效考核指标、考核方法等方面的研究文献相对较多。

（1）营销人员绩效考核指标研究。梁建春、李朗、时勘（2006）以某国有企业 377 名营销人员为研究对象，综合运用结构访谈、问卷调查、特尔斐专家评定等方法提取某国有企业营销人员关键绩效考核指标，通过量化的分析与统计，得出从财务、客户、内部流程、学习与成长四个层面建立营销人员绩效考核指标，如销售量同期增长率、销售回款完成率、客户满意度、公司规章制度的执行、信息报表上交的及时性与准确性、部门培训执行情况等[14]。张滨滨、李国栋、刘瑞文（2007）研究指出，营销人员的绩效考核应从定量和定性两个部分来定期考核，其中，定量指标主要包括回款、销售额指标、造势产品考核、订单准确率、网络达标考核、市场份额考核；定性指标有客户满意度、营销人员反馈信息的质量水平等[15]。陈颖颖（2008）以 A 复合肥有限公司为研究样本，在平衡计分卡理论框架下，通过大量的访谈和问卷调查，围绕财务、客户、内部运营、学习与发展四个层面构建了大区经理、区域经理、营销人员绩效考核指标体系[16]。刘皓（2012）在对营销部门关键绩效指标解析的基础上，从业绩、能力、态度三个维度对涉及的营销人员绩效指标进行了详细阐述[17]。李爱菊（2014）在基于团队的企业营销人员薪酬分配机制探讨中指出，可以从态度、能力、业绩三个维度对营销人员的个人绩效进行评估，具体可设置个人业绩承诺完成情况、工作主动性与积极性、团队协作意识、沟通表态与执行能力等指标[18]。陈夏璐（2017）在营销绩效指标的"病态"与矫治研究中指出，企业可以从数量、质量、成本、时间及潜力方面构建"4-1"维度绩效指标，以解决营销人员绩效指标偏少问题[19]。

（2）营销人员绩效考核方法研究。魏明侠（2003）应用灰色系统有关理论，在对企业绩效、生态环境绩效和社会环境绩效等因素展开定量分析基础上，创建了绿色营销绩效评价模型[20]。崔春生（2005）应用可拓工程方法，建立了数个营销人员绩效考核指标性能参数模型，并通过实证方式证明了该模型对营销人员绩效考核的有效性[21]。何秋霞、章依凌和郑宝睛（2010）以某中小服装企业为研究对象，通过层次分析法和模糊综合评价法的结合，设计了一套新的营销人员绩效考核方法，并通过实际运用验证了该方法的有效性[22]。李锋、林华（2010）将功效系数法与模糊综合评价法相结合，采取定性判断和定量分析方式构建了企业营销绩效考核模型[23]。蔡小秋（1994）在分析酒店营销绩效影响因素基础上，围绕酒店的环境效益、社会效果、经济效益三个方面，参考层次分析方法（称 AHP）的基本原则，构建了酒店的营销绩效评价数学模型[24]。胡丽娜、薛阳（2016）从 EVA（即经济增加值）角度出发，围绕行业发展特征、劳动要素特征、资本要求特征三大类影响构建了 EVA 营销绩效评价体系[25]。

1.3.3　文献评述

从查阅的文献资料来看，国外学者提出了目标管理评价法、360 度考核法、平衡计分卡等绩效考核方法，并围绕营销人员绩效考核指标设置、营销绩效影响因素等开展了大量理论研究，并取得了丰硕研究成果，为现代企业营销绩效考核提供了很多理论指导，为提高企业管理水平做出了巨大贡献。

与国外学者研究相比，2000 年以来，我国有关营销人员绩效考核的研究明显增加，并围绕绩效考核指标、绩效考核方法的应用研究展开，并结合具体的某一行业、某个企业、某类人员的绩效考核方案进行设计、优化等，实际应用价值较大。近年来，关于营销绩效考核的实证研究成为当前热点，主要目的是解决企业绩效考核中存在的实际问题，从而提升企业的管理水平。

不同行业企业间的绩效考核存在较大差异，同一企业在不同发展阶段的绩效考核所采用的方式也各不相同。纵观国内外有关营销绩效考核的研究，目前对 YDHB 公司这类环境治理类企业的营销绩效考核研究还相对缺乏。

本研究在学习国内外绩效考核有关研究理论基础之上，借鉴相关绩效考核方法，参考了国内有关营销绩效考核研究成果，以 YDHB 公司营销人员的绩效考核为实例开展专题研究。本研究主要对 YDHB 公司营销人员绩效考核现状调查分析基础上，对其绩效考核存在的问题及原因进行分析梳理，并提出适合 YDHB 公司的营销绩效考核优化方案，以及保障措施、过程控制建议。

1.4 主要研究内容

本研究通过对相关绩效考核理论和方法的梳理归结，并结合国内外有关企业营销人员绩效考核研究成果，借助问卷调查和深度访谈对 YDHB 公司营销人员绩效考核现状进行调查了解的基础上，分析梳理了 YDHB 营销人员绩效考核存在的主要问题。针对 YDHB 营销人员绩效考核存在的主要问题，结合其经营实际和二次创业发展规划，对现行营销人员绩效考核方案进行了优化设计。最后，对 YDHB 公司营销人员绩效考核优化方案的具体实施提出了保障措施、过程控制建议。总体而言，本文的研究内容主要包括以下四个方面：

（1）YDHB 公司营销人员绩效考核现状调查。在介绍 YDHB 公司营销组织架构与营销人力资源现状的基础上，围绕绩效计划管理与指标设置、绩效考核与评价、绩效反馈与面谈、绩效考核结果运用四个方面，通过问卷调查和深度访谈对 YDHB 公司营销人员绩效考核管理及实际运行情况进行了了解掌握。

（2）YDHB 公司营销人员绩效考核问题分析。在调查 YDHB 公司的营销人员绩效考核现状基础上，结合绩效考核相关理论和方法，围绕绩效考核准备、绩效考核实施、考核结果反馈、考核结果应用四个阶段，分析找出现有营销人员绩效考核存在的具体问题。

（3）YDHB 公司营销人员绩效考核方案优化。针对 YDHB 公司营销人员绩效考核实际运行情况及存在的问题，结合 YDHB 公司经营实际和二次创业发展规划，提出其营销人员绩效考核目的、主要原则，并确定其营销人员绩效考核优化思路与目标，最终设计出适合 YDHB 公司营销人员的绩效考核优化方案。

（4）YDHB 公司营销人员绩效考核优化方案实施建议。从领导重视、组织保障、制度流程三个层面和绩效培训、计划管理、数据采集、沟通反馈、结果应用五个环节对优化后的 YDHB 公司营销人员绩效考核方案提出了实施保障措施和过程控制建议，以确保优化后的 YDHB 公司营销人员绩效考核方案得以顺利推进实施。

1.5 研究方法及技术路线

1.5.1 研究方法

本研究在综合运用人力资源管理、数据统计学等知识、理论和方法的同时，采用了以下四种主要研究方法：

（1）文献研究法。本研究以文献研究法为重要支撑对 YDHB 公司营销绩效考核方案优化进行分析研究，笔者查阅了大量的国内外有关营销人员绩效考核的研究文献，了解了相关研究现状，并在此基础上进行全面梳理，为研究分析提供了丰富的理论支撑。

（2）实地调研法。笔者借助问卷调查和深度访谈相结合方式，收集了YDHB公司营销人员及相关管理人员对现行绩效考核方案的意见建议，为梳理YDHB公司当前营销人员绩效考核存在的问题提供了大量基础素材，有助于开展针对性优化设计。

（3）比较分析法。笔者在绩效考核等相关理论基础上，以YDHB公司营销人员绩效考核为研究对象，分析其营销绩效考核现状与问题，并对营销绩效考核方案优化提出基本思路和保障建议。

（4）定量分析法。本研究在问卷调查基础上，笔者运用数据统计分析等对YDHB公司营销人员基本情况和问卷调查结果，以及绩效考核指标权重优化等进行了分析设置，有助于提高本研究优化设计的科学合理性。

1.5.2 技术路线

本研究在大量查阅绩效考核相关理论及国内外有关营销人员绩效考核研究文献的基础上，以YDHB公司为例，首先对YDHB公司营销人员绩效考核方案及实际运行情况进行调查了解；其次分析YDHB公司现行营销人员绩效考核存在的具体问题；再次借助绩效考核相关管理理论，结合YDHB公司经营实际和二次创业发展规划，对YDHB公司现行营销人员绩效考核方案进行优化；最后，从领导重视、组织保障、制度流程三个层面和绩效培训、计划管理、数据采集、沟通反馈、结果应用五个环节提出保障措施及过程控制建议，以确保优化后的YDHB公司营销人员绩效考核方案得以顺利推进实施（见图1.1）。

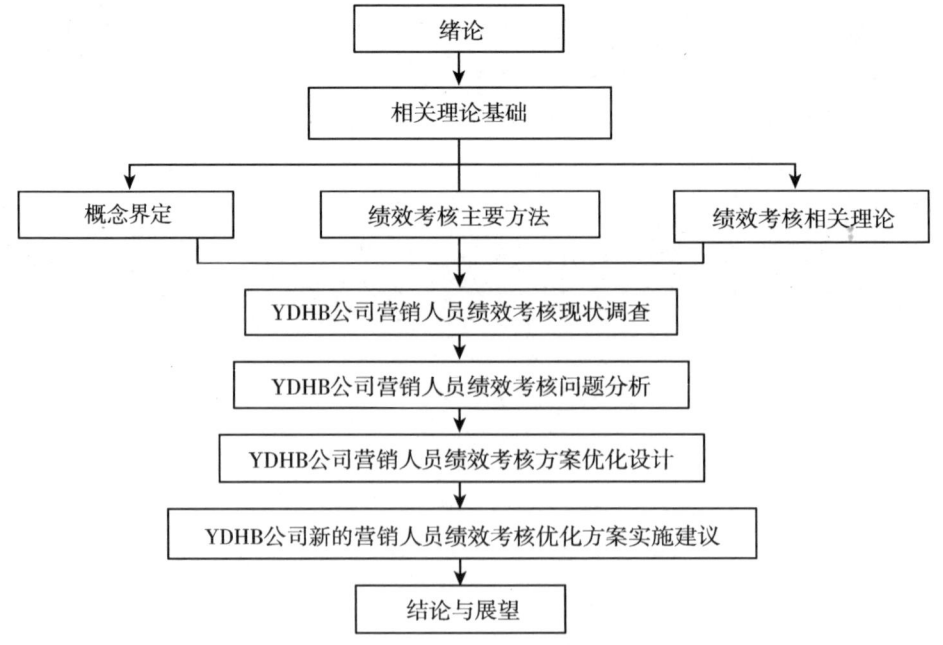

图1.1　研究技术路线

2 相关理论基础

2.1 相关概念界定

2.1.1 绩效

绩效一词源于英语单词"performance",有时也采用"效绩""业绩"等相近词汇表达这一概念。付亚和、许玉林(2009)等人在综合管理、经济、社会学界有关绩效理论研究的基础上,结合工作实践,从以下5种角度对绩效概念进行了诠释[26]:

(1)绩效就是"完成工作任务"。这一观点出现得比较早,认为体力劳动者或生产工人的绩效就是"按时保质完成分配的生产任务",他们的绩效最主要的问题就是"这项任务怎么做"或"采取何种方法把工作做好"。因此,其主要的适用对象是一线生产工人或体力劳动者。

(2)绩效就是"产出"或"结果"。这一界定源于将考核分为态度考核、能力考核和绩效考核三类。与态度考核和能力考核相比,绩效考核更关注"产出"或"结果"。伯纳丁(Bernadin)等认为,绩效就是工作的结果,因为工作的结果与顾客满意度、组织战略目标实现和所投资金的回报率的关系最为密切。通常可以用产量、营业收入、市场占有率等指标来衡量工作结果。

(3)绩效就是"行为"。基于工作结果可能会受到诸多因素影响,并不一定是个体行为所致,以及并不是每位员工都有均等的机会完成工作,并且员工工作中呈现出的表现不一定都与工作任务有关等假设,因此通常认为行为是影响员工工作结果的因素之一,而工作结果又是评价员工行为有效性的重要方法,即可以通过员工工作所取得的结果来评判员工行为的有效性。

(4)绩效就是"结果"与"过程(行为)"的统一体。这种观点指出单纯将绩效界定为结果、产出或行为、过程均有失偏颇,认为绩效应该是结果与过程(行为)的统一体。一般情况下,企业不同管理层级人员或不同企业对工作"结果"和"过程"的关注侧重点不同。例如,在同一企业中,高层管理人员更关注工作结果,低层执行人员更关注工作过程或行为。

(5)绩效=做了什么(实际效益)+能做什么(预期收益)。这一观点认为结果具有滞后性,只能反映过去的情况,无法预期未来的绩效,其创新之处在于,在关注工作结果的同时,也强调员工潜能与绩效的关系。该观点非常适合知识型员工和对能力要求较高的员工。

综上所述,笔者认为绩效就是"绩"与"效"的组合。绩效具有多因性、多维性和动态性三个特点。其中,多因性是指员工绩效不是单纯地由某一单一因素决定,会受到诸如员工天赋、智力、知识、技能和工作环境等多种主、客观因素的影响；多维性要求对员工进行绩效考核和分析时要综合考虑员工的工作能力、工作态度和工作业绩三个方面的情况；动态性是指员工的工作绩效并不是固定不变的，绩效会随着员工自身或外部条件的变化和时间的推移而不断发生变化，需要设置合理的绩效评价周期来保证绩效考核的时效性[27]。李文静、王晓莉（2015）研究指出，影响员工工作绩效的关键因素有五个，即：工作者、工作本身、工作方法、工作环境和组织管理，如图2.1所示。五个关键因素，正如"木桶效应"的基本原理，如果有一种因素起消极作用，就会降低员工绩效；反过来，提高员工绩效也应从这五个方面综合分析、系统改进[28]。

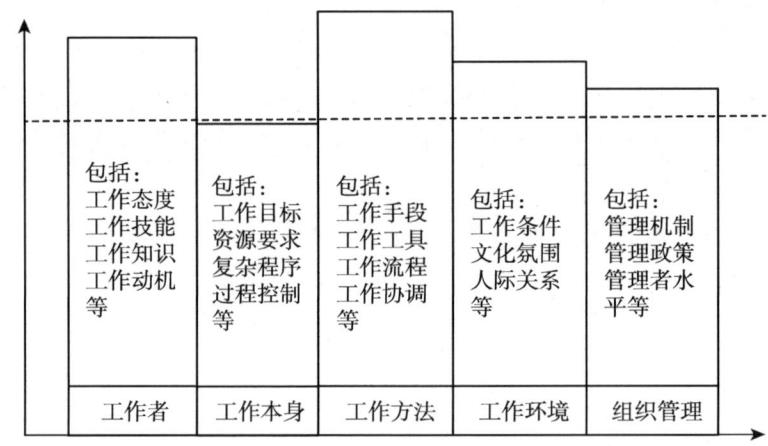

图 2.1　影响绩效五大因素

资料来源：李文静，王晓莉，绩效管理［M］. 大连：东北财经大学出版社，2015.

2.1.2　绩效管理

我国学者朱舟对绩效管理的概念进行了界定，她认为，绩效管理（performance management，PM）是指在有效沟通基础之上，通过持续激励团体和个人的正向行为，从而形成组织所期望的产出和利益的过程，最终实现组织既定目标，即通过持续有效沟通和规范化管理促进员工个人和组织整体绩效持续提高，进而提升员工素质和能力的过程[29]。绩效管理是一个涉及事前计划、事中管理、事后考核的封闭系统，主要有五个环节，具体包括绩效计划、绩效实施、绩效考核、绩效反馈、绩效改进。绩效管理流程如图2.2所示。

2.1.3　绩效考核

绩效考核（performance appraisal，PA），简称考核，又称绩效评价，是指对员工在现岗位上的履职尽责程度，以及担任更高一级职务的潜力进行有计划有组织的考

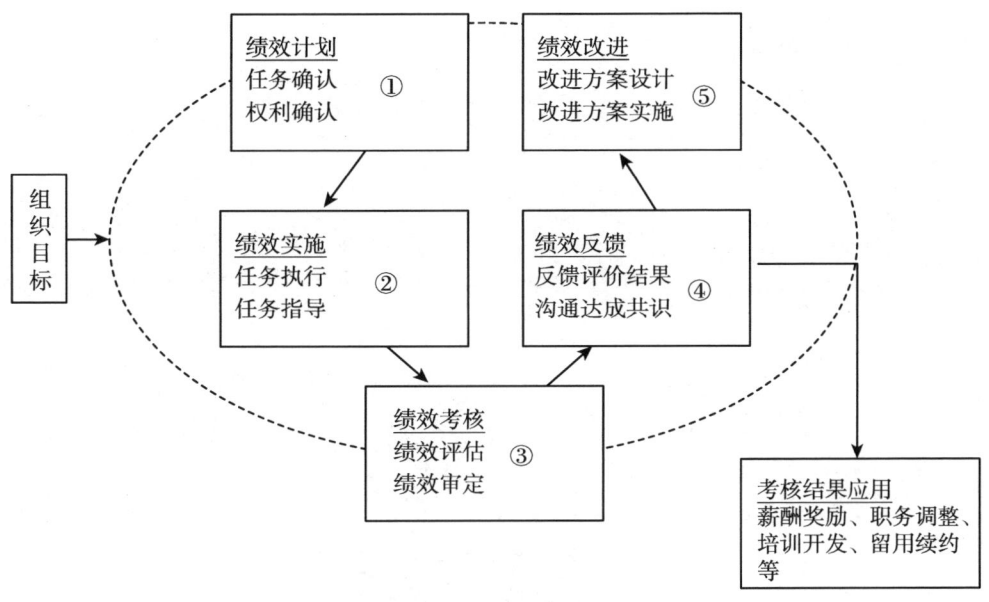

图 2.2 绩效管理流程

资料来源：朱舟，绩效考核与绩效管理［M］．北京：中国电力出版社，2014．

核和评价的过程。绩效考核内容主要从德、能、勤、绩四个维度展开，主要考核内容如图 2.3 所示[30]。

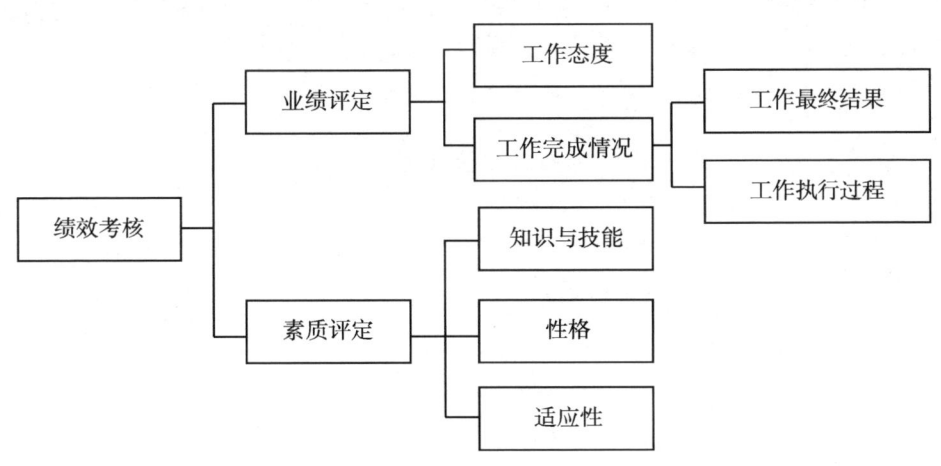

图 2.3 绩效考核内容

绩效评价信息主要来源于上级管理者、同事、下属员工、被评价者本人和客户等五种方面[31]。绩效考核的有效性应从六个方面进行评估，具体为：确认员工过去工作有效或无效的原因；确认如何改进过去的工作方法并提高绩效；确认员工在工作执行能力和行为方面存在哪些不足；确认改善员工能力和行为的方法措施；确认管理方法和管理者是否有效；确认和选择更加有效的切合实际的管理方式方法[32]。绩效考核流程如图 2.4 所示。

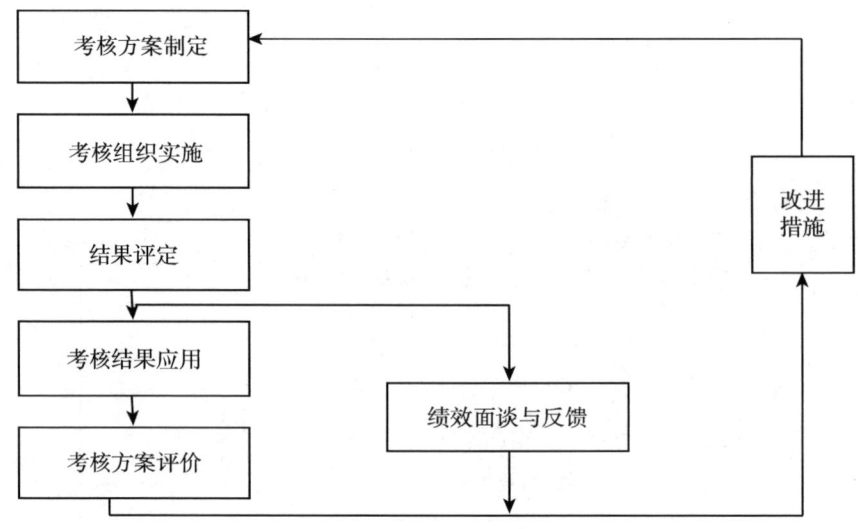

图 2.4 绩效考核流程

绩效管理是企业战略管理的重要组成部分,其最终目标是引导和激励企业员工为实现组织目标而努力。绩效管理是一个包括组织目标制定、辅导、检查、反馈等在内的系统性工程,且不断循环运转。绩效管理的服务目标是组织的战略目标,针对的是"事"。

绩效考核是绩效管理的核心、关键环节,是企业以绩效计划为依据对一定时期内企业员工能力、行为、态度等的综合性考察,是员工个人能力培训、岗位调整的重要参考依据(见表2.1)。绩效考核是对执行企业具体目标的人的考察,针对的是"人"。

表 2.1　绩效管理与绩效考核的关系

概念＼对比项	过程的完整性	侧重点	出现的阶段
绩效管理	一个系统完整的循环管理过程	侧重于沟通和改进,强调事前沟通与承诺	伴随着企业经营管理活动全过程
绩效考核	管理过程中的局部环节	侧重于判断和评价,强调事后评估	只出现在特定阶段或时期

2.2　绩效考核主要方法

2.2.1　目标管理法(MBO)

现代管理大师德鲁克1954年在《管理实践》一书中首次提出"目标管理"思想。

德鲁克指出，目标管理（management by objectives，MBO）就是借助行为科学管理理论，由企业管理人员与员工一起讨论，共同制定目标，从而由目标来决定工作的方向和验收标准，以及采取何种措施促进验收标准实现，目标实施过程中由员工进行自我控制、自我评定。目标管理的特点是把"目标"作为管理活动的出发点或落脚点，并通过"目标"的实现程度来评价员工的贡献大小[33]。在现代企业管理中，目标管理与绩效考核密不可分，达到管理目标是目的，绩效考核是手段，两者相互影响、相互促进。绩效考核的基础是目标管理，只有目标明确了，考核才有依据、针对性。同时，绩效考核是促成目标达成的重要手段，目标管理是绩效考核的控制举措[34]。

目标管理作为一种具体的绩效考核方法，其绩效考核步骤主要包括：①根据发展战略确定企业某一阶段的具体目标；②根据企业具体目标，部门主管与企业领导共同确定部门目标；③部门主管与成员商讨分解部门目标，共同确定成员个人绩效目标；④依据个人绩效目标对员工进行考核；⑤把绩效考核的最终得分反馈给员工，进行讨论、总结和提高[35]。目标管理法属于一种以结果为导向的绩效考核方法，它的主要优势在于绩效目标是建立在员工与领导者之间充分沟通、达成共识基础之上提出来的，有利于获得员工的理解和认同，具有激励功能，符合绩效管理的目的。但这种方法缺乏对员工执行过程的控制监督，不利于员工的持续成长和进步，易出现短期效应，不利于企业长期目标的达成。

2.2.2 关键绩效指标法（KPI）

关键绩效指标法（key performance indicators，KPI）最早在英国建筑行业被提出和应用，是将企业战略目标分解成可操作的具体工作目标的重要工具。其参照"二八法则"进行绩效管理，是企业绩效考核的重要方法。在企业组织实施关键绩效指标考核，可以引导员工关注企业、部门和岗位的重点任务，并在重点任务上投入更多的时间和精力，从而实现企业经济效益的最大化，同时也可以让企业管理者能够对员工进行准确定位和精准考核，促进管理的精细化[36]。关键指标必须符合SMART原则：评价指标的具体性（specific）、评价指标的可衡量性（measurable）、评价指标的具有可达性（attainable）、评价指标之间的相关性（rele - vant）、评价指标的时限性（time - based）[37]。

根据KPI绩效考核体系的设计理念，首先需要明确企业的战略目标，并通过头脑风暴和鱼骨图等方法，分析梳理影响企业成功的关键要素；其次在此基础之上，逐一建立企业、部门、个人的关键绩效指标体系，并层层分解指标；再次借助定量和定性分析法，明确各关键绩效指标的定义和考核权重；最后确定各关键绩效指标标准，建立形成完整的绩效考核体系[38]。在实际应用过程中，任何一个指标既可能作为KPI，也可能被排除在KPI之外。只有当某一指标与企业发展战略、当前中心工作关系紧密时，才能作为KPI加以使用。因此，在设置、选择KPI时，要避免盲目性、随意性。

2.2.3 平衡计分卡（BSC）

平衡计分卡（baland score card，BSC）是哈佛商学院罗伯特·S.卡普兰教授和复兴全球战略集团创始人兼总裁大卫·P.诺顿，基于对美国12家在绩效测评处于领先地位的公司进行为期一年的考察，于1992年发明的一种考核方法[39]。这种方法打破了传统仅仅关注业绩的财务考评方法的局面，除财务指标外，还引入了外部环境指标、内部成长指标等[40]。研究表明，平衡计分卡运用较好的企业在促进其财务指标实现的同时，有助于提升企业各战略指标的同步推进。

平衡计分卡分别从财务、客户、内部流程和学习成长四个维度向组织内各层次的人员传递组织的战略以及每一步骤中各自的使命，最终使组织目标达成[41]。在平衡计分卡四个维度中，财务层面的度量指标主要为投资报酬率、经济附加值，客户层面的度量指标包括满意度、市场和顾客占有率，内部流程层面的度量指标主要有品质、反应时间、成本、推出新产品，学习成长层面的度量指标为员工满意度、信息系统可利用率[42]。平衡计分卡的核心要素包括企业战略目标、"四个维度"的战略地图、关键评价指标、单个衡量指标期望达到的目标值、目标值实现行动计划[43]。

2.2.4 360度考核法

360度绩效考核（360-degree appraisal），又称"360度绩效反馈"或"全方位评估"，是由包括被考核者本人和其上级、同事、下级或客户在内的人员共同担任绩效评价者，从多个角度对被考核者的绩效进行全视角评价。通过对考核结果的反馈，从而达到改变被考核者行为、态度，提高其工作结果或产出，促进其职业发展的目的[44]。360度绩效考评法是一种全方位、多渠道的人员绩效考评体系，其特点是评价维度的多元化，考核结果相对全面客观，主要适用于队伍相对稳定、人员规模中等的部门考核[45]。

360度绩效考核具备以下优点：(1) 360度绩效考核从多角度出发对被考核者进行全方位评价，突破了其他考核方法结果片面性的难题，其多角度反馈使考核的结果更加客观全面。(2) 在实际评价过程中，360度绩效考核需要多方面的支持配合。因此，其有助于加强企业不同层级间员工的沟通交流，有助于提高团队合作精神和员工工作效率，促进企业持续发展。(3) 360度绩效考核对被考核者采取的匿名评价方式，有助于考评者排除外界干扰或压力，从而做出客观、可靠的评价。(4) 360度绩效考核从多角度、多层级对被考核者进行评价，有助于引导被考核者增强自我管理意识。(5) 360度绩效考核能够引导员工发挥主人翁精神，积极参与考核评价，并让员工通过参与考核过程来全面客观地认识自己。研究表明，员工主人翁意识的增强有利于其工作积极性和工作效率的提高，促进员工与企业共同成长[46]。与此同时，360度绩效考核也存在考核成本较高、考核培训难度较大、考核结果受考核评价者的主观性较大、易产生紧张的人际关系等缺点。

2.3 绩效考核相关理论

2.3.1 ERG 理论

1969 年，奥尔德弗（Clayton Alderfer）在《人类需要新理论的经验测试》中首次提出 ERG 理论。其认为，人主要有生存、人际关系、成长发展三种核心需要。其中，生存需要（existence）是指人类个体对物质和生理的需要，如衣、食、住、行等；人际关系需要（relat-edness）是指人们在交往过程中对于形成的相互关系的需要，主要表现为尊重、信赖及归属认同感；成长发展需要（growth）是指人们通过激发自身潜力以实现自我提高、自我完善的需要，往往通过教育培训、职业发展等实现[47]。ERG 理论是对马斯洛需要层次理论的继承和创新，需要层次理论中的生理需要和安全需要相当于 ERG 理论中的生存需要，需要层次理论中的社交需要和一部分尊重需要相当于 ERG 理论中的关系需要，需要层次理论中的一部分尊重需要和自我实现需要相当于 ERG 理论中的成长需要[48]。

ERG 理论指出在同一时间人可能存在多种需要，如果较高层次的需要不能得到满足，那么人们就更加渴望较低层次的需要满足，更关注个体差异[49]。ERG 理论认为，三种需要之间不是刚性递进关系而是平行并列关系，即使一个人某一层次的需要未得到满足时，他仍然会转向其他层次的需要上去[50]。

2.3.2 期望理论

1964 年，在《工作与激励》中北美心理学家和行为科学家维克托·弗鲁姆（Victor H. Vroom）首次提出期望理论（expectancy theory），被誉为管理学界的里程碑之一。期望理论，即"效价—手段—期望"理论，其核心思想是员工采取某项行动的激励（motivation）取决于对其行动结果的价值评价（valence）和对预期实现结果可能性的估计（expectancy）[51]。期望理论可以用公式表示为：激动力量（M）= 期望值（E）× 效价（V）[52]。公式中，激动力量是指激发个人积极性，调动内部潜能的强度；期望值是指结合个人的经验判断实现目标的把握程度；效价是指目标实现后对满足个人需要的价值。期望理论公式表明，期望值对一个人的积极性影响较大。也就是说，一个人对达成目标的把握越大，其被激发的动力就越强，积极性也就越高。因此，通过期望理论来调动员工的积极性具有重要的指导实践意义。在实际管理工作中，运用期望理论来激励员工，就必须让员工清楚地知道：（1）工作能提供给员工自身真正所需要的东西。（2）员工欲求的东西与自身的绩效紧密相连。（3）员工只要努力工作就能够提高自身的绩效。

2.3.3 公平理论

公平理论（equity theory）属于管理心理学中的过程激励理论，由美国心理学家亚当斯（Adams）在 1965 年提出。该理论表明心理学及其管理学密切相关，是一种必备的现代领导艺术模式[53]。公平理论认为，当一个人做出贡献并取得报酬后，他在关心自己所得报酬的绝对量的同时，对自己所得报酬的相对量也同样关心。因此，他要通过种种比较来确认自己所得报酬的合理性，比较的结果将直接影响其今后工作的积极性[54]。公平感取决于社会比较或历史比较。所谓社会比较是指职工对他所获得的包括物质上的金钱福利、精神上的受重视程度、奖励表彰等报酬，与自己受教育的程度、经验、用于工作的时间、精力和其他消耗等工作上的投入的比值与他人的报酬和投入的比值进行比较；所谓历史比较是指职工对他所获得的报酬与自己工作的投入的比值同自己在历史上某一时期内的这个比值进行比较[55]。按组织公平感结构研究发展历程，公平可以分为：结果公平、程序公平和互动公平。其中，结果公平是相对分配公平而言的，是人们对分配结果的公平感受；程序公平指在制定制度和实施的程序中做到公平；互动公平是指员工与管理者之间的一种双向的感受[56]。

2.3.4 强化理论

强化理论是一种行为修正和激励理论，由美国行为科学家斯金纳在 20 世纪 50 年代提出。所谓强化，就是指通过增加某种激励，以达到增加或减少，甚至消失某种行为的过程[57]。强化分为正强化、负强化和自然消退三种。其中，正强化，又称为积极强化，是指某种行为发生之后，通过某种刺激从而增加该行为再次发生概率的事件，也就是当人们发生某种行为时，能够得到某种令其愉快的结果，该结果反过来又成为促进人们重复此行为的动力。负强化，与正强化相对应，又称消极强化，是指某种行为发生之后，通过某种刺激从而减少该类行为再次发生概率的事件。日常中，一种典型的负强化就是惩罚，即在消极行为产生后，以某种带有威慑、强制性的手段（如行政处分、经济处罚）给人带来不愉快的结果或取消现有的令人愉快和满意的条件，以表明对某种不符合要求的行为的否定。自然消退，是指在一定时间内对某种行为不理不睬，以让此行为发生概率自然下降并逐渐消退。例如，某些企业曾对员工加班行为给予表扬，后来意识到经常加班不利于员工的身心健康和企业长远利益，因此不再给予表扬，从而使员工加班的行为逐渐减少甚至消失[58]。

2.3.5 目标设置理论

1967 年，美国马里兰大学管理学和心理学教授埃德温·洛克（Edwin Locke）首次提出目标设置理论（goal-setting theory）。他认为设置合理的目标并引导员工努力实现是激励的一种重要驱动方式，对于某些员工而言，达成目标所获得的兴奋感与获得物质激励一样需要[59]。目标是行为的直接动机。正确的目标会让人们渴望达到，从而激发人们强烈的动机。心理学把目标称为诱因，通过诱因激发动机，人们再根据自己的动机去努力实现目标。目标设置后，员工会对目标实现的可能性进行评估，当认为目标实现的可能性较大时，员工就会通过自身的努力去达成。在设置目标时，即要考虑到具有挑战性的目标是员工行为的动力之源，可以帮助员工提高期望值，又不能忽略目标实现过程中会受到诸多因素影响，比如能力、态度、时间等。员工一旦发现设置的目标难以实现时，就会将自己的表现与目标进行对照，并调整和修正自身的行为，从而促成目标实现。实际工作中，可以将员工个人的目标与公司整体的目标紧密结合起来，从而激励员工的工作积极性、主动性[60]。目标设置理论认为目标通过四种机制影响绩效：(1) 目标具有指引功能；(2) 目标具有动力功能；(3) 目标影响坚持性；(4) 目标通过与任务相关的知识和策略间接影响行为。当员工承诺要达到某目标时，该目标和员工效率的关系就最为密切；为了使目标有效，员工需要简明地反馈以了解自己的进步状况；任务复杂性也会影响目标与绩效间的关系[61]。

3 YDHB公司营销人员绩效考核现状与问题分析

3.1 YDHB公司简介

YDHB公司成立于1999年，是一家以节能环保为主业，集工程建设、投资运营、产品制造、技术服务四大价值链为核心的A股上市公司，注册资本金近8亿元，资产总额近100亿元。

YDHB公司是国内煤电烟气综合治理、核环保、脱硝催化剂制造等领域的领军企业，具有较强的科技实力、综合能力和行业影响力，拥有国内最大的原烟气净化综合实验基地、国内唯一的脱硝催化剂性能检测中心，承担了国家"863计划"、重大产业发展专项等10余项国家级重大科技项目，掌握了石灰石—石膏湿法脱硫、SCR脱硝、二氧化碳捕集等近30项自主知识产权技术，累计获得授权专利近400项、登记软件著作权近10项，研究成果获国家及省部级奖励80余项，先后主持和参与编制了国家燃煤烟气污染治理标准4部、行业标准18部。YDHB公司自主研发的"燃煤电厂烟气催化剂脱硝技术再生研发及应用"获得2015年度国家技术发明二等奖，在人民大会堂接受了党和国家领导人颁奖。

YDHB公司业务范围涵盖脱硫脱硝除尘工程总承包、脱硫脱硝特许经营、脱硝催化剂和除尘器制造、核电环保、水务、节能、"互联网+"等多个领域。YDHB公司已累计完成脱硫、脱硝、除尘EPC总承包项目270多个，环保改造容量超过2亿千瓦，合同金额超210亿元，项目分布在全国23个省、市、自治区及印度、土耳其、印度尼西亚等7个国家，在国内电厂烟气治理工程总承包市场占有率超过10%；形成了东西南北中五大区域中心，脱硫脱硝特许经营装机容量超4000万千瓦，位居行业前列；拥有国内一流的脱硝催化剂研发制造能力，具备原生、再生和废弃脱硝催化剂处置全过程服务能力，累计销售12万多方蜂窝式脱硝催化剂，市场占有率超

15%；具备年产40台/套300MW～600MW机组电袋除尘装备，10台/套铁路隧道清洁车及铁路非标产品3000吨的能力；是国内仅有的三家拥有核设施退役及放射性三废处理处置工程专业资质的企业之一，已承建并完成了国内首个核电站放射性废物处理设施——山东海阳核电站（SRTF）项目，形成了核环保SRTF全过程管理体系及工程实施、运行、服务能力；拥有100余个电厂水处理工程项目业绩，掌握了电厂水系统的全过程工艺技术和施工管理能力；拥有国家合同能源管理资质，自主开发了热媒水低温余热回收等多项节能技术，投资实施了多个合同能源管理项目、分布式能源、工业园区供热等项目，累计每年节约标煤约5万吨；利用云计算、物联网、大数据等前沿技术，致力于环境质量监测、环保数据分析咨询、环境质量公众信息查询等服务，已开发出能对火电环保设施设备运行、检修进行实时监测、精细管理和分析预测的环保卫士智能系统，适用于构建智能客服和专家系统的人机智能对话系统。

YDHB公司设有办公室、计划发展部、人力资源部、财务部、证券部（董事会办公室）、市场营销部、物资与采购部、科技与信息部、政策与法律部（体制改革办公室）、工程与生产技术部、安全与环境保护监察部、审计与内控部、监察部、政治工作部（工会办公室）等14个部门。现有员工近2000人，本科及以上学历人员占近50%，拥有外聘中国科学院院士2人，享受国务院政府津贴2人。

随着环境保护政策的日益趋严，国内环保市场从"单一、点源"治理向"综合、面源"治理需求的转变，YDHB公司正按照创建世界一流节能环保产业集团发展规划全面启动二次创业，力争到2020年实现市值近千亿元的经营目标。

3.2　YDHB公司营销组织架构及人力资源状况

3.2.1　YDHB公司营销组织架构

YDHB公司将国内市场分为华中、华南、华东、华北、西南、西北、东北七大区域，并实行"大区经理"负责制，各区域市场营销日常工作在区域主管的带领下统筹开展。YDHB公司营销组织架构，如图3.1所示。

（1）市场营销部经理。

职责定位：是公司营销队伍的直接管理者。在公司营销分管副总的领导下，统筹组织开展客户开发、项目投标、合同签订、款项回收等管理工作，完成既定市场管理目标。

主要职责：在公司营销分管副总领导下，贯彻执行公司年度营销策略，分解公司年度营销目标并下达至各区域市场，并对市场调查、项目开发、费用控制、款项回收等进行监督控制。同时，负责部门规章制度的建设管理，组织开展员工培训、绩效考核等。

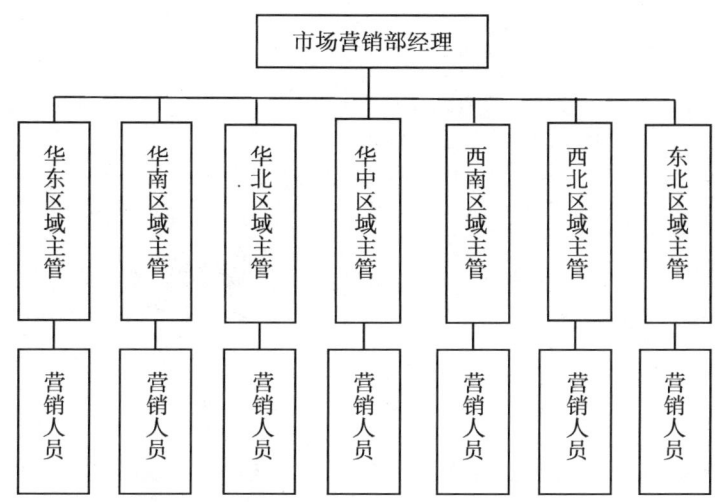

图 3.1　YDHB 公司营销组织架构

（2）区域主管。

职责定位：是部门经理与一线营销人员的管理沟通桥梁，是区域市场开拓的统筹者。在市场营销部经理的领导下，负责区域市场开发、项目投标、合同执行等日常管理工作，确保公司及部门相关管理要求在区域得到有效执行。

主要职责：结合区域市场实际，制订公司年度营销策略在区域市场的执行措施，并将区域年度营销目标分解落实至区域营销人员；组织参与区域市场开发，跟踪检查区域营销人员工作进展情况，定期反馈意见建议并寻求政策资源支持。

（3）营销人员。

职责定位：是公司市场营销工作的开拓主体和保障单元。在部门及区域经理的领导下，负责区域市场具体项目的培育、开发、投标及合同签订执行等。

主要职责：结合个人年度营销目标，制订个人目标达成进度计划；定期收集、反馈责任区域市场及重点项目信息，制订市场开拓计划和策略，寻求资源支持，并负责具体项目市场开发的策划实施和合同执行。

3.2.2　YDHB 公司营销人力资源状况

截至 2017 年 6 月，YDHB 公司共有 122 名营销人员。营销队伍的性别、年龄、学历和工作经验具体情况如下。

（1）营销人员性别结构。

YDHB 公司男性营销人员和女性营销人员数量相差较多，现有营销人员主要以男性为主，男性营销人员人数占比达 79.5%。具体性别结构如图 3.2 所示。

（2）营销人员年龄结构。

YDHB 公司现有营销人员中青年员工较多，"70 后""80 后"的营销人员是公司营

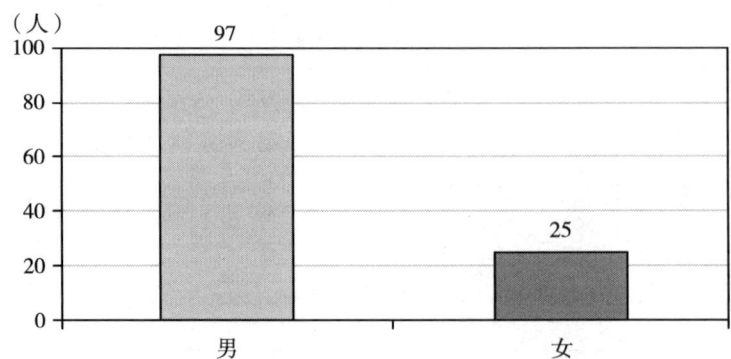

图 3.2　YDHB 公司营销人员性别结构

销队伍的主流。其中，25～30 岁的营销人员有 29 人，占总人数的 23.8%；31～35 岁的营销人员有 39 人，占总人数的 32%；36～40 岁的营销人员有 21 人，占总人数的 17.2%。具体年龄结构如图 3.3 所示。

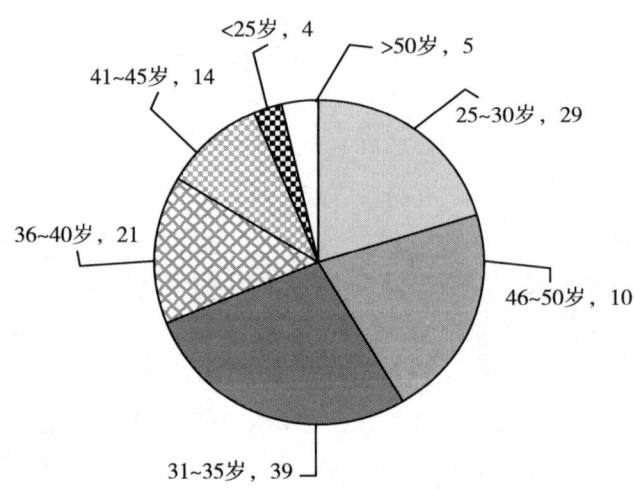

图 3.3　YDHB 公司营销人员年龄结构

（3）营销人员学历结构。

YDHB 公司营销人员的学历普遍较高。其中，大专及以下学历营销人员 39 人，占总人数的 32%；本科学历营销人员 68 人，占总人数的 55.7%；研究生及以上学历营销人员 15 人，占总人数的 12.3%。具体学历结构如图 3.4 所示。

（4）营销人员工作经验结构。

YDHB 公司营销人员工作经验相对丰富。其中，具备 5～15 年工作经验的营销人员有 69 人，占总人数的 56.6%；16～30 年工作经验的营销人员有 31 人，占总人数的 25.4%。具体工作经验结构如图 3.5 所示。

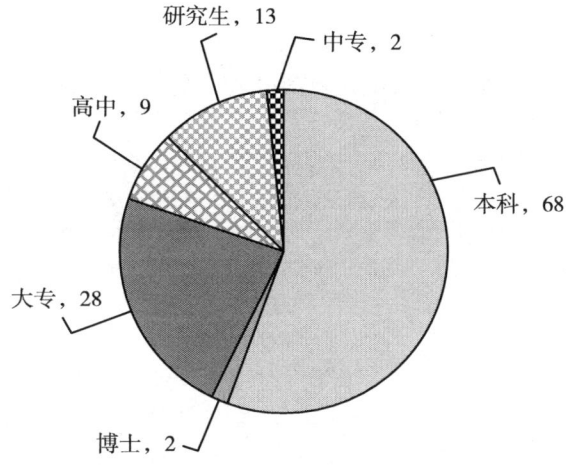

图 3.4　YDHB 公司营销人员学历结构

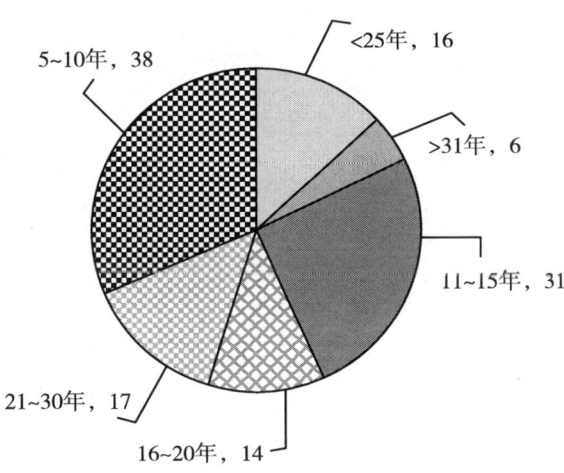

图 3.5　YDHB 公司营销人员工作经验结构

3.3　YDHB 公司营销人员绩效考核方案介绍

2010 年以来，受内部激励机制和市场供需形势变化等因素影响，YDHB 公司部分营销骨干人员出现离职，纷纷加入同行竞争对手，最终因营销队伍的不稳定，导致 YDHB 公司市场订单出现断崖式下滑，市场订单从高峰期的 12.3 亿元/年下滑至 6.5 亿元/年。在此情形下，2012 年年初，YDHB 公司引入绩效考核管理，并制定了 YDHB 公司营销人员绩效考核专项方案。

第一，从绩效考核指标设置看，为解决市场订单断崖式下滑困境，YDHB 公司营销人员绩效考核强调以结果为主，侧重业绩考核，绩效考核指标包括市场订单达成率、新客户实现率、销售费用控制率和规章制度执行四类指标。各指标计算公式和评分规则如表 3.1 所示。

表 3.1　　　　　　　YDHB 公司营销人员绩效考核指标构成

考核指标	得分计算	基准分	评分规则
市场订单达成率	达成率 = 季度实际订单额 ÷ 年初季度订单计划额 ×100%	40 分	市场订单达成率等于或高于 130%，得 60 分；110%～130%（不含），得 50 分；95%～110%（不含），得 40 分；80%～95%（不含），得 30 分；60%～80%（不含），得 20 分；低于 60%，得 10 分
销售费用控制率	控制率 = 实际销售费用 ÷ 计划销售费用 ×100%	30 分	销售费用控制率低于 70%，得 15 分；70%～80%（不含），得 20 分；80%～90%（不含），得 25 分；90%～110%（不含），得 30 分；110%～120%（不含），得 20 分；120%～140%（不含），得 10 分；等于或高于 140% 时，得 0 分
新客户实现率	实现率 = 实际新增客户数 ÷ 计划增加客户数 ×100%	20 分	新客户实现率等于或高于 115%，得 30 分；105%～115%（不含），得 25 分；98%～105%（不含），得 20 分；90%～98%（不含），得 15 分；80%～90%（不含），得 10 分；低于 80%，得 0 分
规章制度执行	得分 = 违反公司规章制度次数 ×（-5）分/次	10 分	没有违纪记录，得基准分 10 分。如有违纪记录，按 5 分/次扣分，最高扣 20 分

第二，从绩效考核周期及主体看，YDHB 公司围绕年初制定的营销目标计划，以季度为周期对营销人员绩效进行定期考核。要求市场营销部经理在每季度最后一个月的 30 日前汇算营销人员当期绩效考核得分，并在次月 5 日前将营销人员绩效考核评分提交公司人力资源部作为计发季度绩效工资的直接依据。

第三，从考核结果应用看，YDHB 公司要求市场营销部和人力资源部门将季度绩效考核结果作为营销人员岗位调整、职位晋升、激励奖惩的直接参考依据。对绩效考核排名连续两次垫底的营销人员，要接受 2~3 个月的待岗培训，待通过待岗培训考核合格后再重新上岗。如果待岗培训结束仍没有满足岗位任职要求的营销人员，公司将视实际情况依法对其岗位进行调整直至解除劳动合同。

自营销人员绩效考核方案实施以来，由于设立了相对明确的业绩绩效考核指标，并且绩效考核结果与营销人员的薪酬待遇直接挂钩，一定程度上激发了营销人员的工作积极性，提高了营销人员工作士气，营销人员的稳定性和忠诚度得到明显提升，公司市场订单实现了快速回升。2012~2015 年，YDHB 公司年均市场订单达到 26 亿元/

年。但近两年以来，随着外部市场环境的变化，加之 YDHB 公司二次创业计划的实施，YDHB 公司没有及时对营销人员绩效考核方案进行优化完善，致使现行的以业绩考核为导向的营销人员绩效考核弊端开始暴露，不仅没有发挥出应有的激励作用，反而抑止了营销人员的工作积极性，影响了营销工作效率。因此，迫切需要结合新的外部市场环境和公司二次创业总体要求对现行营销人员绩效考核方案进行调整完善。

3.4 YDHB 公司营销人员绩效考核现状调查

3.4.1 调查过程

为深入了解 YDHB 公司营销人员绩效考核方案运行现状，收集掌握营销人员和相关管理人员对当前绩效考核的认识评价，客观分析当前营销人员绩效考核方案存在的问题与不足，本研究主要采用了"问卷调查为主，访谈调查为辅"相结合的方式对 YDHB 公司营销人员绩效考核现状进行了调查了解。

（1）调查问卷设计：本文使用的调查问卷在借鉴前人有关企业营销人员绩效考核研究成果的基础上，借助"问卷星"网络平台，以绩效考核四大步骤为主线进行了调查问卷初稿设计。同时，为确保调查问卷设计的问题与回答能够较为清晰、明确的表述，在开展正式调查之前，选择了 8 位营销人员进行了小范围试调，并根据试调反馈的信息对调查问卷中的个别问题进行了修改完善，并在论文导师的指导下形成定稿。调查问卷有关内容详见附件 1（YDHB 公司营销人员绩效考核现状调查问卷）。

（2）调查对象选择：为了获取 YDHB 公司营销人员绩效考核有关的真实客观信息，本文在以 YDHB 公司 122 名营销人员为问卷调查对象的同时，还选择了 YDHB 公司营销分管领导、财务部、人力资源部、计划发展部等与市场营销工作联系较为紧密的 20 名部门主管及以上管理人员进行了面对面或电话访谈调查。

（3）调查实施过程：2017 年 4 月 5 日至 4 月 30 日期间，集中对 YDHB 公司营销人员开展了问卷调查，借助"问卷星"网络平台共计发放网络调查问卷 122 份，回收问卷 113 份，问卷回收率为 92.6%。与此同时，在完成回收的调查问卷统计整理的基础上，2017 年 5 月 2 日至 5 月 31 日，历时近 1 个月对事先确定的 20 名管理人员开展了访谈调查。通过问卷调查和访谈调查两种方法的结合，获得了本文研究所需要的一手信息资料，为本文分析研究提供了数据、信息支撑。

3.4.2 调查结果

经过"问卷星"网络平台对回收的 113 份网络调查问卷自动统计分析和笔者对 20 名管理人员访谈记录的整理，被调查营销人员和相关管理人员对 YDHB 公司现行营销人员绩效考核方案的具体评价如下：

（1）营销人员对现行营销绩效考核评价。

①绩效考核方案了解情况：表示完全了解现行营销绩效考核方案及流程的有10人；表示了解现行营销绩效考核方案及流程的有73人；表示部分了解现行营销绩效考核方案及流程的有27人；表示不是很了解现行营销绩效考核方案及流程的有3人。具体情况如图3.6所示。

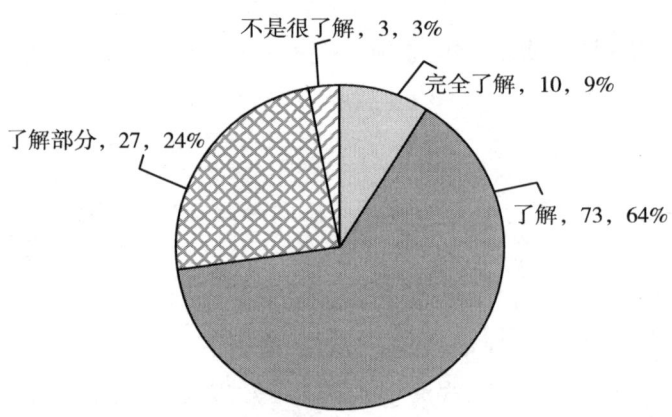

图3.6　YDHB公司营销人员对绩效考核方案了解情况

②绩效目标（计划）管理评价：有1名营销人员认为非常合理；有11名营销人员认为合理；有73名营销人员认为不是很合理；有27名营销人员认为不合理；有1名营销人员认为非常不合理。具体情况如图3.7所示。

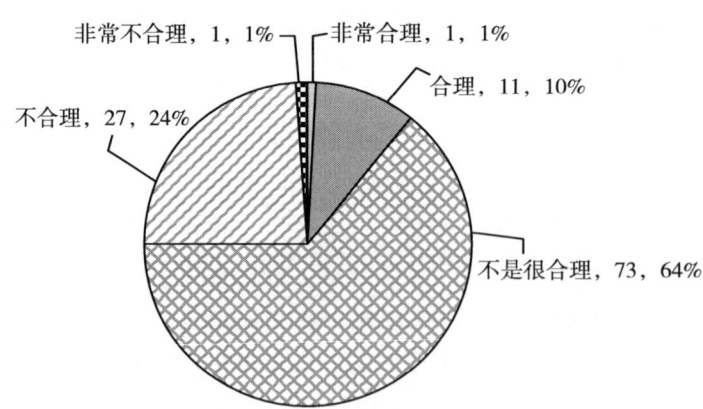

图3.7　YDHB公司营销人员对绩效目标（计划）管理评价

③绩效指标设置评价：12%的营销人员认为合理；71%的营销人员认为不是很合理；17%的营销人员认为不合理。具体情况如图3.8所示。

④绩效考核效果评价：认为现有绩效考核能够正确反映工作绩效的营销人员有2人；认为能部分正确反映工作绩效的营销人员有37人；认为对工作绩效反映处于一般

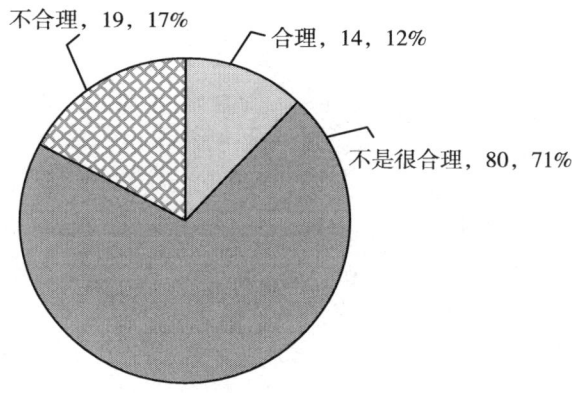

图 3.8　YDHB 公司营销人员对绩效考核指标设置评价

状态的营销人员有 40 人；认为不能很好反映工作绩效的营销人员有 33 人；认为不能反映工作绩效的营销人员有 1 人。具体情况如图 3.9 所示。

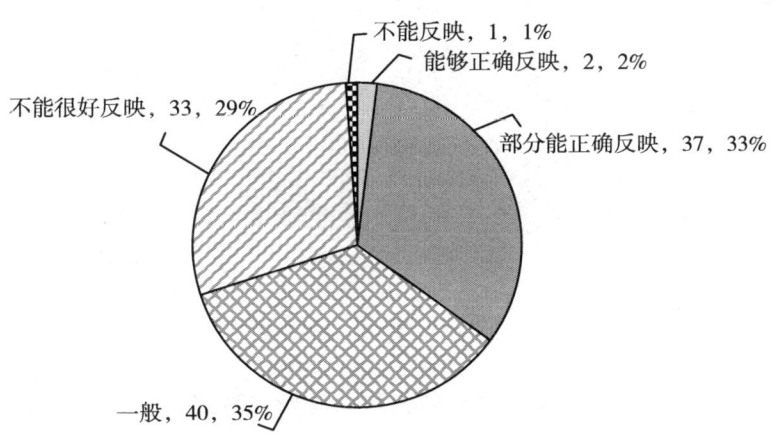

图 3.9　YDHB 公司营销人员对绩效效果评价

⑤绩效考核对战略目标传递效果评价：有 1 名营销人员认为现行绩效考核对公司发展战略目标传递作用非常大；有 12 名营销人员认为作用比较大；有 33 名营销人员认为作用一般；有 54 名营销人员认为作用不大；有 13 名营销人员认为没有作用。具体情况如图 3.10 所示。

⑥绩效考核周期设置评价：认为考核周期设计非常合理的有 0.9%；认为考核周期设计合理的有 33.6%；认为考核周期设计不是很合理的有 46.9%；认为考核周期设计不合理的有 15%；认为考核周期设计非常不合理的有 3.5%。具体情况如图 3.11 所示。

⑦绩效考核主体设置评价：认为评价主体设置非常合理的有 2 人；认为评价合理的有 13 人；认为评价主体设置不是很合理的有 62 人；认为评价主体设置不合理的有 35 人；认为评价主体设置非常不合理的有 1 人。具体情况如图 3.12 所示。

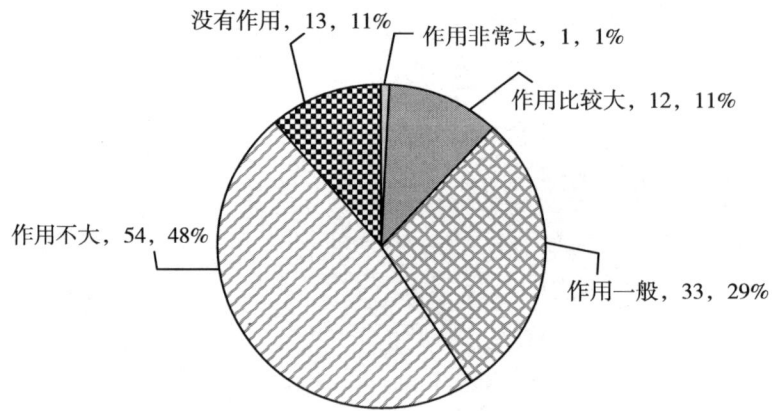

图 3.10　YDHB 公司营销人员对绩效考核传递公司战略目标效果评价

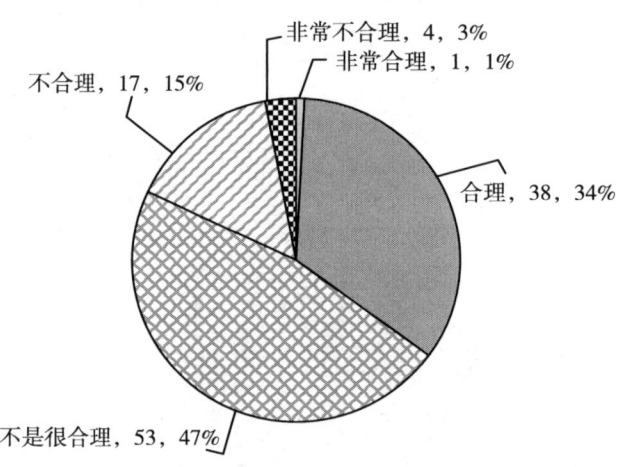

图 3.11　YDHB 公司营销人员对绩效考核周期设置评价

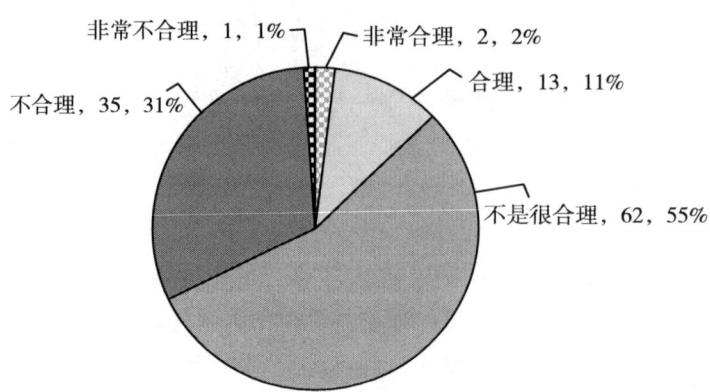

图 3.12　YDHB 公司营销人员对绩效考核主体设置评价

⑧绩效考核"三公"评价：认为绩效考核"三公性"（即：公平性、公正性、公开性）非常好的有 2 人；认为好的有 17 人；认为一般的有 82 人；认为较差的有 11 人；

认为非常差的有 1 人。具体情况如图 3.13 所示。

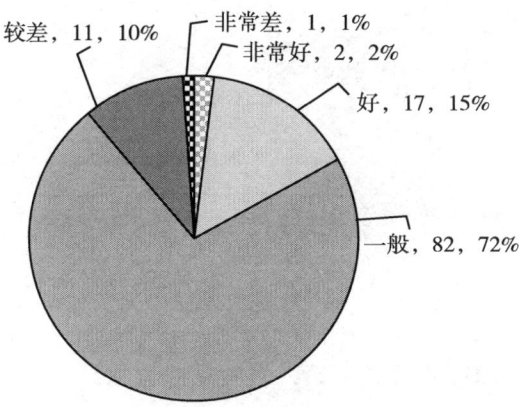

图 3.13　YDHB 公司营销人员对绩效考核"三公性"评价

⑨绩效考核结果反馈满意度：1% 的营销人员对绩效考核结果反馈感到非常满意；6% 的营销人员感到满意；29% 的营销人员感到一般；55% 的营销人员感到比较不满意；9% 的营销人员感到非常不满意。具体情况如图 3.14 所示。

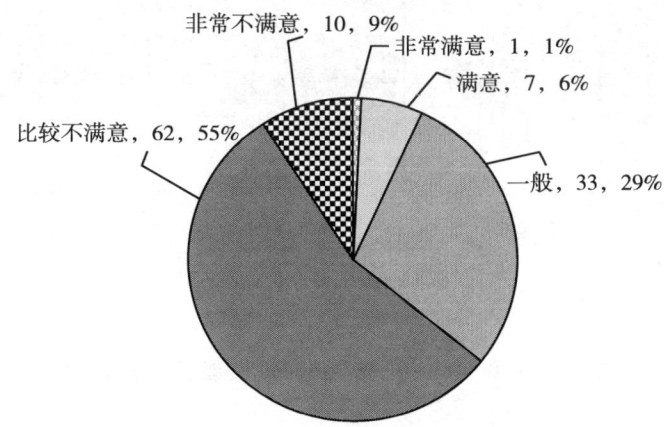

图 3.14　YDHB 公司营销人员对绩效考核结果反馈满意度

⑩绩效考核结果应用满意度：有 2 名营销人员对绩效考核结果应用感到非常满意，占 2%；有 7 名营销人员感到比较满意，占 6%；有 43 名营销人员认为一般，占 38%；有 51 名营销人员感到比较不满意，占 45%；有 10 名营销人员感到非常不满意，占 9%。具体情况如图 3.15 所示。

（2）相关管理人员对现行营销绩效考核评价。

从对 20 名部门主管及以上人员的访谈记录整理看，认为现行绩效考核目标管理不能紧密结合公司二次创业发展战略目标的有 12 人；觉得营销绩效考核方法不恰当的有 11 人；认为营销绩效考核指标不全面，过分强调绩效结果，缺乏过程控制的有 17 人；

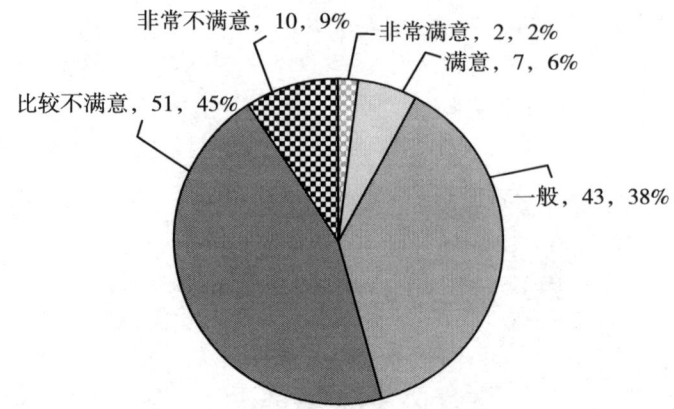

图 3.15　YDHB 公司营销人员对绩效考核结果应用满意度

认为营销绩效考核周期不合理的有 9 人；认为营销绩效考核层级不科学，需要调整优化绩效考评主体的 13 人；认为营销绩效考核结果应用不充分的有 15 人。具体情况如图 3.16 所示。

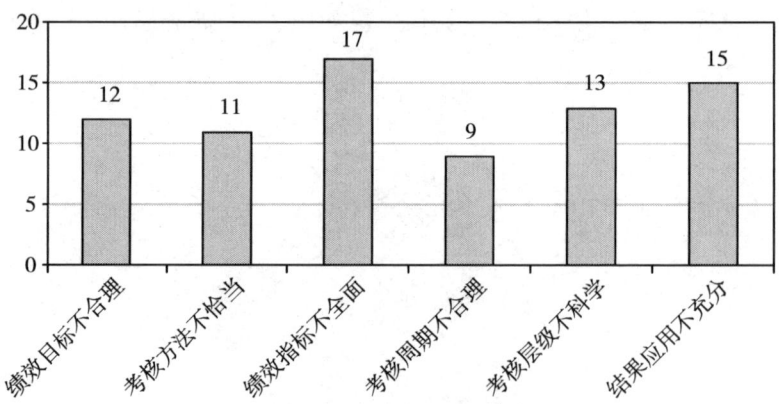

图 3.16　YDHB 公司相关管理人员对营销绩效考核评价

3.5　YDHB 公司营销人员绩效考核问题分析

通过对 YDHB 公司 113 名营销人员提交的调查问卷的统计分析和对 20 名管理人员访谈记录的整理结果看，YDHB 公司营销人员和相关管理人员对现行营销绩效考核方案的总体评价不高，认为没有结合公司二次创业发展战略目标和营销管理实际对营销绩效方案进行适时修订完善，没有发挥出绩效考核对于营销管理的促进保障作用。具体而言，YDHB 公司现行的营销绩效考核主要存在以下问题。

3.5.1　绩效目标管理不够科学

绩效目标是绩效考核的基础，决定了绩效考核的方向。绩效目标制定过程是否科学合理，既关系到企业整个绩效考核的实施效果，也直接影响营销人员的工作效率。从绩效考核目标管理要求和制定流程看，企业在制定营销绩效考核目标时，不仅需要立足企业经营管理实际，更需要紧密结合企业发展战略，并在企业内部充分讨论形成共识的基础上对企业的绩效目标进行科学分解。从目前看，YDHB公司在制定营销绩效目标时，没有与营销人员展开充分有效的讨论沟通，营销人员总体处于被动接受状态，从而导致绩效目标制定"一言堂"情况，最终因营销人员参与绩效考核目标制定不够充分而打击了营销人员的工作积极性，造成了工作效率低下。从问卷调查情况看，在参与调整的113名营销人员中，有55人指出营销绩效考核目标（计划）直接由管理人员制定，自己只是形式上参与，没有真正参与到绩效考核目标（计划）制定讨论过程之中；有46人指出营销绩效考核目标（计划）由管理人员初步拟订后，再与自己商量确定。另外，作为企业人力资源管理的重要一环，绩效管理须充分考虑企业的发展战略，根据企业未来的发展规划来开展绩效目标管理，这才能够保证公司的发展战略和规划转化为实际动能，落地生根。从问卷调查和访谈结果来看，有67名营销人员认为现行营销绩效考核对公司二次创业发展战略目标传递作用不大，甚至没有；有12名管理人员指出现行绩效考核目标管理不能紧密结合公司二次创业发展战略开展。由此看来，YDHB公司营销绩效考核目标管理不够科学合理，需要优化完善。

3.5.2 绩效指标设置不够系统

自2012年引入绩效考核以来，YDHB公司初步建立了以业绩为导向的结果型营销绩效考核制度，主要运用了结果类绩效考核指标，对营销人员的工作能力、行为态度等方面的考核指标设置不足，在此情况下导致营销人员在实际工作过程中缺乏系统性营销策划，"机会营销""游击营销"现象较为普遍，市场开拓的持续性不够。从参与调查的113名营销人员对调查问卷中列举的现行绩效考核指标选择情况看，排名前三的营销绩效考核指标分别是：市场订单、新客户开发和遵章守纪，其中有109人次选择市场订单，新客户开发和遵章守纪均有89人次选择。与此同时，从接受访谈的20名管理人员反馈情况看，部分管理人员认为现行结果类绩效考核指标选择性窄、设置不全面，缺乏对项目合同款回收、销售利润等财务类指标的考核，致使营销人员在实际工作中只顾市场订单规模，不管项目合同款回收、销售利润等情况发生，最终导致YDHB公司近几年以来项目应收款逐年增加、项目利益空间越来越薄。另外，YDHB公司现行的营销绩效考核指标统一适用于所有岗位、层级的人员，现行营销绩效考核指标没有充分考虑不同岗位、不同层级人员之间的工作性质、内容和能力等的差异性，从而导致现行营销绩效考核相对僵化，考核指标不合时宜，不能充分评价一些营销人员的真实工作业绩。从问卷调查了解的情况看，仅有1.7%的营销人员认为现行绩效考核能够正确反映自己的工作业绩，由此可见，YDHB公司营销绩效考核指标设计存在严重不足，成为影响营销人员工作效率和企业经营效益的重要因素，需要对YDHB现行营销绩效考核指标进行重新设计优化，以便更好地适应公司二次创业战略规划和发展现状的真实需求。

3.5.3 绩效评价主体相对单一

YDHB 公司在开展营销绩效考核时，考虑到市场营销部门经理更加熟悉和了解营销人员的工作内容和结果，而且对公司的营销绩效考核评价指标相对熟悉，所以当前 YDHB 公司的营销绩效考核评价主体为市场营销部门经理，主要采用上级评价方式。从参与的 113 名营销人员反馈的绩效评价主体信息看，有 108 名营销人员选择了部门经理。YDHB 公司采取部门经理直接评价的方式，在便于绩效考评工作开展的同时，固然也存在着一定不足，例如，在访谈过程中就有个别管理人员和员工提及：为了顾及员工情面、营造和谐工作氛围，在实际绩效考核过程中，部门经理可能会有意无意地融入个人情感，难以对过高或过低的绩效作出客观、公正的评价，部门内部一定程度上存在"吃大锅饭""平均主义"现象，从而挫伤了营销人员的工作积极性与主观能动性。与此同时，YDHB 公司二次创业确定了生态文明建设等新的营销领域，新的营销领域更易受到外部环境的影响，其营销难度系数更大、不可控因素增加，营销人员的工作具有很大的波动性和风险性，工作业绩难以用相关定量指标进行全面评价和衡量。在市场营销实际工作中，既需要营销人员全身心地投入市场开拓，更离不开营销团队成员之间、跨职能部门之间的紧密协作配合。在此情形下，如果仍然采取部门经理直接评价方式，营销绩效考核结果有可能不能全面综合反映出营销人员的工作绩效与工作努力程度，不利于调动营销人员参与绩效评价的积极性和提升营销人员的团队协作意识。

3.5.4 绩效考核周期相对较长

绩效考核周期也叫绩效考核期限，是指员工绩效考核多久组织开展一次。绩效考核需要耗费一定的人力、财力和物力，如果考核周期设置过短无疑会增加企业的管理成本，达成的效果也不一定最佳，如果考核周期设置较长，又难以保障绩效考核的及时性和精准性，不利于员工工作绩效的改进和提升，从而影响绩效管理的整体效果。目前，YDHB 公司营销人员的绩效考核周期为每季度开展一次。对于 YDHB 公司当前营销绩效考核周期设置合理性的评价，从参与问卷调查的 113 名营销人员反馈的信息看，有 53 名营销人员认为绩效考核周期设置不是很合理，17 名营销人员认为不合理，4 名营销人员认为非常不合理，这表明超过半数以上的营销人员对 YDHB 公司当前营销绩效考核周期设置处于不满意状态。同时，有 55 名营销人员希望每个月开展一次营销绩效考核。因此，初步判定 YDHB 公司当前营销绩效考核周期设置偏长，不能及时肯定或修正营销人员的工作业绩，从而致使工作业绩突出、表现优秀的营销人员不能得到及时肯定，工作投入不足、业绩较差的营销人员不能受到批评，最终不利于调动整个营销团队的工作积极性。

3.5.5 绩效结果反馈相对缺乏

作为绩效考核的重要环节，绩效反馈是让被考核者了解自身绩效水平的重要途径，其目的是让被考核者了解自己在绩效考核周期内的业绩是否达到或完成绩效目标（计划），行为态度是否合规，让考核者与被考核者对绩效考核结果达成一致看法，共同探讨分析绩效差距并制订绩效改进计划，最终形成一个新的绩效合约。对于YDHB公司当前营销绩效考核结果反馈情况，从参与问卷调查的113名营销人员反馈的信息看，有91名营销人员选择了在QQ或微信发布考核结果，有10名营销人员选择了没有反馈绩效考核结果。与此同时，就营销绩效考核结果反馈面谈情况，有93名营销人员选择了偶尔开展，有14名营销人员选择了从未开展。由此，可以看出既定的绩效考核结果反馈，尤其是绩效反馈面谈，在YDHB公司现行营销绩效考核中相对缺乏，这非常不利于公司明晰绩效考核存在的问题，不利于帮助营销人员查找绩效差距及问题原因，考核者与被考核者之间很容易形成对立面。在问卷调查过程中，针对绩效考核结果反馈，有44名营销人员表示非常希望公司或部门及时指出自己的成绩与不足，并提出改进意见或建议，有64名营销人员表示希望公司或部门及时指出自己的成绩与不足，并提出改进意见或建议。因此，YDHB公司当前仅通过QQ或微信群发布考核结果的单向反馈行为，不利于营销人员及时分析工作缺陷与问题，并找到适宜的工作改进方向和措施，这不利于营销人员个人发展和公司管理水平提升。

3.5.6 绩效结果应用相对较窄

绩效考核的目的是改进绩效、推进工作、提高工作效率，被考核者的工作完成情况最终得分即绩效考核结果。绩效考核结果应用如何，将影响绩效考核激励作用效果的最终发挥。合理利用转化绩效考核结果是发挥绩效考核作用、提高制度化管理水平的关键所在。要想增强员工的压力和危机感，从而调动提升工作积极性，离不开绩效考核结果的及时合理应用和相应激励机制的保障。对于企业，绩效考核结果能够帮助企业发现管理问题并改进完善，在提高绩效的同时，增加人力资源价值；能够帮助企业采取正确的用人政策，让合适的人做正确的事情并得到肯定和鼓励。对于员工，绩效考核结果除与员工的个人利益紧密相关外，可以让员工及时获得技能及行为反馈，了解自己的优势与不足，从而获得讨论和计划个人成长和职业生涯规划机会。然而，YDHB公司现行的营销人员绩效考核结果应用相对较窄，没有系统地将绩效考核结果与员工薪酬、个人晋升、岗位变动以及长远的职业发展紧密结合。在问卷调查过程中，针对绩效考核结果在职位晋升、薪酬分配、员工培训等方面的应用情况，有111名营销人员选择了薪酬分配，仅有10名和9名员工选择了职位晋升、员工培训。由此可见，YDHB公司营销绩效考核结果仅仅作为薪酬分配的主要依据，在工作岗位晋升、员工培训教育等方面的应用不充分，不利于发挥绩效考核对营销人员的牵引激励作用。

4 YDHB公司营销人员绩效考核方案优化设计

根据绩效考核相关理论的探讨，并结合YDHB公司营销人员绩效考核现状与问题的分析，可以看出YDHB公司已经具备一定的营销人员绩效考核实践经验，并在激发营销人员工作积极性，促进市场订单增长等方面起到了重要作用。与此同时，也发现YDHB公司现有的营销人员绩效考核存在一些不足之处，已不能很好地适应和满足YDHB公司二次创业发展需要。对于所述情况，YDHB公司有必要对现行的营销人员绩效考核方案进行优化完善，重新梳理营销人员绩效评价指标、方法等，并根据绩效考核结果采取针对性措施，促进营销人员个人与公司经营管理的共同发展。

4.1 绩效考核方案优化思路

优化YDHB公司营销人员绩效考核方案，首先应结合公司自身的发展阶段、所处的行业市场特点，以及营销人员绩效考核的现存问题等，并结合问卷调查中营销人员反馈的相关意见建议，选择适合的绩效考核方法；其次立足于二次创业把公司打造成为"世界一流节能环保产业集团"战略规划，将公司"十三五"发展战略作为绩效考核总目标，通过绩效考核来引导战略目标贯彻执行，具体而言，就是在对YDHB公司营销人员绩效考核进行优化设计时，将公司二次创业确立的涉及市场营销方面的目标进行层层分解，初步确定营销绩效考核指标，确保公司营销目标、个人绩效目标与公司二次创业总体目标保持一致；最后成立新的绩效考核团队，负责贯彻执行新的营销人员绩效考核方案。

4.1.1 主要目标

为适应和满足YDHB公司二次创业发展要求，现行的营销人员绩效考核方案应基于以下两大主要目标进行优化。

第一，促进营销人员绩效提升。通过绩效考核，引导每一位营销人员进一步明确公司的发展规划和自身的岗位职责，并找出自身能力业绩与公司期望之间的差距，进一步端正工作态度，转变工作方式方法，以更好地完成工作任务。与此同时，激发营销人员主动关心参与公司的经营管理，持续完善自我，找到自己的职业发展路径，提高营销人员的综合素质和自我管理能力。

第二，促进公司经营业绩发展。通过绩效考核，在对营销人员的工作目标完成和相关标准的执行情况进行客观全面评价，并提出工作改进意见建议的同时，要增进公司与营销人员的互信，增加营销人员对公司经营目标的了解和认同感，引导营销人员围绕公司经营目标开展工作，促进公司经营业绩持续提升。

4.1.2 基本原则

为解决 YDHB 公司现行的营销人员绩效考核存在的问题，结合相关绩效考核理论，主要基于以下三点基本原则对现行营销人员绩效考核方案进行优化。

一是当前绩效与长远发展相结合原则。具体而言，就是拟采用的绩效考核方法和具体考核指标，既要客观评价营销人员当前的工作业绩，及时给予肯定和奖励，又要明确指出营销人员存在的不足和未来发展方向，引导营销人员注重自身的持续学习提升；既要立足公司当前的经营实际和管理问题，又要结合公司二次创业发展战略定位对现行绩效考核指标进行调整优化，促进公司经营业绩实现可持续增长。

二是定量考核与定性评价相结合原则。在绩效考核中，尤其是营销人员的绩效考核非常强调以结果为导向的定量考核，而对于营销人员的行为、态度等工作过程监控却相对缺失。虽然定量考核较为客观公正，操作起来相对简单容易，但是在实际操作过程中，如果过分强调以结果为导向的定量考核，很容易陷入量化考核误区，实际工作中营销人员很容易产生机会营销、游击营销行为。对此，为确保营销人员的工作行为和结果与公司的期望保持一致，优化后的营销绩效考核要坚持过程监管与结果评价并重原则，做到定量考核与定性评价相结合。

三是主动参与及及时反馈相结合原则。优化后的营销绩效考核，尤其是在营销目标制定过程中应主动与营销人员增进沟通交流，多听取、吸纳营销人员的意见和想法，增加营销人员的认同感和参与感，消除营销人员执行营销目标（计划）的抵触情绪，进而提升营销人员的主人翁意识和归属感。与此同时，针对公司绩效考核结果反馈渠道单一、绩效面谈缺失等管理问题，优化后的营销绩效考核应设置主动反馈机制，通过及时的反馈让营销人员找出绩效差距与不足，确定绩效改进方向，促进个人及组织绩效提升。

4.2 绩效考核方案优化路线

4.2.1 确定优化设计主体

组建由公司总经理任组长，人力资源分管副总、市场营销分管副总、财务总监，以及人力资源部、市场营销部、财务部等部门经理、部分营销人员代表为成员的营销人员绩效考核优化方案工作小组。工作小组的主要任务就是根据公司二次创业发展战略，研究制订 YDHB 公司营销人员绩效考核优化方案，并协调处理绩效考核优化方案制定过程中出现的问题。

4.2.2 开展工作岗位分析

根据 YDHB 公司二次创业发展战略,为更好地做好营销人员工作岗位分析,本研究通过问卷调查、访谈等方式在广泛收集各岗位相关信息的基础上,经过与公司营销分管领导、市场营销部门经理和员工代表讨论沟通,重新修订完善了营销人员工作岗位说明书。该岗位说明书既是 YDHB 公司后期营销人员招聘的重要依据,也是开展营销人员绩效考核最重要的参考资料。YDHB 公司营销人员工作岗位说明书具体如表 4.1 所示。

表 4.1　　　　　　　　　YDHB 公司营销人员工作岗位说明书

岗位名称		营销人员	岗位编号	—
所在部门		市场营销部	岗位定员	—
直接上级		市场营销部经理	直接下级	—
工作概述		在部门经理的领导下,负责区域市场开发和客户维护管理工作,完成区域各项目标任务,促进公司品牌形象树立		
岗位职责		1. 参与并协助部门经理制定营销计划,为重大营销决策提供建议和信息支持; 2. 负责开展区域市场调查和政策法规、项目信息收集; 3. 负责制定实施区域营销计划、项目拓展方案; 4. 负责组织开展区域客户拜访工作,建立并维护商业合作关系; 5. 负责组织公司人员与客户进行技术交流、现场踏勘等活动; 6. 负责编制区域投标项目立项报告,并组织公司相关人员参加投标、澄清等活动; 7. 负责协调公司相关人员参与项目合同谈判,并代表公司签订区域项目合同; 8. 负责回收区域签约项目合同款; 9. 负责为本区域或其他区域营销人员提供必要的营销协同; 10. 负责完成领导交办的其他工作		
岗位权限		区域项目投标、营销管理建议和监督权力		
工作关系	内部关系	纵向关系:接受部门经理的直接领导,并负责区域市场开发		
		横向关系:市场营销部其他岗位		
	外部关系	省环保厅、市环保局、省市发改委等政府机关;五大电力投资集团及各省(市)地方电力投资集团、电力设计院等客户		
任职资格		1. 具有大学本科及以上学历,市场营销、工商企业管理等相关专业,熟悉市场营销相关专业知识。 2. 具有 5 年及以上市场营销工作经验,其中有 1 年及以上环保行业市场工作经验。 3. 具有较强的市场洞察力和开拓精神,能独立开展项目营销策划和撰写市场调研报告。 4. 具有较强的沟通协调能力和团队协作精神,能适宜长期出差。 5. 能熟练使用 PPT、Excel 等 office 办公软件		

4.2.3 绩效考核方案优化

参照国内外有关人力资源管理和绩效考核相关理论研究成果，结合 YDHB 公司营销人员绩效考核具体问题和工作岗位分析情况，围绕绩效目标管理、绩效考核指标和评价主体设置、绩效考核周期调整等对现行营销人员绩效考核方案进行优化，最后形成 YDHB 公司营销人员绩效考核优化方案。

4.3 绩效考核方案优化设计

4.3.1 强化绩效目标管理

针对 YDHB 公司现行的营销人员绩效考核主要围绕电力、环保、大气污染治理业务展开，没有统筹考虑二次创业战略规划提出的非电、水治理、土壤修复等新兴业务绩效考核指标，以及在制订下达营销绩效考核目标时没有与营销人员展开充分的讨论沟通，致使营销人员的工作出现目标不清晰和积极性不高等问题，为强化营销绩效考核的目标引导和激励功能，在对现行营销人员绩效考核方案进行优化时，根据 YDHB 公司二次创业业务定位，在增加非电、水治理、土壤修复等新兴业务营销绩效考核指标的同时，要求市场营销部经理在制订下达具体营销绩效考核指标时，尤其是营销业绩指标，要与市场营销人员共同讨论确认并逐一分解细化，以让每一位营销人员清晰地知道自己的营销绩效目标（计划），保证目标（计划）的可执行性、可实现性。

4.3.2 完善绩效考核指标

（1）绩效考核指标维度优化。目前，YDHB 公司处于二次创业转型发展时期。为了让绩效考核更能客观全面地评价营销人员工作业绩，更好地发挥绩效考核对营销人员的激励引导作用，在对 YDHB 公司二次创业战略目标进行层层分解的基础上，通过查阅有关营销人员绩效考核设计案例、借鉴同类企业成功经验，同时依据组织行为学有关能力—态度—业绩的理论研究成果，按照 SMART 原则从营销业绩、营销行为和营销能力三个维度构建 YDHB 公司营销人员关键绩效指标，具体如图 4.1 所示。

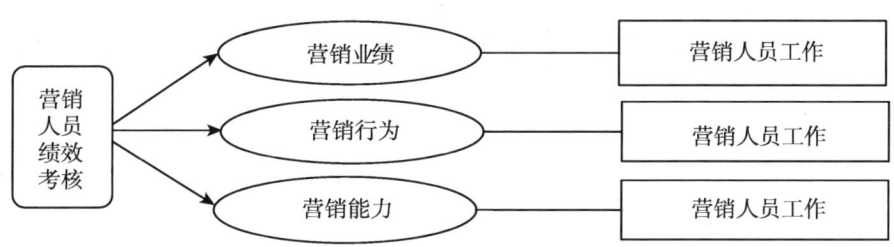

图 4.1　YDHB 公司营销人员绩效考核维度设计

首先,营销人员工作业绩考核。对于营销人员而言,工作业绩考核是最重要的考核维度。营销人员工作业绩考核就是对营销人员实际工作结果或产出的考核,是对营销人员为企业或团队的绩效目标贡献大小的一种量化评估。对于 YDHB 公司而言,营销人员工作业绩考核指标是在立足公司二次创业战略目标,并结合营销人员工作岗位说明书和 YDHB 公司当前经营管理中存在的实际问题,通过"自下而上,自上而下"多轮沟通讨论基础上共同确认的,具体如表 4.2 所示。

表 4.2　　　　　YDHB 公司营销人员业绩考核指标

序号	KPI 指标名称	指标注释	考核数据来源
1	订单计划达成率	当期实际中标金额/当期订单计划×100%	市场营销部
2	签约计划达成率	当期实际签约金额/当期签约计划×100%	财务部
3	回款计划达成率	当期实际回款金额/当期回款计划×100%	财务部
4	拜访计划达成率	当期实际客户拜访数/当期计划的客户拜访数×100%	市场营销部
5	营销费用控制率	当期实际发生的营销费用/当期预算的营销费用×100%	财务部

其次,营销人员工作行为考核。与业绩考核相比,行为考核更关注的是工作过程,工作行为更能够反映出营销人员在工作过程中展现的工作态度、意识等方面的内容。通过行为考核,可以有效地引导营销人员的工作态度,更好地督促营销人员按照公司规定的行为要求去工作,从而为公司战略目标的实现提供更好的行为保障。结合 YDHB 公司营销管理实际和营销人员行为准则等,经讨论确定了营销人员工作行为考核指标,具体如表 4.3 所示。

表 4.3　　　　　YDHB 公司营销人员行为考核指标

序号	KPI 指标名称	指标注释	考核数据来源
1	遵章守纪	营销人员遵守和执行公司规章制度情况	人力资源部
2	工作责任心	营销工作中承担责任、履行义务的自觉态度	市场营销部
3	工作执行力	对部门经理安排的工作执行情况和自主工作情况	市场营销部
4	团队协作	营销协同的及时性与有效性	市场营销部

最后,营销人员工作能力考核。工作能力是指一个人担任一个职位、从事某项工作时所必须具备的知识、能力和素质。工作能力与工作业绩呈正相关关系,工作能力直接影响着一个人的做事质量和效率。结合营销人员工作岗位特点和 YDHB 公司所处环保行业市场营销工作的特性,经讨论确定了营销人员工作能力考核指标,具体如表 4.4 所示。

表 4.4　　　　　　　YDHB 公司营销人员能力考核指标

序号	KPI 指标名称	指标注释	考核数据来源
1	学习能力	对新业务、新技术及各项与工作相关知识的接受理解能力	市场营销部
2	应变能力	对各种工作环境及工作状况的反应、适应能力	市场营销部
3	分析判断能力	对工作中遇到状况分析预测、判断解决能力	市场营销部
4	沟通协调能力	工作中妥善处理相关方关系，减少摩擦，调动相关方工作积极性的能力	市场营销部

（2）绩效考核指标评价标准优化。YDHB 公司营销人员绩效考核指标中，营销业绩类考核指标量化起来较为容易，可以运用目标管理法加以量化；营销行为、营销能力考核指标运用行为锚定法（BARS）转化为详细指标进行量化。三类绩效考核指标具体评价标准，如表 4.5 和表 4.6 所示。

表 4.5　　　　　　YDHB 公司营销人员业绩考核指标评价标准

指标等级	A 级	B 级	C 级	D 级	E 级
指标分值	100	90	70	50	30
订单计划达成率	订单计划达成率≥98%	85%≤订单计划达成率<98%	70%≤订单计划达成率<85%	60%≤订单计划达成率<70%	订单计划达成率<60%
签约计划达成率	签约计划达成率≥100%	90%≤签约计划达成率<100%	80%≤签约计划达成率<90%	70%≤签约计划达成率<80%	签约计划达成率<70%
回款计划达成率	回款计划达成率≥95%	85%≤回款计划达成率<95%	75%≤回款计划达成率<85%	60%≤回款计划达成率<75%	回款计划达成率<60%
拜访计划达成率	拜访计划达成率≥100%	90%≤拜访计划达成率<100%	80%≤拜访计划达成率<90%	70%≤拜访计划达成率<80%	拜访计划达成率<70%
营销费用控制率	费用控制率≤80%	80%<费用控制率≤90%	90%<费用控制率≤100%	100%<费用控制率≤110%	费用控制率>110%

（3）绩效考核指标权重优化。绩效考核指标体系权重的赋值方法主要有主观经验法、环比评分法、层次分析法、专家咨询法等，其中专家咨询法和层次分析法是较为常用且有代表意义的方法。根据 YDHB 公司的实际情况，本研究主要运用主观经验法来确定营销业绩、营销行为和营销能力三个考核维度，以及每个考核维度中具体考核指

标和营销行为、营销能力考核中不同考评主体的权重,由公司领导班子、市场营销部和财务部负责人、营销人员代表等20人共同组成营销人员绩效考核权重设计小组。

表 4.6　　YDHB 公司营销人员行为能力考核指标评价标准

类别	绩效指标	等级	分值	评价标准
行为考核指标	遵章守纪	A 级	100	能够带头执行公司或部门的规章制度,并能带动部门同事一起执行
		B 级	80	能够自觉执行公司或部门的规章制度,无违纪违规行为发生
		C 级	60	能够在领导的督促下执行公司或部门的规章制度,无违纪违规行为发生
		D 级	40	即使在领导的督促下,对公司或部门的规章制度也不能独立执行,但未对公司造成不良后果
		E 级	20	经常违反公司或部门的规章制度,并对员工队伍造成不良影响
	工作责任心	A 级	100	对工作有高度的责任心和忠诚度,不仅自己可以自觉独立完成工作任务,还主动带动部门同事完成任务
		B 级	80	职业素养和工作责任心较高,能自觉独立完成工作任务
		C 级	60	对工作态度认真,能在领导的安排下按时完成本职工作
		D 级	40	对本职工作有一定的责任意识,但工作主动性、责任心不够,需要领导督促才能勉强完成工作任务
		E 级	20	责任意识淡薄,不思进取,在领导的督促下也不愿意完成本职工作
	工作执行力	A 级	100	能够根据岗位工作职责和实际工作需要,提前开展相关工作,并对领导安排的工作任务能超额超前完成
		B 级	80	能够根据岗位工作职责和实际工作需要,对领导安排的工作任务能按时完成
		C 级	60	能够在领导的督促下开展工作,并能按时完成
		D 级	40	即使在领导的督促下,也不能按时完成工作任务,但未对公司造成不良后果
		E 级	20	即使在领导的督促下,也不能按时完成工作任务,并对公司正常生产经营造成不良影响

续表

类别	绩效指标	等级	分值	评价标准
行为考核指标	团队协作	A级	100	具有较强的个人魅力、领导气质和担当意识,愿为团队目标的实现竭尽全力,主动与团队成员建立强有力的紧密协作关系
		B级	80	主动促进团队成员间的理解、包容,自觉承担工作责任和义务,积极为团队目标实现贡献个人力量
		C级	60	认同团队目标,并能够在领导的督促下与团队成员保持良好的协作关系
		D级	40	即使在领导的督促下,也不能与团队成员保持良好的协作关系,偶尔成为团队矛盾的创造者和激发者
		E级	20	不认同团队目标,经常在团队内部创造和激发矛盾,时常破坏工作秩序
能力考核指标	学习能力	A级	100	积极思考,能主动学习与公司二次创业和工作相关的业务知识,并应用于实际工作中,专业技能优秀
		B级	80	有学习与公司二次创业和工作相关的业务知识的愿望,学习新知识能力和专业技能较强
		C级	60	能积极学习与公司二次创业和工作相关的业务知识,学习新知识能力和专业技能一般
		D级	40	不主动学习与公司二次创业和工作相关的业务知识,但能在公司或部门推动下被动学习,专业技能不合格
		E级	20	缺乏学习与公司二次创业和工作相关的业务知识,不愿意接受新知识,即使在公司或部门推动下也不愿意学习,专业技能不合格
	应变能力	A级	100	对激烈的市场环境有很好的主动应变能力,能很好地控制项目风险,能够在现有商务环境中主动为公司获取最大效益
		B级	80	对激烈的市场环境有很好的应变能力,能很好地控制项目风险,能够在现有市场环境中为公司获取最大效益
		C级	60	面对激烈的市场环境,能在领导指导下适时调整自己,保证公司利益不受损失
		D级	40	面对激烈的市场环境,能在领导指导下勉强调整自己,没有给公司带来市场经营风险
		E级	20	面对激烈的市场环境,即使在领导的指导下也显得束手无策,并且给公司带来一定市场经营风险

续表

类别	绩效指标	等级	分值	评价标准
能力考核指标	分析判断能力	A级	100	能够超前开展市场环境变化分析,并从收集的市场数据和信息中总结工作中存在的问题,提前做出市场趋势判断,并及时调整工作思路、方法或向公司提供有建设性的方案建议
		B级	80	能够开展市场环境变化分析,并从收集的市场数据和信息中总结工作中存在的问题,并能在领导的指导下做出市场趋势判断,并调整工作思路方法
		C级	60	在领导的指导下,能够开展市场数据和信息收集,并能筛选、提炼有效的信息为公司或部门所用
		D级	40	在领导的指导下,能够勉强开展市场数据和信息收集分析工作,工作经常处于被动状态
		E级	20	即使在领导的指导下,也无法完成市场数据和信息收集提炼,工作长期处于被动状态
	沟通协调能力	A级	100	具备主动沟通协调的意识,能妥善处理好与相关方的关系,促进相互理解,并获得支持与配合
		B级	80	能与相关方能保持良好的关系,能及时准确回应相关方的关切或疑问,并愿意就具体情况做出调整或妥协
		C级	60	在领导指导下,能与相关方建立沟通协调机制,能按工作职责分工解决、回应相关方的关切或疑问
		D级	40	在领导指导下,能与相关方勉强建立沟通协调机制,工作中的沟通协调时常处于被动状态
		E级	20	即使在领导督促指导下,也不愿意与相关方建立沟通协调机制,工作中的沟通协调长期处于被动状态

首先,由每位小组成员围绕上述三个方面的内容,结合自己对相对重要性的判定,从高到低依次进行排列并按百分值赋予不同的权重值;其次,分别计算出三个考核维度、具体考核指标、不同考评主体的权重算术平均值;最后,根据算术平均值,由营销人员绩效考核权重设计小组共同修正确定最终权重值。

此方法既可以发挥营销人员绩效考核权重设计小组成员的知识经验积累,提高员工参与度,也可以依据多变的环境适时做出灵活调整,操作简单、方便高效。经多轮讨论,最终确定了YDHB公司营销人员绩效考核中三个考核维度、每个维度中具体考核指标、不同考评主体的权重值,具体如表4.7~表4.9所示。

表 4.7　　　　YDHB 公司营销人员三个考核维度权重赋值

被考核人	三个考核维度		
	营销业绩考核权重	营销行为考核权重	营销能力考核权重
营销人员	60%	25%	15%

表 4.8　　　　YDHB 公司营销人员具体考核指标权重赋值

考核维度	考核权重	关键绩效指标	考核权重
营销业绩	60%	订单计划达成率	30%
		签约计划达成率	20%
		回款计划达成率	25%
		拜访计划达成率	10%
		营销费用控制率	15%
		合计	100%
营销行为	25%	遵章守纪	20%
		工作责任心	20%
		工作执行力	30%
		团队协作	30%
		合计	100%
营销能力	15%	学习能力	30%
		应变能力	15%
		分析判断能力	25%
		沟通协调能力	30%
		合计	100%

表 4.9　　　　YDHB 公司营销人员营销行为能力考评主体权重赋值

被考核人	三个考评主体		
	上级考核权重	同级考核权重	自我考核权重
营销人员	50%	25%	25%

4.3.3　增加绩效评价主体

YDHB 公司现行的营销绩效考核权限归属于市场营销部门经理并由单一领导进行考核，这势必会导致绩效评价出现偏差、失真现象，从而影响绩效考核结果的公允性。例如，受工作经历、视野限制，市场营销部门经理要想了解全部营销人员的工作态度、行为和业绩等信息存在一定困难,这将会产生片面的绩效评价。同时,由市场营销部门经理单一评价的考核方式很容易使营销人员采取"走上层路线"等投机取巧方式。对此,YDHB 公司优化后的营销人员绩效考核主体主要根据考核周期的变化而改变。其中,月度业绩考核主体是市场营销部门经理;季度行为与能力考核采用 360 度考核方式,考核主体由上级考核、同事考核、自我考核多维度构成。营销人员绩效考核主要流程,如图 4.2 和图 4.3 所示。

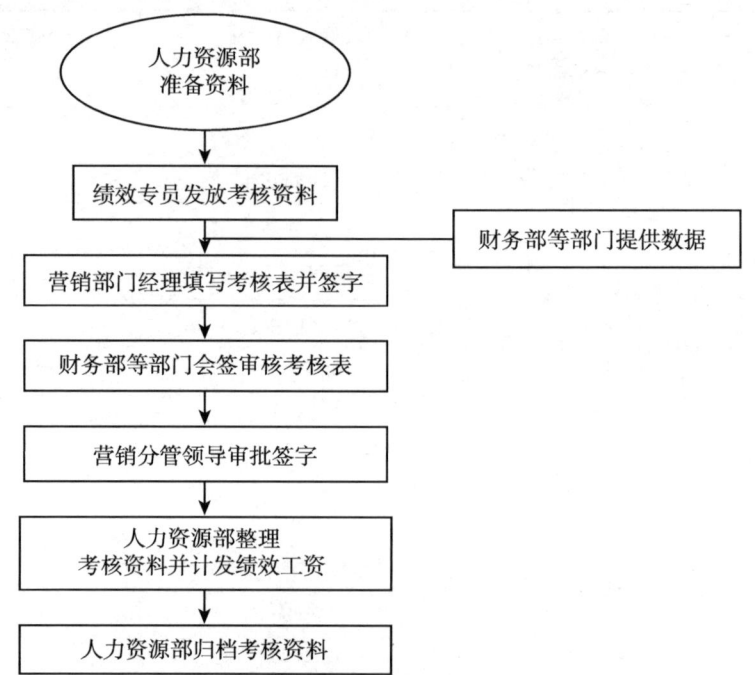

图 4.2　YDHB 公司营销人员月度业绩考核流程

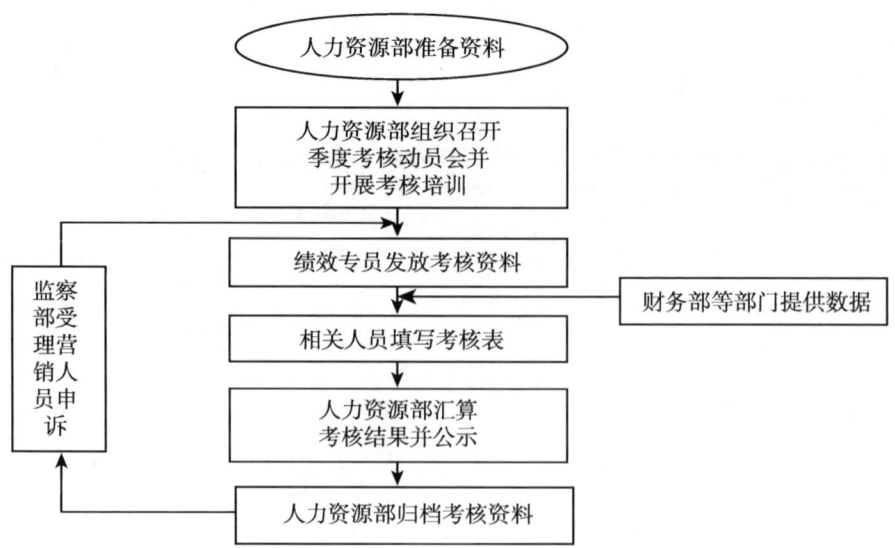

图 4.3　YDHB 公司营销人员季度行为与能力考核流程

与月度业绩考核相比，营销人员季度行为与能力考核结果是由公司人力资源部门按照既定考核权重汇算出来的。受季度考核评价主体多、过程控制复杂等因素影响，针对可能出现的季度考核结果疑问，营销人员可以直接向公司监察部门提出申诉，公司监察部门收到申诉后，将会同公司人力资源部门对考核资料进行查验，甚至重新组织二次考核。

4.3.4 调整绩效考核周期

YDHB 公司现行的营销绩效考核以季度为单位，考核周期偏长，不能及时有效地评价营销人员的工作业绩，容易引起营销人员的不满。与此同时，以季度为周期的营销绩效考核让营销人员工作的"时间间隔"拉长，容易使营销人员工作处于疲劳状况，从而产生倦怠心理。与其他职能部门绩效考核相比，营销人员的绩效考核应结合其当期重点工作任务和年度工作目标进行统筹考核，时间偏长不易调动工作积极性，时间过短容易导致相关考核资源浪费，难以获得真实且有指导价值的绩效考核结果。

根据优化的营销人员绩效考核指标，结合问卷调查中营销人员反馈的考核周期意见，经综合权衡，优化后的营销绩效考核周期采用"月度考核+季度考核"并行模式开展。其中，月度主要考核营销人员的工作业绩，营销人员的业绩考核指标来源于当月分解的工作目标任务，考核结果主要用于发放当月的营销绩效工资；季度主要考核营销人员的工作行为和能力，季度考核结果主要应用于营销人员培训、岗位晋升等多方面。

4.3.5 重视绩效结果反馈

绩效考核结果反馈是绩效管理过程中的一个重要环节，是让员工了解自身绩效水平的有效手段。有效的绩效考核结果反馈有助于员工了解掌握自己在绩效考核周期内的工作业绩是否完成既定的工作目标、行为表现是否合格、工作能力是否满足岗位任职要求，有助于管理者与员工对绩效考核结果达成一致意见，有助于引导员工分析总结工作经验教训、制订新的绩效改进计划。对此，YDHB 公司优化后的营销人员绩效考核方案，除通过正式渠道对月度、季度绩效考核结果进行公示以外，要求营销部门经理或公司人力资源部门要针对营销人员在考核周期内展现出的工作成绩与不足，以及自身的优缺点等，按照汉堡原理和 BAST 反馈技巧要求逐一与营销人员开展绩效考核结果面谈并形成书面的记录材料，为营销人员的持续管理形成支撑。

4.3.6 扩大绩效结果应用

绩效考核结果应用即在实际工作中应用绩效考核的结果，对企业人力资源、员工培训等事务进行一定的调整。如何应用绩效考核结果，会直接影响绩效考核的激励作用。在绩效考核结果应用过程中，要切实结合企业管理实际，充分考虑企业内部文化的负载能力和接受度，并在此基础上选择和确定考核结果的应用范围和应用方式。对此，综合YDHB公司营销人员绩效考核问卷调查收集的意见和建议，并结合YDHB公司当前人力资源管理工作中存在的实际问题，优化后的营销人员绩效考核要求营销人员的薪酬分配与调整、岗位调配与职位变更、营销人员培训需求确定均要充分考虑应用营销人员绩效考核结果。

首先，薪酬分配与调整方面，要求营销部门在确定订单奖励分配方案、营销人员固定薪酬晋级、福利津贴发放等方面，均要与营销人员绩效考核结果挂钩，以体现出部门内部薪酬分配与调整的公平性，并以此来激发营销人员的工作责任心。

其次，岗位调配与职位变更方面，要求营销部门在考虑营销人员纵向岗位升迁或降职、横向工作轮换时要结合绩效考核结果中反映出来的营销人员能力与性格特征等进行综合考虑。

最后，营销人员培训需求确定方面，要求营销部门通过动态、连续和完整的绩效考核结果记录分析，在帮助营销人员了解自己绩效状况、认识自身能力与不足的同时，要结合绩效考核结果反馈出的营销人员绩效问题，分析判断员工的培训需求，为员工培训计划的制定提供参考依据。

5　YDHB公司营销人员绩效考核优化方案实施建议

为确保YDHB公司优化后的营销人员绩效考核方案能够顺利推进实施，本研究从领导重视、组织保障、制度流程三个层面和绩效培训、计划管理、数据采集、沟通反馈、结果应用五个环节提出了保障措施和过程控制建议。

5.1　保障措施建议

5.1.1　领导的支持重视

为减少新的营销人员绩效考核方案实施过程中可能出现的阻力，真正发挥绩效考核在营销管理中的激励促进作用，建议YDHB公司领导班子高度重视和大力支持新方案的组织实施，并在人、财、物等方面给予相应的资源保障。

5.1.2　有效的组织保障

建议YDHB公司重新组建由公司主要领导、人力资源部、监察部、财务部和市场营销部等部门负责人共同组成的公司绩效考核委员会，负责考核事项、重大考核结果等的决策部署。除此之外，由人力资源部、监察部、财务部和市场营销部四个部门经理和部分员工代表共同组成营销人员绩效考核工作小组，具体负责营销人员绩效考核的日常工作，并向公司绩效考核委员会提交考核结果或意见建议。

5.1.3 完善的制度流程

建议 YDHB 公司在对营销人员进行重新定级的基础上,对涉及营销人员的原有薪酬制度、奖惩条例等规章制度进行重新修订,按照"低底薪,高绩效"原则,研究制订新的营销人员薪酬体系,以此向营销人员传递压力和动力,营造一个公平公正的考核氛围。

5.2 过程控制建议

5.2.1 组织开展专题培训

建议 YDHB 公司在启动实施新的营销人员绩效考核方案前,结合问卷调查结果对管理层和全体营销人员进行专题培训,以消除新的营销人员绩效考核方案实施过程中可能来自管理层或营销人员的阻力。

5.2.2 下达营销目标计划

建议由 YDHB 公司市场营销部根据公司下达的月度经营任务,并结合各区域市场开拓实际推进情况于每月底组织召开次月营销计划专题会,与营销人员共同讨论分解公司月度订单、签约、回款、费用等经营任务。在此基础上,向营销人员下达次月营销目标计划书,并交由公司人力资源部门存档备案,以此作为营销人员月度绩效考核的直接依据。

5.2.3 绩效考核数据采集

建议由 YDHB 公司财务部按月向市场营销部提供签约、回款、费用等财务数据。在此基础上,由市场营销部经理对照上月下达的营销绩效计划,并按照既定的绩效指标计算公式汇算营销人员月度业绩考核结果。汇算整理后的绩效考核结果经公司财务部、营销分管领导审核(批)签字后,交由公司人力资源部门计发月度绩效薪酬。季度行为、能力考核,由公司人力资源部门逐一从相关数据提供者采取数据信息,并按照设计的考核流程汇算考核结果。

5.2.4 绩效考核沟通与反馈

建议 YDHB 公司除要求市场营销部门按规定组织召开月度营销计划专题会、与营销人员讨论制订月度营销绩效(目标)计划书之外,针对营销人员的绩效考核结果要与营销人员开展绩效考核结果面谈并形成书面记录材料,尤其是绩效考核结果排名前 10 位和后 10 位的营销人员,必须逐一开展绩效面谈,并将绩效面谈执行情况作为公司考核营销部门经理管理工作的参考资料之一。

5.2.5 绩效考核结果应用

建议 YDHB 公司实施优化后的营销人员绩效考核方案时，严格按照重新修改的营销人员薪酬制度、奖励条例等制度规定，将营销人员绩效考核结果与薪酬分配、岗位调配、营销培训等紧密挂钩。

6 结论与展望

6.1 主要结论

本研究首先从介绍研究背景出发，阐述了研究目的和意义，以及国内外研究现状，由此提出了研究的主要内容、研究方法及技术路线。其次在界定绩效、绩效管理、绩效考核相关概念，介绍绩效考核主要方法和相关理论基础之上，通过问卷调查和管理访谈相结合方式对 YDHB 公司营销人员绩效考核现状与问题进行了诊断。最后结合 YDHB 公司二次创业发展规划提出了 YDHB 公司营销人员绩效考核优化方案。通过对 YDHB 公司营销人员绩效考核方案的优化设计得出以下四点结论：

（1）结合企业自身经营发展实际，选择适宜绩效考核。在绩效考核管理工作中，没有万能、唯一的绩效考核方法可以适用于所有企业。不同的绩效考核方法都有各自的优势与局限，同一企业在不同的发展阶段所面临和关注的问题都是不一样的。因此，在企业组织开展绩效考核工作中，不能照搬照抄、依葫芦画瓢，只有在综合权衡不同绩效考核方法优势与不足的基础上，结合企业自身经营实际和所处的发展阶段，制订一套适宜的绩效考核方案才能为企业的经营发展保驾护航。

（2）优化完善绩效考核指标体系，全面考核营销人员。与现行绩效考核指标体系相比，YDHB 公司优化后的营销人员绩效考核方案分别从业绩、行为、能力三个维度对营销人员的综合素质与能力构建了 13 个方面的考核指标，指标设计兼顾了短期业绩与长远发展。优化后的指标体系更加科学、更加细化，考核关系得到了进一步理顺，为 YDHB 公司全面推进绩效考核改革进行了有益探索。

（3）注重绩效考核主体的多元化，有效控制考核偏差。营销人员绩效考核优化方案采取 360 度考核方法，通过上级、同级和自我三个层面的同步考核方式可以有效避免因考核评价主体的单一化造成的考核偏差，进而提高绩效考核结果的客观真实性和公信力。因此，在条件允许的情况下，企业组织开展绩效考核时，要尽量确保绩效考核主体的多元化，以便获得更加科学合理、全面真实的考核结果。

（4）修订完善绩效考核配套制度，推动结果落地执行。企业绩效考核的最终目的不是单纯地为了考核而考核，要想发挥好绩效考核对企业营销人员的激励促进作用，企业在组织开展绩效考核的同时，要结合自身的绩效考核指导思想和设计理念对薪酬制度、员工培训、劳动关系等人力资源管理制度进行同步修订完善，构建一个绩效考核管理环网。只有这样，才有可能让绩效考核的激励促进作用得以更大的发挥，同时降低企业劳动用工风险。

6.2 展望

首先，本研究主要的研究对象是环境治理企业里的营销人员，仅对营销人员个体的绩效考核方案进行了优化设计，没有体现组织的绩效考核方案。其次，本研究在对营销人员绩效考核指标和评价主体权重进行赋值时，主要依据来源于绩效考核权重设计小组成员提供的设计权重平均值，主观性相对较强，在以后的研究中应尽可能选择更加符合实际情况、更加科学的方法来确定考核指标和评价主体的权重。最后，受本人知识水平的限制，加之时间和精力有限，本研究的系统性和深度有待加强完善，还需花更多的时间和精力做更多的研讨和雕琢，敬请老师批评指正。

参考文献

[1] Behrman D N, Perreault W D. Measuring the Performance of Industrial Salesperson [J]. Journal of Business Research, 1982.

[2] Avila R A, Fern E F, Mann O K, Unravelling criteria for assessing the performance of salespeople: A causal analysis [J]. Journal of Personal Selling & Sales Management, 1988.

[3] Ashwin W J, Sheila R. The indirect effects of organizational controls on salesperson performance and customer orientation [J]. Journal of Business Research, 2001.

[4] Balauf A, Cravens D W. The effect of moderators on the salesperson behavior performance and salesperson outcome performance and sales organization effectiveness relationship [J]. European Journal of Marketing, 2002.

[5] Cross M E, Brashear T G, Rigdon E E, et al. Customer orientation and salesperson performance [J]. European Journal of Marketing, 2007.

[6] Harri Terhoa, Andreas Eggertb, Alexander Haasd, Wolfgang Ulagae. Hos sales strategy translates into performance: The role of salesperson customer orientation and value – based selling [J]. Industrial Marketing Management, 2015.

[7] Dhruv Grewal, Gopalkrishnan R. Iyer, Wagner A. Kamakura, Anuj Mehrotra, Arun Sharma. Evaluation of Subsidiary Marketing Performance: Combining Process and Outcome Performance Metrics [J]. Data Envelopment Analysis, 2016.

[8] Adnderson E, Oliver R L. Perspectives on Behavior – based Versus Outcome – based sales force control system [J]. Journal of Marketing, 1987.

[9] Dwyer S, Hill J, Martin W. An empirical investigation of critical success factors in the personal selling process for homogenous goods [J]. The Journal of Personal Selling & Sales Management, 2000.

[10] Holmes T L, Srivastava R. Effects of job perceptions on job behaviors: implications for sales performance [J]. Industrial Marketing Management, 2002.

[11] Balauf A, Cravens D W, Grant K. Consequences of sales management control in field sales organizations: a cross–national perspective [J]. International Business Review, 2002.

[12] Rapp A, Ahearne M, Mathieu J, Schillewaert N. The impact of knowledge and empowerment on working smart and working hard: The moderating role of experience, International Journal of Research in Marketing, 2006.

[13] Bolander W, Satornino C B, Hughes D E, et al. Social Networks Within Sales Organizations: Their Development and Importance for Salesperson Performance [J]. Journal of Marketing, 2015.

[14] 梁建春,李朗,时勘.某国有企业营销人员绩效考核指标体系的构建 [J].商场现代化,2006 (9).

[15] 张滨滨,李国栋,刘瑞文.关于营销人员绩效考核指标体系的探讨 [J].江苏商论,2007 (6).

[16] 陈颖颖.基于平衡计分卡的营销人员绩效考核指标设计 [D].首都经济贸易大学,2008.

[17] 刘皓.营销人员关键绩效考核指标的设计研究 [J].科技创新导报,2012 (17).

[18] 李爱菊.基于团队的企业营销人员薪酬分配机制探讨 [J].中国经贸,2014.

[19] 陈夏璐.营销绩效指标的"病态"与矫治 [J].企业管理,2017.

[20] 魏明侠.基于灰色系统的绿色营销绩效评价方法 [J].商业经济与管理,2003 (4).

[21] 崔春生.基于可拓工程方法的营销人员评价方法 [J].河南科技大学学报:社会科学版,2005 (23).

[22] 何秋霞,章依凌,郑宝睛,等.中小服装企业销售人员绩效考核探析 [J].山东纺织经济,2010 (2).

[23] 李锋,林华.基于功效系数法与模糊综合评价法的企业营销绩效考核研究 [J].学术论坛,2010 (2).

[24] 蔡小秋.基于层次分析方法的酒店营销绩效评价 [J].现代商业,1994.

[25] 胡丽娜,薛阳.基于EVA的整体营销绩效评价方法研究 [J].经济管理研究,2016 (6).

[26] 付亚和,许玉林.绩效考核与绩效管理 [M]:第二版.北京:电子工业出版

社，2009.
[27] 葛玉辉，荣鹏飞. 绩效管理［M］. 北京：清华大学出版社，2014.
[28] 李文静，王晓莉. 绩效管理［M］. 大连：东北财经大学出版社，2015.
[29] 朱舟. 绩效考核与绩效管理［M］. 北京：中国电力出版社，2014.
[30] 何强，张倜. 绩效考评［M］. 北京：电子工业出版社，2010.
[31] 诺伊等著；刘昕译. 人力资源管理：赢得竞争优势［M］. 北京：中国人民大学出版社，2013.
[32] 郝红，姜洋. 绩效管理［M］. 北京：科学出版社，2011.
[33] 杨宇. 德鲁克目标管理理论评述［J］. 中国高新技术企业，2010.
[34] 孙晓凌. 目标管理与绩效考核管理者的两大法宝［J］. 财务管理，2013.
[35] 王大尉，胡红兰，胡旭. 企业经营管理与绩效目标考核探究［J］. 管理观察，2014.
[36] 惠振宁. 基于KPI关键绩效指标的绩效考核体系分析［J］. 人力资源，2016.
[37] 黄警秋，刘君. 高校辅导员绩效评价体系构建研究——基于KPI与360度评价集成法［J］. 学校党建与思想教育，2013.
[38] 陈昱. 基于KPI视角探讨绩效考核体系设计的方法［J］. 管理观察，2014.
[39] 王咏梅. 平衡计分卡在企业绩效管理中的应用分析［J］. 会计之友，2015.
[40] R Chalmeta, S Palomero. Methodological proposal for business sustainability management bi means of the Balanced Scorecard［J］. Journal of the Operational Research Society，2011.
[41] 车波，高宇航. 基于平衡计分卡的营销人员绩效管理［J］. 经营管理，2005.
[42] 史钰. 基于平衡计分卡的L公司营销人员绩效考核设计研究［D］. 云南师范大学，2014.
[43] 苗峰. 基于平衡计分卡的企业战略管理重点［J］. 财会学习，2017.
[44] 高超跃. 360度绩效考核在中国企业的应用误区［J］. 经营管理者，2017.
[45] 李颖. 360度绩效考评法在高校实验室队伍建设中的应用初探［J］. 人力资源管理，2017.
[46] 李素莹. 360度绩效考核在企业中的有效应用［J］. 经营与管理，2016.
[47] 李彤. 基于ERG理论的公务员激励机制研究［J］. 河北企业，2017.
[48] 瞿礼杨. 企业管理中马斯洛需要层次理论与奥尔德弗ERG理论的对比研究［J］. 企业技术开发，2014.
[49] 姚文秀. 基于ERG理论探析销售业基层员工向心力问题［J］. 现代经济信息，2017.
[50] 黄红梅，陈科，刘爱军. 基于ERG理论的A公司员工培训需求分析［J］. 北方经贸，2016.

[51] 郭其幼. 基于弗鲁姆期望理论的国有企业人力资源管理研究 [J]. 商场现代化, 2016.

[52] 管理词源. 期望理论 [J]. 管理观察, 2017.

[53] 林英. 所谓基于公平理论视角下的高校教师管理 [J]. 教育教学论坛, 2017.

[54] 晁敏. 基于公平理论的薪酬体系设计 [J]. 人力资源管理, 2016.

[55] 陈晨. 公平理论视角下的基层公务员职业倦怠分析 [J]. 经营管理者, 2016.

[56] 邹彩凤. 公平理论视角下的企业业绩评价研究 [J]. 对外经贸, 2015.

[57] 陈雅娟, 罗仕国. 从强化理论看科学研究中"马太效应"的存在合理性 [J]. 科技管理研究, 2011.

[58] 钟力平. 斯金纳的强化理论及其应用 [J]. 企业改革与管理, 2008.

[59] 贾超. 目标设置理论对激发大学生学习动机的启示 [J]. 价值工程, 2016.

[60] 徐佳忆. 企业销售人员薪酬激励机制研究——以安利公司为例 [J]. 重庆与世界, 2016.

[61] 陈武, 邹显春, 刘葭. 基于目标设置理论的个性化网络学习模式研究 [J]. 西南师范大学学报, 2015.

附录

YDHB 公司营销人员绩效考核现状调查问卷

尊敬的同事：

您好！

为了全面了解 YDHB 公司营销人员绩效考核现状，及时发现存在的问题，并在此基础上提出针对性改进意见建议，特开展此次问卷调查。本次调查的结果仅供学术研究使用，绝对不会外泄作为它用，请您放心填写。

本问卷中的问题并无正确答案，请您本着"实事求是、客观公正"原则，在每个问题后面的选项中，选出您认为符合您自身实际的选项并画"√"。谢谢您的支持与配合！

一、个人基本信息

1. 您的性别：□男；□女

2. 您的年龄：□25 岁以下（不含 25 岁）；□25～30 岁；□31～35 岁；□36～40 岁；□41 岁及以上

3. 您的最高学历：□中专及以下；□大专；□本科；□研究生及以上

4. 您在公司的工作年限：□1 年以下；□1～3 年；□3～5 年；□5～8 年；□8 年及以上

二、营销绩效考核现状

1. 您现在的营销绩效目标或计划是如何制定的？

□您拟订初步绩效目标或计划后，管理人员结合实际情况优化完善；□管理人员制定，您形式上参与，但不能起到真正作用；□管理人员拟订初步目标或计划后，再与您商量确定；□管理人员与您一起共同讨论制订；□没有制订营销绩效目标或计划

2. 公司目前对您的营销绩效考核指标主要包括哪些？（可多选）

□市场订单；□合同款回收；□项目信息收集；□客户满意度；□新客户开发；□专业技术能力；□遵章守纪情况；□工作勤勉度；□学习创新能力；□团队协作；□其他_____

3. 公司对您的营销绩效考核多久进行一次？

□1 个月；□1 个季度；□半年；□1 年；□其他_____

4. 目前您的营销绩效考核由公司哪些人员参与评价？（可多选）

□公司营销分管领导；□公司相关部门（如：财务部等）；□部门经理；□部门同事；□外部客户

5. 公司或部门通过哪种途径向您反馈营销绩效考核结果？

□在 QQ 或微信群发布；□在会议上集中公布；□单独向您反馈；□没有反馈；□其他_____

6. 绩效考核后，公司或部门是否与您进行了绩效考核面谈，并对您提出针对性改进意见或建议？

□每次考核结果出来后都要开展绩效面谈；□偶尔开展绩效考核面谈；□从来没有开展绩效考核面谈

7. 公司在哪些方面应用了您的营销绩效考核结果？（可多选）

□职位晋升；□薪酬分配；□员工培训；□其他；□绩效考核结果从来没有应用

三、营销绩效考核评价

1. 您认为您对公司现有的营销绩效考核方案及流程的了解程度如何？

□完全了解；□了解；□了解部分；□不是很了解；□完全不了解

2. 您认为公司现有的营销绩效目标或计划制定是否科学合理？

□非常合理；□合理；□不是很合理；□不合理；□非常不合理

3. 您认为公司目前的营销绩效考核指标设置是否合理？

□非常合理；□合理；□不是很合理；□不合理；□非常不合理

4. 您认为公司现有的营销绩效考核指标能反映出您的真实工作效率吗？

□能够正确反映；□部分能正确反映；□一般；□不能很好反映；□不能反映

5. 您认为公司现行的营销绩效考核在传递公司发战略目标方面所起的作用如何？

□作用非常大；□作用比较大；□作用一般；□作用不大；□没有作用

6. 您认为公司现有的营销绩效考核周期设计是否合理？

□非常合理；□合理；□不是很合理；□不合理；□非常不合理

7. 您认为公司目前对您的营销绩效考核评价主体设置是否合理？

□非常合理；□合理；□不是很合理；□不合理；□非常不合理

8. 您对公司或部门向您的绩效考核结果反馈是否满意？

□非常满意；□比较满意；□一般；□比较不满意；□非常不满意

9. 绩效考核后，公司或部门与您就绩效考核结果进行面谈的执行情况及效果，您是否满意？

□非常满意；□比较满意；□一般；□比较不满意；□非常不满意

10. 绩效考核后，您是否希望公司或部门及时指出您的成绩与不足，并提出针对性改进意见或建议？

□很希望；□希望；□一般；□不希望；□很不希望

11. 您对公司现在的营销绩效考核结果应用感到满意吗？

□非常满意；□比较满意；□一般；□比较不满意；□非常不满意

12. 您对公司现有的营销绩效考核的公开、公平、公正性作如何评价？

□非常好；□好；□一般；□较差；□非常差

四、营销绩效考核改进建议

1. 您期望的营销绩效目标或计划应该如何制定为宜？

□管理人员直接制定；□员工自行制定；□员工提出个人营销绩效目标或计划建议，管理人员修改确定；□员工与管理人员共同讨论确定

2. 您认为公司应该加强营销人员哪方面的考核？（可多选）

□工作业绩；□工作能力；□职业道德；□行为态度；□其他_____

3. 您认为公司营销绩效考核指标主要应该包括哪些？（可多选）

□市场订单；□合同款回收；□项目信息收集；□客户满意度；□新客户开发；□专业技术能力；□遵章守纪情况；□工作勤勉度；□学习创新能力；□团队协作；□其他_____

4. 您认为公司营销绩效考核多长时间开展一次为宜？

□1个月；□1个季度；□半年；□1年；□其他_____

5. 您认为您的营销绩效考核应该由哪些人员参与评价为宜？（可多选）

□公司分管领导；□公司相关部门（如：财务部等）；□部门经理；□部门同事；□外部客户

6. 您希望通过哪种途径知晓您的营销绩效考核结果？

□QQ或微信群；□正式会议；□单独反馈；□其他_____

7. 您希望公司或部门给您提供哪些营销绩效考核反馈信息？（可多选）

□自己的工作长处与短处；□自己的绩效差距与改进措施；□完成绩效所需的资源；□下一周期的绩效目标；□其他_____

8. 您认为营销绩效考核结果应该与哪些方面相关联？（可多选）

□职位晋升；□薪酬分配；□员工培训；□其他_____

9. 您认为在营销绩效考核实施过程中，哪些环节需要进一步加强？（可多选）

□营销绩效计划管理；□营销绩效考核指标设置；□营销绩效考核周期设计；□营销绩效考核评价主体选择；□营销绩效考核结果反馈与绩效面谈；□营销绩效考核结果应用

重庆 YL 茶叶公司网络营销策略研究

邓常青　田双全

摘　要： 2015 年以来，随着"互联网+"国家战略的大力推动，许多茶叶企业积极尝试网络营销，但是由于存在营销理念、方法以及费用投入不够等诸多不足，只有西湖龙井、竹叶青等少数茶叶企业取得了不错的成绩，多数茶叶企业只是做到了形式上触网，未能实现真正意义上网络营销，特别是不能做到与线下销售很好地结合，其网络营销业务基本处于亏损局面。因此，对茶叶企业开展网络营销研究显得十分必要。

本文选择重庆茶叶龙头企业——重庆 YL 茶叶公司为研究对象，运用 PEST 分析该公司网络营销面临的宏观环境，从线上平台了解主要竞争对手的网络营销策略，运用 SWOT 分析该公司网络营销面临的外部机会与威胁、内部优势与劣势，为该公司制定网络营销策略起到强有力的指导作用；再对该公司的网络营销现状深入分析，并通过问卷调查的方式了解重庆茶叶消费者的特征，从中找到该公司网络营销存在的主要问题是在网络营销中仅仅将传统的线下销售产品搬到了线上而已，缺乏一套科学的网络营销策略；然后，根据网络营销相关理论，借鉴冯英健教授提出的以生态思维设计网络营销策略的方法，从企业可持续发展的网络营销生态系统的形成角度，去构建与该公司相适应的网络营销策略，对该公司生态型产品策略、生态型渠道策略、生态型媒介策略、生态型内容营销策略、生态型活动（事件）营销策略、生态型社群营销策略进行了设计。总体思路为以"80 后"白领阶层作为目标市场；结合重庆城市文化特征，从情感角度重新设计网络消费者喜欢的广告语；以生态型产品策略、生态型渠道策略、生态型媒介策略、生态型内容营销策略、生态型活动（事件）营销策略、生态型社群营销策略为网络营销的六大策略支柱。专门创建适合互联网销售的茶叶网络品牌；产品定位为以中低端绿茶为主的高端产品，同时增加花茶、红茶系列以及代用茶产品的销售，并对产品的名称和包装进行升级；线上渠道主要以天猫商城、京东商城为主，进行线上线下融合；宣传媒介以微信公众号为主，辅之以今日头条、朋友圈、知乎，适当结合线下宣传媒介；内容以故事为主，视频、漫画为主要形式；活动以体验为主，线上线下结合，促销为辅。社群以构建本企业为核心的 YL 微信群为主,参与相关社群为辅。

最后,从营销理念的更新、营销组织结构的调整、人才队伍的建设、电商客户关系的信息化管理等角度提出了网络营销策略实施的保障措施。

关键词:茶叶企业;电子商务;网络营销;生态型网络营销策略

1 导论

1.1 研究的背景

近 10 年来,我国茶叶产量逐年递增,2015 年达到 227.8 万吨,而茶叶消费水平长期在 170 万~180 万吨之间徘徊,且产能增幅比例大大高于消费增幅比例,茶叶产能相对过剩更加剧了市场的竞争,传统的营销模式难以适应激烈竞争的市场,更难以在市场份额上有更大的提升和突破,而新兴的网络营销模式凭借其成本低、效率高、操作便捷等特点赢得了众多企业和用户的青睐。但茶叶行业的网络营销规模与成效远远落后于其他快消品行业,加之不同的茶叶企业所处内外部环境及企业规模有着较大的差异性,所采用的网络营销策略也会各有不同,不能简单地套用成功茶企的网络营销策略。因此,针对特定茶叶企业如何有效开展网络营销仍是值得深入研究的课题。

1.1.1 政策背景

早在 2009 年 11 月 30 日,商务部在《关于加快流通领域电子商务发展的意见》中对推动传统流通企业开拓网上市场和加快发展面向消费者的专业网络购物企业给予了引导[1]。

2016 年 3 月,中国茶叶流通协会制定的《中国茶叶产业"十三五"发展规划》的发展重点之一是创新营销模式,拓展市场空间。通过创新茶叶产品的流通方式,强化现代市场营销理念,拓建茶叶商品流通渠道,健全产品销售网络。茶叶企业应该建立基于电子商务的茶叶信息平台和移动营销网络,通过购物网站、微博、微信等电商平台对茶叶进行宣传,扩大销路,形成新的销售渠道,促进茶叶消费[2]。

2016 年 10 月 14 日农业部在《关于抓住机遇做强茶产业的意见》中明确指出,在加强市场建设,构建茶叶流通格局中要发展新型业态。结合实施"互联网+"现代农业行动,建立茶产业大数据,构建信息资源共享平台。适应从排浪式大众消费向个性化特色消费转变,从传统实体消费向跨区跨境、线上线下、体验分享等多种消费业态转变的新趋势,支持电商、物流、商贸、金融等企业参与茶叶电子商务发展[3]。

重庆市政府也十分重视茶企电子商务问题,由重庆市农业综合开发办公室、重庆市农业科学院编制的《农业综合开发推动茶叶全产业链开发专项规划(2016~2020 年)》指出,"十三五"时期,重庆市委市政府将继续加大资金力量深度开发建设茶叶产业链,促进产业转型升级。为贯彻落实市委市政府要求，重庆农业综合开发围绕茶产业找准"四体系一基地"的开发重点，包括建设现代营销体系和现代品牌体系；在全市茶产业发展专题会议上，市委市政府明确提出全市茶产业发展重点及产业目标，要求从2016年开始，连续5年每年投入1亿元以上的市级财政专项资金，引导扶持茶产业发展将重庆茶叶品牌持续性做强、做响，这为茶叶产业网络营销提供了强有力的政策支撑。

1.1.2 行业背景

"十三五"期间，茶叶产业发展的制约因素是其在全球茶叶产能相对过剩、市场低谷徘徊，日益扩大的茶叶产能与市场需求、消费之间的矛盾会更加突出，茶叶产业发展面临诸多因素的影响，特别是营销管理止步不前。茶叶企业在传统的营销策略下，由于冗长的流通环节、高额的商铺租金、大量的仓储费用大大增加了营销成本，而且企业与市场需求之间的信息不对称，严重影响产品的市场占用率和企业的发展。

近年来，随着互联网的飞速发展、电子商务的广泛应用，网购已成为大众生活的一个重要组成部分，许多茶企及时把握了市场的发展趋势，积极地探索了网络营销的发展之路。

前瞻产业研究院发布的《互联网对中国茶叶行业的机遇挑战与应对策略专项咨询报告》显示，2013年，茶叶通过电商渠道的销售总额接近85亿元，比2012年翻了近三倍；2014年，我国茶叶电商市场交易规模达到113亿元，同比增长32.94%[4]；2015年，茶叶线上销售市场规模近120亿元，2016年达150亿元[5]。阿里研究院发布的《2015年中国县域电子商务报告》称，2015年，安溪茶叶电商交易额达24亿元，同比增长20%，位列全国第一。其中，以中闽弘泰为代表的个体店铺从2009年开始由淘宝C店转型为天猫店，当年就取得250万元的销售额，2015年线上有近6000万元的销售额[6]；2012年，以安溪八马为代表的一批本地传统茶企也纷纷展开线上触网征途，八马茶业在2016年"双11"狂欢节中单日销售突破千万元，以全网销售额1126万元的战绩完美收官，八马茶业实现线上线下联动发展，登上了"2016年第十届中国品牌价值500强"榜单[7]。由此可见，在我国茶叶产业逐渐变强的背景下，将销售端向线上迁徙，是解决茶叶企业营销"瓶颈"的新途径，其电商市场的前景非常广阔。

当然，我们在看到茶叶电商充满无限商机的同时，也不得不清醒地看到它与其他快消品行业的差距，茶叶行业电子商务发展的速度与规模都远远落后于其他行业，即便有一些企业应用了电子商务营销，但也只是简单地将线下产品搬到线上去卖，而没有对茶叶特性和网络交易特征进行分析，没有去了解网络消费者的心理，导致茶叶电商没有取得理想的效果[8]。此外，有关学者在对我国茶叶网络营销的市场现状和营销特征分析表明，茶叶企业对网络营销认识不够，精通网络营销的复合型人才匮乏，也没有从茶叶标准模糊的商品特性、茶叶电子商务的交易信用建设方面去深入研究其相应的产品及其品牌策略，没有从茶叶单笔交易金额小这一营销特征去提供相应的产品和采取相应的价格策略，更没有结合自身企业的战略和规模去选择相应的产品渠道策略，凡此种种，都制约着茶叶企业电子商务的发展[9]。

1.2 研究的目的和意义

1.2.1 研究目的

重庆YL茶叶公司成立于1996年，注册资本1370万元，主要从事茶叶生产、加工、产品营销等，主营"YL牌永川秀芽""YL牌茉莉秀芽""YL牌渝红工夫红茶"三大主要产品系列。从2008年开始，就涉足电子商务，近几年，主要以"直销+商超+电商"的营销网络渠道进行产品销售，现建有重庆营销中心1个，直营旗舰店5个，联营门店83个，商超6个，自建京东、天猫、微信公众号等网络营销渠道5个，委托代理10家，主要以展示展销、体验品饮、现场炒制活动等为促销推广，产品主销重庆市，远销四川、山西、广州、北京等地区，公司年均营业收入2050万元。

由于受市场需求结构变化、行业竞争激烈的影响，其茶叶销售正经受巨大压力，销售规模再上新台阶困难重重，尤其是网络营销部分，远没有达到公司预期效果。公司现在网络营销方面主要采取依托京东、天猫、淘宝等电商平台建立自己的网上商城，并利用微信公众号进行网上销售，但营销仅仅是把传统的线下销售模式转移到网上而已，对电商消费者的消费行为、自身的产品特性、电商消费者特征、品牌、企业文化的推广宣传等与目标市场定位、产品策略、渠道策略、媒介策略、内容营销策略、活动（事件）营销策略、社群营销策略密切相关的研究完全缺乏，因而在电商平台没有采取适当的网络营销策略，没能系统有效地管理粉丝，导致客户流失，在线上与顾客也缺乏有效沟通，没能精确掌握消费者的偏好，满足不了消费者的多样化需求，更没能有效传播企业文化、茶文化、茶知识去提高品牌知名度而导致线上推广不佳，在线下又缺乏相应的活动（事件）去拉近与消费者之间的距离，增进彼此的感情，最终避免不了与传统茶叶市场一样的竞争混乱局面。2016年，该公司线上销售额仅60万元，占比不到3%，线上销售毛利率20%左右，目前在电商市场举步维艰。

鉴于此，笔者首先查阅相关文献，运用PEST分析该公司网络营销面临的宏观环境，从线上平台了解主要竞争对手的网络营销策略，运用SWOT分析该公司网络营销面临的外部机会与威胁、内部优势与劣势，为该公司制订网络营销策略起到强有力的指导作用；其次对该公司的网络营销现状深入分析，并通过问卷调查的方式了解重庆茶叶消费者特征，从中找到该公司网络营销存在的主要问题是在网络营销中仅仅将传统的线下销售产品搬到了线上而已，缺乏一套科学的网络营销策略；再次从网络营销的相关理论入手，从企业可持续发展的网络营销生态系统的形成角度，以生态思维去构建与该公司相适应的网络营销策略，对该公司生态型产品策略、生态型渠道策略、生态型媒介策略、生态型内容营销策略、生态型活动（事件）营销策略、生态型社群营销策略进行设计；最后从营销理念的更新、营销组织结构的调整、人才队伍的建设、电商客户关系的信息化管理等角度提出网络营销策略实施的保障措施，以促进公司的网络营销的快速发展。

1.2.2 研究意义

本文有利于为重庆 YL 茶叶公司这样的茶叶龙头企业探索出一套行之有效的网络营销策略，进而通过网络营销提升"永川秀芽"的全国知名度。该公司作为重庆茶叶行业的龙头企业，主营永川秀芽类茶叶，尽管其成为重庆特产名优茶，但在全国的知名度并不高，作为"永川秀芽"的创始企业，该公司有责任将其发扬光大，远销全国。因此，为该公司创新网络营销思路，是该公司发展壮大道路上一个不得不面对的问题。

本文有利于为茶叶类企业乃至品质标准模糊的企业构建一套科学的网络营销策略提供指导作用。如电商市场的木门、料酒、太阳膜、富硒食品等与茶叶一样具有品质标准模糊而消费者难以辨别的特点，相对于品质稳定、标准明确的商品而言，其网络营销策略特别是其中的渠道打造、产品品牌建设和宣传推广面临着更大的挑战。因此，构建一套科学的、生态型的网络营销策略便显得尤为重要。

1.3 研究的内容、方法和技术路线

1.3.1 研究的内容

本文以重庆 YL 茶叶公司这一茶叶龙头企业为研究对象，首先通过查阅相关文献和统计资料，综述有关学者对影响消费者网络购买茶叶的主要因素、茶叶电子商务消费行为、茶叶企业电子商务模式、茶叶企业营销策略的深入研究；其次运用 PEST 分析该公司网络营销面临的宏观环境，从线上平台了解主要竞争对手的网络营销策略，运用 SWOT 分析该公司网络营销面临的外部机会与威胁、内部优势与劣势，为该公司制订网络营销策略起到强有力的指导作用；再次深入分析该公司的营销现状，并通过问卷调查的方式了解重庆茶叶消费者特征，从中找到该公司网络营销存在的问题；最后针对该公司在茶叶网络营销中存在的主要问题，根据网络营销相关理论，借鉴冯英健教授提出的以生态思维设计网络营销策略的方法，从企业可持续发展的网络营销生态系统的形成角度，去构建与该公司相适应的网络营销策略，对该公司生态型产品策略、生态型渠道策略、生态型媒介策略、生态型内容营销策略、生态型活动（事件）营销策略、生态型社群营销策略进行了设计，并从营销理念的更新、营销组织结构的调整、人才队伍的建设、电商客户关系的信息化管理等角度提出网络营销策略实施的保障措施，从而促进公司的网络营销快速发展。

1.3.2 研究的方法

（1）文献研究法。笔者通过中国知网 CNKI 阅读、整理了部分参考文献资料，通过互联网对大量的有关资源进行了甄别与筛选，购买并研读了相关专业书籍，对相关学术论文进行了学习与借鉴，分析了在该项研究中自身能力的缺陷与研究过程中可能

遇到的困难，再对重庆 YL 茶叶公司网络营销策略进行研究。

（2）调查研究法。笔者从线上交易平台搜集行业主要竞争对手的产品、价格、包装、评论、发表的文章及策划的活动等，以掌握其网络营销策略；并多次到重庆 YL 茶叶公司开展深度访谈，向公司高管和网络营销人员了解该公司发展情况及营销现状；然后通过对重庆茶叶消费者特征进行问卷调查，以了解网购消费者的特性，最后通过查阅、收集、整理公司有关战略、市场营销、电子商务模式、人力资源管理等方面的资料和信息，为重庆 YL 茶叶公司网络营销策略研究奠定坚实的基础。

1.3.3 研究的技术路线

本文的研究技术路线如图 1.1 所示。

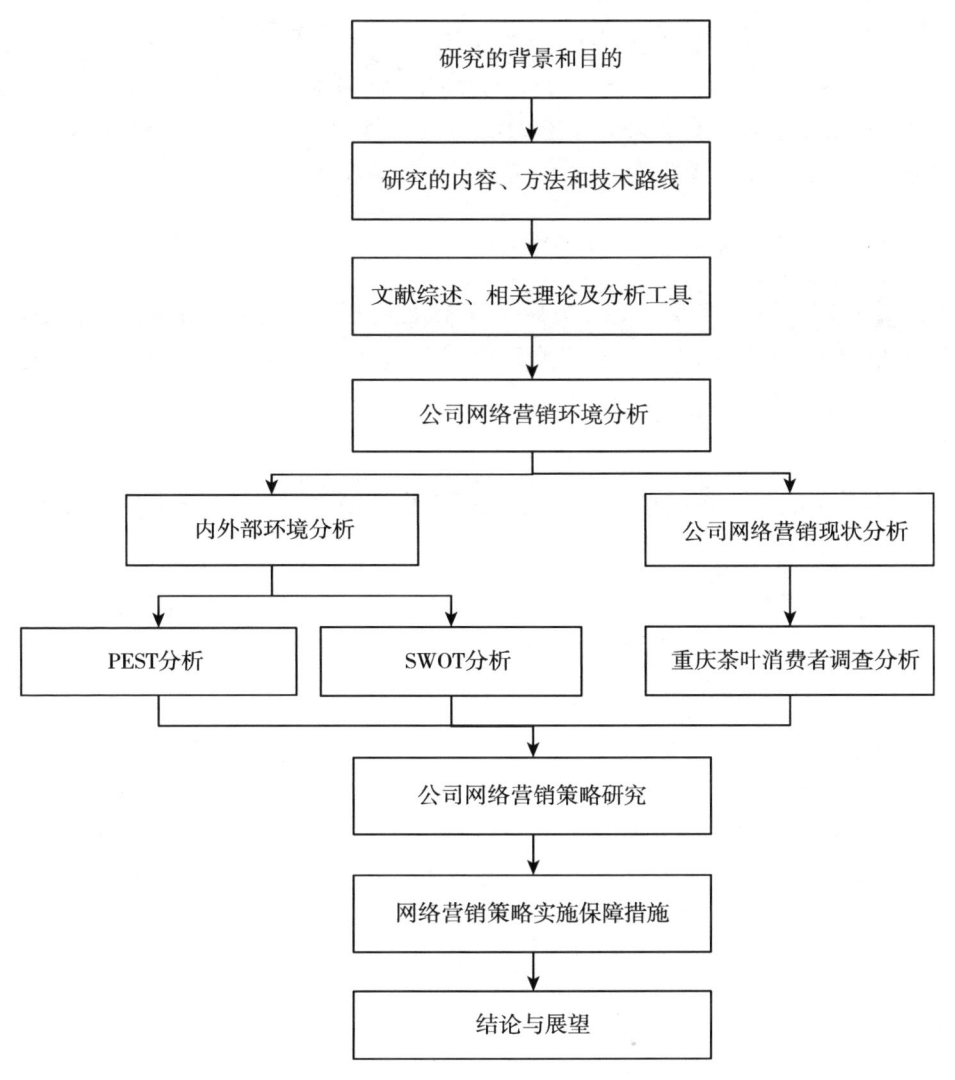

图 1.1 研究的技术路线

1.4 创新点

1.4.1 网络营销策略的创新

根据重庆 YL 茶叶公司的网络营销中存在的主要问题，笔者进行网络营销策略研究时，通过与一些网络营销专家、企业经理深度交流，经过长时间认真思考与归纳，以传统营销理论为基础，借鉴冯英健教授提出的最新网络营销方法体系，并在其提出的内容营销、网络广告、社会化营销、生态型营销、资源合作与分享式营销等网络营销策略的基础上，对当前广泛应用的网络营销策略，特别是一些如冯英健教授提到的很多相互交叉和关联又具有生态营销性质的网络营销策略进行了重新梳理与归纳，从企业可持续发展的网络营销生态系统的形成角度，力图让网络营销策略更具生态属性，创新性提出了当前的网络营销策略主要由生态型产品策略、生态型渠道策略、生态型媒介策略、生态型内容营销策略、生态型活动（事件）营销策略、生态型社群营销策略等部分组成，这可能是网络营销策略研究中的一个创新点。

1.4.2 网络营销策略实施方案上的创新

本文在对重庆 YL 茶叶公司这一特定茶叶企业构建网络营销策略时，在理论研究的基础上，从实践的角度对网络营销策略提供了相应的比较具体的可操作性解决方案，这在对一个特定企业网络营销策略研究中可能也是一个创新点。

2 文献综述、相关理论及分析工具

2.1 文献综述

随着互联网的普及和电子商务的迅猛发展，网络营销已成为一种新型的营销手段，以其成本低、效率高、操作便捷、易于统计等特点和优势，赢得了众多企业和用户的青睐。许多茶叶企业也积极尝试通过网络营销拓宽营销渠道，并取得了比仅靠传统营销更好的营销效果，而且这种营销方式也逐渐成为茶叶企业的主流方式和必然趋势。但是目前学术界对茶叶企业网络营销相关研究文献还是较少，已有的研究可概括为以下几个方面：影响消费者网络购买茶叶主要因素的研究、茶叶电子商务消费行为分析有关研究、茶叶企业的营销管理有关研究等方面。

2.1.1 关于影响消费者网购茶叶主要因素的研究

邵兵家（2005）在《中国电子商务中消费者信任影响因素的研究》中，认为网上信任危机严重影响消费者的在线交易决策,提高消费者对在线公司的信任度是促进中国电子商务 B2C 发展的重要途径,而在线公司的网站隐私保护与安全控制措施及相关法律政策、公司的规模与品牌是影响其信任度的重要因素,消费者个体特征和公司网站的易用性等品质因素对信任度影响不大,在线公司应该在安全技术和政策、规模以及知名度等方面采取措施以提高消费者对公司的信任度[10]。

王洪江(2010)在《茶叶电子商务消费者信任影响因素研究》中,结合茶叶的商品特性和网络交易特征,对茶叶电子商务中的消费行为进行分析,提出了在对茶叶电子商务消费者信任的影响因素中,网站专业性、互动性、顾客价值对消费者信任的影响尤为显著[11]。

战东阳(2013)在《基于顾客价值的网络购物消费者满意度研究》中,认为购物网站影响消费者满意度的主要影响因素有核心服务能力、附加服务能力和顾客关系管理能力,并对购物网站满意度提升提出了对策和建议,通过加大网站基础设施投入、构建网购安全体系、提供有吸引力的商品去提升核心服务能力,通过信用评价制度、强化物流建设、完善页面设计去提升附加服务能力,通过打造高水平的客户服务团队、重视营销推广和客户关系管理去提升消费者管理能力[12]。

方江玲(2014)在《消费者网上购买茶叶支付意愿及其影响因素分析——福建地区为例》中,认为影响茶叶消费者网购支付意愿有网店质量、支付平台、商家和产品信誉、物流、产品价格、购后评价、客服质量,并对茶叶企业的网络营销提出了选择第三方交易平台、改进服务和产品质量、完善电子商务网站、注重消费者评论的建议[13]。

葛迪(2015)在《面向移动商务的茶叶质量追溯方法研究》中,从维护消费者权益、有利于茶叶品牌树立、促进茶叶市场良性竞争、打破茶叶贸易壁垒等角度,开发了茶叶质量追溯系统和茶叶在线品级鉴定功能,可提高电子商务消费者对茶叶产品的信任程度[14]。

钟燕(2016)在《基于大数据的电子商务茶叶物流配送模式分析研究》中,提出从物流配送的角度去提高消费者信任度,他认为大数据对于电子商务茶叶物流配送具有推动物流配送中的信息对接、提高客户忠诚度、增强数据价值等多个层面的价值,还能提升物流配送效率并降低成本[15]。

甄李(2016)在《基于参照点的可追溯农产品消费者网络购买意愿研究》中,认为可追溯农产品的网购消费者更为关注自己的偏好、消费目标等方面,因此,可以通过影响消费者网购态度作用于网购意愿。从网络营销角度提出,网商企业应把满足消费者的网购目标、培育消费者对可追溯农产品的偏好、多种渠道树立良好的消费态度作为产品营销的最终目标,同时在产品的价格、产品属性、售后评论等方面建立优势,逐渐形成消费者偏好和网购态度[16]。

张慧(2017)在《茶叶电子商务消费者信任影响因素的深层分析及解决方案构建

研究》中,认为茶叶商家应用电商平台进行产品交易时对交易成功率影响最重要的因素是电子商务消费者信任。提出了通过加强电商平台信任度、增强商家信任度、优化产品质量以及增强客服人员信任度等措施增强信任度的解决方案[17]。

2.1.2 关于茶叶电子商务消费行为分析有关研究

陈东灵(2009)在对茶叶消费行为分析中,认为消费者行为具有对茶叶知识的匮乏、主要通过朋友介绍了解茶叶、个人偏好、绿色健康为消费诉求、需求日新月异、主要在茶店和茶产地选购茶叶、体验消费、老龄人消费茶叶居多等特点[18]。

时炳艳(2016)在《基于电子商务的茶叶消费行为探析》中,认为消费者行为具有倾向性、专业性、品牌性、绿色健康化、需求个性多样化、体验性等特点[19]。

2.1.3 关于茶叶企业的营销管理有关研究

(1) 提升茶叶企业核心竞争力的研究。

张琳(2008)在《提高我国茶业市场竞争力的对策研究》中,以西湖龙井为研究对象,从现代营销手段的运用、品牌战略的实施角度,从产品、渠道和品牌三个方面提出了提高我国茶业市场竞争力的建议,在品牌层面要求用文化提升品牌竞争力,用服务和体验完善品牌形象,用品牌管理维持品牌形象,以及实施绿色营销来接轨国际市场[20]。

卢传胜(2016)在《电子商务对提升茶叶企业竞争力的作用研究》中,从创造竞争优势的角度,认为利用电子商务推动茶企转型发展、提升茶企信息化管理水平、构建全方位的茶企电商系统、采用线上线下融合发展模式,对提升茶企竞争力有着重要的作用,茶企应积极谋划,制定战略决策,在电子商务的应用中重点注重意识认知、过程管理和模式选择、网络危机应对、供应链伙伴关系和客户服务与体验等,充分做到线上线下都能最大限度满足地消费者的个性化需求,才有利于茶叶企业竞争力的提升[21]。

梁冰(2016)在《我国茶叶电子商务的发展困境和应对策略的探索》中,提出了强化茶叶电子商务和茶文化的融合、加强专业人才队伍建设及理清电商营销思路提高企业核心竞争力以及法律政策保障等发展策略[22]。

(2) 茶叶企业的营销策略研究。

尤建军(2007)在《茶业产业化经营龙头企业的营销对策研究》中,认为要做好市场开发和产品营销工作,需要在产品标准化、产品差别化、经营品牌化、发扬光大茶文化等几个方面采取相应的对策[23]。

焦国强(2009)在《我国中小企业网络营销的策略研究——以西南农业大学实验茶厂为例》中,以市场营销理论的4P组合为基础,对西农茶厂网络营销提出了网络品牌策略、网站建设策略、网站推广策略、网络营销公共关系策略、网络营销服务策略[24]。

周浩（2010）在《我国茶叶网络营销现状及发展对策研究》中，提出了关于标准化、诚信、品牌优势与价格体系建设的对策建议[25]。

夏良玉（2014）在《茶文化产业经营实务》中对茶文化的历史进行了深度解析，并分别从品牌、名优茶包装、茶艺馆、茶器具、茶文化旅游、名茶营销模式等方面进行了茶文化创意嫁接的理论研究[26]。

夏利辉（2015）在对《茶叶公司营销策略研究》中认为，提出以品牌营销、绿色营销、整合营销以及人本营销为指导思想，提出了X茶叶公司的营销策略以及营销实施对策，在营销中应通过品牌营销策略、绿色营销策略、整合营销策略以及人本营销策略的综合运用，然后制订科学合理的销售计划、选择合适的目标市场、加强营销人才的培育、促进公司产品品牌的建设为营销实施对策[27]。

周宏彩（2016）在对《吃茶去商贸有限公司的茶产品营销策略研究》中，提出在产品方面既要研究新产品满足茶消费者多元化的喜好，又要提供互动式体验型产品让顾客感受到精神上的满足；在价格方面从顾客感知和需求出发差异化定价；在渠道策略方面既要完善吃茶去电商平台，又要打造自主品牌体验店、开展跨省茶文化茶产业合作销售渠道；在促销策略方面既要有针对性地运用广告媒体和互联网推广方式公共促销，还可以开展茶文化旅游以增添产品促销[28]。

马英杰、王磊（2016）在《我国茶叶电子商务市场的营销模式探讨》中，结合茶叶电商具有的茶叶交易量较大但单笔交易额较小、茶叶电商将茶文化与茶叶知识一同销售、茶企电商模式过于单一等营销特征，分析了茶叶行业电子商务营销中存在茶企重视线下实体营销而对电商认识不足、缺少专业的物流、平台缺少茶文化的宣传等问题，对茶叶行业开展电子商务提出了强化市场规范树立优秀品牌形象、增强物流竞争力提高物流质量水平、加大茶叶知识宣传促进品牌推广、实施标准化电商服务提升经营水平等营销策略[29]。

中国电子商务研究中心报道，杭州茶厂有限公司的电商运营经理陈剑（2016）认为茶叶具有特殊性，在营销上单纯卖货远远不够，更需要我们贴上文化、情怀等标签，赋予它更多的内容和含义，再结合时令造节，达到营销的最大影响力。对于后续的客户维护及老客召回则通过举办了"寻茶之旅"线下活动，组织消费者到杭州游茶园、看茶山、采茶制茶、参加万人品茶会等，让消费者切身体会以建立信任关系，同时对优质顾客跟踪与回访，从而积累了一部分忠实顾客[30]。

蒋鹏（2017）在《中小茶叶企业移动电子商务精准营销策略研究》中，认为茶企应根据自身的经营战略和实际情况去制订自营精准营销策略、第三方营销策略或营销联盟策略[31]。

杨丽萍在《广西YJ茶业公司网络营销策略研究》中，以4P营销理论为基础，对广西YJ茶业公司进行了新的市场定位，对其产品、价格、渠道、促销、品牌营销策略进行了优化，提出了新型媒体营销策略，通过开发企业的 APP 和利用微信进行营销[32]。

（3）茶叶企业电子商务模式的研究。

Osterwalder 提出电子商务模式是创造价值并将相应的价值传给一个或几个顾客群，形成伙伴关系网络，并获得持续性价值流的过程。他认为这是战略和流程之间的联系纽带，是公司战略的架构蓝图和流程的实施基础[33]，从而明确了电子商务模式在公司中的位置。Paul Timmers 和 Peter Weill 等学者认为电子商务模式能够体现企业产品、信息和资金流的体系，能够描述客户、供应商和合作伙伴等参考者的角色、价值链中的定位、主要获益和收入方式等[34,35]。

林璇（2010）在《茶商电子商务研究》中，从信用机制、创新意识和知识普及等方面对茶商电子商务现状进行分析，提出构建综合信用体系、采用合适电子商务模式和营造实施环境的电子商务实施策略[36]。

叶忠华（2013）在《茶叶公司电子商务营销模式研究》中，提出了开展电子商务的网站策略、产品策略、价格策略、促销策略和品牌策略等具体营销策略组合，并制定了相应的电子商务营销模式及合理的电子商务发展战略[37]。

高展（2015）在《我国茶叶电子商务市场现状分析及营销模式研究》中，结合茶叶电子商务市场的发展现状，通过对线上线下茶叶消费者购茶消费特征以及从目标客户定位、品牌策略、价格策略等方面对电商营销策略进行分析，为 QZ 公司确定了依托现有第三方综合性 B2C 交易模式和自建官方商城（B2C 模式）以及 O2O 模式[9][39-40]。

杨珩（2016）在《茶叶企业的 O2O 营销模式研究》中，针对茶叶企业存在的品种众多且缺乏高新技术、重视实体营销而忽略网络推广、营销观念传统而网络营销不足、线上茶叶质量难以鉴别、线上茶叶销售竞争激烈等营销现状及线上营销的困境，通过茶叶消费者的购买行为与心理分析，提出了通过线上引流、线上品牌形象创新、线上资讯传播、线上移动互联网设备沟通、线上专属 APP 开发等进行线上营销，开展线下体验店、线下活动、线下服务感知、线下产品安全感知等线下营销[38]。

徐水（2016）在《茶叶企业电子商务模式的选择研究》中，分析了茶叶企业有门户网站推广、企业网站宣传、综合型购物网站平台销售等主要电子商务营销模式，科学地提出了小型茶叶企业构建易于操作和管理的网络销售平台、中型茶叶企业制定电子商务营销战略、大型茶叶企业实现全方位的数字信息自动化等电子商务模式的基本应用策略[39]。

纪亚楠、闫寒（2016）在《我国茶叶电子商务发展存在的问题及对策研究》中，对当前我国茶企电子商务发展存在的营销与互联网结合松散、茶叶标准化执行难、电子商务专业人才缺乏等问题进行了分析，认为我国茶叶销售要从构建综合性、系统性的信用体系、选择适当的电子商务发展模式、营造和谐的网络营销环境等三大方向着手，促进茶叶企业发展，并针对小型茶叶企业提出了 B2C 和 C2C 模式结合、大中型茶叶企业采取 B2B、B2C、C2C 模式的建议[40]。

中国电子商务研究中心特约研究员、湖南大茶视界控股有限公司董事局主席刘健（2017）认为网络销售中品质把控、消费者体验以及今后的保障是非常重要的环节，其运营的大茶网通过 O2O 发展模式，解决了线上线下的矛盾问题，2017 年年初，大茶网开放平台拥有代理商 17 万多，线下体验店及大茶吧超过 2000 家，日交易额超过 300 万元[41]。

综上所述，相关学者在茶叶企业网络营销方面，对影响消费者网购茶叶的主要因素、茶叶电子商务消费行为、茶叶企业电子商务模式、茶叶企业的营销策略等有深入的研究，并就相关营销策略作了深入探讨。研究认为消费者行为有个人偏好、倾向性、专业性、品牌性、绿色健康化、需求个性多样化、体验性等特点，而影响网购茶叶消费者的主要因素是网上信任问题，这与企业的知名度、网站专业性、互动性和提供给顾客的价值相关，企业可通过优化产品质量、产品质量追溯以及增强客服人员信任度等措施增强信任度，在产品价格、产品属性、售后评论等方面建立优势，增强消费者购买意愿，并通过增强核心服务能力、附加服务能力和顾客关系管理能力去提升网络购物消费者满意度。因此，茶叶企业在网络营销时需要选择 B2B、B2C、O2O 等电子商务模式，运用现代网络营销手段、实施品牌战略、构建全方位的茶企电商系统、采用线上线下融合发展模式去提升企业核心竞争力，并采取网络品牌策略、网站建设策略、网站推广策略、网络营销公共关系策略、网络营销服务策略、线下活动策略等去促进网络营销的发展。但是针对一个具体的茶叶企业在网络营销时，应如何策划提供相应的网络营销产品、渠道中的平台建设方案以及如何应用网上媒介进行宣传推广、组织实施怎样的线上线下活动（事件）去吸引消费者，激发其网购欲望，最终成为自己的忠实粉丝，在已有的研究中，这仍显得不足，尚缺乏具体的、操作性强的网络营销策略，有待于进一步研究。

2.2　营销相关理论

2.2.1　目标市场选择和定位理论

麦卡锡提出目标市场就是消费者这个特定的群体。所谓目标市场选择是指企业在市场细分的基础上对目标市场进行选择，再应用营销策略，提供相应的产品和服务去满足其需要的一个或几个子市场以及潜在消费需求的市场，这是企业营销成功的前提条件。但并不是所有的子市场对本企业都有吸引力，任何企业也没有足够的人力资源和资金满足整个市场，因而作为企业的目标市场必须具备一定的条件，即具有相当的市场规模和发展潜力、与企业的长远发展目标相符、具备进入市场所必需的能力和资源。企业在目标市场上营销时，有三种策略可供选择，即无差别性市场营销策略、差别性市场营销策略和集中性市场营销策略，但在选择以上策略时必须考虑企业实力、市场特点、产品特点和市场竞争状况等影响因素。市场定位（market positioning）是20世纪70年代由美国学者阿尔·赖斯提出的一个重要营销学概念。所谓市场定位就是指企业根据目标市场上同类产品竞争的状况和自身的条件，根据消费者对该类产品某些属性的重视程度，为本企业产品塑造强有力的、与众不同的鲜明个性，并将其形象生动地传递给消费者，求得顾客认同，并在顾客心目中占有特殊的位置。企业要通过识别自身的潜在竞争优势、选择相对竞争优势、传播独特竞争优势来进行市场定位。同时企业可以根据自身的条件和实力，采取类别定位、使用者定位、USP定位、档次定位、比附定位、附加定位和多重因素定位等[42]等市场定位方法，去选择迎头定位、避强定位或重新定位策略。

2.2.2 传统市场营销理论

美国麦肯锡教授提出的经典市场营销组合4P理论，是指以产品、价格、地点、促销手段为代表的以生产为中心的营销四要素组合的总称[43]。1981年布姆斯（Booms）和比特纳（Bitner）认为应站在消费者的角度，注重营销过程的细节，建议在4P理论的基础上增加3个"服务性的P"，得出7P理论，其3个"服务性的P"即：人（people）、过程（process）、有形展示（physical evidence）。随着国际市场竞争日益激烈，许多国家政府进行干预和贸易保护，1984年菲利普·科特勒认为企业能够影响自己所处的市场营销环境，而不应单纯地顺应环境的新理论。相关学者认为除4P外，还应加上2个P，即权力与公共关系，成为6P，旨在运用政治力量和公共关系去打破国内外市场的贸易壁垒，从而为企业的市场营销开辟道路[44]。美国西北大学教授舒尔茨和劳特明教授等专家认为企业营销必须以消费者为中心，提出了营销组合的4C理论，即顾客、成本、沟通和便利性[45]。相关学者认为无论是4P还是4C营销组合理论，均未考虑顾客忠诚度的质量，又提出了专门针对目标顾客的3R理论，即通过实施顾客保留、关系营销、与顾客加强联系、与顾客建立长期关系来保留顾客，通过关联销售来增加销售额，提高每次销售的赢利水平，同时鼓励顾客向其他潜在顾客推荐本企业的产品和服务，以充分利用每个顾客的潜在价值[46]。随着高科技产业的迅速崛起，高科技企业、产品与服务不断涌现，营销观念、方式不断发展，相关学者又提出新型营销理念4V理论，即差异化、功能化、附加价值、共鸣的营销组合理论。可以看出，4P、7P、6P、4C、3R、4V营销组合理论之间的关系并不是取代的关系而是完善和发展的关系。由于企业层次不同，情况千差万别，市场及企业营销还处于发展之中，因此，企业在了解、学习和掌握这些理论的同时，要根据企业的实际，把四者结合起来指导营销实践，才能取得更好的效果。从当前各企业来看，4P理论还是使用得最多的营销组合理论[47]。

2.2.3 网络营销理论

随着时代的进步，互联网技术的发展、消费者的价值观回归以及日趋激烈的商业竞争等多重因素相互作用催动了网络营销的诞生。随后的网络营销也正朝着营销手段不断增长、网络应用快速发展以及营销受众数量急剧增长的方向发展。[48]

但是，网络营销至今仍无一个权威的定义。在国外，网络营销被称为电子营销，是指基于互联网的营销活动。国内知名网络营销专家高燕飞认为网络营销是以国际互联网为基础，利用数字化的信息和网络媒体的交互性来辅助营销目标实现的一种新型的市场营销方式，北京邮电大学杨学成教授和福州大学陈章旺教授将网络营销定义为企业为了满足消费者需求，以互联网为基础，以现代信息技术为传播手段实施一系列营销活动的过程[48]，清华大学冯英健教授在《网络营销基础与实践》第 1～4 版（2001～2015 年）中，将网络营销的定义为企业整体营销战略的一个组成部分，是为实现企业总体经营目标所进行的，以互联网为基本手段营造网上经营环境的各种活动，在《网络营销基础与实践》第 5 版（2016 年）网络营销定义为基于互联网及社会关系网络连接企业、用户及公众，向用户及公众传递有价值的信息和服务，为实现顾客价值及企业营销目标所进行的规划、实施及运营管理活动[49][21-22]。

随着网络营销的快速发展，网络营销的方法也在不断变化和完善。2001～2004 年，我国网络营销进入实质性应用与发展时期，当时的营销方法有网络广告、电子邮件营销、搜索引擎营销、即时通讯营销、BBS 营销；2004～2009 年，处于以流量为主导的网络营销时期，搜索引擎营销成为最主要的网络推广方法，更多有价值的网络资源（如免费网络分类广告、免费网站流量统计系统）也为企业网络营销提供了新的机会，新型的网络营销方法受到关注（如博客营销、社会化网络服务营销、网络分享等）。2010～2015 年，网络营销逐步从流量导向向粉丝导向演变，特别是微博、微信等移动社交网络的普及，为粉丝经济环境的形成提供了技术和工具基础，其营销方法主要有在线百科（WIKI）平台营销、问答式（ASK）社区营销、文档分享平台营销、微博营销、自建网上商城营销、移动网络营销（如微信公众号及各种 App），其中微博是"粉丝经济"的典型标志，而博客被弱化。2016 年后，移动网络营销方法渐成主流，清华大学冯英健教授提出网络营销的发展趋势是网络营销思维生态化和网络营销的渠道、方法、资源多元化[49]，提出了以思维模式为主线的网络营销，将网络营销方法分为内容营销（如网站内容、博客、微信等）、网络广告（如展示广告、分类广告、搜索广告、视频广告等）、社会化营销（如微博营销、网络社群营销）、生态型营销（如网络会员制营销、微信分销、众筹营销）、资源合作与分享式营销（如网络可见度资源、可信度资源、分享式资源营销）[49]。

与此同时，网络营销理论体系和内容也在不断地探索和完善，但其理论基础仍来自传统的市场营销理论——整合营销、直复营销、关系营销、数据库营销等。我国在 2000 年左右就是把部分网络营销方法融入传统市场营销的 4P 体系，随后产生的网络整合营销理论则以消费者需求策略取代产品策略，成本策略取代价格策略，便利性策略取代渠道策略，沟通策略取代促销策略；网线直复营销理论强调企业与顾客间的"信息双向交流"；网络关系营销关注保持顾客，高度重视顾客服务，以此提高顾客的满意度和忠诚度，并与顾客保持长期的稳定关系。网络数据库营销注重运用数据库技术精确了解消费者需求及购买欲望和能力，进而制定更加理性化、个性化的营销策略，为提供个性化的产品和服务，最终达到双赢的目的[48]。

在以上理论中，目前得到理论界和实践界广泛认可和应用的是冯英健教授提出的生态型网络营销，它是以生态思维设计的网络营销策略及方法，借鉴生态学及由此产生的商业生态系统、行业系统等，对网络营销系统中参与者的地位及价值进行分析设计，形成利益共享、可持续发展的网络营销生态系统。与自然界的生态系统类似，网络营销生态系统是由营销活动范围内所涉及的相互依存或影响的组织、人员、网络平台、营销环境等组成，包括网络营销的信息创建者、信息发布渠道（企业网站、网络广告媒体、社交网络等）、第三方服务商、信息获取者、消费者（销售者）、管理机构等。对此，冯英健教授也列举了网络会员制营销、微信分销、众筹营销等有代表性的生态型网络营销方法，其中，网络会员制营销让网站平台运营者、网络媒体内容提供者、网络广告投放者及最终消费者之间的价值关系，从一定意义上形成了价值共生的生态系统；微信分销则通过微信平台，在商家、多级分销用户和直接用户之间形成一个以社会关系为基础的利益共享的微生态系统；众筹营销与社群营销一样具有生态性质，它是以顾客价值为基础、以预期效果为导向，让发布众筹的企业与参与者共同营造了一种社会生态化的特征。由此可见，冯英健教授提出的生态型网络营销是在生态思维的基础上，通过可信的社交关系，连接各方参与者的价值而形成的一种可操作的网络营销方法，体现了网络营销中的价值关系，实现了信息传递和价值传递相结合，丰富了网络营销的内涵，是对网络营销思想的扩展。同时，他也指出在网络营销中还有很多具有生态营销的性质，例如，百科词条等媒体营销中的知识分享利益关系具有生态属性，内容分享营销也具有和谐的微生态模式，而且很多方面相互交叉和关联，甚至没有明显的界线[49]。

2.3 营销环境分析工具

2.3.1 PEST 分析法

PEST 分析法是指对企业产生影响的宏观环境进行分析的基本工具。分析时通常从政治（politics）、经济（economy）、社会（society）和技术（technology）等四大环境因素进行分析：政治法律环境（P），包括政治体制、政局稳定性、优惠政策及政府制定的法律、法规等；经济环境（E）包括GDP趋势、利率、汇率、通货膨胀率、失业率、居民可支配收入水平等；社会环境（S）主要包括人口规模、年龄分布、人口地区分布、消费者偏好等因素；技术环境（T），主要包括技术的最新发展、专利保护、新技术、新产品等。

2.3.2 SWOT 分析法

SWOT 分析法是 20 世纪 80 年代美国的海因茨·苇里克（Heinz Weihrich）教授提出的一种对被分析对象所处的内外部环境进行态势分析的一种分析工具，包括其内部优势（strenghth）、劣势（weakness）和外部机会（opportunity）与威胁（threats）四个方面。通过对被分析对象内外部环境的系统分析，从而确定其面临的机会与挑战，并依照矩阵进行排列，从而得出一系列相应的结论，为决策提供理论支撑。SWOT 分析法常被用于制定企业发展战略和分析竞争对手情况，是战略分析最常用的方法之一[50]。随着人们对科学管理的更加重视，SWOT 分析法也逐步应用于企业营销环境分析等领域，不仅可在横向上对竞争者进行对比分析，还可在纵向上对自身新旧策略对比分析有着非常重要的指导价值[51]。因此，SWOT 分析法也可用于全面分析茶叶企业开展网络营销所处的内部优势和劣势，正确识别其面临的机会和挑战，这有利于茶叶企业在电子商务的网络营销中抓住机遇发挥其优势，避开威胁，克服其弱点，从而促进企业网络营销的快速发展。

3 重庆 YL 茶叶公司网络营销环境分析

3.1 公司的基本情况

重庆 YL 茶叶公司成立于 1996 年，注册资本 1370 万元，是重庆市农业科学院下属独资企业，有员工 47 名，其中 35 名在职职工属于事业单位身份，主要致力于茶叶科技成果转化，名优茶叶生产、加工和营销，促进茶产业增效，带动农民增收致富。

该公司在重庆茶叶生产经营企业中居于前三位，现有茶树品种基因库 50 亩，标准示范茶园面积 1500 余亩，生产基地 10000 余亩，标准生产车间和办公大楼 6000 余平方米；拥有连续化针形名优茶生产线及乌龙茶、袋泡茶、优质大宗绿茶生产线，其产品结构以经营中、高档绿茶，名优绿茶为主，拥有"YL""CX"商标，其中"YL"商标为重庆市著名商标。

公司通过了 ISO9001：2008 质量管理体系认证、无公害农产品产地认证、无公害农产品产品认证、有机茶认证，重庆首家 B 级 QS 认证，是重庆市"十强"茶业企业、重庆市市级农业产业化龙头企业，公司的永川区茶园生产基地获得国家旅游局颁发的"永川秀芽茶叶科技生产示范观光基地"称号。

公司目前已形成"YL 牌永川秀芽""YL 牌茉莉秀芽""YL 牌渝红工夫红茶"三大主要产品系列，其中，主营核心产品为"YL 牌永川秀芽"系列针形名茶，该名茶产品由重庆市农业科学院茶叶研究所研制，1989 年被农业部评为优质农产品，1999 年、2001 年在中国国际农业博览会上认定为名牌产品，在 2001 年中国（成都）国际茶博会及 2005 年中国（重庆）国际茶博会上荣获金奖，享有重庆市首届"十大名茶"称号。产品畅销于重庆、四川、北京、上海等市场，形成了以重庆本地市场为中心，辐射全国的销售网络体系。

近几年，该公司主要以"直销+商超+电商"的营销网络渠道进行产品销售，从 2008 年开始，就涉足电子商务，现建有重庆营销中心 1 个，直营旗舰店 5 个，联营门店 83 个，商超 6 个，自建京东、天猫、微信公众号等网络营销渠道 5 个，委托代理 10 家，主要以展示展销、体验品饮、现场炒制活动等为促销推广，产品主销重庆市，远销四川、山西、广州、北京等地区，公司年均营业收入 2050 万元。

3.2 PEST 分析

一个企业的生产经营与国家有关政治法律环境、经济环境、社会文化环境、科学技术环境密切相关。因此，我们在对重庆 YL 公司网络营销策略研究之前应对该公司所处的以上宏观环境进行认真的分析，以便为其构建网络营销策略提供依据。

3.2.1 政策法律环境

（1）政府政策方面。

在商务部《关于加快流通领域电子商务发展的意见》（2009 年 11 月）、中国茶叶流通协会制定的《中国茶叶产业"十三五"发展规划》（2016 年 3 月）、农业部《关于抓住机遇做强茶产业的意见》（2016 年 10 月）中对发展电子商务、创新营销模式和流通新业态给出了指导意见。

在重庆市农业综合开发办公室、重庆市农业科学院编制的《农业综合开发推动茶叶全产业链开发专项规划（2016~2020 年）》以及重庆市茶产业发展专题会议中为茶产业建设现代营销体系、现代品牌体系以及引导扶持茶产业发展等方面提供了强有力的政策支撑。

在《关于建立区域旅游协作发展机制，提升"一心三带"旅游经济发展的意见》（渝府办发〔2013〕4 号）、《国务院办公厅关于进一步促进旅游投资和消费的若干意见》（国办发〔2015〕62 号）中对加快旅游业发展、开发旅游产品、激发旅游者消费给出了明确的意见，茶叶作为旅游的特色产品，必将给茶叶公司带来更大的发展机遇，特别是永川茶山竹海的游客到重庆 YL 公司的茶叶生产基地、制茶车间参观、体验，不但能让游客从中了解茶文化、感受制茶乐趣、口碑宣传茶产品，还将给重庆 YL 公司带来更多的客户，有利于扩大公司市场。

中央"一号文件"、"互联网+农业"、精准扶贫和三次产业融合发展等重大政策聚焦茶叶产业，提高了茶农的种植积极性，茶叶种植面积和产量将大幅提高，为茶叶企业网络营销的发展提供了强有力的支撑。

党的十八大以来，中央八项规定的出台，反"四风"专项整治的不断深入，三公消费明显下降，送礼风气得到有效遏制，这对茶叶作为礼品销售的巨大市场有着较大的影响。

（2）法律法规方面。

茶叶作为一种饮用品，其市场的经营发展同样需要相应的法律法规加以规范，特别在电商营销领域，由于茶叶的非标准性及市场的不规范，加之缺乏茶叶食品安全的有效监控体系，这对茶叶电商市场的影响极大。但是，随着我国法制建设的不断发展，茶叶电子商务领域的法律制度也在不断健全，现有电子商务类、网络购物类、电子支付类、电商平台类的29部法律法规，这对茶叶电商营销的规范运营将起到强有力的保障作用。

3.2.2 经济环境

2008年次贷危机爆发对全球经济影响非常大，2013年，中国经济进入新常态，出现经济增长速度换挡期、结构调整阵痛期、前期刺激政策消化期"三期叠加"，中央通过全面深化改革，经济建设取得重大成就，国内生产总值从54万亿元增长到80万亿元，稳居世界第二，对世界经济增长贡献率超过30%。

与此同时，中国居民生活水平不断提高，据国家统计局数据显示，2016年，全国居民人均可支配收入23821元，比2012年增加7311元，年均实际增长7.4%。2017年上半年居民人均可支配收入同比实际增长7.3%，超过国内生产总值增速0.4个百分点，超过人均国内生产总值增速0.9个百分点，消费升级步伐加快。2016年，全国居民恩格尔系数为30.1%，比2012年下降2.9个百分点。2017年10月，31个城市调查失业率连续八个月降至5%以下，全国城镇调查失业率也在5%以下[52]。

3.2.3 社会文化环境

中国是茶的故乡，重庆是茶树原产地之一，也是人工种植茶树最早的地区。随着历史的进步和社会的发展，人们对茶的利用经历了药用、贡品和民间饮用三个阶段，同时发展和积淀了种种茶文化现象，如医药文化、饮食文化、养生文化以及以茶为中介的礼仪文化、联谊文化、俗文化、雅文化等，并广为传播，形成了从陆羽的"茶之为饮最宜精行俭德之人"到庄晚芳"廉、美、和、敬"以及周国富"清、敬、和、美"的当代茶文化理念。

随着科学技术的发展，对茶的研究由茶的外观深入茶的内质，由单纯的味觉享受发展为内含成分的利用。茶叶中含有茶多酚、氨基酸、咖啡碱、茶多糖、维生素、矿物质等多种成分，除了具有生津止渴、提神益思的主要功能作用外，还具有抗氧化、抗衰老、防癌抗癌、助消化等多种保健功效，这对消费者更具吸引力，从而使人们的饮茶习惯更加受到青睐。

3.2.4 科学技术环境

互联网技术的广泛应用给茶叶企业也带来了无限的商机，电子商务平台的成功运营也将为茶叶企业带来更加广阔的市场空间，为茶叶企业突破时间空间的限制和降低交易成本等提供了更好的机遇。

农业部和重庆市茶叶标准园创建规范对茶叶生产、质量安全都提出了严格的要求，伴随科技的不断进步，茶叶企业的制茶工艺、生产流程也得到不断提高和优化，大部分茶叶企业将传统的制茶技术嫁接到机械化加工生产，并根据市场需求不断研究茶叶选育和深加工技术，大大提高了茶叶生产与加工的品质和效率。

通过以上对该公司网络营销所面临的宏观环境分析，可以看出该宏观环境利于该公司电子商务的发展，除政策因素中"中央八项规定"和反"四风"专项整治对礼品茶叶市场有较大影响外，总体政治经济环境稳定，茶文化建设的快速推进和茶产品质量控制、制茶工艺等科学技术的不断更新，这为该公司发展网络营销提供了重要的支撑。

3.3 主要竞争对手分析

据重庆 YL 茶叶公司了解，重庆茶叶市场的品牌格局是既有国际茶叶的巨无霸品牌联合利华"立顿"，又有龙井、福建铁观音、竹叶青、碧螺春等外地茶叶品类，还有市场份额比较大的有"YL"永川秀芽、云升·永川秀芽、"巴南银针"等本地茶叶品牌。本文通过京东、天猫、1号店、微博、微信公众号等平台，对立顿、西湖龙井、云升·永川秀芽等在线上提供的产品、价格、包装、消费者评价、推送的文章、开展的活动等进行了调查。

3.3.1 国际品牌代表

联合利华的"立顿"在京东商城上推出的绿茶产品主要是袋泡茶，有酒店客房用和商务袋泡茶、办公餐饮装、绿茶乌龙茶红茶组合装、蜂蜜绿茶固体饮料、柠檬风味茶固体饮料以及奶茶缤纷装等；其包装规格有30克、50克、100克、160克、200克、304克、400克、500克，价格在9.9元/盒50克～118元/袋304克，包装较为精美；消费者主要从产品的香气、茶色、包装等进行评价，总体较好，个别差评主要在于物流速度、包装被压坏等方面；产品附加信息有产品信息、产品展示、产品特色、食用说明、品牌介绍；平台上有热销品推荐，但无茶叶相关的文章链接，其促销活动主要有满额返券、满额免运费、赠品等活动。

在天猫商城和1号店上推出的产品品类繁多，包装规格与京东类似，产品附加信息还有产品简介、产品特色、冲泡方法、品牌故事及检验报告；有20余家专营店（分销商），平台上还有爆款榜单，但平台仍无茶叶相关文章链接，前者促销活动主要是采取折扣大的促销价、免运费等，后者促销活动为满额赠热销商品、减现金、免邮费等。

在当当网仅售茉莉花茶200克装、绿茶200克装、茉莉花茶50克装这3款产品，价格分别为37.9元/盒，79.8元/盒，12元/盒，产品附加信息有产品简介、产品特色、产品细节、产品故事、品牌理念、品牌故事，促销活动是满49元免邮费。

该公司的官方微博在2015年7月22日后就停止运营，在官方立顿茶微信公众号中立顿小档案每月通过推送1~5篇文章，对其产品进行广告宣传。

3.3.2 外地品牌代表

（1）西湖龙井。

西湖龙井在京东商城和1号店推出的绿茶产品众多，从品牌看有西湖牌、一杯香、梅府茗家、忆江南、卢正浩等20余个，产品分特级、一级、二级，包装规格45克、50克、100克、200克、250克，价格在35元/罐25克~71658元/盒100克，包装各有特色，都非常精美，产品附加信息有产品信息、包装展示、茶叶展示、冲泡展示、西湖龙井的真假辨别方法、品牌故事，消费者评价总体很好，但平台无茶叶相关文章链接，其促销活动主要有满额返券、满额免运费甚至送运费险以及赠茶杯等商品活动。

在天猫商城主要是众多的旗舰店销售，其产品及包装等与京东商城类似，只是促销活动上主要是采取折扣大的促销价、免邮费、赠品等活动。

在当当网上推出的产品价格在11.7~1200元/盒，主要经销商为艺福堂、八马、特尊、唐马仕，促销活动为满额返券、满额免运费、VIP价、抢购价等活动。

另外，只有西湖牌西湖龙井、贡牌西湖龙井、梅家坞及时雨西湖龙井等少数几家茶企有微信公众号进行茶叶相关知识的文章推送，并引导到相应平台访问。

（2）竹叶青。

竹叶青茶叶在天猫商城平台上主要通过竹叶青旗舰店、天猫超市和竹叶青茶叶专营店销售，其产品品质为特级以上，有"论道""静心"和"品味"三个产品系列，包装规格有20克、48克、80克、100克、120克、200克、500克，售价在62.5元/盒20克~29680元/盒500克之间，外包装比较精美，主要有袋装、铁盒装、漆木礼盒装；产品附加信息有详细的商品广告小视频、产品信息介绍、生产流程介绍、冲泡方法讲解、设计师介绍、茶叶成色辨别方法、品牌故事以及发源地介绍，消费者的总体评价很好，其促销活动主要有满额赠送礼品、优惠券满额减免、包邮以及赠送运费险等。

竹叶青茶叶在1号店的主要通过竹叶青旗舰店以及品十食品专营店、长留食品专营店、爱味佳食品专营店，其产品系列和规格与天猫商城一样，但售价在130元/盒20克×2~29680元/盒500克之间；消费者主要从外观、汤色、香气、包装、物流等方面进行评价，好评率达98%，产品附加信息有产品信息介绍、生产流程简介、冲泡方法建议、设计师介绍、茶叶成色辨别及品牌故事，促销活动为赠送礼品袋和礼盒封套、满额赠送热销商品。

在京东商城上是通过竹叶青旗舰店和竹叶青京东自营旗舰店销售,其产品系列和规格与天猫商城一样,但售价在108元/袋48克~29680元/盒500克之间,促销活动与1号店相同。

微信有"竹叶青茶"和"竹叶青商城"两个公众号。其中,"竹叶青茶"公众号平台有新茶老友、会员私享、一键直购三个栏目;每月推送的文章高达17篇,以文字、图片、短视频的方式对竹叶青茶的发源地、故事和茶文化等进行分享,同时对竹叶青茶进行宣传推广。"竹叶青商城"公众号有品牌分类、官方商城、个人中心三个栏目,每个月有3~5篇文章推送量,该公众号主要是对竹叶青茶叶进行产品详细介绍和营销。

3.3.3 本地品牌代表

(1)云升·永川秀芽。

云升牌永川秀芽在京东商城和1号店推出的专用网络营销产品,不在线下销售,包装规格有50克、80克、80克×3、100克、100克×2、100克×3、120克、150克、160克、200克,外包装比较精美,有听装、袋装、罐装、礼盒装等,价格从27.8元/袋100克~1880元/盒200克,消费者评价总体很好,产品附加信息有茶俗文化介绍、工艺流程、产地环境优、地理位置远离城市和PM2.5、精工艺、茶知识介绍、原产地保护标识及数码防伪验证查询,平台上无茶叶相关的文章链接,其促销活动主要有满额返券、在线支付免运费、送运费险、送优惠券。

在天猫商城是云升茶叶旗舰店专营,包装规格50克、50克×2、80克、80克×3、100克、100克×2、100克×3、120克、150克、160克、200克、250克,产品包装如京东商城的产品包装,价格从25.8元/袋100克~1880元/盒200克,消费者评价总体很好,平台信息除京东展示的信息外,每款产品均带有小视频,有的带有企业荣誉,平台上无茶叶相关的文章链接,其促销活动主要有直接免运费、送积分、满额减现金且幅度大。

另外,其注册的永川·秀芽微信公众号有云升商城(京东购买和天猫旗舰店)、云升精神(企业文化和企业荣誉)、云升茶叶(绿茶文化、养生文化和云升茶山),每月推送茶叶相关的文章2~4篇,同时宣传其产品。

(2)巴南银针。

巴南银针在京东商城全是重庆茶业集团旗舰店提供的16款产品,规格有72克、100克、108克、126克、150克、180克、240克、250克,价格从66元/散装50克~490元/盒240克,产品外包装非常精美,有袋装、听装、盒装,消费者评价非常好,产品附加信息有产品信息、产品展示、包装展示、泡茶方法介绍、汤色与叶底展示、茶园及制茶展示、品牌介绍、制茶大师展示等,平台无茶叶相关文章链接,其促销活动有满额减现、送券、免邮、先领券后购物。

在天猫商城上由重庆茶叶专营店和可一食品专营店分别提供了15款和4款产品，共计19款产品，产品规格有50克、72克、100克、108克、126克、150克、180克、216克、240克、250克，产品外包装非常精美，有袋装、听装、盒装，消费者评价非常好，产品附加信息有小视频、产品信息、包装展示、推荐理由、茶园及制茶展示、品牌介绍、制茶大师展示、企业和团队介绍等，平台无茶叶相关文章链接，其促销活动有特价促销、满额减现、量多打折、一元秒杀8折券、免邮、先领券后购物、新茶预售。

在1号店由重庆茶业集团旗舰店和中国特产·巴南馆分别提供了13款和3款产品，共计16款产品，产品规格与价格同京东商城，消费者评价非常好，产品附加信息有产品信息、产品细节的干茶汤色叶底展示、包装展示，平台无茶叶相关文章链接，其促销活动有满额减现、量多打折和免邮。

微信公众号定心绿茶，平台上有重茶精品、我要买茶和重茶简介三个栏目，重茶简介中除公司简介外，还有生态茶园的介绍，表现形式有视频、图文，另外每月推送10篇左右的与茶叶相关或对巴南银针进行宣传推广的文章。

通过对以上主要竞争对手分析，可以看出其采用的网络营销渠道主要是天猫商城、京东商城、1号店、当当、微信公众号及一些分销商；其产品价格区间差异较大，产品外包装精美、种类多，产品附加信息有产品信息、产品展示、产品特色、商品广告小视频、真假辨别方法、检验报告、发源地介绍、生产流程介绍、品牌故事、设计师介绍、制茶大师展示及冲泡方法等；其促销活动主要有满额返券、满额减现、满额免运费、减现金、特价促销、量多打折、秒杀8折券、送运费险以及赠茶杯、送优惠券、送积分、免运费及新茶预售等；在微信公众号上每月推送茶叶相关的文章数量为1~10篇不等，消费者总体评价非常好。

而该公司在京东商城和1号店都是通过自建的官方旗舰店和醉诚酒类专营店进行销售，产品有永川秀芽、大宗绿茶、花香秀芽、YL红茶，其中，永川秀芽有七个等级，包装规格有45克、50克、72克、90克、100克、120克、135克、144克、150克、180克、200克、250克，价格区间在34元/袋250克~7250元/盒180克，产品包装为复合袋装、纸圆筒听装、铁盒装、红木盒装，但外表不够精美，产品信息附有品牌简介、茶叶品质介绍、包装细节展示、适用人群建议、冲泡方法、产品产地介绍，消费者从产品的包装外观、味道、汤色、物流等方面作出评价，好评率达到97%，京东商城的促销活动为满额减免、包邮，一号店没有任何促销活动。

在天猫商城平台上仅有御肤茶叶专营店、醉诚食品专营店、德轩龙茶叶专营店等三家专营店售卖，主要销售壹川、特川、极川这几个系列，包装规格有18克、50克、100克、135克、150克、200克、250克，售价在7.5元/袋100克~1960元/盒200克，产品包装有复合袋、纸圆筒、金属罐装、红木盒，外包装简单更不精美，产品信息附有详细的产品参数、价格趋势、产品基本信息、产品细节展示、冲泡方法解说、产品产地介绍,消费者主要从包装外观、汤色、物流等几个方面进行评价,评价普遍为好评,个别差评几乎都来自物流压坏产品外包装,促销活动为满额包邮、领取优惠券。

其微信公众号 YL 永川秀芽,平台上有茶叶商城、YL 茶业、分销红利三个栏目。每月推送文章 0~5 篇,主要以文字、图片及个别小视频对 YL 茶业进行推广宣传。

通过该公司与主要竞争对手网络营销的情况比较,发现他们选择的营销渠道基本相同,只是该公司的分销商数量偏少,他们销售的产品系列、价格区间不同,包装规格各异,但在产品上,云升·永川秀芽不销售线下的产品,而该公司的产品与线下产品完全相同,且其等级划分过多,外包装又不够精美,产品附加信息的影响力也不够,缺乏故事感吸引人,缺乏真伪辨别方法和检验报告让人信任,也缺乏大师级人物影响人,加之促销活动过于单一而且力度太小,在微信公众号上每月推送茶叶相关的文章数量太少,且不具连续性,甚至有连续两个月无文章推送的现象,这在一定程度上制约了该公司网络营销的发展。

3.4 SWOT 分析

3.4.1 优势与劣势

(1) 优势分析(S)。

①营销管理能力较强。该公司在传统营销模式下,经过 20 余年的实践,积累了丰富的线下营销管理经验,其产品及品牌具有较高的知名度。对电商而言,它与传统营销在目标市场选择与定位、产品营销策略的构建方法是相似的,这对该公司进行网络营销有着较强的营销管理优势。

②营销渠道广泛。近几年来,该公司主要以"直销+商超+电商"的营销渠道进行产品销售,现建有重庆营销中心 1 个,直营旗舰店 5 个,联营门店 83 个,商超 6 个,自建京东、天猫、微信公众号等电商渠道 5 个,委托代理 10 家。营销中不但积累了一定的网络营销管理经验,还拥有庞大的实体店营销网络,这有利于开展网络营销进行线上宣传、推广、营销时,能够与线下实体店体验品饮、现场炒制等活动进行高度融合。

③茶叶生产和加工保障有力。该公司有重庆市农业科学院的技术支撑,并拥有优良的茶树品种资源、先进的加工工艺,获得了发明专利和成果奖励 10 余项,这为茶叶个性化产品开发提供了强有力的技术保障;其自建的 1000 余亩标准茶园也能够满足高端茶叶原料的供应。

(2) 劣势分析(W)。

①电子商务营销意识不够。该公司对电子商务营销的认识仍然不够,在网络营销

中对产品渠道的建设与投入也不足、品牌建设又乏力,加之网络营销宣传、推广手段单一,这些网络营销策略上的不足是该公司网络营销的关键短板。

②网络营销团队缺失。该公司目前还缺乏一个专业的网络营销团队,因而在网络营销中难以有效开展营销活动,吸引和粘住大批网购消费者,这是该公司电商业绩迟迟上不去的重要原因。

3.4.2 机会与威胁

(1) 机会分析(O)。

①"互联网+"行动计划。随着"互联网+"行动计划的铺开,企业能运用互联网、大数据研究消费者的需求和变化,以此调整企业的发展规模、产品方向,精准定位目标客户,并为其提供精准服务,还可与客户密切互动,这有利于产品质量的改进和产品的创新。另外,互联网的微信、微博、微视频和客户端、网站等将成为网络营销中对产品、茶文化、茶知识等内容进行精准化传播的重要工具,对人们的购买决策产生影响。

②茶文化功能拓展和对外交流活动。随着我国人民生活水平的大幅提高,人们更加追求文化精神层面的需要,而陶冶心灵、休闲放松等茶文化功能恰能满足消费者的情感需求,茶叶企业借助文化植入,搭建一些亲手制茶、品鉴、茶艺欣赏等体验式营销平台,能够促进茶叶消费生活化发展。另外,在习近平总书记对外交流活动中,多次以中国茶文化作为演讲主题,引起了全世界人民对中国茶文化的兴趣和关注,这也将成为茶叶网络营销的重要发展机遇。

③电子商务快速发展。据中国互联网络信息中心(CNNIC)在京发布第39次《中国互联网络发展状况统计报告》显示,截至2016年12月,我国网民规模达7.31亿,手机网民达6.95亿,互联网普及率为53.2%,较2015年提升2.9个百分点,我国网购用户规模达到4.67亿,占网民的比例为63.8%,较2015年增长12.9%。其中,手机网络购物用户规模达到4.41亿,占手机网民的63.4%,年增长率为29.8%[53]。这些规模庞大的网民和网购用户势必会给茶叶企业网络营销带来巨大的发展机遇。

(2) 威胁分析(T)。

①电商领域的门槛低。由于茶叶电商市场前景广阔,而进入电商领域的门槛低,任何茶叶企业或茶农无论其资质如何、茶叶品质好与差都可开展电子商务,在茶叶标准模糊和缺乏有效监管机制的情况下,现阶段电商市场呈现出以次充好、低价倾销等现象,导致市场竞争异常激烈和非常混乱,若长此以往则会给整个茶叶行业电子商务的发展带来很大的威胁。

②信用建设乏力。茶叶企业和政府有关部门对茶叶电子商务交易的信用建设乏力等因素都将制约茶叶电子商务的发展。

③行业竞争激烈。对于主营绿茶的重庆YL茶叶公司而言,同类茶叶企业纷纷进入电子商务领域,实施各自的营销策略销售其产品,就重庆的永川秀芽而言就有云升、

永荣、新胜、君子水、苗品记、渝云等茶叶产品，这对该公司网络营销势必也是一个较大的威胁。

通过对该公司网络营销所面临的外部机遇与威胁、内部优势与劣势分析可知，茶叶电商市场机会很大，而该公司优势和劣势都很明显，特别是目前电商市场比较混乱，但只要茶叶企业构建的网络营销策略适当，能够采取相应措施对威胁进行有效规避，同时充分发挥自身优势，克服劣势，定能有助于该公司的电商发展，在下列四种战略中该公司现阶段宜以 WO 战略为主导战略（见表 3.1）。

表 3.1　　　　　重庆 YL 茶叶公司网络营销 SWOT 矩阵

外部＼内部	优势（S） 1. 营销管理能力较强。 2. 营销渠道广泛。 3. 茶叶生产和加工保障有力	劣势（W） 1. 电子商务营销意识不够。 2. 网络营销团队缺失
机会（O） 1."互联网＋"行动计划。 2. 茶文化功能拓展和对外交流活动。 3. 电子商务快速发展	SO 战略 1. 抓住机遇，大力发展电子商务。 2. 加大网络营销投入，构建适宜的网络营销策略，引进网络营销人才。 3. 响应市场需求开发个性化产品。 4. 建立茶产品质量溯源系统。 5. 自建网络营销的官方商城	WO 战略 1. 开展茶叶网络营销管理培训，增强公司高层的信心和决心，并引进必要的网络营销人才。 2. 加大网络营销资金投入和智力投入，构建适宜的网络营销策略。 3. 提供网络专营产品，创建电商子品牌，拓展产品渠道，加大产品宣传、推广力度，加强品牌建设，提高产品知名度。 4. 利用线下实体店开展体验营销
威胁（T） 1. 电商领域的门槛低。 2. 信用建设乏力。 3. 行业竞争激烈	ST 战略 1. 避开威胁，充分发挥自身优势。 2. 构建适宜的网络营销策略，同时把传统营销中积累的品牌建设经验应用到网络营销之中。 3. 建立网络营销子品牌，避免传统营销中的高端品牌受到影响。 4. 多渠道加大产品宣传、推广力度	WT 战略 1. 正视问题，适当调整网络营销策略。 2. 实施子品牌战略，采用时尚、新颖、个性化的包装，增强吸引力。 3. 成立子公司和委托第三方公司独立开展网络营销业务，规避品牌风险

4　重庆 YL 茶叶公司网络营销现状分析

4.1　公司的网络营销目标

公司长期坚持以"科技为本，服务三农"为指导思想，以"专业、生态、健康"

为理念,以"缔造卓越科技,铸就专业品质"为企业核心文化,以产品出厂合格率100%为质量承诺,围绕自主创新、品牌建设、成果转化、市场推广,打造行业名牌,实现垂范渝茶的奋斗目标。

公司在2017年年初提出的网络营销目标是将销售业绩在2016年60万元的基础上提高100%以上,微信公众号粉丝量在2016年1.2万的基础上提升50%以上,粉丝活跃程度明显提升。同时,加强品牌建设,通过采取产品组合、媒介组合、市场推广、内部组织再造、区域资源整合、推广效果实时检测等一系列营销推广策略,提高市场占有率,并对消费者满意度、品牌印象调查和对顾客及粉丝数量与营销结果进行分析。

4.2 公司网络营销现有策略

公司作为传统茶叶企业,在互联网浪潮的冲击和电子商务广泛应用的环境下,也积极参与其中,努力转型成为适应新时代的茶叶企业。实际上,该公司于2008年就已经入驻阿里巴巴平台,但在随后的10年发展中,并未将其作为一个重要的发展方向。因此,该公司的网络营销远远落后于其他永川秀芽企业。现阶段该公司的网络营销方式分为两种:公司直营与分销商代理,年销售额约60万元。近年来,由于公司增加了线上推广投入,公司直营的销售占比提高,达到30%,而分销商的销售额占比下降,整个销售规模并没有扩大,客单价达到150元以上,重复购买率高,网络销售的利润在20%以上。目前,公司的线上投入与利润基本能够持平,其目标市场定位及网络营销策略如下:

(1) 目标市场定位。该公司主营产品为永川秀芽,其产品定位主要为中高端产品,目标市场集中在35~55岁间,这部分人员属于中高收入人群,且对生活品质有一定追求的人,但是他们并不完全在互联网上活跃。据茶圣居2016年对近几年的互联网交易数据统计显示,线上活跃人群为18~35岁的年轻群体消费占比高达76.26%,这类人群具有年轻、有活力、对新鲜事物接受度高等特点。从长远发展来看,该公司要想做大做强,必要培养一批年轻的客户,让其认可公司的产品及文化,当他们成为中高收入人群时,他们将是永川秀芽中高端产品的潜在消费者。

(2) 产品策略。该公司目前只是把线上平台作为一个销售渠道,将线下产品直接搬上电商平台,而并没有调查研究网络营销市场,进而设计出针对网络营销渠道的产品系列和包装。该公司目前网络销售三个品种的茶类,分别为:绿茶系(永川秀芽、大宗绿茶)、红茶(渝红工夫红茶)、花茶(花香秀芽),有50余款独立包装。从品质上来看,等级划分太细,其中永川秀芽有七个不同的等级,红茶拥有三个不同等级,这对于该公司的老客户来说,还相对能够区分。但对很多初次了解该产品的人来说,都是一头雾水,根本分不清楚。这种丰富的产品线对传统渠道来说,可以给消费者提供更多的选择,但在线上销售的产品,应具备简单、便捷、易区别的特点，从产品的包装、图片及文字介绍能够迅速让消费者了解产品的特点，并激发他们的购买欲望。

（3）产品价格策略。该公司应用直营模式的平台，其产品价格严格按照所有分销市场价格体系执行，而分销商进入的线上平台，价格不统一，部分未按公司要求执行。造成的原因主要是该公司网络营销之初，为了快速占领市场挺高销量，采取全民皆兵的模式，任何人都可以作为分销商进行分销和零售。在起步阶段，这一措施确实带来了不错的销售增长，但也导致市场价格五花八门。在当时信息相对闭塞的情况下，影响不太明显，但在该公司进一步发展之后，并没有出台相应的措施控制价格体系，加之信息时代的高速发展，智能手机的普及，却又监管不力，造成同一产品在不同渠道的价格波动太大，这对该公司的形象造成非常不好的影响。

（4）产品渠道策略。该公司线上渠道基本涵盖所有电商平台，给该公司的产品销售和品牌展示提供了更多的机会，但同时也给该公司在网络营销人员紧缺、资金投入不足的情况下，造成了一些不必要的资源浪费。

（5）产品促销策略。该公司主营系列为永川秀芽系列，属于中高端产品。由于线上和线下营销的产品相同，公司基本不做降价的促销活动，仅仅在天猫、京东两家平台特殊时期有折扣活动，如"双11"期间、京东"618"期间，线上店铺自身只做"春茶预购""满金额送礼"等价格不变的活动。

4.3 重庆茶叶消费者调查分析

本次调查根据有关学者对影响消费者网络购买茶叶主要因素、茶叶电子商务消费行为、茶叶企业电子商务模式、茶叶企业的营销策略的相关研究，为了给重庆YL茶叶公司构建科学的网络营销策略，需要对茶叶消费者的特征进行调查分析，以了解消费者的年龄、职业、收入、购茶的动机、倾向、购买方式等有关情况以及不喝茶、不买茶的原因，于是设计了消费者基本情况、消费情况和替代性饮料消费情况三个方面的调查问卷，然后按照消费者年龄阶层和收入水平设计配额，于2017年10月24日至2017年11月19日分别对不同年龄阶段和不同工作性质的人员进行调查，用滚雪球抽样法选择调查对象，采取以互联网（问卷星）为主、线下为辅的方式进行问卷调查。本次调查在线上利用问卷星通过微信群进行调查，回收有效问卷308份，在线下到重庆市南岸区的社区、商圈发放问卷100份，回收有效问卷65份，线上线下共回收有效样本373份，问卷有效回收率达91.4%。调查的年龄、性别和收入均较好地体现了茶叶消费者的特征，具有良好的代表性。

4.3.1 消费者基本情况

（1）年龄：样本年龄段分布主要集中在喝茶较多的中老年年龄段，包括：40~49

岁，以及 50 岁以上，其占比分别为 30.14% 和 23.95%（见图 4.1）。

年龄段	小计	有效百分比例
23 岁以下	56	16.06%
24~29 岁	30	8.55%
30~39 岁	76	21.41%
40~49 岁	107	30.14%
50~59 岁	57	16.06%
60 岁以上	29	7.89%
本题有效填写人次	355	

图 4.1 年龄

（2）性别：茶叶消费人群主要为男性，本次调查中男性的比例占到了 60% 以上，代表性较好（见图 4.2）。

性别	小计	有效百分比例
男	224	60.1%
女	149	39.9%
本题有效填写人次	373	

图 4.2 性别

（3）职业：主要为企事业单位职员。

在本次消费者调查涉及的 373 份样本（见图 4.3）中，主要群体为企事业单位的工作人士，占比超过 60%，其次为学生（占比 15.55%），退休群体（占比 8.04%）。

（4）收入：普遍不高。

重庆市消费者的月收入水平集中处于中下水平。半数以上的消费者月收入在 6000 元以下（见图 4.4）。

4.3.2 茶叶消费情况

（1）喝茶接受度：较高，经常喝茶的人占一半以上。

重庆市消费者对于喝茶的接受度较高。半数以上的消费者经常喝茶（见图 4.5）。

选项	小计	有效百分比例
学生	58	15.55%
公务员或事业单位工作人员	96	25.74%
企业基层员工	37	9.92%
企业主管	58	15.55%
企业业主	37	9.92%
律师等自由职业者	9	2.41%
现役军人	4	1.07%
无工作	20	5.36%
已退休	30	8.04%
其他（请注明）	23	6.17%
个体户	1	0.27%
本题有效填写人次	373	

图 4.3 职业

选项	小计	有效百分比例
3000元以下	83	22.37%
3000~5999元	118	31.81%
6000~8999元	80	21.56%
9000~11999元	39	10.51%
12000~14999元	17	4.58%
15000~17999元	14	3.77%
18000元及以上	20	5.39%
（空）	2	0.54%
本题有效填写人次	371	

重庆 YL 茶叶公司网络营销策略研究

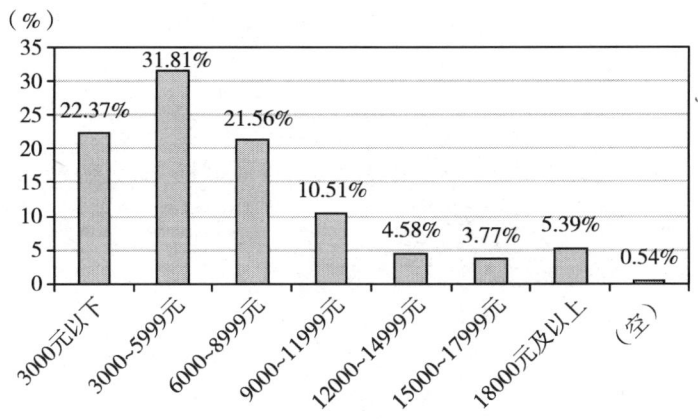

图 4.4　收入

选项	小计	比例
每天都要喝（跳问至q9）	94	25.20%
经常喝（跳问至q9）	104	27.88%
偶尔喝	102	27.35%
很少喝	52	13.94%
不喝	21	5.63%
本题有效填写人次	373	

图 4.5　喝茶接受度

（2）喝茶动机：主要为习惯了、有利健康和喜欢茶的味道。

经常喝茶的消费者一般会将喝茶当成一种习以为常的健康生活方式在消费者喝茶原因（见图 4.6）中，习惯了、有利健康、喜欢茶味三者占比相当（均占半数左右）。

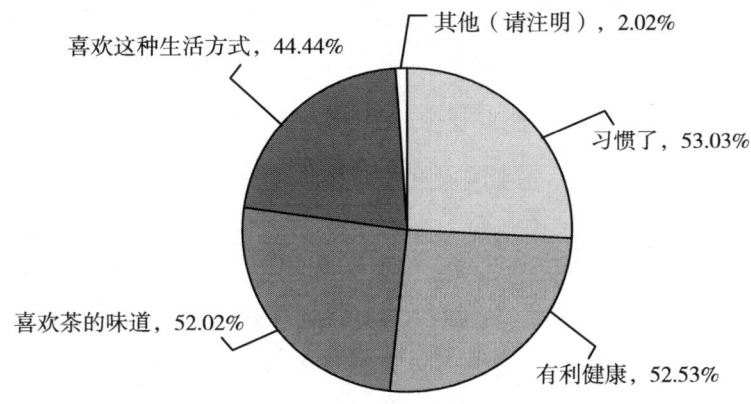

图 4.6　喝茶动机

此外,茶叶消费者买茶目的比较单一、明确。绝大多数(超 8 成)消费者购买茶叶用于自己或家人饮用(见图 4.7)。

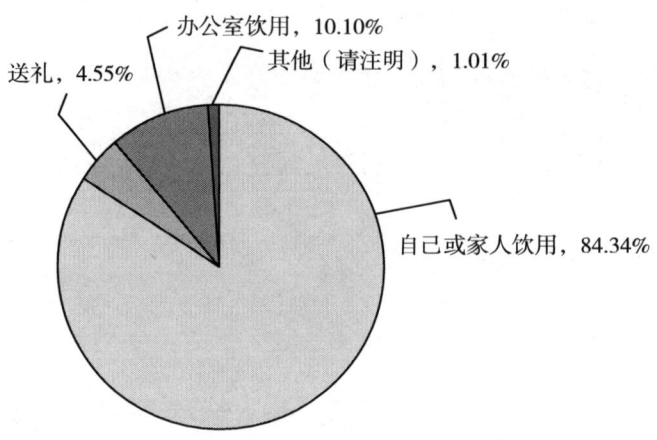

图 4.7 买茶目的

(3) 消费品类:主要为绿茶,且其中主要为本地绿茶。

绿茶更受茶叶消费者的青睐。6 成以上茶叶消费者主要喝绿茶,但红茶、普洱茶、乌龙茶也占有一定比例(见图 4.8)。而本地绿茶在绿茶消费者心目中占据优势地位,消费者接受度高,半数以上的绿茶消费者经常购买本地绿茶,仅有不足两成的消费者较少购买本地绿茶(见图 4.9)。

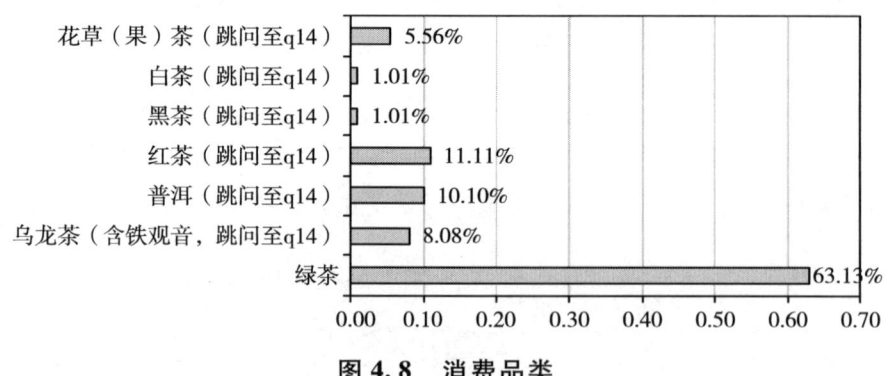

图 4.8 消费品类

(4) 消费品牌:永川秀芽的渗透率最高。

在本地绿茶品牌中,永川秀芽在本地绿茶消费者中的购买占有率最高。半数以上本地绿茶消费者最常购买的本地绿茶品牌是永川秀芽,其次,西农毛尖、缙云毛峰、太白银针略微占有一定比例,其余本地绿茶品牌消费者辨识度低(见图 4.10)。

(5) 消费金额:客单价平均水平不高,集中在 100 多元/次,但 500 元以上的占到了两成以上。

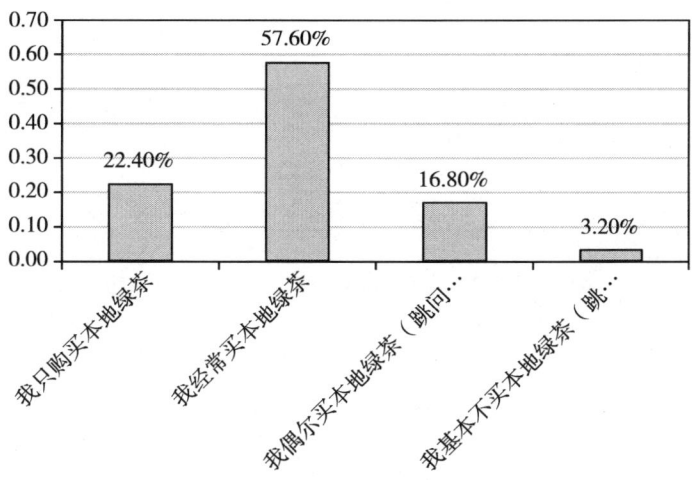

图 4.9　购茶区域性

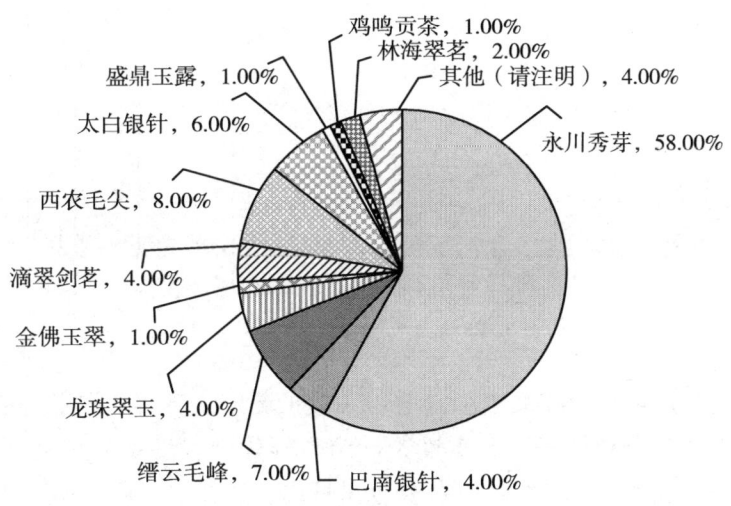

图 4.10　消费品牌

总体来看，重庆茶叶消费者单次购买茶叶的消费水平位于中等偏低水平。超 6 成茶叶消费者单次购买金额在 250 元以下。值得一提的是，在具体的价格区间上呈现出两极分化的局面。其中单次购买金额在 500 元以上的消费者占比最高，达 20.81%，而单次购买金额在 100 到 149 元的消费者紧随其后，占比达 16.75%（见图 4.11）。

（6）购买频率：购买频率较低，多数消费者在 1 个月左右购买 1 次茶叶。

消费者的买茶周期相对规律，间隔时间较长。8 成以上消费者购买茶叶的周期在一个月及以上（见图 4.12）。

（7）购买规格：购买 100 克（二两）的消费者最多，其次是 500 克（半公斤）的消费者。

总体来看，重庆茶叶消费者单次购买茶叶的规格情况为中等规格居多。近 6 成消

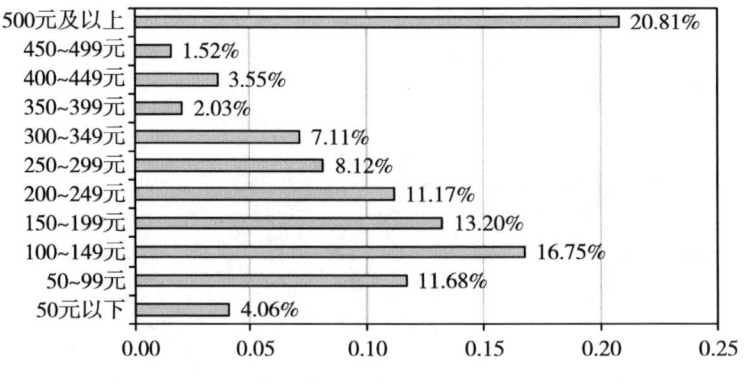

图 4.11 消费金额

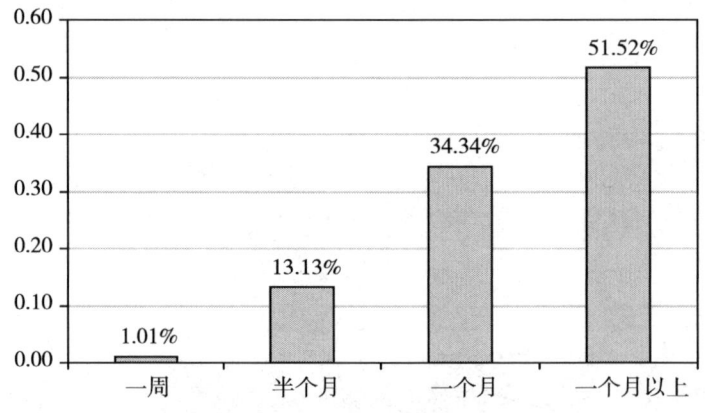

图 4.12 购买频率

费者单次购买茶叶规格在 200 克以上。值得一提的是，在具体的规格区间中单次购买茶叶规格呈现出两极分化的局面，重度茶叶消耗群体和轻度茶叶消耗群体相对集中。其中单次购买茶叶规格为 100 克的消费者占比最多，达 26.77%；单次购买规格为 500 克的消费者紧随其后，占比达 20.71%（见图 4.13）。

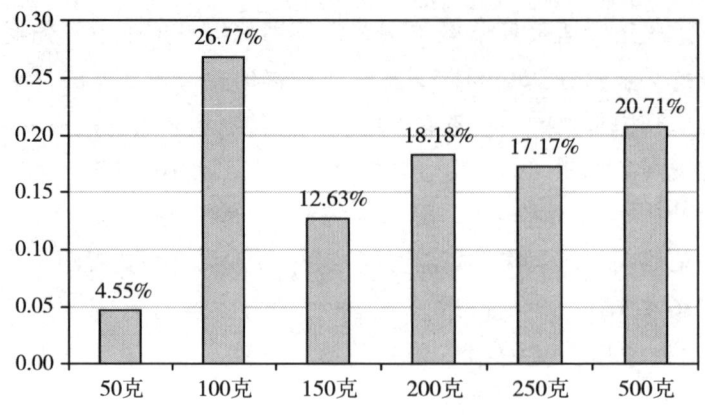

图 4.13 购买规格

(8) 购买渠道：主渠道还是茶叶专卖店，经常上网购买茶叶的消费者很少，仅占 11.11%。

茶叶专卖店成为重庆茶叶消费者的线下主流购买渠道。近 5 成消费者选择茶叶专卖店进行茶叶购买，其次为超市和茶叶市场。而网上渠道在重庆茶叶消费者中的使用覆盖程度较低，仅有 11.11% 的消费者经常上网购买茶叶，其线上购买渠道主要是天猫，占比达 72.73%（见图 4.14～图 4.16）。

选项	小计	比例
是的，我主要在网上购买茶叶	12	6.06%
我经常在网上购买茶叶	22	11.11%
我偶尔在网上购买茶叶（跳问至q20）	42	21.21%
我从不在网上购买茶叶（跳问至q20）	122	61.62%
本题有效填写人次	198	

图 4.14　线上购买情况

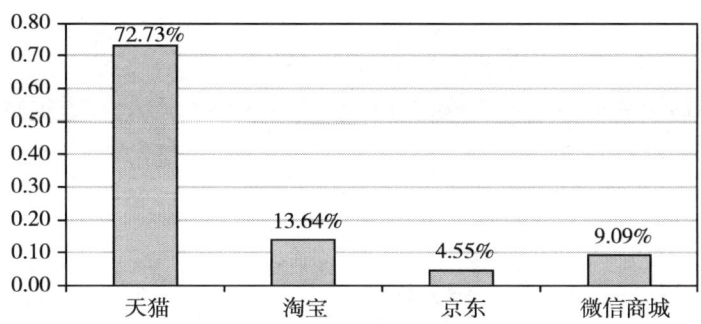

图 4.15　线上购买渠道

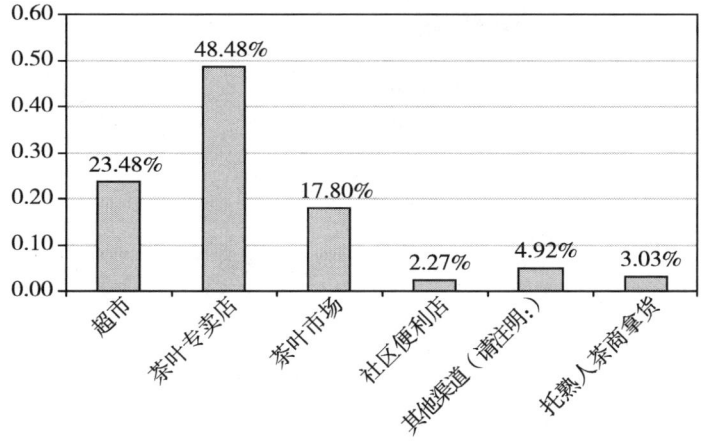

图 4.16　线下购买渠道

4.3.3 替代性饮料消费情况

(1) 替代性饮料品类：主要是白水。

不经常喝茶的消费者日常饮用最多的饮料为白水（包括纯净水、矿泉水等，占比近 5 成），其次为果汁、茶饮料、可乐及咖啡（见图 4.17）。

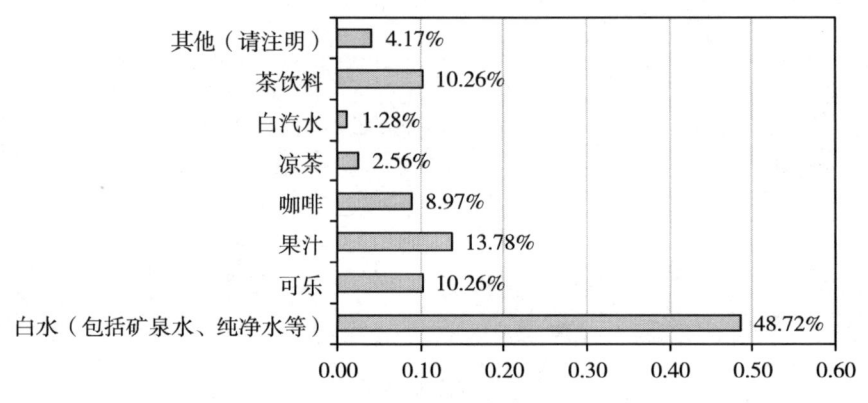

图 4.17　替代性饮料品类

(2) 不喝茶原因：主要是嫌麻烦——泡茶、洗茶杯麻烦。

泡茶麻烦是消费者不喝茶的主要原因。超 7 成不喝茶消费者表示自己不喝茶的原因是泡茶、洗茶杯麻烦（见图 4.18）。

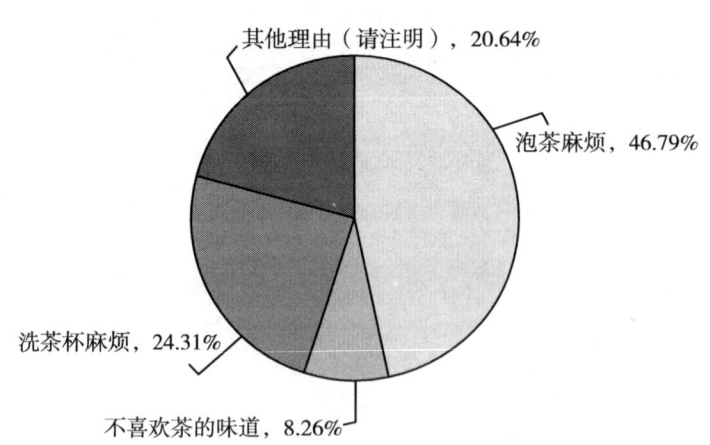

图 4.18　不喝茶的原因

综上所述，在本次调查的 373 份样本中，60% 以上的为企事业单位的工作人士，半数以上的消费者月收入在 6000 元以下，半数以上的消费者经常喝茶；在消费者喝茶原因中，习惯、健康、喜欢茶味三者占比相当（均占半数左右），绝大多数（超 8 成）消费者购买茶叶用于自己或家人饮用，6 成以上茶叶消费者主要喝绿茶，8 成以上的绿茶消费者经常购买本地绿茶，半数以上本地绿茶消费者最常购买的本地绿茶品牌中的永川秀芽。

从茶叶消费情况看，重庆茶叶消费者单次购买茶叶的消费水平位于中等偏低水平，超6成茶叶消费者单次购买金额在250元以下，但单次购买金额在500元以上的消费者占比最高，达20.81%，其买茶周期相对规律，间隔时间较长，8成以上茶叶消费者购买茶叶的周期在一个月及以上；消费规格为中等规格居多，近6成茶叶消费者单次购买茶叶规格在200克以上，其中单次购买茶叶规格为100克的消费者占比最多，达26.77%；但只有11.11%左右的茶叶消费者经常上网购买茶叶，其线上购买渠道主要是天猫，占比达72.73%。

4.4 公司网络营销存在的主要问题

该公司从单位性质来说是体制内的企业，隶属于重庆市农业科学院，是茶叶研究所的科技转化平台，要在电商平台上有所作为，必须投入大量的资金和相应的人力、物力。因此，该公司对于网络营销一直持谨慎态度，一定程度上说是重视度不够。尽管该公司在茶叶生产、加工方面做了大量创新研究，产品品质得到了很大的提升，但囿于传统营销，而忽视对网络营销的创新，没有对网络营销产品及其品牌进行研究，也没有对平台建设进行打造，更没有系统的宣传推广方案和策划与组织必要的线下体验活动，这还须下大力气去深入研究并加以实践。根据相关学者对影响消费者网络购买茶叶的主要因素的研究和茶叶电子商务消费行为分析有关研究，依据第3章对主要竞争对手的分析情况，结合该公司的营销现状，对其目前的网络营销策略进行分析，认为主要有以下几个方面的问题。

（1）该公司没有为电商平台提供专用的网络营销产品和创建相应的电商品牌。由于该公司没有考虑网上消费者的需求差异，而是简单地将网络营销作为一个新的销售渠道，把线下产品直接搬到线上而已，因而不敢轻易做降价等促销活动，怕影响线下产品的销售；也未创建单独的电商品牌，这有可能因为网络营销的失败而影响其品牌知名度，进而影响线下产品的销售。

（2）线上产品包装风格欠佳、款式太少、精美度不够。从该公司现有产品看，其包装风格和精美度不够，导致商城首页和产品详情页难以创新，达到平台与产品的风格协调融合，因而不能将产品直观展示给消费者，更难以吸引消费者。

（3）电商平台上缺乏专业系统的与茶相关的知识介绍、产品故事、品牌故事、企业文化、企业使命、价值观等能引起消费者共鸣的内容。

（4）微信公众号等新媒体的运用乏力，并且缺乏消费者感兴趣的与茶相关的有创意有文化有美感的高水平文章，而且数量不够，也未能将茶知识、茶文化、公司产品理念等加以有效推广，吸引粉丝。

（5）促销活动缺乏。由于线上产品与线下产品一致，无法推出促销力度较大的活动，因而消费者关注度不高，致使该公司在京东商城、天猫商城每年的促销阶段，消费者的参与度也不高。

（6）缺乏线下体验活动。线下的实体店还不能进行内容丰富的体验活动，加之该公司也很少在线下组织茶友会、采茶制茶等线下体验活动，因此其线下消费者向线上的转换度不高，线上消费者也难以满足线下体验的精神之需。

（7）该公司没有建立与其公司产品相关的兴趣爱好群，更没有采取与粉丝、客户互动的相应举措，因而吸引粉丝的力量薄弱。

5 重庆 YL 茶叶公司网络营销策略研究

为了给重庆 YL 茶叶公司构建一套较为科学的网络营销策略，笔者对网络营销相关理论进行了认真梳理与总结，通过与一些网络营销专家、企业经理深度交流，他们一致认为在当今的网络营销中，冯英健提出生态型营销已受到营销界的广泛关注，也引起了实业界的共鸣，这是网络营销的一个趋势。经过笔者长时间认真思考，认为网络营销也应从生态型营销的角度去构建相应的营销策略。因此，本文则以传统营销理论为基础，借鉴冯英健教授提出的网络营销方法体系，并在其提出的内容营销、网络广告、社会化营销、生态型营销、资源合作与分享式营销等网络营销策略的基础上，对当前广泛应用的网络营销策略，特别是一些如冯英健提到的很多相互交叉和关联又具有生态营销性质的网络营销策略进行了重新梳理与归纳，从企业可持续发展的网络营销生态系统的形成角度，力图让网络营销策略更具生态属性，创新性地提出当前的网络营销策略主要由生态型产品策略、生态型渠道策略、生态型媒介策略、生态型内容营销策略、生态型活动（事件）营销策略、生态型社群营销策略等部分组成。

基于上述原因，笔者本着系统性、逻辑性、操作性强的原则，结合重庆 YL 茶叶公司 2016 年、2017 年网络营销现实情况，对该公司生态型产品策略、生态型渠道策略、生态型媒介策略、生态型内容营销策略、生态型活动（事件）营销策略、生态型社群营销策略进行了设计。总体思路为以 "80 后" 白领阶层作为目标市场；结合重庆城市文化特征，从情感角度重新设计网络消费者喜欢的广告语；以生态型产品策略、生态型渠道策略、生态型媒介策略、生态型内容营销策略、生态型活动（事件）营销策略、生态型社群营销策略为网络营销的六大策略支柱。单独创建适合互联网销售的茶叶电商品牌；产品定位为以中低端绿茶为主的高端产品，同时增加花茶、红茶系列以及代用茶产品的销售，并对产品的名称和包装进行升级。线上渠道主要以天猫商城、京东商城为主，线上线下融合；宣传媒介以微信公众号为主，辅之以今日头条、朋友圈、知乎，适当结合线下宣传媒介。宣传内容上以故事为主，以视频和漫画来呈现；活动以体验为主，线上线下结合，促销为辅。社群以构建本公司为核心的 YL 微信群为主，参与相关社群为辅。

5.1 重庆 YL 茶叶公司网络营销目标市场和定位

5.1.1 目标市场选择

由于茶叶市场属于异质性需求市场，不同地区的消费者饮茶习惯明显不同，但在这个需求不同的市场中又有一部分需求相似的消费者，作为茶叶企业也不可能满足整个市场所需的产品和服务。因此，有必要根据茶叶消费者的需求、购买动机和习惯爱好的差异，把茶叶市场细分成不同类型的消费者群，再结合自己企业的目标、内部资源与能力进行目标市场的选择，然后在目标市场上对产品进行市场定位，这是决定茶叶企业能否科学制定营销策略的前提和关乎营销成败的关键。

该公司作为一家生产、销售绿茶为主的茶叶企业，对茶叶市场进行细分时应主要根据整个茶叶市场消费者需求的差异对消费者市场进行细分，而形成消费者需求差异的主要因素有地理因素、人口因素、心理因素和行为因素，结合该公司以生产营销绿茶为主的实际，宜以人口统计变量为标准将消费者划分为不同年龄阶段的绿茶消费群体。

综合第 4 章重庆茶叶消费者调查的情况，结合现实生活中网购消费者的实际，并咨询茶叶领域的营销专家，采取多因素综合细分法，对网购茶叶消费者的情况进行了分析，其中 30~49 岁的白领阶层消费者收入水平、消费水平和网购的活跃程度相对于其他年龄段的要高得多（见表 5.1）。因此，在目标市场选择上宜选择 30~49 岁的白领阶层。在此，值得说明的是 30~49 岁白领阶层一直是网络购物的主力军，但是随着时间的变化，白领阶层的需求可能也会发生相应的变化。

表 5.1　　　　　　　　　　网购茶叶消费者基本情况表

年龄段	消费水平	网购活跃程度
23 岁以下	低	一般
24~29 岁	一般	较高
30~39 岁	较高	高
40~49 岁	高	高
50~59 岁	高	较高
60 岁以上	一般	低

5.1.2 目标市场定位

该公司在消费者心目中是一个有着雄厚科研实力且在永川秀芽中居于领导地位的企业。因此，我们在进行目标市场选择之后，便可在网络营销市场参与全方位的市场竞争，除了自身产品质量、价格、平台内容等因素能很大程度上影响消费者购买决策外，我们还应根据产品竞争的状况和自身的条件，识别自身的优势进行市场定位，结合该公司的实际情况，对其目标市场进行如下定位。

（1）强化"YL公司＝高端永川秀芽"形象。

根据现有高端消费者的消费习惯，结合该公司历史和自身优势，对公司生产、销售的顶级、高级、中上级产品，可使用YL永川秀芽，辅助元素为永川秀芽地理商标标志。同时，可对该公司的广告宣传语进行更新，例如，可以把YL名称和茶山竹海景区及其曾作为武侠电影取景处的特色相整合，以"Y上茶L，秀芽之巅"或"江湖之近，清新至远"作为公司宣传语，让消费者把YL与高端秀芽联系起来，再通过长期宣传将会强化"YL公司＝高端永川秀芽"形象。然后，借永川秀芽之势，扩大YL品牌的影响力，在获得更大的市场份额与做大产业规模之后，重点打造电商子品牌，把高端的秀芽产品与中低端产品隔离开来，并在产品类别、包装、衍生产品等方面进行更多的创新。

（2）电商子品牌的市场定位。

由于该公司在传统营销中，对产品品牌策略做过深入研究，创立了永川秀芽品牌，在实践中也取得了成功，现居于领导地位，只是囿于地理商标标志而不能独享。但是YL永川秀芽已具备相当大的知名度，多次在全国名优茶评比中获得金奖，加之该公司有着国有科研院所的技术支撑，保证了产品的品质与正统，其产区又位于茶山竹海4A级风景区的优质茶园，曾得到朱德的赞扬，由国内著名茶学专家陈椽教授命名，这是品牌建设上可以利用的独有优势。因此，该公司在网络营销上，也可利用以上独特竞争优势，对单独创建的电商子品牌加强品牌建设，采取使用者定位方法，实施迎头定位策略，对其电商子品牌的市场定位如下：

电商子品牌定位为渝茶电商中的高端品牌。

电商子品牌产品定位为渝茶电商中的高端产品。

电商子品牌消费者定位为"80后"白领阶层，网络购物中的中高端客户。

5.2 重庆YL茶叶公司网络营销策略构建

5.2.1 生态型产品策略

在互联网时代，作为茶叶企业应用电子商务营销产品，对其产品策略构建时必须充分考虑自身产品的特点、茶叶电商市场状况、网购消费者的特征等，而该公司在网络营销方面实际上还处于起步阶段。据有关研究得知，由于茶叶产品的标准模糊，人们难以区分茶叶等级及品质好坏，对线上高档或高价位茶叶的信任度不高，因此网购消费者主要购买中低端价位的茶产品或品牌知名度高的茶产品，导致网购茶叶的平均单价低，企业也难以获取更大的利润。现结合该公司的产品特性和第4章重庆茶叶消费者调查分析的情况，特制订以下生态型产品策略。

（1）YL@品牌策略。

由于该公司在传统营销中，对产品包装、品种组合、重量组合和品牌策略上都做过深入研究，在实践中也取得了成功，特别是品牌建设上，YL永川秀芽已具备相当大的知名度，多次在全国名优茶评比中获得金奖。因此，网络营销作为传统营销模式的一种补充，在产品品牌策略上对已经树立的YL永川秀芽品牌宜采取保持策略，即传统营销中的产品品牌仍采用原来的品牌名称，让公司原始品牌始终牢牢扎根在消费者心目中；对公司的网络营销产品则单独创建一个子品牌，如YL@以区别于传统的高端品牌形象，又能借已有线下品牌YL的势，这样既能防止电商渠道中的中低档产品不断扩展而影响传统市场的高端品牌，又能创造一个网络营销新品牌，以适应网络营销的发展。在该公司发展后期可通过电商平台将一些高端消费者引导到实体体验店中去消费公司的高端产品系列。

由于永川秀芽属于地域品牌，从全国范围来说知名度有待提高，虽然在重庆境内具有较高的消费者认知度，但该公司不具有该品牌的独家使用权，同时面临着区域内其他企业的竞争威胁，也容易受到鱼目混珠的次品所累及。消费者对YL品牌永川秀芽的认可仍主要局限于多年积累的老客户中间，市场增长乏力；YL公司十年前所提的"专业、生态、健康"品牌广告语也受到越来越多的局限，因此，YL@的品牌宣传语需要做出调整。

但正因为如此，永川秀芽恰恰意味着机遇。我们可以从YL开始树立品牌，让更多消费者从YL开始认识永川秀芽具有更大的先发优势，而不要怕为他人作嫁衣，我们可以将前期宣传点聚焦于永川秀芽的独特之处上。而对于地域品牌这个问题而言，是困扰全国茶企的通病，只有竹叶青一家具有茶叶品类品牌的独家使用权。也由于茶叶品牌的分散，致使大多数企业从名山产地、特殊工艺、光荣历史等方面挖掘卖点。例如，西湖龙井强调产地的纬度、土壤、气候特点适宜某种茶叶的生长培育；黄山毛峰强调茶叶经过某种古法，或者是先进的现代工艺打造，并且引入具有家学渊源、制茶世家或者非遗传人等业内匠人做监制人，赋予产品的匠心特色；四川竹叶青强调所在地的产茶历史，并与当地特色文化相结合，挖掘品牌的文化内涵，塑造其高大上的品牌形象，引发消费者共鸣。而这些卖点YL公司也都具有，因其产品由茶研所培育，保证了品质与正统，且多次获奖，其产区又位于茶山竹海4A级风景区的优质茶园，曾得到朱德的赞扬，由国内著名茶学专家陈椽教授命名，这些信息需要大书特书，在消费者心目中反复强化，但目前尚未被有机整合为宣传卖点，在公司网站上也只有寥寥几句，究其原因还是宣传投入得不够，也不成系统。

现有的宣传口号"专业、生态、健康"虽然是YL茶业的真实写照，但也可以用于任何一家茶叶企业身上，它缺乏个性化特色，少了一些意境与想象空间。竹叶青的"竹叶青，平常心"宣传语利用了消费者的共情，将道教文化的与世无争与品牌内涵相嫁接，很好地与其"论道""静心"的系列产品名相呼应；湖北的武当道茶也有"闻道而长，滋养众生"的品牌宣传语，很好地体现了其文化及产品内涵。当然，这些品牌策略都有其所处名山做背景，不可贸然模仿。

但是，YL公司的产地位于4A级景区的茶山竹海应该可以好好利用，因为竹子给人虚怀若谷的高洁意向，竹海在武侠世界中常作为高人的隐居之处，也是武侠电影《十面埋伏》的取景之处。因此，可以探索从侠义的角度去挖掘YL网络营销产品的文化内涵，这与重庆这座城市被人称道的江湖气质也是符合的，并且侠之大者，带有一种出世姿态，给人一种飘逸、灵动、高远的印象，与竹叶青等品牌所宣扬的道家底蕴、宁静致远的气质是相通的，这种气质与高端茶叶所带有的形象也是相符的。而且从侠义的角度出发，也有利于赋予YL茶叶不同子品牌以不同的品牌人格，例如，将高端的网络营销产品系列与出世的、高冷的、淡泊名利的大侠相对应；将女性青睐的花茶系列与小家碧玉、秀丽端庄、聪明伶俐的女侠形象相对应等。

因此，可从文化角度设计YL@广告语，例如，从侠义角度挖掘、探索该公司网络营销产品不同系列或者不同品牌产品的文化内涵，从而塑造系统的、完整的品牌故事与形象。例如，将YL@系列命名为"隐"系列，辅以"江湖之近，清新至远"的YL@品牌广告语，突出其清香、淡雅的口感特点，塑造一种远离是非功过、独品一杯秀芽的韵味意境，将产品按品次分为"归隐""小隐""尚隐"三个系列，做到既统一又区分，并且易于辨认，同时保留想象空间。

（2）产品系列策略。

尽管该公司在永川秀芽中处于领先地位，但针对电子商务的营销，仍处于起步阶段，结合本文第4章重庆茶叶消费者调查分析的情况，其网络营销产品宜以高性价比产品为主，等级则以中低端产品为主，故可考虑将盒装价格定在450元以下、袋装价格定在200元以下，其品质与YL永川秀芽的极品、特级、一川、YL云峰、YL花茶香秀芽、YL工夫红茶以及炒青秀芽绿茶相当，品次分为"归隐""小隐""尚隐"三个系列。

通过对该公司的网络营销数据分析，永川秀芽特级（简称"特川"，盒装单价在200元以内，袋装和听装单价在50元左右）是永川秀芽系列最受消费者欢迎的产品，其品质高、价格适中。因此，可选择归隐系列（对应现有特川品质相当的产品）作为该公司网络营销最具代表性的绿茶爆款。其优质绿茶可对应"小隐"系列，并在现有包装上升级。而花茶系列属于较低端产品，产品功能性与口感特色上可替代性强，故可探索新的花茶混合组合，并在包装、渠道与促销手段上寻找突破口，带动其销量。将花茶打造为花语系列，尝试不同的混装新颖组合，根据花种、香度等分成不同类别，或者考虑做成茶包，以方便泡喝，可对应"尚隐"系列。对于红茶就直接使用YL@。为了占领线上渠道，建议其网络营销产品售价是出厂价的三倍左右，建议优质绿茶、花茶系列售价为150元/公斤、100元/公斤、50元/公斤；红茶系列售价为250元/公斤、150元/公斤、75元/公斤。

另外，为了更好迎合网购消费者的多样化需求，可以增加适合网络销售的产品系列，如花草茶、保健茶、奶茶、铁观音、普洱、国外红茶等。同时建议该公司自己研发生产或者代理销售国内外知名品牌茶叶。

（3）产品包装策略。

在包装设计上融入重庆地域和该公司自身的特色，如以茶山竹海、长江三峡的线条画为元素母题，通过变形后增加到各个系列的包装中，从而形成呼应。

线上与线下产品可通过元素类别加以区分，线下产品可先仍保持铁盒与少量木盒包装，突出茶山竹海与永川元素；线上产品则以轻便的精致纸盒为主，突出大重庆的元素。这样既体现了线上产品与线下产品的差异，又能够为线上产品的定价与促销留下更多的灵活空间。

对于低端绿茶系列，则摒弃现有的毫无特色的绿色包装，在考虑成本的基础上，在透明塑料或者牛皮纸袋背景中加入上述元素，使得产品更有辨识度。

在现今的主流市场上，对于中高端茶叶的包装设计，更多的是追求素雅、极简的风格，形成一种高级感，即使用纸盒包装也显得环保、轻便、精致，送礼亦不失分量。

5.2.2 生态型渠道策略

该公司电商平台的建设是网络营销渠道的主要内容，电商平台建设的质量高低影响着该公司将其产品或者价值通过网络传递给最终消费者的效果。作为电商平台，它与传统营销渠道相比，有着购物方便、快捷、高效率、低成本等优势，但又存在单笔利润低、标准体系不健全、市场竞争混乱、电商模式单一等不足。现依据本文第4章重庆茶叶消费者调查分析的情况以及我国茶叶企业电商平台的运营特点，结合该公司的实际情况，认为可采取以下生态型渠道策略。

（1）依托第三方综合型电商平台（B2C模式）。由于该公司的网络营销现处于起步阶段，而且网络营销人才少，还不足以去构建一个完整的电子商务营销体系。因此，在这个阶段最直接有效的方法就是利用现有运作成熟的第三方大型电商平台、行业网站，如天猫商城、京东、当当，这些平台的人气和网购人数远远高于其他电商平台，且已积累了大量的忠实客户。在行业网站中，中国茶叶网、中国好茶网、第一茶叶网对行业动态、茶叶评鉴、产品导购、茶知识、茶文化、品牌宣传等具有明显优势。因此，该公司在对第三方综合型电商平台选择上可多管齐下，争取遍地开花，既要选择具有庞大网络消费人群的天猫商城、京东商城和当当，还要选择优势明显的行业网站。

在选择了电商平台后，公司要做的则是把主要精力放在对网上门店设计的个性化、产品包装及宣传的策划上，更好地展示自己的企业和产品，从而吸引更多的消费者，以获取更好的营销效果。在电商平台的店面设计上，从专业、健康、生态的理念出发，辅以"江湖之近，清新至远"的YL@品牌广告语，装修风格则以绿色为主，黄色为辅。重要节日和电商日可进行店铺装修改版，建议3个版本：日常版、春茶版、双十一版。在版面设计上重在对商城的首页和产品的详情页进行设计，其中，商城首页设计包括店招1张、banner图3张、分类导航3张（根据需求调整不超过10个）、海报1张/文案提炼、产品展示20个、承诺/文化1屏；详情页设计包括主图5张、营销海报1张、产品信息、产品展示1屏、产品卖点1屏、产品细节展示1屏、产品对比图1屏、品牌故事1屏、售后说明。并在此基础上设计一个详情页套版，对于商城首页则根据该公司茶叶鲜明的定位，设计店招，展示banner图，以绿色为主要色调突出该公司茶业健康的理念；活动banner图配合包括具体活动文案以突出茶叶文化及相关活动主题；单个产品从拍摄图片到设计修改图片，则须挖掘该公司的核心卖点，加上创意的配图，以体现产品的价值及特色。

（2）自建官方商城平台（B2C模式）。该公司经过20多年的发展，已具有丰富的管理经验，较强发展能力的传统营销盈利能力，也积累了较为雄厚的资金，因此，在网络营销上也应重视战略的制定和体系的构建，把建立自己的官方商城纳入公司的战略规划之中，以此作为公司持续发展的内在动力。我们在依托第三方大型电商平台营销的同时，引进电子商务所需的电子商务、营销管理、物流、客服等各类人才，并着手建立一个功能强大的综合性电商网站，内容涵盖公司的使命、价值观、企业文化、产品展示、行业动态、茶叶知识和茶文化交流、社区论坛、消费者的故事和企业员工的故事直播、售后服务等，既能全方位展示公司专业化的形象，宣传公司产品和优势，又有利于与顾客及时有效沟通，了解顾客需求，还有利于提高顾客的信任度和忠诚度，更有利于公司掌握客户消费特点和消费能力，为引导其到线下实体体验店进行高端茶消费提供参考，最终实现可持续发展。

（3）大力发展实体体验店（O2O交易模式）。茶叶网购消费者的中高端客户其实更在于品茶享受的过程，并对茶叶的好坏进行评价。随着人们对生活品质要求的不断增长和对传统茶文化兴趣的增加，营销渠道如果仅靠网上销售还不能够满足消费者的需求，因此有必要满足茶叶电商中高端消费者对饮茶体验和对茶文化深入了解之需，让其身临其中感受茶叶的博大精深。因此，我们应该对消费能力强的网购客户通过线上平台为其提供消费指南，让他们在线支付购买线下的产品和服务，然后到线下实体体验店去享受服务，公司则专注于提供体验服务，包括对茶叶知识的讲座、采茶制茶体验、茶艺表演和茶礼仪培训、茶友会等，这也有利于对公司传统营销中的品牌推广，同时可以在店里展示相关的茶具及各种功能茶产品，甚至推出高端客户会员制，让其享受更多的优惠政策，并组织他们搞一些会员聚会品茗活动，共同品茶论道，以茶会友、相互交流，从而增加彼此的感情，让其成为铁杆粉丝，还可为他们进行定制服务，以满足其不同的需求，从而最大化地实现线上销售与线下实体体验店的无缝对接，进而提升公司传统营销的高端茶叶销售额和利润率。

因此，下一步我们可以根据该公司网络营销的状况，择机在重庆城区（含部分区县）科学选址，合理确定实体体验店规模，甚至采用新技术实现新零售，做到线上线下同步，逐步实现利用大数据进行研发、生产及个性化营销，也可采取部分"直营+加盟"模式，发展YL体验店20家以上，时机成熟时再推出100家以上的YL茶饮店，以进一步增强消费者对茶叶及其茶文化的体验性。

5.2.3 生态型媒介策略

茶叶在网络营销中也须树立"茶香也怕巷子深"的思想，高度重视营销活动，充分运用新媒体开展营销工作，以质量为底线，以网络营销为突破口，加大投入，将年销售额的5%~10%用于网络营销活动和电商子品牌打造。

(1) 建立网上媒介生态圈。

①由于腾讯公司推出的企业微信公众号平台是一个流量入口，根据2017年4月腾讯旗下的企鹅智酷公布的最新的《2017微信用户&生态研究报告》数据，截至2016年12月微信全球共计有8.89亿月活用户，新兴的公众号平台拥有1000万个。因此，大多数中小企业都积极使用微信公众号，将其作为微信流量入口或者作为线上线下连接的入口，或者作为与京东商城等平台进行连接的入口。现阶段，该公司已将自建YL永川秀芽公众号作为与京东商城的连接入口，但还需大量投入去增加微信公众号粉丝量和阅读量。

②启动天猫旗舰店。一方面对该平台销售产品的包装、规格等与线下产品区别开来，同时提高客服反应速度与客服水平；另一方面则既要以中低端产品去积极参加促销活动，如天猫超市的试用活动等，以扩大可能的产品受众基数，又要在线上发起促销与推广活动，如春茶预售、饥饿营销等。

③启动YL公司今日头条号。因为30~40岁白领阶层现阶段关注较多的媒介之一就是今日头条，很多企业都陆续开通了今日头条号。因此，该公司也可启动今日头条号，对茶叶识别方法、茶文化故事、活动宣传等内容进行传播。

同时，该公司要对公司微信、网站、天猫商城、京东商城、今日头条等媒介进行常态化运营，实时更新营销内容，充分展示公司动态，将线上线下营销活动有机嫁接，让公司与终端客户之间形成良性互动。

(2) 加大对网络媒介的广告宣传力度。

由于地铁、轻轨的广告宣传面广，因此，该公司网络媒介的宣传可采取以地铁、轻轨广告为主，以小区广告为辅。在宣传推广时，重点是通过维护百度百科、互动百科、百度词条等方式抢占网络话语权，并在百度、知乎等问答社区中形成舆论支持，同时利用今日头条等新闻推送广告。另外，还要多参加一些博览会、赛茶会等增加行业影响力，也可寻找合适的活动进行赞助。当然，为了降低广告费用，还可策划一些公益事件，如重阳送茶行等，以增加媒体曝光率，并加强软文推广。

5.2.4 生态型内容营销策略

该公司的网络营销无论是通过第三方综合型电商平台还是自建的官方商城与网站，除了以精美的店面设计去吸引消费者外，还需要用消费者感兴趣的内容去留住他们，才有机会将其培养为自己的粉丝，把他们的心系在一起。因此，该公司在网络营销时，需要在内容营销上做好文章。结合该公司的实际，可针对微信、百度、今日头条等新媒介，从茶言观色、YL茶友、大咖论茶、茶叶线上活动、保健养生等内容出发，传递该公司健康的理念和品牌文化。

在内容方向上，"茶言观色"主要是通过公众号向粉丝推送茶知识和茶文化，如推送茶叶的辨别方法、选购常识、茶具选择方法、泡茶方法、茶具背后的故事等茶知识，以及茶道、茶德、茶精神、茶联、茶书、茶画、茶故事、茶艺等茶文化。"YL茶友"则以"以茶会友，品味人生"为主题，撰写系列故事，如消费者的故事和坚守茶业数十年如一日的YL人的故事。"大咖论茶"则通过采访茶届大咖，讲述他们心中的茶文化、茶生活。"茶叶线上活动"主要以调动粉丝积极性为目的，定期在公众号推送的活动文章中发放福利，例如，让参与者在文中顶端或尾部发布出本期的福利关键词，粉丝在后台回复相应关键词，则可获得发放的茶叶小礼包或小茶具等福利，以增强公众号与粉丝之间的互动。

在创作的数量上，建议微信公众号原创4篇/月、伪原创12篇/月；微博软文长图文4篇/月、多图8篇/月；百度知道200组/月；百度词条原创1条/月；今日头条则沿用微信公众号推送的原创文章。

5.2.5 生态型活动（事件）营销策略

网络营销的产品促销与传统营销的产品促销目的一样，都是为激发顾客对公司产品的购买欲望，引导其消费行为，从而提高产品销量和利润额，但在促销手段上两者又有差异，网络营销的促销方式主要是通过线上网络广告、促销活动和线下活动（事件）促销。

鉴于该公司网络营销目前处于起步阶段，对于网络上的游离顾客或同类竞争对手的顾客，在线上则以网络广告促销为主，灵活采用旗帜广告、图标广告、嵌入视频广告、电子邮件广告、QQ广告、微博广告、微信广告、新闻组广告等多种形式，把公司简介及产品和有关促销信息传播给广大网购消费者，并让这些顾客知道该公司的产品既可靠又能够满足其需求；对于该公司网络营销中积累的顾客和网站注册的会员，可以先建立客户信息数据库，然后通过电子邮件或短信、微信、QQ等把公司产品和有关促销信息推送给他们；同时，结合公司的具体实际，开展适量的各种促销活动，如抽奖活动、返券、免邮、节日优惠、免费试用新品、预售活动、送积分等。另外，在线下策划一些诸如茶文化节、采茶制茶体验等活动（事件），让参与者在活动（事件）

中通过微信群扫码、公众号关注有礼等方式进行媒介的宣传推广和产品的促销。具体活动（事件）的营销策略见表 5.2。

表 5.2　　　　　　　　　　　活动情况

类型	序号	活动	简介
线上商城活动	1	京东、天猫组织的活动	如京东 618、天猫双十一等
	2	关注有礼活动	关注京东、天猫商城，即可领取优惠券
	3	预售活动	"限量茶叶"预售活动
	4	抽奖、领取优惠券活动	线上抽奖，领取优惠券活动
线上品牌推广活动	1	品味人生，以茶会友活动	茶友上传关于茶的原创类故事、图片、视频，一经选中展示，将获得公司提供的精美礼品
	2	大咖说茶活动	直播大咖与茶相关故事、对茶文化宣讲，顺带茶艺表演等
	3	小游戏	品牌文化
			益智游戏
			助力游戏
线下品牌推广活动	1	YL 永川秀芽茶山体验之旅	采茶、制茶等旅游体验活动
	2	YL 永川秀芽春茶文化节	茶艺表演、茶山对歌（直播）等
	3	YL 茶友会	线上征集报名，线下定期进行茶友会
	4	公益活动	联合基金会、高校等组织，在社区举行公益义卖活动

在体验活动的实施上，还可与茶山竹海景区深度合作，开发特色的旅游项目，如把公司的茶园和车间作为游客的体验活动线路、为游客提供免费茶饮等，有利于公司和产品品牌的传播。另外，积极寻找一些电视节目制作、电影拍摄、主题活动把公司的茶园、车间以及竹海景区作为取景地，实现双方互惠共赢。

5.2.6　生态型社群营销策略

社群营销是一个比较前沿的策略，目前的理论研究较少，在实践中有一些企业成功运用社群开展了网络营销。探讨最多的成功案例是小米手机和星巴克，它们的成功尽管缘于自身的资源和相应策略，但都有一个共同点，即利用社交网络建立与用户沟通的渠道，并让用户参与到产品的设计和营销活动之中。小米手机的社群营销主要是通过小米官网、微博、手机社区等平台进行，而星巴克是利用各大社交平台发布各种推广活动吸引用户。

事实上，到目前为止，小米营销模式的模仿难度还很大，很少有类似的成功案例，更不能简单地复制其成功经验去应用于自身的企业。加之网络社群营销目前还处于发展初期，根本没有广泛适用的成熟方法，但社群营销的威力已经彰显，因此，随着社交网络及社会化营销日益成熟，该公司在网络营销中探索社群营销是可行的，也是非常必要的。

目前，根据社群建立的方式划分，有社交平台类社群、跨社交平台社群、企业社群和个人社群等类型。其中，社交平台类社群是基础，包括微博营销、微信营销、Facebook营销等，是所有社群营销必不可少的社交资源。每一个社群营销者都希望建立一个用户数量大、活跃程度高、归属感强的社群集合，但实际上受到各种因素的制约，很难做到理想状态，因此还需要大家在各种类型的社群中选择和尝试适合自己的社群。结合现有的主流社交平台，该公司开展生态型社群营销时可以一方面构建以本公司为核心的社群，如YL微信群、QQ群，并通过故事、投票活动、促销活动、拼团活动、发红包以及文章链接等方式促使群内成员互动，让其成为忠实的粉丝，进而营销公司的使命和产品；另一方面可以尽量参与更多的相关社群，或者与资源互补的相关社群进行资源合作，或通过合理利用第三方的社群资源在一定范围内达到社群营销的目的。

当然，在社群的运营过程中，应以优质服务去发展壮大社群，例如，对顾客的问题及时回复、耐心解答，在对产品营销的交流中，除图片、文字、视频信息获取对方信任外，最重要的是要让对方感受到你的真诚，从而让对方感动、心动、行动，进而激发他们的购买欲，实现自身的营销目标。

5.3 小结

以上分析可知，茶叶市场虽然属于异质性需求市场，但在这个需求不同的市场中又有一部分需求相似的消费者，结合重庆YL茶叶公司以生产营销绿茶为主的实际，在网络营销中应采取密集绿茶这个单一市场营销策略，选择"80后"白领阶层作为目标市场，产品定位为渝茶电商中的高端产品，品牌定位为渝茶电商中的高端品牌。对该公司构建的网络营销策略如下：

在生态型产品策略上，以高性价比的中低端绿茶产品为主，同时增加花茶、红茶系列以及代用茶产品作为单独的网络营销产品，不但要对产品的名称和包装进行升级，还要策划不同的系列和产品，在品牌策略上则单独创建一个电商子品牌。

在生态型渠道策略上，现阶段依托第三方综合型电商平台（B2C），以天猫商城、京东商城为主，同时着手自建一个功能强大的综合性电商网站，并大力发展实体体验店，实现线上销售与线下体验的无缝对接。

在生态型媒介策略上，建立网上媒介生态圈，以微信公众号为主，辅之以今日头条、朋友圈、知乎，在宣传内容上则以故事为主，以视频和漫画来呈现，适当结合线下活动（事件）进行媒介宣传。

在生态型内容营销策略上,创作一定规模有创意、有文化、高水平的文章通过微信公众号等自建媒体进行茶知识和茶文化的传播。

在生态型活动(事件)营销策略,既要做好线上网络广告和促销活动,又要策划、组织、实施好线下的各种体验活动进行促销。

在生态型社群营销策略上,以构建本企业为核心的 YL 微信群、QQ 群为主,参与相关社群为辅进行社群营销。

6 重庆 YL 茶叶公司网络营销策略实施保障措施

6.1 营销理念的更新

营销理念是指导企业营销活动的一种思想。对于该公司来说,在国有科研机构的支撑下,重在体现企业的价值和肩负重大的社会责任,为构建和谐、健康的社会关系做出更大的贡献。对该公司网络营销薄弱问题,企业领导层应有挑战困难的信心和决心,首先是坚定信念,通过组织专题会议、茶叶电子商务讲座,组团参观茶叶电子商务成功企业等方式增进员工对电子商务的认识,在公司上下达成网络营销的共识。其次是根据科特勒提出的"全面营销理论",在公司坚持以营销为主的营销理念,人人都有义务,大家都懂茶叶,所有人都熟悉公司的营销策略,都会营销,都想销售,这既能让员工通过销售赚取额外的收入,又能丰富员工的茶叶知识与销售技能。最后是通过网络营销渠道、媒介、社群、活动(事件)向消费者营销企业的使命,把"责任、担当、诚信、共享"的企业愿景传递给消费者,在消费者心中树立起品牌形象,激发其对公司的认同感、依赖感,成为公司的忠实粉丝;通过各种渠道向员工营销企业价值观,从而改变员工的行为方式和生活,群策群力把"专业、生态、健康"发展理念、公司的形象、品牌传导到营销工作之中。但是,由于网络的虚拟性和传播速度快等特点,我们在网络营销过程中也会不可避免地遇到一些负面的网络舆情和评价,处理不当将会给公司带来一些潜在的风险与危机,因此,公司除了加强电子商务技术层面的风险防控外,更要树立公司上下特别是客户人员的网络危机管理意识,熟练掌握一些发现危机、孤立危机、处置危机、规避危机的危机管理方法,保障公司网络营销的健康发展。

6.2 营销组织结构的调整

企业的组织结构是指为了保证战略的实施,把企业的目标、人员、职位、相互关系、信息等组织要素进行有效排列组合,同时将企业的目标任务分解到职位,再把职位综合到部门,由众多的部门组成一个垂直的权利系统和水平的分工协作系统。企业在不同阶段由于战略的不同,而与之相适应的组织结构也应随之变化。对于该公司开展网络营销而言，过去的营销组织结构完全不能适应形势的需要，应本着专业化协作和扁平化管理原则，对公司的营销组织结构进行调整。例如，在营销中心增设网络营销分中心，下设电商平台运营部肩负平台及媒介的维护和客服职能；策划部负责各类平台、媒介的设计、目标市场选择与定位、网络营销产品及品牌建设方案、产品包装、宣传推广的文章创造、促销活动、实体体验店建设方案等的策划，信息部负责客户信息数据库的建设和相关数据的分析与挖掘，以及与物流部之间进行订单信息的快速传递；物流部负责物流模式的选择，并把客户需求的产品快速流通到消费者。

6.3 人才队伍的建设

加强对企业经营管理人员的培训，提高管理者、领导者的综合素质，不断更新现代企业经营、管理理念，拓展经营思路；充分发挥现有科研人才优势，加大新产品新技术的创新和研发力度，提升公司核心竞争力；培养引进一批茶叶加工专业人才，提升茶叶加工工艺水平；引进一批电子商务、网络营销人才，特别是对微博、微信、微视频和APP客户端等媒介的运营有较强的实战经验、对电商平台的宣传推广与运营、市场营销与商务策划有扎实专业功底和丰富实践经验的相关人才，从而不断提升该公司网络营销队伍的专业素质；发挥专业学校、职业学校的办学优势，培养一批茶叶营销需要的茶艺师、评茶员，以及电商平台运营需要的客服人员、物流管理等专业人才，以满足线上信息传播和线下活动体验进行促销之需。

6.4 电商客户关系的信息化管理

构建科学有效的客户管理系统。首先是对该公司的网购消费者信息数据库进行建立和维护，并在公司内部共享，以利于与消费者进行及时沟通，从而掌握消费者的爱好与兴趣，并多渠道推送企业产品信息、促销活动以及企业的使命和价值观、企业文化和茶叶专业知识、茶文化等，还可收集消费者对网购茶品的建议以及就某些热点话题展开互动讨论，从而有效培养客户关系，让其成为忠实消费者。其次是对该公司传统营销中的加盟商、商超、团购企业和竞争对手的信息进行分类管理，有利于及时沟通信息，掌握市场动态，维护好合作关系。再次是在系统中记录相关销售信息上，有利于销售人员及时分析和定位目标客户，以及对产品定价、销售预测等进行分析和建议，还可在系统中对销售人员工作日志、销量、佣金等进行管理。最后是对客户的服务管理，包括订单跟踪、售后服务等，以利于提高客户满意度和忠诚度。

7 结论与展望

7.1 结论

本文以重庆 YL 茶叶公司这一茶叶龙头企业为研究对象,通过对该公司的营销环境和目前的网络营销策略进行分析,找到了该公司在网络营销中存在的主要问题,再运用网络营销相关理论,借鉴冯英健提出的以生态思维设计网络营销策略的方法,从企业可持续发展的网络营销生态系统的形成角度,对该公司网络营销的目标市场进行了选择和定位,对该公司网络营销策略进行了构建,现主要完成了以下工作:

(1) 根据对茶叶消费者的基本情况调查分析,建议选择"80 后"的白领阶层作为目标市场,结合公司营销现状,将产品定位为渝茶电商中的高端产品,品牌定位为渝茶电商中的高端品牌。

(2) 根据对茶叶消费者的消费情况调查分析,对该公司的网络营销产品、品牌、包装进行了系列研究,策划了以高性价比的中低端绿茶为主,花茶、红茶和代用茶为辅的网络营销专用产品系列,要求对产品的名称和包装进行升级,在品牌策略上单独创建一个电商子品牌。

(3) 依据本文对重庆茶叶消费者调查分析的情况以及我国茶叶企业电商平台的运营特点,结合该公司的实际情况,提出线上渠道主要以天猫商城、京东商城为主,同时自建一个功能强大的综合性网站,并大力发展实体体验店,实现线上销售与线下体验的高度融合。

(4) 根据茶叶消费者的消费情况,结合现行各种媒介的特点,认为该公司开展网络营销工作时,要充分运用新媒体进行相关信息的传播,媒介选择上以微信公众号和微信群为主,辅之以今日头条、朋友圈、知乎等,宣传内容上则需要创作一定规模有创意、有文化、高水平的文章,以故事为主,以视频和漫画来呈现,并在线下组织适量的活动(事件)进行媒介宣传,同时开展各种促销活动。

7.2 未来研究展望

本文在对重庆 YL 茶叶公司营销环境和目前的营销策略进行分析的基础上,找到了该公司在网络营销中存在的主要问题,并运用网络营销理论,从企业可持续发展的网络营销生态系统的形成角度,以生态思维构建网络营销策略,对该公司网络营销的目标市场进行了选择和定位,为该公司提出了相应的网络营销策略,取得了一定的成果,但由于相关的策略措施还须在企业市场营销过程中加以检验,渠道策略中京东、天猫、体验店以及各种自建媒介应如何有效整合,对网络营销策略的实施效果如何预估和评价都值得进一步研究。

参考文献

[1] 商务部网站. 商务部公布关于加快流通领域电子商务发展的意见 [z]. 中央政府门户网站. http://www.gov.cn/gzdt/2009-12/07/content_1481486.htm, 2009.

[2] ctma. 中国茶叶产业十三五发展规划 [z]. 中国茶叶流通协会. http://www.ctma.com.cn/zhuanyefuwu/jishuzixun/2017/0123/57403.html, 2016.

[3] 农业部种植业管理司. 农业部关于抓住机遇做强茶产业的意见 [z]. 中华人民共和国农业部. http://jiuban.moa.gov.cn/zwllm/tzgg/tz/201611/t20161111_5360753.htm, 2016.

[4] 杨帆. 2016年茶叶产量243万吨 茶叶电商前景广阔 [z]. 前瞻产业研究院. https://bg.qianzhan.com/report/detail/459/170308-b3c30683.html, 2017.

[5] 蔡攀攀. 线上市场规模已达150亿 茶叶电商发展迎新契机 [z]. 前瞻产业研究院. https://bg.qianzhan.com/report/detail/300/170316-7a727032.htm, 2017.

[6] 电子商务研究中心. 【农业案例】安溪县：如何成为中国茶叶电商第一县 [z]. 电子商务研究中心. http://b2b.toocle.com/detail—6344833.html, 2016.

[7] 新浪泉州. 八马茶业年度净利润预期达4100万元. 新浪网 [z]. http://mn.sina.com.cn/news/2017-01-23/detail-ifxzusws0072023.shtml, 2017.

[8] Harrison, D A, PETER P M, Cynthia K. R. Executive decision about adoption of Information Technology in small business: Theory and Empirical Tests [J]. Information Systems Research, 1997, 8 (2): 171-195.

[9] 高展. 我国茶叶电子商务市场现状分析及营销模式研究 [D]. 重庆：西南大学，2015.

[10] 邵兵家, 孟宪强. 中国电子商务中消费者信任影响因素的实证研究 [J]. 科技进步与对策, 2005 (7): 166-169.

[11] 王洪江. 茶叶电子商务消费者信任影响因素研究 [D]. 北京：中国农业科学院，2010.

[12] 战东阳. 基于顾客价值的网络购物消费者满意度研究 [D]. 山东：山东财经大学，2013.

[13] 方江玲. 消费者网上购买茶叶支付意愿及其影响因素分析——福建地区为例 [D]. 福建：福建农林大学，2014.

[14] 葛迪. 面向移动商务的茶叶质量追溯方法研究 [D]. 安徽：安徽农业大学，2015.

[15] 钟燕. 基于大数据的电子商务茶叶物流配送模式分析 [J]. 福建茶业，2016 (5): 74-75.

[16] 甄李. 基于参照点的可追溯农产品消费者网络购买意愿研究 [D]. 北京：中国

农业大学，2016．

[17] 张慧．茶叶电子商务消费者信任影响因素的深层分析及解决方案构建［J］．经贸实践，2017（17）：142．

[18] 陈东灵．茶叶消费行为分析［J］．茶叶通讯，2009（3）：39－42．

[19] 时炳艳．基于电子商务的茶叶消费行为探析［J］．福建茶业，2016（12）：43．

[20] 张琳．提高我国茶业市场竞争力的对策研究——基于杭州西湖龙井茶业发展的分析［D］．厦门：厦门大学，2008．

[21] 卢传胜．电子商务提升茶叶企业竞争力的作用研究［D］．安徽：安徽农业大学，2016．

[22] 梁冰．关于我国茶叶电子商务的发展困境和应对策略的探索［J］．市场营销，2016（9）：75－76．

[23] 尤建军．我国茶业产业化经营现状及其发展对策——兼析安溪县茶业产业化实践［D］．福建：福建师范大学，2007．

[24] 焦国强．我国中小企业网络营销的策略研究——以西南农业大学实验茶厂为例［D］．重庆：西南大学，2009．

[25] 周浩．我国茶叶网络营销现状及发展对策［J］．茶叶通讯，2010（2）：36－38．

[26] 夏良玉．茶文化产业经营实务［M］．北京：中国广播电视大学出版社，2014．

[27] 夏利辉．X茶叶有限公司营销策略研究［D］．江西：南昌大学，2015．

[28] 周宏彩．河北吃茶去商贸有限公司茶产品营销策略研究［D］．内蒙古：内蒙古财经大学，2016．

[29] 马英杰，王磊．我国茶叶电子商务市场的营销模式探讨［J］．福建茶业，2016（6）：58－59．

[30] 陈剑．【营销案例】西湖茶叶旗舰店：靠营销新玩法做到行业 top 商家［z］．中国电子商务研究中心．http：//b2b.toocle.com/detail—6353129.html，2016．

[31] 蒋鹏．中小茶叶企业移动电子商务精准营销策略研究［J］．市场营销，2017（1）：63－64．

[32] 杨丽萍．广西YJ茶业公司网络营销策略研究［D］．广西：广西大学，2017．

[33] Osterwalder A, Pigneur Y. An E–business Model Ontology for Modeling E–business. Proceedings of the 15th Bled Electronic Commerce Conference – eReality: Constructuring the eEconomy [C]. Bled, Slovenia, 2002.

[34] Paul T. Business Models for Electronic Markets [J]. Journal on Electronic Markets, 1998（8）：3－8．

[35] Peter W, Vitale M R. Place to Space: Migrating to E–business Models [M], Boston: Harvard Business School Press, 2001.

[36] 林璇．茶商电子商务研究［J］．安徽农业科学，2010（22）：12286－12288．

[37] 叶忠华. HX 茶叶公司电子商务营销模式研究 [D]. 成都：电子科技大学，2013.

[38] 杨珩. 茶叶企业的 O2O 营销模式 [J]. 经营天下，2016（10）：47－49.

[39] 徐水. 茶叶企业电子商务模式的选择研究 [J]. 福建茶业，2016（6）：60－61.

[40] 纪亚楠，闫寒. 我国茶叶电子商务发展存在的问题及对策研究 [J]. 福建茶业，2016（10）：64－65.

[41] 刘健. 访大茶网创始人刘健：茶叶电商怎么玩 O2O 模式 [z]. 中国电子商务研究中心. http：//b2b.toocle.com/detail－6380709.html，2017.

[42] 谭蓓. 市场营销 [M]. 北京. 中国经济出版社，2008：138，143，189.

[43] Oliver, Richard L. Processing of the Satisfaction Response in Consumption: A Suggested Satisfaction Framework and Research Propositions [J]. Journal of Consumer, Dissatisfaction and Complaining Behavior. 2000, 2（1）：45－48.

[44] Oliver, Richard L. Cognitive Model of the Antecedents and Consequences of Satisfaction Decision [J]. Journal of Marketion Research, 1980, 17（4）：21－32.

[45] 王金松. 消费者满意模型及消费者满意管理研究 [D]. 福州：福州大学，2005.

[46] （美）菲利普·科特勒著，梅清豪译. 营销管理（第 11 版）[M]. 上海：上海人民出版社，2003.

[47] Kevin Lane Keller. The Brand report Card. Harvard Business Review [J]. Journal of Marketing Research, 2001（1）：24－38.

[48] 杨学成，陈章旺. 网络营销 [M]. 北京：高等教育出版社，2017.

[49] 冯英健. 网络营销基础与实践（第 5 版）[M]. 北京：清华大学出版社，2016.

[50] 杰伊·巴尼，威廉·赫斯特里. 战略管理 [M]. 第三版，机械工业出版社，2010.

[51] 范芙媛. 竞争情报在创新体系中的应用研究 [C]. 中国科协年会论文集. 2008.

[52] 新京报. 过去 4 年中国 GDP 年均增速 7.2% 系世界主要经济体中最高 [z]. 中国新闻网. http：//www.chinanews.com/cj/2017/10－11/8349540.shtml，2017.

[53] 中国互联网信息中心. 第 39 次《中国互联网络发展状况统计报告》[R]. 北京：中国互联网信息中心，2017：33－53.

附录

重庆市茶叶消费者调查问卷

1. 您的年龄

   _____

2. 您的性别 *

   男

   女

3. 您的职业/职位 *

   学生

   公务员或事业单位工作人员

   企业基层员工

   企业主管

   企业业主

   律师等自由职业者

   现役军人

   无工作

   已退休

   其他（请注明）

   个体户

4. 您的平均月收入（税后，计入年终奖和提取的公积金等收入）多少元？

   3000 元以下

   3000～5999 元

   6000～8999 元

   9000～11999 元

   12000～14999 元

   15000～17999 元

   18000 元及以上

5. 请问您平时喝茶么？ *

   每天都要喝（跳问至 q9）（跳转到第 9 题）

   经常喝（跳问至 q9）（跳转到第 9 题）

   偶尔喝（跳转到下一题）

   很少喝（跳转到下一题）

   不喝（跳转到下一题）

＊此题设置了跳转逻辑

6. 您平时喝除了茶以外的其他饮料么？＊

每天都要喝

经常喝

偶尔喝

很少喝

7. 您平时主要喝什么饮料？（可多选）＊ ［请选择1～3项］

白水（包括矿泉水、纯净水等）

可乐

果汁

咖啡

凉茶

白汽水

茶饮料

其他（请注明）_____

提示：可多选

8. 您平时为什么不喝茶？（可多选）＊ ［多选题］

泡茶麻烦

不喜欢茶的味道

洗茶杯麻烦

其他理由（请注明）_____

　　＊此题设置了跳转逻辑（结束作答）

9. 您平时为什么要喝茶？（可多选）＊ ［多选题］

习惯了

有利健康

喜欢茶的味道

喜欢这种生活方式

其他（请注明）_____

10. 请问您平时主要喝什么茶？＊

绿茶（跳转到下一题）

乌龙茶（含铁观音，跳问至q14）（跳转到第14题）

普洱（跳问至q14）（跳转到第14题）

红茶（跳问至q14）（跳转到第14题）

黑茶（跳问至q14）（跳转到第14题）

白茶（跳问至q14）（跳转到第14题）

黄茶（跳问至 q14）（跳转到第 14 题）

花草（果）茶（跳问至 q14）（跳转到第 14 题）

*此题设置了跳转逻辑

11. 您平时购买重庆本地产的绿茶么？*

我只购买本地绿茶（跳转到下一题）

我经常买本地绿茶（跳转到下一题）

我偶尔买本地绿茶（跳问至 q13）（跳转到第 13 题）

我基本不买本地绿茶（跳问至 q13）（跳转到第 13 题）

*此题设置了跳转逻辑

12. 您最常购买的本地绿茶品牌是？*

永川秀芽

巴南银针

缙云毛峰

龙珠翠玉

金佛玉翠

滴翠剑茗

西农毛尖

太白银针

盛鼎玉露

鸡鸣贡茶

林海翠茗

其他（请注明）

散装绿茶

*此题设置了跳转逻辑（跳转到第 14 题）

13. 请问您平时主要喝什么品牌的绿茶？* ［请选择 1～3 项］

西湖龙井

洞庭碧螺春

黄山毛峰

都匀毛尖

信阳毛尖

六安瓜片

白毫银针

君山银针

庐山云雾

14. 您一次购买茶叶的金额通常是____元？

50 元以下

50～99 元

100～149 元

150～199 元

200～249 元

250～299 元

300～349 元

350～399 元

400～449 元

450～499 元

500 元及以上

15．您购买茶叶主要用途是？ *

自己或家人饮用

送礼

办公室饮用

收藏

其他（请注明）＿＿＿＿＿＿＿＿＿＿

16．您通常多久购买一次茶叶？ *

一周

半个月

一个月

一个月以上

17．您购买茶叶时通常选择哪种规格？ *

50 克

100 克

150 克

200 克

250 克

500 克

18．您在网上购买过茶叶么？ *

是的，我主要在网上购买茶叶（结束作答）

我经常在网上购买茶叶（跳转到下一题）

我偶尔在网上购买茶叶（跳问至 q20）（跳转到第 20 题）

我从不在网上购买茶叶（跳问至 q20）（跳转到第 20 题）

＊此题设置了跳转逻辑

19. 您主要在哪个网上购买茶叶？*

天猫

淘宝

京东

微信商城

其他电商渠道（例如：）_____

20. 您平时主要在哪个渠道购买茶叶？（最多选 3 个）* ［请选择 1～3 项］

超市

茶叶专卖店

茶叶市场

社区便利店

网上

其他渠道（请注明：）

托熟人茶商拿货

"营改增"后 M 公司虚开"黄金票"案例研究

左 捷 陈永丽

摘 要： 增值税是我国的第一大税种，我国基于防伪税控系统利用发票进行增值税的计算税款的"以票控税"的集中体现。增值税专用发票在交易流通环节可以形成进项税额具有抵扣税款的功能，因此增值税专用发票在增值税抵扣链条中犹如"流通的货币"。2016年5月1日，营业税改征增值税试点工作全国推广，涵盖"3+7"原试点行业与"交通运输业、建安和房地产业、金融和保险业、生活服务业"四大行业全面征收增值税，税率分为"17%、11%、6%"三档，增值税抵扣链条全行业覆盖。部分不法分子为了利益，进行虚开增值税专用发票的违法行为。其中，以"黄金票"案件较为典型。"黄金票"是利用黄金交易形成的"票货"分离，上游企业虚假开具货物品名为黄金的专用发票给中游空壳公司，再由空壳公司虚假开具下游企业所需的专用发票，最终形成"上游—中游—下游"非法抵扣链条企业。

本文以 M 公司的虚开"黄金票"案为例，先从 M 公司的基本情况介绍，逐步展开介绍 M 公司"黄金票"的案件基本情况、特点概述和处罚情况。结合"营改增"后部分行业需要专用发票的市场需求，在简政放权、优化涉税服务、先服务后管理的背景下，从风险诊断、原因诊断、处罚诊断三大方面透彻分析 M 公司虚开"黄金票"案。风险诊断重点基于税负、存货、纳税信用等级等模型分析；原因诊断利用税负转嫁理论和财务舞弊三角理论进行分析；处罚诊断依据法律、法规条文展开分析，得出 M 公司虚开"黄金票"案是以利益为驱动的非法虚开行为。"营改增"后，这起案件本身具有较强的代表性，基于案件分析，从 M 公司、同行业、政府监管三个维度提出建议，从财务预警、制度建设、信息技术和社会协同等层面进行归纳总结，争取达到提高税法遵从度、提高"黄金票"虚开打击精准度、为有效预防和治理增值税专用发票虚开违法行为提供对策的研究目的。

预防"黄金票"虚开是一项复杂而又艰巨的任务，本文在理论研究的基础上,以 M 公司的具体案例为研究对象,并对典型的案例进行了各项实证分析,把理论运用到实践中,并且提出与黄金类似的货物交易,如成品油、手机等均具有与黄金票类似的特点,对实际工作具有一定的指导意义。

关键词:"营改增";"黄金票";虚开增值税专用发票

1 绪论

1.1 研究背景及意义

1.1.1 研究背景

增值税(value – added tax)自产生以来,受到了全世界各国政府的推崇,目前已有 160 多个国家和地区使用增值税这一税种进行课征主体的征税行为[12]。我国于 1979 年正式引进增值税这一税种,它从原产品税变化而来,经过近 40 年的演变和发展,经历了从"生产型增值税"到"消费型增值税"的转变,目前我国的增值税制度基础是 1993 年 12 月 13 日国务院颁布的国务院令第 134 号《中华人民共和国增值税暂行条例》。2016 年,全国全面推行"营业税改征增值税"工作(简称"营改增"),增值税的税基新增了"交通运输、建安和房地产、金融和保险、生活服务业"四大行业,"营改增"后,增值税税率新增了"11% 和 6%"两档。2017 年为进一步减轻企业负担,财政部和国家税务总局联合发文,全国范围内减并增值税税率,把原 13% 的低税率并入 11%,最终形成"17%、11%、6%、0%"四档增值税税率和"5%、3%"两档增值税征收率[6]。

增值税的征收是对货物、服务及劳务的流通环节增值部分予以追缴的一种税款,在我国由于无法精确量化增值的部分,因此采用增值税发票进行进项、销项的计量,以发票为载体,通过"销项税额—进项税额"的计算公式得到应纳增值税税款。如何尽可能减少增值税税款缴纳成为当下企业避税的重点,由此产生了不少企业虚假购买增值税专用发票的情况。面对如此广大的市场,部分不法分子利用政策的规定、发票的监管等实际情况,在简政放权、审批权力下放,提高服务满意度的大背景下,寻找后续监控的空白地带,利用时间差进行增值税专用发票的虚假开具和贩卖工作,造成国家税款的严重流失。

部分货物如黄金、成品油等,因为存在终端客户无须索要发票且流通价值较高的情况,造成购进此类货物形成大量的进项发票,卖出货物时因为无发票开具需求,进而企业可以囤积大量可以产生销项税额的发票,这就造成"黄金票"在全国的蔓延,特别是"营改增"后，更多的行业加入增值税的抵扣链条中，这就加大形成"上—中—下"游虚开增值税专用发票产业链，即上游企业 S 购进黄金并正常销售，通过收取点位费的方式虚开"黄金"品目的增值税专用发票给中游企业 M，中游企业 M 接收专票后认证产生进项税额，再通过收取点位费的方式，以变化开票品目的手段开具下游企业 X 所需的专用发票。此虚开专票链条的产生，隐蔽性极强，作案时间极端即可牟取暴利，如厦门 2016 年查处的 93 亿元"黄金票"，涉及全国 166 个公司近 13 亿元增值税税款，深圳 2016 年查处的 50 亿元"黄金票"，涉及 8.7 亿元增值税税款和 1.5 亿元的出口退税税款[29]。"黄金票"造成了国家税款的严重损失，因此，利用典型案例进行"黄金票"虚开增值税专用发票的研究，意义重大。

1.1.2 研究目的及意义

我国的税收管理方式是"以票控税"，这里的票指的是发票，它是购销商品、提供或者接受服务以及从事其他经营活动中，开具、收取的合法收付款凭证，而税务机关是发票的主管机关，负责印制、发放和查验真伪等工作。目前，在充分结合当今中国国情的基础上，以发票作为基本依据，对纳税主体行为进行监督和约束，结合一系列会计和税收政策，计算得到各个税种的应纳税额并征收进入国库是税务机关征管的实质行为。增值税是我国的重要税收来源，根据统计，2015 年国内增值税税收收入为 3.11 万亿元（不含进口货物增值税），全国税收收入总量为 11.06 万亿元（已减去出口退税），增值税的税收收入占据全国全部税收收入的 28.12%。2016 年国内增值税税收收入（含"营改增"统计口径，不含进口货物增值税）为 4.07 万亿元，全国税收收入总量为 11.59 万亿元（已减去出口退税），增值税的税收收入占据全国全部税收收入的 35.12%，是名副其实的第一税种。因此如何更好地服务和管理增值税的课税问题，保证第一大税种的财政贡献率以及营造公平公正的税收环境，在我国现有税制体系下意义重大。

虚开增值税专用发票作为增值税征收的重点监控和打击项目屡禁不止，根本原因在于利益驱动。如果我们简单地把增值税专用发票理解为"流通的货币"，就能更为深刻地理解不法分子的疯狂行为，毕竟伪造一张人民币（目前最大面值 100 元）和虚开一张专票相比难度更大、风险更高、市场更小，没有人会主动需要假币，而社会中确存在着大量的增值税专用发票需求。另外，增值税专用发票具有"一票抵两税"的效果，通过买卖增值税专用发票行为，在减少缴纳增值税的同时，这部分发票金额也一并计入企业的生产成本或期间费用，可以直接增大所得税的成本费用，达到最终减少企业所得税的应纳所得税额的目的。

近些年，虚开增值税专用发票的案例经过了"简单的申请开具"手段、"利用申报表填报作弊"手段到"利用简政放权的监控空白时间差"手段发展。特别是如今类似"黄金票"的虚开增值税专用发票的案例出现，把虚开发票的手段又提到了一个新的高度，作案时间更短、作案地域覆盖广泛、作案涉税金额巨大、隐蔽系数更高，造成国家税款的流失更为迅速和明显，如何有效地预防和全面地治理虚开增值税发票是亟待解决的一个重要问题。因此研究"黄金票"的虚开案例，从"提出问题、分析问题、解决问题"的视角，提出为何存在虚开"黄金票"的问题，具体分析 M 公司的黄金票案例，并基于案例进行数理统计和总结归纳，提炼出一套可能产生"黄金票"的普遍适用规律，再基于现有的法律体系和技术手段提出一系列的应对措施和方法，具有重大的实际意义。

1.2 研究内容及方法

1.2.1 研究内容

本文通过简单介绍目前中国最大的税种——增值税，再结合营业税改增增值税后目前的征管现状和增值税专用发票的情况，在"营改增"的背景下，以 M 公司虚开"黄金票"的具体案例作为提笔点，具体阐述什么是"黄金票"，"黄金票"的上、中、下游产业链条，"黄金票"的作案手段及作案特点，透过表面进行深层次分析，从指标异常分析、专用发票开具情况分析、纳税信用体系分析三大方面提炼虚开"黄金票"的共同特点，运用税收转嫁与归宿理论、财务舞弊三角理论、财务预警等理论分析为何出现"黄金票"这一虚开增值税专用发票的违法行为以及如何应对这一情况等，从制度、技术和社会协同三大方面得出针对目前现状的意见和建议，达到研究如何预防和治理虚开"黄金票"骗取国家税款这一课题的目的。以下为六个分章节的研究内容概述。

第 1 章为绪论，介绍研究背景、意义、内容、方法及可能的创新点。

第 2 章为文献综述与理论基础。通过大量的文献阅读和归纳总结，主要从增值税的税制、税率、凭证等方面阐述了国内、外关于虚开增值税专用发票和"黄金票"的研究现状与主要观点。随后进行了"营改增""税收负担""黄金票"的概念界定。最后阐述税负转嫁与归宿理论、财务预警理论、财务舞弊三角理论，为全文提供了理论基础。

第 3 章为 M 公司"黄金票"案例概况。介绍 M 公司的基本情况，随后从现状、涉税服务、"营改增"的影响三个方面体现"黄金票"的背景，最后进行 M 公司的案情介绍。

第 4 章为 M 公司"黄金票"案的诊断全程分析。从风险诊断方法分析、原因诊断分析和处罚诊断分析三大方面着手。运用税负、开票占比、开票内容、存货、信用体系等指标分析，来还原整个案情的方法诊断；运用税负分担与转嫁分析和财务舞弊三角理论分析进行原因诊断分析；运用具体法规进行处罚诊断分析，从而全面透彻地剖析整个案例。

第 5 章为"营改增"后"黄金票"的启示和建议。从对 M 公司、对同行业和政府监管三大方面进行启示和建议，从而对基于"营改增"为大背景的 M 公司"黄金票"案例进行全面的建议。

第 6 章为研究结论和展望。总结本文研究亮点，并对本文存在的不足进行展望。

本文的研究路线如图 1.1 所示。

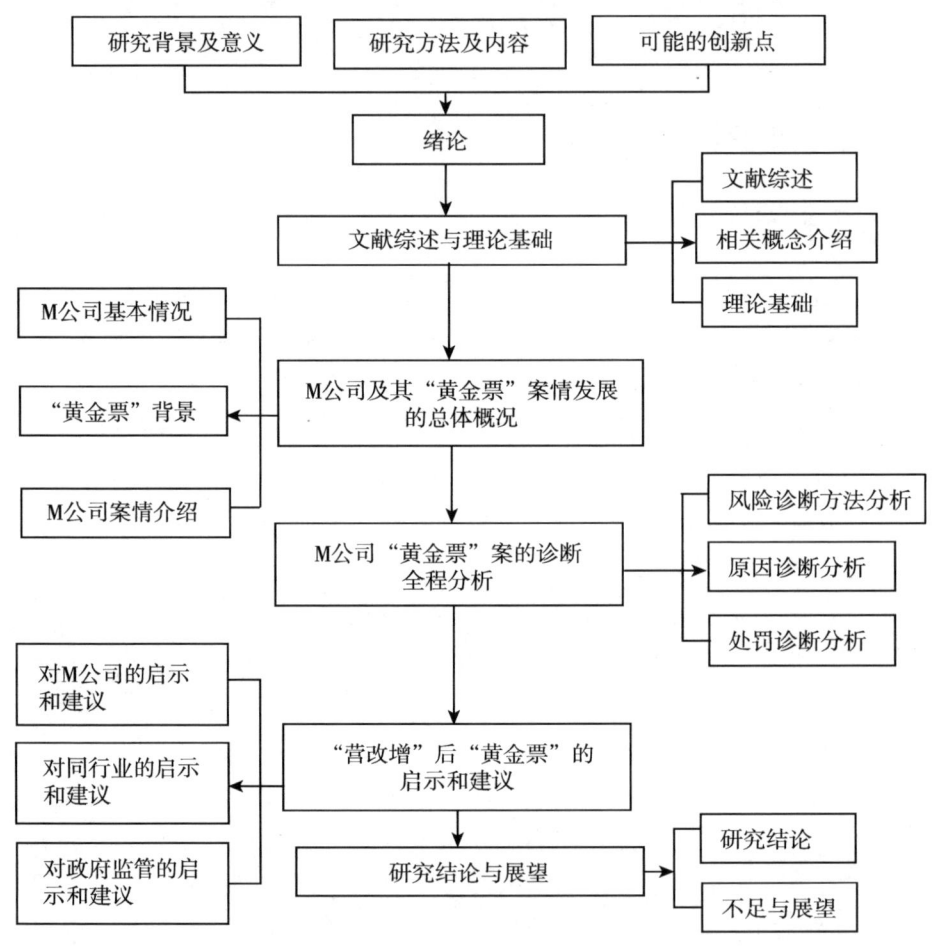

图 1.1　研究内容框架

1.2.2　研究方法

（1）调查研究法。本文主要运用实地调查方法，对 M 公司进行全面的了解，包括基本登记情况、生产情况、运营情况等，特别是对于产生"黄金票"那段时间的走访调查收集数据至关重要。通过对调查对象 M 公司搜集到的资料进行分析、综合、比较、归纳，从而为本文带来更多的写作依据。

（2）案例分析法。本文主要通过对 M 公司的黄金票案例进行分析，该案例具有很强的实践性。先从 M 公司的基本情况介绍，重点阐述了 M 公司利用黄金进行增值税专用发票的虚假开具的全部过程,从而抛出为何会产生"黄金票"的问题以及得出如何预防和解决这类案件的建议。因为通过具体企业实践证明(M 公司)进行分析,更有助于加深对利用黄金虚假开具增值税专用发票的认识,得出的结论更具有实际意义。因此,本文从实证的角度研究已有的案例以期发现其中隐存的各种问题,并力争做到防微杜渐和防患于未然。

(3)文献研究法。本文以"黄金票"虚开增值税专用发票为研究课题收集并阅读了大量的文献,通过文献阅读,极大地丰富了本文的理论基础和写作思路。特别是从增值税的基本原理、增值税专用发票的实际应用、虚开增值税的定性等问题出发,全面了解课题研究"黄金票"问题的历史和现状,同时与现实资料作比较,借鉴前辈们的研究成果和观点,从而更加全面、正确地了解和掌握所要研究的"黄金票"课题。

(4)统计分析法。任何研究的方法都不能脱离数学统计而独立存在,没有统计与比较就没有进步。本文通过税款缴纳比较、企业税负比较、行业平均税负和理论税负比较,进行指标分析与监控,分析 M 企业"黄金票"案产生的深层次指标原因,站在分析者的角度讨论现代征收管理的改进措施,具有重要的借鉴意义。同时,通过增值税发票的领购增幅比较、开具增幅比较以及发票的开具指标内容对比,对增加事后风险扫描的准确度具有重要的意义。

(5)经验总结法。在充分进行调查研究和文献参考的基础上,本文通过对 M 公司虚开"黄金票"的具体案例进行了阐述,对虚开的情况进行归纳和分析,制定的指标阈值具有一定的经验总结,理论化、系统化地得到关于税负、发票开具、存货等指标分析模型。

1.3 可能的创新点

(1)以"营改增"为背景,以"市场需求"为导向,以"征管模式"为基础进行"黄金票"的案例分析。本文通过分析 M 公司利用"黄金票"虚假开具增值税专用发票的具体案例,结合"营改增"后的经济背景,不仅从制度层面对增值税税收征管情况进行讨论和提供改进建议,也结合中国国情特色的增值税专用发票的使用、社会市场的真实需求、企业税负的具体分析和现代征管与服务的体系漏洞,以一个分析者的角度真实地还原在当前税收体制下为何会产生"黄金票"这类虚开增值税发票的情况。

(2)建模的指标以发票和申报数据为基础,并与行业平均指标比对。通过大量的数据计算和验证,提取税负、专票占比、发票品目比对等关键信息组建模型,找出可能开具"黄金票"的疑点,并不断修正指标参数。

(3)以预警角度进行"黄金票"的建议。本文以现有的税收政策、纳税服务规范、财务报表数据应用为基础,站在主动预警的角度,进行"黄金票"的探讨。在"以人管票、以票控税"的前提下,结合"营改增"的背景,从制度、技术和社会协作等层面,按照对企业、对同行业和对政府监管三大方面提出启示和建议。

2 文献综述与理论基础

2.1 文献综述

2.1.1 国外文献研究综述

国外的增值税发展要早于中国,现代增值税税制的起源地是法国。目前全球如法国、英国、德国等欧盟国家,日本、韩国、印度等亚洲国家,巴西、哥伦比亚等美洲国家均采用增值税这一税种[18]。根据统计,截至2011年年底,在能够检索到的220个国家和地区中,进行增值税征收的国家和地区有166个,其中美国就是少数不进行增值税征收的国家之一。增值税税率的制定是非常严谨的,它是影响税收负担的一个重要杠杆。Eduardo Marquez(2010)指出,运用间接税率对增加值的作用是很重要的,而通过经济的一般均衡模型进行测算,在墨西哥应该用15%的税率进行食品、药品、教育服务等行业的增值税征收。目前,增值税税率多数为单一税率,如丹麦为25%、巴西为20%、新西兰为12.5%、加拿大为5%,也有部分为"一般和低"两档税率制,如法国为19.6%和5.5%、荷兰为19%和6%、俄罗斯为18%和8%等(引于《增值税制度国际实践与启示》)。国外一般不以增值税发票作为增值税缴纳的基础,多数国家没有统一的官方制式的发票,除去海关发票和商业发票外,其他均为票据式的结算凭证(以下简称小票)。小票的获取是随着消费动作进行而获取的,特别是西方发达国家,税务机关依托银行的结算制度可以对公司的收入进行全面的掌控,正是利用了银行自身强大的银行结算监控体系和税务机关的税控开具设备可以实现增值税的监控和征收,并且在发现偷税、漏税后的处罚力度也比较严厉。因此国外在进行增值税的发展讨论中,更加注重的是增值税的杠杆作用。Mohammad Alizadeh 和 Masoume Motallabi(2016)指出,运用ARDL模型研究增值税与当前政府规模之间的关系,得出增值税与建设政府规模存在积极和显著的关系,征收增值税主要影响建设支出与GDP的比例,增值税的杠杆作用非常显著。同时,国外对增值税税基和税率上探索较多,而且诸如对金融行业的核心业务免税、附属业务征税等重点行业的征收模式正在全球化趋同。因此,对基于发票产生"黄金票"案件的情况研究较少,且外国的小票无法作为国内企业增值税进项的计税依据,即国外的小票与国内的增值税专用发票是完全不同的两个概念。

2.1.2 国内文献研究综述

由于我国特定的"以票控税"制度,在发票上面做文章进而达到偷税、漏税的情况很多。潘新梁(2011)指出,在中国,发票由一种普通的商业凭证逐渐嬗变为"控税"的工具,从而上升到类似税收代金券的地位,因此发票违法犯罪行为日益猖獗,造成国家税收收入的大量流失。特别是"营改增"后,我国的增值税抵扣链条被全面打通,出现了"17%、11%、6%、0%"的不同档次增值税税率,而且各项政策补丁也在逐步地出台中,客观上也增加了利用增值税专用发票进行虚开的违法行为,对于虚开增值税专用发票行为的探索,可以说我国是世界上经验最为丰富的国家之一。张宁(2013)指出,加强对黄金交易的监管,要健全税法体系强化税收管理,还要提高税收执法人员的素质。刘峰(2016)指出,虚开增值税专用发票因其具有巨大的社会危害性,"营改增"后应该在强化增值税管理、发票数据共享和深化数据分析应用上进行改进,全面监控虚开专票的情况。从增值税发票的发展历程看,最开始我国使用的是手工填开增值税发票,到后来使用税控装置进行增值税发票开具并通过认证机制对发票代码、号码、开票日期、购销纳税人识别号、开票金额、税额和密文区的七要素比对,严格核查增值税专用发票的真伪,到现在的电子底账全面使用,发票全部要素进行全比对,确实从某种程度上遏制了虚开发票的势头。李梦欣(2016)指出,电子发票是我国税收管理实现"互联网+税务"新模式的体现,是实现"以票控税"到"信息管税"变革的重要基础建设工作。技术的提升使事后监控和扫描的疑点更为精确,但是虚开增值税的现象还是屡禁不止,特别是"黄金票"虚开专票成为现在的重点打击对象,全国屡现千万元级的虚开案。张燚(2016)指出,经济利益驱使是"黄金票"案发生的主要动因,惊人的违法收益计部分人铤而走险,黄金虚开增值税案件屡禁不止。黄金,作为流通虚开的高风险商品,具有保值率高、稳定性强等特点,特别是实际购买人一般运用现金结算和无需发票,使黄金交易中的"票货分离"极其明显。

2.1.3 评述

根据国外、国内文献参考可以发现,国外普遍适用增值税的国家,特别是发达资本主义国家,在增值税的增收方面主要借助的是银行结算体系,利用交易往来的资金流水进行核算,在利用信息化管税的力度和成果上也优于国内,做账凭证不仅仅以发票为唯一票据凭证,仅以笔者的了解,国外对"黄金票"的研究几乎是空白的。而我国利用防伪税控系统进行"以票管税",利用销项减去进项的大原则核算应缴增值税额,因此作为抵扣凭证的增值税专用发票的虚开案件屡禁不止。特别是利用黄金交易进行的虚开"黄金票"案,因为涉案金额大、波及地域广、受众企业多等,造成了国家税款的严重流失,影响巨大[28]。各大学者对此也有较为广泛的研究。现阶段,国内重点研究的还是在增值税制度建设、政策讨论和国内外增值税比较的阶段,对于如何在以发票为基础、以简政放权为导向、以市场实际行为为依据的探索比较少。随着信息化技术的不断发展,"信息管税"的力度会逐步增强,未来虚开增值税的探索将会围绕信用等级建设、银行监控体系建设、增值税税基、税率宏观调整和增值税发票发展等方面做进一步的探索和讨论。

2.2 相关概念介绍

2.2.1 "营改增"概念

营业税改增增值税,简称"营改增",它是指以前缴纳营业税的应税项目改成缴纳增值税。我国的"营改增"正处于全国试点阶段。2012年1月1日,上海率先开展交通运输业和部分现代服务业"营改增"试点,后逐步推广,2014年正式形成交通运输业、铁路运输业、邮政服务业、7个现代服务业的"3+7"行业的全国"营改增"试点范围。2016年5月1日,我国全面推开"营改增"试点,将建筑安装业、房地产业、金融保险业、生活服务业"四大行业"全部纳入试点范围,从而标志营业税退出历史舞台。"营改增"后,新增"11%"和"6%"两档税率,基本打通了增值税的抵扣渠道,抵扣链条更加完善,企业税负进一步降低。

2.2.2 税收负担概念

税收负担是税收收入和可供征税的税基之前的对比关系,是纳税人一定时期应交纳的税款负荷,简称税负。它分为绝对额和相对额两类,绝对额指纳税人缴纳的税款额,即税收负担额;相对额是指纳税人缴纳的税额占计税依据价值的比重,即税收负担率。税收负担具体体现国家的税收政策,是税收的核心和灵魂,直接关系到国家、企业和个人之间的利益分配关系,也是税收发挥经济杠杆作用的着力点。税收负担是高还是低,是通过对比来说明,某一行业的税负是相对的,因此,在进行个体与行业的税负参照比对时,可以从税负偏低的问题导向出发进行筛查,是一个重要的经济指标。

2.2.3 "黄金票"概念

"黄金票"是利用货物为黄金的购销开票进行虚开增值税专用发票的一种情况,它的实现方式为企业委托上海黄金交易所会员单位购买黄金,取得增值税进项发票后,通过隐蔽方式销售黄金而不开具增值税专用发票,实现票货分离,"结余"的进项抵扣额则用于对外虚开增值税专用发票,收取开票费。"黄金票"正是利用了黄金销售一般不需要开具发票的普适现象,造成了增值税抵扣链条中销项税额可以转移的情况,进而虚假开具销售发票获取手续费。

2.3 理论基础

2.3.1 税收转嫁与归宿理论

(1) 税收转嫁。

税收转嫁也称税负转嫁,是指商品交换过程中,纳税人通过提高销售价格或压低购进价格的方法,将税负转移给购买者或供应者的一种经济现象。税收转嫁行为的发生具有几个特征:税负是和价格的升降直接联系的,而且价格的升降是由税负转移引起的;税负转移是各种经济主体之间税负的再分配,也就是经济利益的再分配,税负转嫁的结果必然导致纳税人和负税人的不一致;税负转嫁是纳税人的一般行为倾向,是纳税人的主动行为,因为课税是对纳税人的经济利益的侵犯,在利益机制的驱动下,纳税人必然千方百计地将税负转移给别人,以维护和增加自身的利益。税收转嫁的方式有:提高商品价格把税负转给消费者的向前转嫁,压低购进生产要素价格或降工资、延长工作时间的向后转嫁以及向前和向后转嫁的结合体混合转嫁(见图2.1)。

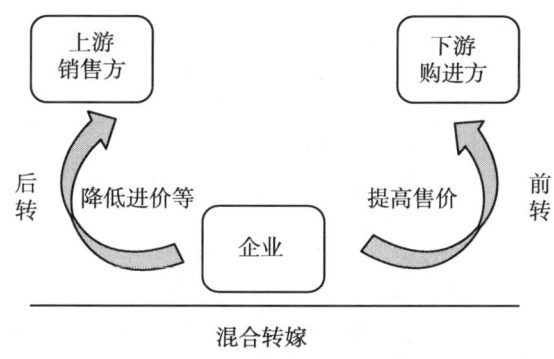

图 2.1 税收转嫁过程

(2) 税收归宿。

税收归宿指处于转嫁中的税负的最终落脚点,它分为税收的法定归宿和经济归宿两类。税负的法定归宿是指税收立法机构在税收法律规范中所规定的税负归宿点,纳税人承担纳税义务,主要说明谁在法律上负责纳税;税负的经济归宿是指随着经济运动和不断转嫁以后的税负归宿点,即赋税人承担的负税,它主要说明到底谁真正负担了税收,反映的是由征税引起的真实收入变化。

2.3.2 财务预警理论

财务预警是指以企业的财务报表、经营计划及其他相关会计资料为基础,利用财会、统计、金融、企业管理、市场营销等理论设置并观察一些敏感性预警指标的变化,利用比率分析、比较分析、因素分析等多种分析方法,对企业的经营活动、财务活动等进行实时监控和分析预测,以发现企业在经营管理活动中潜在的经营风险和财务风险,并在危机发生之前向企业经营者发出警告,督促企业管理当局采取有效措施,避免潜在的风险演变成损失。财务预警理论中一般包括偿债能力、营运能力、盈利能力、销售能力、发展能力五大类指标,通过指标分析,可为企业纠正经营方向、改进经营决策和有效配置资源提供可靠依据。

2.3.3 财务舞弊三角理论

财务舞弊三角理论由美国注册舞弊审核师协会的创始人艾伯伦奇特提出，是指企业在从事财务管理活动中，从压力、机会和借口三个要素进行分析违反法律、法规的财务舞弊行为。压力、机会和借口三要素组成了舞弊三角形，缺一不可（见图2.2）。压力要素是企业舞弊者的行为动机。刺激个人为其自身利益而进行企业舞弊的压力大体上可分为四类：经济压力、恶癖的压力、与工作相关的压力和其他压力。机会要素是指可进行企业舞弊而又能掩盖起来不被发现或能逃避惩罚的时机，主要有六种情况：缺乏发现企业舞弊行为的内部控制、无法判断工作的质量、缺乏惩罚措施、信息不对称、能力不足和审计制度不健全。借口要素是企业舞弊者必须找到某个理由，使企业舞弊行为与其本人的道德观念、行为准则相吻合，无论这一解释本身是否真正合理。

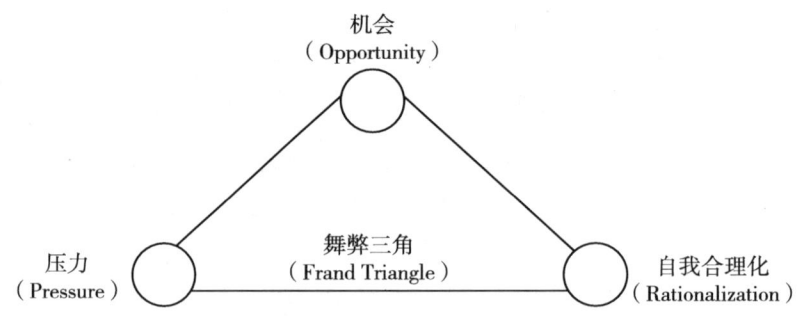

图2.2 财务舞弊三角理论

3 M公司虚开"黄金票"案例的总体概况

3.1 M公司基本情况

3.1.1 M公司基本登记信息情况

M公司于2011年8月24日注册登记，注册登记类型为其他有限责任公司，注册资本为500万元人民币，投资方包括两个内资个人，其中，冯某投资金额为290万元，投资占比58%；戚某投资金额为210万元，投资占比42%。核算方式为独立核算自负盈亏，适用于小企业会计准则，注册地址为重庆市某区路某号楼，主行业为批发业，主明细行业为建材批发。经营范围包括销售：矿产品（国家专项管理规定的除外）、建材（不含危险化学品）、普通机械设备、五金交电、电子产品（不含电子出版物）、I类医疗器械、煤炭、化工原料及产品（不含危险化学品及易制毒化学物品）、日用百货、工艺美术品、仪器仪表、橡胶制品、通信设备（不含无线电发射设备及卫星地面接收装置）、珠宝、首饰、农副产品（国家有专项规定的除外）、金属材料、钢材、汽车配件、纺织品、服装、提供家装设计、服务等（依法须经批准的项目，经相关部门批准后方可开展经营活动）。2014年12月进行了国标行业和经营范围变更，形成了以建材批发为主的独立核算自负盈亏的现有企业。企业法定代表人原为李某，2016年6月进行了法定代表人变更、财务负责人变更，法人代表由李某变更为冯某，财务负责人由张某变更为王某。2016年7月进行了办税人员变更。目前法定代表人为冯某，财务负责人为王某，办税人员为张某。

3.1.2 M公司的涉税和财务信息情况

M公司自成立以来，一直从事商贸批发业务，2012年1月登记成为一般纳税人，使用的是十万元版中文三联式增值税专用发票。2014~2016年，三年的增值税纳税情况分别为22.3万元、1.2万元、1万元；三年的所得税情况分别为8.1万元、2万元、0万元（见表3.1）。M公司一直按期进行申报和税款缴纳，未出现延期申报、欠税等情况，也没有受到税收违法违章处罚，2017年以前未接受过纳税评估和税务稽查，纳税信用等级被评定为C级。

表3.1　　　　　　　　　　纳税情况　　　　　　　　　　单位：万元

	增值税				所得税		
	销项税额	进项税额	增值税额	期末留抵	应纳税所得额	所得税额	弥补以前年度损益
2014年	117	90	22.3	0	32.4	8.1	0
2015年	160	160.5	1.2	1.7	8	2	0
2016年	250.2	261.7	0.5	13.2	0	0	0

由纳税情况可以看出，2014~2016年，M公司增值税和所得税税款缴纳逐年递减。以增值税为例，同比递减幅度分别为94.6%和58.33%，2016年所得税税款为0，增值税税款为0.5万元，需要引起高度的警惕。

从M公司的财务报表中分析，2016年该企业资产共计1955万元，其中货币资金520万元，应收账款1053万元，其他应收款7万元；负债1387万元，其中应付账款986万元，资产负债率为70.94%。从2014~2016年利润表分析得出，企业收入逐年增加，但利润逐年递减，主要是由于成本逐年扩大，且成本增长率高于收入增长率（见表3.2）。

表3.2　　　　　　　　　　利润表关键指标　　　　　　　　　　单位：万元

	营业收入	营业成本	营业利润	净利润
2014年	803	770	32.4	24.3
2015年	1087	1079	8	6
2016年	1722	1725	0	0

3.1.3 M 公司的组织和业务情况

M 公司组织架构较为简单，内设总经理办公室、财务部、计划部、人力资源部，外设销售部。总经理办公室负责全面工作，协助总经理做好日常管理工作；财务部主要负责财务管理、核算和监督等相关工作；计划部主要负责采购流程，分配计划编制及实施工作，售后工作；人力资源部负责招聘、培训、绩效考核和薪资福利等工作；销售部是该企业的最大部门，主要负责产品营销和市场推广，销售部仅在重庆及个别区县有办事处（见图 3.1）。从 M 公司的员工构成看，高学历的人才较少，本科及以上 10 人，学历"瓶颈"凸显，企业的创新能力较弱。同时，具有贸易行业从业工作经验 8 年以上的人数为 5 人，基本属于公司的核心团队，整体团队的行业经验缺失。

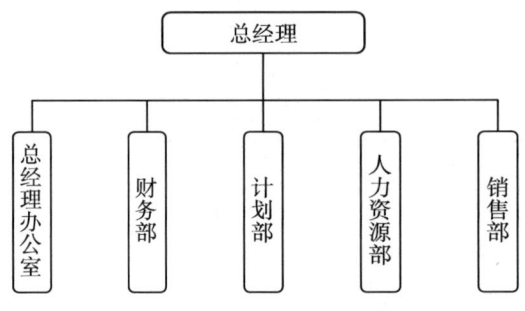

图 3.1　M 公司组织架构

2014～2016 年，M 公司依托传统销售渠道，主要经营建材、珠宝首饰和电子产品，其中业务收入排名前三的分别为煤炭、钢材和建材。从业务覆盖范围来看，北京、河北、四川稳居销量的前三。从 M 公司的进货渠道分析，60% 以上都来自广西 XT 有限公司、上海 NX 有限公司、海南 EC 有限公司，剩余零星购进来自四川、湖南、安徽等地。因为 M 公司未开发网络、新媒体、自媒体等多种销售渠道，仅靠传统的业务员推广及销售手段，销售手段略显单一。而作为商贸企业，从中低买高卖获取的利润差是企业赖以生存和发展的基础，M 公司受限于整体规模，无法形成主体优势，购进价格没有绝对低价优势，销售方面又面临着随时被替代的危险，合同的大小完全取决于市场的需求，因此在市场风险承受力上偏弱。

3.2 "黄金票"背景介绍

3.2.1 "黄金票"的现状介绍

黄金是一种贵重的金属，可以用于储备和投资，因其具有稀有性和稳定性，几乎可以充当货币的职能。我国对黄金在市面上交易具有严格的监管制度，上海黄金交易所是经国务院批准,唯一合法从事黄金交易的国家级市场,上海黄金交易所黄金交易实行会员制或代理客户制,只有取得会员或代理客户资格,才能从上海黄金交易所采购黄金[24]。一般情况下,"黄金票"是由上游、中游、下游三类企业链条组成。上游作案企业取得代理资格后,利用了黄金交易的发票与货物分离,获取可以抵扣的品目为黄金的增值税专用发票,即"黄金票"。而购进的黄金通过不开发票的形式低价处理给冶炼厂或者直接销售给终端客户,实现票货分离。企业再通过中游空壳公司利用手中大量可抵扣的进项税额向下游用票单位进行虚开增值税发票行为,"黄金票"的链条如图3.2所示。

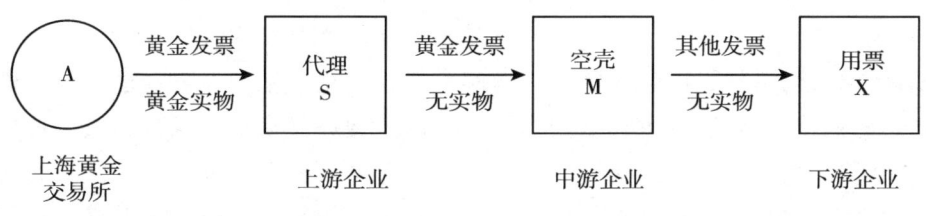

图3.2　"黄金票"的链条

"黄金票"的关键在于中游空壳企业,我国的现状为中游企业支付3%左右的手续费以取得上游代理企业虚开的货物名称为黄金的增值税专用发票,再以收取7%~9%的手续费方式向下游用票单位虚开其所需要货物名称专用发票,如手机、电脑、化工品等。从我国目前的情况看,"黄金票"的虚开比较常见,甚至是疯狂,企业在利用黄金进行虚开的过程中,逐步呈现出团队化、信息化和跨区域合作,甚至最后通过出口退税骗取税款。作案手法专业、时间短、隐匿性高、涉及金额大。2014年,江苏徐州成功破获全国第一起"黄金票"案,涉案金额高达318亿元,从此在全国范围内拉开了打击"黄金票"的序幕。2014年,重庆成功破获第一起利用空壳公司虚开"黄金票"案例,从此揭开了利用空壳公司打击黄金交易虚开增值税专用发票违法犯罪专项行动。2015年深圳破获A公司"黄金票"案,涉及金额60亿元;2016年厦门破获特大"黄金票"案,涉及全国166个企业,涉及金额100多亿元。

3.2.2　简政放权下的涉税服务

简政放权是指精简政府机构,把经营管理权下放给企业。是中国在经济体制改革开始阶段,针对高度集中的计划经济体制下政企职责不分、政府直接经营管理企业的状况,为增强企业活力,扩大企业经营自主权而采取的改革措施。自党的十八大以来,我国政府坚决推进简政放权改革。2013年至今,我国从取消和下放行政审批、取消职业资格许可和认定事项、清理规范部门行政审批中介服务事项、取消中央指定地方实施行政审批事项等多方面深化"放管服"改革工作促进政府从管理型向服务型职能转变,力度大、效果好(见表3.3)。

表 3.3　　　　　　　　　　简政放权目录统计展示

简政放权目录	取消行政审批	下放行政审批	取消职业资格许可和认定	清理规范行政审批中介服务	取消中央指定地方实施行政审批
数量	491	127	434	323	283

数据来源：中国政府网。网址：http://www.gov.cn/zhengce/zhuti/2013-2017jzfq/index.htm.

在简政放权的大背景下，税务部门也在积极探索"便民春风行动"，简政放权、放管结合、优化服务成为主基调，逐步形成了事前、事中强化服务理念、事后强化风险管理的工作思路，"大服务＋大风控"的格局初显。经过几轮改革跟进，税务行政审批事项仅保留 7 项（见表3.4）。同时，全国纳税服务规范上线，在办理事项、办结日期、办理条件等多方面进行了提速和优化，精简手续、简化备案、一窗办理、国地税联合办、全城通办、一次性套餐办理、受理即办、网上通办等举措的推出，极大地便利了纳税人，提高了办事效率，减少了办事成本，切实为纳税人减负增效。但与此同时伴随而来的潜在风险也在日益增大，部分非法纳税人利用简政放权弱化监管、强化服务的特点，以及便民办税后全城办、国地办等突破机构、地域的服务创举，利用事后核查的时间差，进行涉税非法活动，盗取国家税款谋取私利。以企业登记为例，"三证合一、一照一码"商事制度改革后，企业注册登记只需要到工商进行登记，填报相关信息和提交资料，而资料的审核仅限于完整性审核，而注册资本由实缴制变为认缴制，相关资料的合法性审核程序缺失，工商部门印发的直接核发加载了社会统一信用代码的营业执照，此证照相当于原营业执照、组织机构代码和税务登记证。在无实地核查和合法性审核的办理过程中，利用虚假身份、虚假地址注册变得简单而无技术含量。大量的漏洞正在被利用，服务的大踏步前进与信息化监管手段的缺失，是简政放权下涉税服务的矛盾所在。如何把服务和管控有机地结合起来，把管控的理念贯穿于服务之中，把服务的效果发挥到最大将成为一个重要的课题。

表 3.4　　　　　　　　　　税务行政许可目录

序号	项目名称	审批对象	审批部门
1	企业印制发票审批	印制企业	增值税专用发票由国家税务总局确定；其他发票由省、自治区、直辖市税务机关确定
2	对纳税人延期缴纳税款的核准	纳税人	省、自治区、直辖市、计划单列市国家税务局、地方税务局
3	对纳税人延期申报的核准	纳税人	主管税务机关
4	对纳税人变更纳税定额的核准	纳税人	主管税务机关
5	增值税专用发票（增值税税控系统）高开票限额审批	纳税人	区县税务机关

续表

序号	项目名称	审批对象	审批部门
6	对采取实际利润额预缴以外的其他企业所得税预缴方式的核定	纳税人	主管税务机关
7	非居民企业选择由其主要机构场所汇总缴纳企业所得税的审批	非居民企业	非居民企业各机构、场所所在地税务机关的共同上级税务机关

3.2.3 "营改增"对"黄金票"的影响

"营改增"之前，增值税和营业税并行征收。增值税征收范围为境内销售或进口货物，提供加工、修理、修配劳务，按照税率17%、13%、0%和征收率3%进行征税；营业税征收范围为境内提供应税劳务、转让无形资产或销售不动产，按照税率3%、5%、5%~20%。"营改增"试点工作的全国推广，标志着营业税退出历史的舞台，增值税的抵扣链条被全面打通，并且形成了17%、11%、6%、0%四档税率及5%、3%两档征收率。

"营改增"后，新纳入增值税的房地产、建安、金融保险和生活服务等行业对专票需求量大，可以用增值税专用发票进行抵扣的行业也瞬间增多，包括原增值行业、原"3+7"试点行业、新纳入试点工作的"四大行业"。目前我国的整体税负较高、企业负担较重，但行业间税负并不均衡，由于行业之间存在税负差异以及税率方面存在着税率差，因此借用17%的"黄金票"产生的进项税额来非法开具和销售属于四档税率中的其他行业的专用发票，进而收取手续费牟取暴利，成为部分企业的赚钱手段。可以说"营改增"的试点工作后，"黄金票"的开票范围进一步扩大，而市场需求也进一步被激活。

3.3 M公司虚开"黄金票"案例介绍

3.3.1 案例的基本情况

M公司在2016年6月至7月进行了法定代表人、财务负责人和办税人员变更后，在短短的几个月时间里，多次进行增值税专用发票增版、增量操作，经过税务局的风险分析被列为打击利用黄金交易虚假增值税专用发票违法犯罪专项行动重点检查企业。税务联合公安经侦对M公司进行了布控调查，专案组紧紧围绕M公司生产经营、人员构成、供销市场等做了大量的外围调查，并从获取信息中制定了详细的工作方案。在账务、票据的检查过程中，M 公司隐隐觉得情况不妙，迅速搬离了原来的办公场所。税务人员在多次尝试电话联系 M 公司相关人员后，终于找到办税人员章某，并以一张金额不大的发票为名要求企业配合协查，最终企业实际控制人张某露面配合协查（不是法定代表人冯某），公安经侦迅速收网控制张某，同时税务检查人员通过整理账册凭证和原始票据等资料，对每一张开出的增值税专用发票受票单位、商品名称、数量、金额、税额等相关具体信息分省市、区县逐一进行落实。通过税务协查的方式向全国 15 个省市税务机关发出 100 余份增值税专用发票确定虚开协查函，进一步丰富证据。在税务和公安的联合行动下，M 公司实际控制人张某终于在各项证据面前坦白，他通过向上海、海南等企业购买货物名称为黄金的增值税专用发票作为进项，在网上购买了全国各地企业的信息后以发信息、寄邮件等方式散布可以按照对方要求开具各种增值税专用发票的信息，并承诺可以先认证后付钱，M 公司购入的所有进项发票没有真实的业务交易，开出的增值税专用发票也是以收取开票点子费赚取差价为目的，没有任何的货物交易和业务往来。经过统计和整理确认，M 公司于 2016 年 7 月至 2017 年 3 月期间，向上海、海南等 5 个省市的 9 户企业以支付票面金额 3% 的开票费，取得商品名称为标准黄金的增值税进项发票 134 份，总金额 1037 万元，总税额 176 万元，价税合计 1213 万元。2016 年 7 月至 2017 年 3 月期间，M 公司以收取票面金额 7% 左右的开票费，向北京、河北、重庆、四川等 15 个省市的 124 户企业，虚开商品名称为煤炭、钢材等的增值税专用发票 731 份，总金额 958 万元，总税额 163 万元，价税合计 1121 万元。

3.3.2 案例的过程和特点概述

从 M 公司"黄金票"案件可以总结出它的以下几个过程和特点。

（1）买壳布局，完成实体收购。

M 公司原本为一家正常经营的企业，后经 2016 年完成了股权转让，法定代表人、财务负责人和办税人员也进行了变更，实际上张某正是通过此种收购手段把 M 公司变成了供自己利用的空壳公司，为以后的虚假进行"黄金票"的违法行为做好了铺垫。

（2）商贸属性，经营首饰珠宝。

M 公司是一家商贸企业，商贸企业的主要特点就是以商品的购、销、运、存为基础业务，通过低价买入、高价售出赚取利润，经营周期短、资金周转快；经营范围广，特别是通过修改经营范围，加入了经营珠宝、首饰等项目，这也是"黄金票"的一个重要前提。

（3）稳定期短，专票用量激增。

M 公司在被实际控制人张某收购后，经历了短时间的稳定期，之后申请增值税专用发票增版增量，从最初最高开票限额为万元版、单次领购发票份数为 20 份，经过几次增量增版申请，达到了最高开票限额为十万元版、单次领购发票份数为 50 份，增值税专用发票用量呈现出激增的状况。

（4）网络散播，海淘下游企业。

M 公司通过寻找黄金代理公司，完成了黄金进项发票的囤积，积累了大量可抵扣的进项税额。利用 QQ、网页等网络方式进行消息散播，海量找寻下游用票单位，彻底实现票货分离操作，而且承诺用票单位先认证后付款，手续费后置到发票抵扣认证后，在市场中形成了稳定的需求。

（5）团伙作案，作案手段专业。

M 公司的作案团伙分工明确，组织非常严密且形成了相互掩护的保护伞，有人专门进行发票申领、申报等，有人专门联系上游企业，有人专门网罗下游受票单位，有人专门进行银行账户管理。通过网络电话、手机银行、电子支付等手段进行沟通和资金往来，信息化程度高，作案手段更为专业。

（6）走逃准备，生产地址虚假。

M 公司注册的生产经营地址在写字楼中，但办公场所里除了有块公司牌子外，其他全无。生产地址虚假，实际地址较为隐蔽，且法人、财务负责人均为虚假人员，使用的是外购身份证登记的个人，聘请的办税人员仅负责发票领用，为某代账公司人员，代账人员日常只通过电话联系实际控制人张某或其团伙人员约定时间地点进行发票交接，其他毫不知情。由此看出，M 公司时刻做好了走逃的准备。

（7）高度警惕，以金钱换特权。

M 公司对税务监管的警惕度高，企业在正常申报的同时，一直在寻求拉长存续时间的方法。特别是在税务评估期间，一点风吹草动就引发了 M 公司的连锁反应，迅速隐蔽自己，并寻找以金钱换取某些免检查的特权，争取时间和利益的最大化。

从以上案情特点分析来看，M 公司的"黄金票"案件，是以"空壳皮包"公司为载体，以"黄金"发票为媒介，获取上游代理公司的支持，利用黄金交易实现票货分离，虚假抵扣和积累进项税额，联系下游用票公司，根据其用票需求，虚开套取兜售增值税专用发票的恶性案件。案件中呈现出了团队作案、抱团规避风险、警惕性极高等特点。

3.3.3 M 公司的处罚和处理结果

经过前期调查和取证，税务部门对 M 公司"黄金票"案的基本案情进行审查后，最后对 M 公司做出定性处罚和处理决定如下：

将 M 公司涉嫌虚开增值税专用发票案移送公安机关，检察院批捕 M 公司犯罪嫌疑人张某，立案起诉。经过公审，判处张某有期徒刑十年，对 M 公司判处罚金 50 万元人民币，对于张某涉嫌贿赂的 5 万元现金予以收缴，结案后上缴国库。主管税务机关取消 M 公司正常经营资格，变更成为非正常户，罚款 50 万元。对 2016 年 7 月至 2017 年 3 月期间，M 公司以收取票面金额 7% 左右的开票费，向北京、河北、重庆、四川等 15

个省市的124户企业,虚开商品名称为煤炭、钢材等的增值税专用发票731份,总金额958万元,总税额163万元,价税合计1121万元,向涉及以上企业的各省市税务机关和公安发出协查函,查处受票企业,接受虚开增值税发票调查。

4 M公司虚开"黄金票"案例全程分析

4.1 M公司的涉税风险指标研究分析

对于M公司虚开"黄金票"的案例分析,可以发现这类案件的共同特点,利用黄金为媒介的虚开发票行为始终是受利益驱动的。在上、中、下游企业链条中,中游的空壳公司利用开具发票收取较高的手续费(M公司收取的是7%~9%的手续费)来冲抵接受黄金发票付出较低的手续费(M公司支付的是3%左右的手续费),从中赚取差额利润。在利润的获取中,中游企业一定是在短期企业正常存续期间进行此项开具发票的活动,同时,差额的利润率最高在6%左右,M公司一定会进行特殊的规避税收行为。因此基于M公司的具体实例,对其进行"黄金票"涉税风险指标研究和诊断分析,通过指标的异常提示提醒,可以防范和杜绝虚开行为的出现。

4.1.1 基于税负、专票占比等指标异常分析

(1)增值税行业税负比较分析。

增值税税负分为实际税负和理论税负两种,实际税负是指一般纳税人企业在一定时期内缴纳的增值税与同期实现的增值税计税收入的百分比;理论税负是指一般纳税人企业在一定时期内按照特定方式计算的理论增值税与同期实现的增值税计税收入的百分比,其中理论增值税是指在未考虑固定资产进项税额和期间费用进项税额的前提下,根据产品的毛利总额或毛利率、计税销售收入结合产品的成本结构计算出来的同期应纳增值税额。对于商贸企业来说,两者的计算公式为:

增值税实际税负 = 当期实际入库增值税税款/当期增值税销售收入;

增值税理论税负 = 当期增值税理论税额/当期增值税理论收入;

其中,当期增值税理论税额 = [当期销项税额 − 当期进项税额 + 当期进项税额转出 + 固定资产抵扣进项税额 + 期初留抵税额 − 期末留抵税额 + (期末存货 − 年初存货)] × (销项税额/当期销售收入);

当期增值税理论收入 = 增值税销售收入 − (期末库存 − 期初库存)。

从公式中可以分析得出,增值税理论税负与实际税负相关,加入了库存等的影响,因此也叫还原税负,而实际税负相当于企业的毛利率与税率的乘积。M公司的税负情况与重庆地区同行业和企业所在地区同行业相比情况见表4.1,其中第四季度对比见表4.2。

表 4.1　　　　　　　　　　　2016 年税负情况　　　　　　　　　　单位：万元

	2016 年 1 月至 12 月				
	销售收入	理论税额	理论税负	实际税额	实际税负
M 公司	1722	47.22	3.37%	0.5	0.02%
大渡口区商贸企业	149592	2707	1.89%	1390	0.93%
重庆地区商贸企业	9604041	99777	1.13%	104157	1.08%

表 4.2　　　　　　　　　2016 年第四季度分月税负情况

	2016 年 10 月		2016 年 11 月		2016 年 12 月	
	理论税负	实际税负	理论税负	实际税负	理论税负	实际税负
M 公司	3.13%	0%	3.32%	0%	2.96%	0%
大渡口区商贸企业	2.05%	1.25%	1.98%	0.91%	1.98%	0.95%
重庆地区商贸企业	1.58%	1.01%	1.62%	1.24%	1.02%	0.97%

商贸企业税负指标扫描的设计公式为：

企业实际税负 < 0.50%

企业实际税负 < 地区同行业税负 × 60%；

企业理论税负 - 企业实际税负 > 1%；

指标设置的原理是扫描出商贸企业中实际税负低于行业指导税负，同时，明显低于同地区商贸企业税负并且理论税负与实际税负差额高于行业指导税负的疑点企业，作为税负指标分析的结果使用。通过税负指标扫描得到的表 4.1 和表 4.2 数据分析可以发现，商贸企业在重庆地区的实际税负大体在 1% 左右，M 公司 2016 年的增值税税负为 0.02%，地区行业平均税负为 0.93%，明显低于行业平均水平预警值 0.56%，指标呈现偏低异常。同时，M 公司理论税负与实际税负偏差超过了 3%，也触发了理论税负与实际税负差额大于 1% 的预警指标。从分月情况看，2016 年第四季度 M 公司连续三个月零税负，但销售收入却不断增大，因此综合得出 M 公司存在税负异常风险，有逃避缴纳税款的嫌疑。

（2）专票领用和开具比较分析。

增值税专用发票只限于一般纳税人领取和开具，它是反映纳税人正常经济活动中的重要会计凭证。我国目前实行的是凭票注明税款抵扣，增值税专用发票作为购货方进项税额的合法证明，可以用于计算抵扣增值税额，因此增值税专用发票有"流通的货币"之称。增值税专用发票按照最高开票限额一般分为万元版，十万元版和百万元版，以万元版为例，不含税的开票金额最高为 9999.99 元。对于商贸企业来说，专用发票的领用和开具也是虚开专票的重要分析指标。一般情况下，小型商贸企业需要经过 3 个月的一般纳税人辅导期，在使用专票份数和领用次数上都有严格的控制，实行限量限额管理增值税专用发票，即领购的增值税专用发票最高开票限额不得超过十万元，每次领购的增值税专用发票数量不得超过 25 份，一个月多次申请领购的，按照上次已领购并开具增值税专用发票销售额的 3% 预缴增值税，辅导期后，根据实际需要进行发票申领和开具。增值税专用发票的运用对于虚开行为的分析至关重要，根据数据统计，2016 年重庆地区商贸企业的增值税专用发票领用和开具的情况见表 4.3 和表 4.4。

表 4.3　　　　2016 年商贸企业增值税专用发票领购统计　　　单位：月/份

	专票领用 平均份数	去年同期专票领用 平均份数	专票领用 增幅
M 公司	70	25	180%
大渡口区	54	63	-14%
重庆市	62	78	-20.5%

表 4.4　　　　2016 年商贸企业增值税专用发票开具统计　　　单位：万元，份

	户数	平均每户 开具金额	收入 同比增幅	平均每户 开具份数	专票份数 占比	实际税负
M 公司	1	1722	58.41%	82	85.4%	0.02%
大渡口区	2946	1890	146%	124	43.5%	0.93%
重庆市	51875	3669	180%	140	44.2%	1.08%

商贸企业增值税专用发票领用指标设计的扫描公式为：

按月增值税专用发票份数 >50 份；

最高开票限额开票版本为十万元及以上；

（增值税专用发票领用数量 - 上期增值税专用发票领用数量）/上期增值税专用发票领用数量 >50%；

商贸企业增值税专用发票开具指标设计的扫描公式为：

增值税专用发票开票金额累计 >500 万元；

增值税专用发票按月开具份数 >50 份；

增值税专用发票开票份数/全部发票开具份数 >85%；

实际税负 <1%；

（销售收入－上期销售收入）/上期销售收入＞15％；

可选项：当期购进金额/当期开票金额＜40％；

单张开具增值税专用发票不含税金额＞最高开票限额×70％；

增值税专用发票领用指标设置的原理是监控最高开票限额为十万元版及以上，月领购专票数量达到50份且专票领用增长超过同期50%以上的企业；增值税专用发票开具指标设置的原理是监控销售收入大于规模（此处默认500万元），按月开具专用发票量大（此处设置50份）且专用发票开具占比高的企业，同时满足实际税负低和销售收入同比增长的情况，可选项是购进的金额远远小于销售开票的金额（此处设置指标阈值为40%），单张专用发票基本定额开具。通过指标和表4.3、表4.4的数据统计分析得出，M公司在专用发票领用时增幅过快，同比增长达180%，但同地区及重庆市的商贸企业整体呈现专票领用下降的趋势；领用数量较多，而在专用发票开具时专用发票开具占比高，达到85.4%，也明显高于同地区43.5%和重庆市的44.2%的水平；收入增长快，收入增幅达到50%以上，但实际税负低。因此，综合分析M公司的专票领用和开具比较存在异常风险。

4.1.2 基于存货、发票品目内容异常分析

（1）存货利润与申报信息比较分析。

商贸企业的存货一般指的是存货商品库存，是直接具有流通性的商品。商贸企业在购进商品后入库保存，并按照销售合同进行存货出库销售，这"一出一进"形成了企业主要的利润。商贸企业在存货的周转过程中，必然会发生成本费用，进而归集其他费用后形成企业的主营业务成本。M公司的存货一直居高不下，在申报表中反映的存货金额长期维持在320万元左右，这是企业主营业务成本的重要组成部分。一般的企业会利用少记收入或者多列成本的方式进行税款逃避，所以运用企业存货的成本利润进行测算可以发现部分疑似虚增成本或者少记收入的情况，2016年M公司的存货与申报信息比较见表4.5。

表4.5　　　　　2016年M公司存货和申报数据明细　　　　　单位：万元

2016年	期初存货	期末存货	当期购入存货	销售成本	主营业务收入
M公司	575	325	902	1079	1087

商贸企业存货利润与申报信息比较分析指标设计的扫描公式为：

存货利润－主营业务利润＞50万元。

其中：

存货成本利润＝期初存货金额＋当期购入存货金额－期末存货金额－销售成本；

主营业务利润＝主营业务收入金额－主营业务成本金额。

商贸企业存货与申报信息比较分析指标设计原理为计算出存货的成本利润再与企业实际申报利润进行对比，从而发现差异过大的疑点，此疑点的产生有两种情况，企业少记收入或者虚增成本，特别是存货的成本。根据指标算出，2016 年 M 公司的存货成本利润为 73 万元，而 M 公司的主营业务利润为 8 万元，两者间相差 65 万元，M 公司的存货成本利润分析存在风险。

（2）发票进、销品目和数据比较分析。

发票品目是开具发票时填写的经营项目或者商品的名称，对于商贸企业而言，因自身不具备加工能力和条件，购进的货物和销售的货物应该在品目和数量上有所对应，具体应该表现在同一商品购进入库的数量减去合理的损耗及其他计入待处理财产损溢的数量，再减去存货数量应该等于出库销售的数量。实际操作中，掌握商贸企业的真实库存需要耗费一定的时间和人力，应该基于一定数据的疑点锁定再通过实地盘查库存进行印证。经过整理 M 公司的发票和入库信息，2016 年其购销货物明细清单见表 4.6。

表 4.6　　　　　2016 年 M 公司购销货物明细清单　　　　　单位：万元

购进商品名称	购进金额	销售商品名称	销售金额
黄金	837	煤炭	608
钢铁	60	钢铁	530
其他	5	手机	425
		设计服务	140
		其他	19

商贸企业发票进、销品目和数据分析指标设计的扫描公式为：

黄金购进金额≥300 万元；

黄金销售金额/黄金购进金额≤30%；

总销售金额/黄金购进≥70%；

其他购进金额/其他销售金额≤30%。

商贸企业发票进、销品目和数据分析指标设计原理为通过发票的进、销品目比对是否有购进黄金却更改品目销售其他货物、劳务及服务的情况。指标中设置购进黄金大于 300 万元的基准线，同时黄金销售占比上与总销售和黄金购进进行对比，定位黄金"有进无销、进销不匹"的疑点。通过指标对 M 公司进行分析得出，M 公司购进黄金 837 万元，却无任何销售记录，黄金销售占购进比例和总销售占黄金购进比例均高于预警值，其他购进金额占其他销售金额的 26.3%。结合期末库存 325 万元，假设均为黄金库存，剩余 512 万元黄金不知踪迹。因此，锁定 M 公司具有虚开"黄金票"的重大嫌疑。

4.1.3 基于纳税信用等级等综合评分体系分析

（1）企业及法人代表的纳税信用调查。

企业纳税信用等级是由税务机关根据一定的评价指标，以一年为周期对纳税人依法履行纳税义务情况进行综合测评并给出相应的结果。根据《国家税务总局关于发布〈纳税信用管理办法（试行）〉的公告》（国家税务总局公告［2014］第40号），在评价指标中，一般包括税务登记情况，纳税申报情况，账簿、凭证管理情况，税款缴纳情况和违反税收法律，行政法规行为处理情况五类税务内部涉税数据，外部参考信息和评价信息以及纳税人的信用历史信息三大类。纳税人评定结果以A、B、C、D四个等级公示，按照守信激励、失信惩戒的原则，不同等级的纳税人，税务机关实施分类的管理和服务。特别是对于企业发票申请领购数量、发票认证机制等有较为严格的区分，如A级纳税人单次可申领3个月的增值税发票用票量，需要调整增值税发票用量时即时办理。同时企业的纳税信用等级与银行系统、其他金融系统、招投标中心等进行横向交换，影响企业的贷款、投标及各项评比等活动。因此，企业纳税信用等级是一个企业诚信经营的重要参考值。涉税人员信用等级是从自然人的角度进行综合评定，它作为企业纳税信用等级的补充项目，一般用于法人代表的分值评估，包括基本信息、办税信息和信用关联三大类指标。涉税个人信用等级与企业纳税信用等级合并构成企业的涉税信用评价体系。

M公司2015年的纳税信用等级为B，综合评分80分，而2016年纳税信用等级则降为C级，综合评分68分。通过信用等级的调整，M公司在涉税服务和信用贷款等方面均受到了一定的影响。M公司法定代表人冯某，1957年出生于重庆市垫江县长龙镇X村，目前仍然是农村户口。一个地道的农民，却在重庆四家企业担任法定代表人，其中三家企业已经被列为非正常户，涉税个人信用等级为差。综合M公司的企业纳税信用等级和法人代表涉税信用等级调查情况来看，该企业在涉税信用评定方面具有一定的问题。

（2）银行账户及流水调查分析。

根据《公司法》和《人民币银行结算账户管理办法》的相关规定，企业在正常经营活动中的资金往来必须依托其办理的银行账户进行结算，企业应该按照规定在银行开具账户。企业在银行开具存款账户的类型一般分为基本存款账户、一般存款账户、临时存款账户和专用存款账户四类。其中一般存款账户是企业办理转账结算和现金收付的账户，因此一个企业只能存在唯一基本存款账户，一般存款账户的作用是在基本存款账户外的银行借款转存等。一般的企业均具有以上两种账户。

调查发现M公司具有基本存款账户和一个一般存款账户。2016年，从一般存款账户流水发现，M公司从银行借款378万元并全部转走。从基本账户的流水分析，2016年入账金额为840万元（含从一般账户中转入的378万元），明显低于营业收入，支出金额为 518 万元，也低于单位正常的工资、进货、仓储、运输等成本，企业存在账外账或者虚假列支收入、成本的风险。

4.2 M 公司虚开"黄金票"的原因分析

任何一个公司进行一项活动均需要适当的理由，虚开增值税专用发票行为必然会承受法律制裁的风险，一经发现，严惩不贷。但是在实际生活中，因为市场需求的旺盛，虚开专票的行为屡禁不止，特别是基于黄金的虚假交易，实现"票货分离、票款分离"，通过"黄金票"的虚开达到牟取暴利的目的。M 公司进行"黄金票"的虚开行为具有多方面的原因，如企业税负过高、企业获取专票成本、合同内容与经营行为分离等问题凸显。下面将从税负转嫁与财务舞弊的角度具体分析其形成的原因。

4.2.1 政策体制－税负分担与转嫁分析

增值税的征收机制是以增值额为计税依据乘以适当的税率，由纳税人进行申报并交纳税款，不能进行自主申报的，由扣缴义务人在经济活动发生过程中进行代扣代缴活动，保证增值税税款的足额入库。在商品交换的过程中，价格的波动造成了税负的转嫁，通过增值额计算出的税收负担在负税人和纳税人之间波动存在，最终形成税负的法定和经济归宿。

增值税因增值额而产生，现在以商品流转（税率 17%）为例简单介绍增值税、负税人、纳税人税负的关联（见表 4.7）。可以看出 C 是实际负税人，税负为 17%，在商品流转过程中，纳税人 A 和 B 的税负分别为 8.5%、13.6%，税负合计为 22.1%，大于实际负税人 C 的 17% 税负。在假设 C 的税负不变的情况下，A、B 企业通过成本变动和销售定价策略的修改可以把税负转嫁给其他企业。

表 4.7　　　　　增值税、负税人、纳税人及税负　　　　　单位：元

对象	购进金额	销售金额	增值金额	纳税人	税负	负税人
A	50	100	50	A	8.5%	C
B	100	500	400	B	13.6%	C
C	500	—	—	—	17%	C

注：假设 A、B 均为一般纳税人，税负为 17%，金额全部为不含税金额。

我国增值税的征收依托的是增值税发票计算销项税额和进项税额。在实际生活中，一般纳税人需要纳入防伪税控的管理，在开具发票时采用税控机具，进项税额的计算一般以认证后的增值税专用发票上的税额为准。假设上述例子中，A 企业为小规模纳税人，A 企业的税负则变为 3%，B 从 A 企业购进的 100 元货物无法取得增值税专用发票，则 B 企业的税负就变为 17%，比可以获取增值税专用发票时税负增加了 3.4%，

实缴税额增加了 17 元。因此增值税专用发票因为其具有抵扣的作用，对企业的税负具有重要的影响。市场中因为购进成本等原因，小规模纳税人的供货成本会低于一般纳税人的供货成本，增值额大的企业会想办法多找可以抵扣的进项发票来冲抵增值税应交金额等，企业对于进项发票的需求量巨大，这就催生了虚开专票的产业。

"营改增"前，我国的增值税税率为 17%、13% 和 0% 三档税率制，一般货物劳务、加工服务为 17% 正常税率，自来水、古旧图书等特殊货物实行 13% 低税率，出口零税率，而全面推行"营改增"试点后，虽然增值税的抵扣链条被全面打通，但随着行业的增加，基本税率增加了 11% 和 6% 两档，形成了 17%、11%、6%、0% 四档税率。行业之间的税率差，会造成强烈的税负差，可以寻求的税负转移更加明显。以购进货物为 100 元，取得 17% 的进项抵扣为 17 元，对应销售服务税率为 6%，销项税额为 17 元的换算销售额为 283 元。税率差的现行状况，加速了虚开的需求，特别是在建筑安装和房地产行业，因为新纳入增值税征收范围，所需的进项需求更大。

M 公司正是在现有简政放权、"放管服"并重、以服务促发展的大环境下，在"营改增"试点的政策背景下，在"以票控税"、进项认证抵扣的体制规范下，凭借市场上对增值税专用发票进项税额旺盛的需求，依托黄金交易的特殊性对其进行虚假开具增值税专用发票的行为谋取非法的利益。M 公司正是利用税负转嫁的特点，把本属于自身的税收负担通过"黄金票"完美地转移和消化掉了。

4.2.2 利益驱动－财务舞弊三角理论分析

财务舞弊三角理论是基于压力、机会和借口三个方面对企业的财务活动从事舞弊行为的一种分析方式。企业基于以上三个方面的动因，在市场的驱使下进行相关活动，因此财务舞弊三角理论是理论充分、实践验证性高的理论。利用财务舞弊三角理论的基础分析 M 公司在"黄金票"案件中的舞弊行为，从压力因素、机会因素和合理化借口三大方面剖析 M 公司受利益驱动后的舞弊实质。

（1）M 公司的压力因素分析。

M 公司因其规模较小，在竞争激烈的市场上遇到了发展"瓶颈"，公司的可替代性高、生存能力弱。利用竞争环境的波特五力分析理论可以看出（见表 4.8），M 公司在现有竞争者的竞争能力、潜在竞争者进入的能力、替代品的替代能力、供应商的讨价还价能力、购买者的讨价还价能力等方面均表现出了绝对的弱势。M 公司面对激烈的市场竞争，必须通过压低售价牺牲利润换取市场份额。

表 4.8　　　　　　　　　M 公司的波特五力分析结果

波特五力分析指标	分析结果
竞争者的竞争能力	全国煤炭、钢铁市场持续低迷，为了生存易形成恶性竞争，市场竞争异常激烈

续表

波特五力分析指标	分析结果
潜在竞争者进入的能力	伺机而动，待煤炭、钢铁市场回暖后可立刻进入，市场格局容易被打乱
替代品的替代能力	电、水、核燃料等替代煤炭；纳米纤维、陶瓷灯替代钢铁，随着新技术的发展，传统材质的替代成为趋势
供应商的讨价还价能力	供应商主要为广西一钢铁企业，实力强、盘子大，与M公司保持长期合作，通过发货量定价，议价能力强
购买者的讨价还价能力	规模小、流动性强、价格要求比质量要求敏感，忠实度弱，因此具备较强的砍价能力

从M公司的收益能力分析，公司一直存有生存的压力。收益能力分析指标为：

总资产收益率=净利润/[（总资产期初值+总资产期末值）/2]；

净资产收益率=净利润/[（净资产期初值+净资产期末值）/2]；

主营业务利润率=（主营业务收入-主营业务成本-主营业务税金及附加）/主营业务收入。

M公司的近两年的收益能力指标见表4.9。

表4.9　　　　　　　M公司的收益能力分析

指标名称	2015年	2016年
主营业务利润率	5.08%	-0.19%
总资产收益率	0.44%	0.31%
净资产收益率	6.11%	4.98%

从表4.9中可以看出，M公司的几项关键指标均出现下降，甚至主营业务利润率呈现负增长，这也正好印证了M公司在波特五力分析中的弱势和面对市场的表现力。因此，基于盈利能力、市场表现、竞争压力等情况分析，M公司存在诸多的压力因素进行舞弊行为。

（2）M公司的机会因素分析。

M公司通过法人变更等操作，实际控制人张某通过"买壳"全面控制M公司，使其具备了舞弊的机会因素。M公司在"易主"后，实际控制人张某通过经营范围的变更增加了珠宝首饰的销售许可，通过上游企业S公司找到了获取"黄金票"的渠道，自身为商贸企业一般纳税人的条件为其开具专票奠定了基础，通过海量的寻找受票单位，积累了大量的下游企业客户，利用多个购买的身份信息开具的私人银行账户，为现金交易做好了充分的准备。

现阶段优质的纳税服务理念和事后监管的管理模式造成的时间差，为 M 公司的舞弊机会增加了更大的筹码。M 公司通过增值税专用发票的增版增量，获得了一段时间内可以开具更多发票的机会，增值税进项认证抵扣的"黄金票"囤积到一定量级后，为其集中大规模开具销售发票做好了准备，按期进行涉税事宜办理，按期进行自主申报等为其事后风险管理延长了时间，利用服务和管理的时间差，外加前期的准备工作，一个中间空壳公司基于市场实际需求专用发票的"黄金票"案的全部机会因素形成。

(3) M 公司的合理化借口因素分析。

M 公司的合理化借口主要有以下几个方面：一是企业的税负过高，税种涉及多，税收负担重。我国的企业需要承担的主要税种包括增值税、消费税、企业所得税、基金和地方基金（教育税附加、城市维护建设费等）、印花税、社保税费等，部分行业还有土地增值税、房产税等，各税种层层征收，税率不同，企业的实际税收负担超过40%。二是"营改增"后，企业获取增值税专用发票进行抵扣的需求旺盛与实际可以获取的专票不足之间的矛盾。各企业均需要大量的专用发票进行抵扣增值税，而目前市场上有大量的生意往来是没有发票的，开具发票需要另外加收点位费进行结算，使企业成本进一步增加。"财务第一想到的就是会计，会计第一想到报销，报销第一想到的就是发票。企业在这个制度下满世界的寻找发票，于是'发票'成为中国民间经济的重要产业支柱"，这句话真实地反映了发票的市场需求。三是虽然进行了虚开行为，但 M 公司作为增值税链条的中间企业，虽然开具了可以抵扣的增值税专用发票给下游企业，但也确实消化了黄金品目的专用发票，在"一进一出"的增值税抵扣中，并没有制造出进项税额，在抵扣链条中，有无此种行为对整个增值税的缴纳并无实质影响。

当 M 公司因为生存的压力因素，又获取了机会后，利用了寻找自欺欺人的合理化借口进行了相应的舞弊行为并且牟取了巨大的非法利润。举例说明，M 公司以3%的手续费购买品目为黄金的增值税专用发票117万元，支付3.51万元的手续费（117×4%），获取可以抵扣的进项增值税税款17万元，同时开具117万元的专用发票出去，收取8%的手续费可以获取9.36万元（117×8%），这样增值税应纳税额为0，M 公司通过手续费方式非法盈利5.85万元。

4.3 M 公司虚开"黄金票"案处罚结果分析

M 公司的处罚适用《中华人民共和国刑法》《中华人民共和国发票管理办法》等法律法规的规定，现对 M 公司的处罚诊断分析见表4.10。

表 4.10　　　　　　　　　M 公司的处罚诊断分析表

处罚的行为	适用的法律	法律内容	处罚的结果
虚开增值税发票	《刑法》	虚开增值税专用发票或者虚开用于骗取出口退税、抵扣税款的其他发票的，虚开的税款数额较大或者有其他严重情节的，处三年以上十年以下有期徒刑，并处五万元以上五十万元以下罚金	有期徒刑十年，罚金五十万元
虚开增值税发票	《发票管理办法》《国家税务总局关于纳税人取得虚开的增值税专用发票处理问题的通知》	利用虚开的专用发票进行偷税、骗税，构成犯罪的，税务机关依法进行追缴税款等行政处理，并移送司法机关追究刑事责任	定性虚开，罚款 50 万元，案件移送检察院
行贿 5 万元	《刑法》	单位为谋取不正当利益而行贿，或者违反国家规定，给予国家工作人员回扣、手续费，情节严重的，对单位判处罚金，并对其直接负责的主管人员和其他直接责任人员，处五年以下有期徒刑或者拘役，并处罚金	没收，收缴国库
对开具的专票进行下游受票企业调查	《税务稽查案源管理办法（试行）》《税务稽查工作规程》	公安、检察、审计、纪检监察等外部单位以及税务局督察内审、纪检监察等部门提供的税收违法线索，稽查局协查部门负责接收协查信息管理系统发函。需要异地调查取证的，可以发函委托相关稽查局调查取证；必要时可以派人参与受托地稽查局的调查取证	发送协查函，查处受票企业

M 公司在没有真实交易的情况下为他人开具了增值税专用发票，且在主观故意，是恶意虚开的表现。因此，对 M 公司"黄金票"案的处罚量刑适度，处罚结果正确。

5　M 公司虚开"黄金票"案的启示和建议

虚开增值税专用发票的犯罪行为占到整个税收违法犯罪行为的 60% 以上，在虚开案件中，"黄金票"的虚开犯罪行为因为其隐蔽性高、作案手段现代化、作案金额巨大、波及范围广、非法获利高的特点受到不法分子的青睐，M 公司"黄金票"案的发生，是具有市场代表性的产物。这类案件一般都是以企业自身经营生存和盈取利润为出发点，借助于市场上部分行业发票开具和使用不规范、发票需求量大的基本情况，抓住"营改增"后各行业税率不同的特点，利用"先服务后管理"的时间差、简政放权后信息资源的不对称和风险管控的不及时等漏洞，选择以黄金为代表的货物进行"票货分离"的增值税虚开案件。对 M 公司"黄金票"案从介绍到分析并且基于制度层面、信息技术层面和社会协同层面进行归纳总结，得出对本企业、商贸行业及政府监管三方面的建议，是理论与实践相结合、技术与应用相呼应的结果，也具有较强的操作性和社会指导性。

5.1 对 M 公司的启示和建议

5.1.1 提高税法遵从，诚信经营依法纳税

M 公司应该提高税法遵从度，按照税法及相关法规要求诚信合规的经营并且依法进行税款缴纳。在进行日常经营活动中，应该自觉抵制不法行为，以诚为本，平时应自觉学习税收相关法律、法规，合理运用并依法纳税。充分认识"黄金票"虚开对社会经营环境和秩序的危害性，不能因为个人利益铤而走险做出扰乱市场秩序的虚开行为，一旦触碰法律的底线，必然会受到严厉的处罚。

5.1.2 拓展经营渠道，全方位改善盈利能力

M 公司的经营渠道相对单一，只是传统的销售代表模式，销售代表的业绩也就是公司的业绩。面对互联网高速发展的今天，仅线下的传统模式销售远远不够，应该创新营销模式，拓展经营渠道，通过电话、网络、新媒体、自媒体等线上服务与线下销售代表相结合多渠道销售产品，丰富目标绩效考核内容，做好激励措施，建立经销商制度，通过渠道拓展，做大销量，倒逼成本下降利润上升。利用财务预警和指标分析，改善自身流动比率、速动比率，增强资产变现和偿债能力，同时提高应收账款和存货的周转率，提升总资产收益率、净资产收益率等关键指标，全方位改善企业自身的盈利能力。

5.1.3 改善人员构成，广泛吸纳优秀人才

M 公司想要真正地存活和发展，人才吸纳也是非常关键的环节。以 M 公司现有的人员架构不足以支撑企业的持续发展，学历低、专业素养不高、经验少等现实问题凸显，必须从根本上改变人员构成结构，做到经验与学识并重，能力结合实践优先。广泛招纳优秀的人才进入公司进行决策管理和市场营销等工作，用市场的机制进行人才的优胜劣汰。通过优秀的财务团队从财务管理角度提出公司的整改和后续监控预警方案，提高资金利用率，控制资产负债率；通过优秀的销售团队贯彻执行公司战略，实现减少库存周转天数、增加优质客户、增加公司利润；通过优秀的管理团队，提高实际工作效率、减少正常损益、提高员工工作积极性等目的。改善现有的人员构成，广

泛吸纳优秀人才战略，对于 M 公司的发展至关重要。

5.2 对行业的启示和建议

5.2.1 完善内控建设，提高财务水平

商贸企业的基本业务主要包括商品的购进、运输、存储和销售。在看似简单的基本业务中，货物的流转包含预测管理、价格体系、采购周期、运输成本及效率、仓库管理、销售佣金、客户维系等多环节复杂流程，商贸企业面临着资源整合、信息共享、财务管理、绩效考核等多方面的问题，尤其体现在企业的内控机制上，应该加强内控建设。例如，在各环节中加入相关的指标预警，在价格体系中通过环比增长率、市场均价、付款方式等相关要素设置某商品的购进成本限额预警值，对于超过限额的购进行为应该请示总经理的内控防范措施严格控制购进成本。同时，在商品周转、资金回款、成本利润率等财务关键指标中运用内控管理的思想和制度，持续提升财务管理水平，做到内部控制降低风险、内部控制促进财务管理、财务健康反馈内控管理的良性循环。

5.2.2 杜绝伪造和虚开，紧守依法经营关

商贸企业对经营的商品或者货物基本不加工或者只进行规模不大的初级加工，其主要职责就是组织商品的流通并在流通环节以商品的使用价值来获取利润。商贸行业因比生产企业更接近消费者群体，能够快速定位市场需求并且抢占市场，因此具有市场敏捷度高、经营周期短、资金周转快等特点。由于千差万别的市场需求，在实际中可能由于各种原因造成的获取专用发票困难等原因，如河沙的购进往往都没有发票，或者因为价格原因企业会选择从个人手中购入，部分企业只能伪造凭证从其他渠道虚开专用发票来降低企业税负，商贸行业因此成为虚开案件高发的行业，而选择"黄金票"作为虚开，具有隐蔽性高等特点，正在被很多虚开企业所接受和运用。另外，一些商贸企业的出口业务，涉及国内多个环节虚开增值税发票，最后以次品离岸出口，目的国不予提货接收的形式骗取出口退税税款，严重影响出口市场秩序，甚至影响国家形象，造成极其恶劣的后果。在实际经营中，商贸行业应该杜绝伪造和虚开，在寻求上游供货资源与下游销售资源，选择合作方时应该做到严格依法经营和诚信纳税，在提供优质服务的同时注重商品质量，价廉的同时要兼顾物美，做到可持续的健康发展。

5.2.3 加强税务代理，降低涉税风险

商贸企业中很多涉及进出口业务，其中出口业务涉及出口退税等问题，而进、出口业务往往存在多种模式，涉及不同的税务处理。例如，出口货物转内销，需要到退

税部门办理出口转内销手续，按照转内销的货款全额进行汇率换算计算销项税额，同时按照批准的可抵扣进项税证明进行进项税额抵扣，这其中又涉及多个汇率和多种税率等情况。同时，商贸企业按照登记类型的差异，存在总公司与分公司、集团母公司与子公司、公司与办事处等不同的形式，各种类型的公司形式经营和决策权限不同，纳税情况也不尽相同，特别是涉及关联交易的情况复杂，财务风险和涉税风险高。这些都是商贸企业面临的问题，选择专业的税务代理，通过专业机构的建议和服务，可以有效地预防违法行为同时降低涉税风险，同时通过专业的人做专业的事情，可以提高其他员工的工作效率。

5.3 对政府监管的启示和建议

5.3.1 加强宣传力度，健全举报制度

"黄金票"的虚开案件由来已久且在全国各地络绎不绝地进行着。政府监管部门应该加强政策宣传力度，从根本上梳理纳税光荣的意识，同时为更好地预防和监管虚开"黄金票"行为发生，健全现有的举报制度。一是加强对《发票管理办法》《征收管理法》《征收管理法实施细则》等税收法律法规的宣传力度，同时明确虚开增值税发票的处理和处罚情况，从惩戒的角度加大宣传力度，明确划清虚开"黄金票"的违法"高压线"。二是加强对社会公众的税法普及宣传，培养和树立"依法纳税，纳税光荣"的意识。税收作为国家财政收入的主要来源，承担了国家基础建设和公共服务的必要开支，因此依法纳税是每个公民应尽的义务。三是健全举报制度。拓宽举报渠道，简化举报流程，通过信访、电话、邮件、网页等多个渠道建设和压缩和精简举报流程，让举报变得简单化；通过设置信用名单，杜绝随意乱举报的情况；设立奖励机制，实行举报有奖制度，对于通过举报锁定的"黄金票"案进行适度的奖励，彻底解决广大群众不想报、不愿报的情况。

5.3.2 完善制度建设，严管发票关

发票作为增值税抵扣链条的重要凭证被广泛运用，增值税专用发票认证后可以计算销项税额进行税款抵扣，因此对于增值税的监管而言，"以票管税"是现有的常规做法。虚开"黄金票"案件如此猖狂，与增值税专用发票管理较为松散有密切的关系。为加强对"黄金票"的预防和监管力度，应该从制度层面进行完善，控制增值税专用发票的领用制度、防伪税控风险锁定制度、增值税发票的开具规范制度等。在发票领用或者增版增量时，分析企业存在的潜在风险，控制好专用发票的最高开票限额及用量；在发票开具时，应该推广使用商品编码制度，规范票面信息，为后续分析做好准备；对于连续顶格开具或者通过其他渠道获取企业风险信息时，通过防伪税控机的锁定功能，控制企业的开具发票行为。通过完善制度严格控制增值税专用发票的使用，

为预防虚开"黄金票"打下基础。

5.3.3 加强信息共享，提高预警精确度

简政放权后，"放管服"的服务模式已经推广开来，虚开"黄金票"的犯罪团伙正是利用了服务优先、管理滞后的时间差，利用地域信息不对称、共享度不高等特点进行团伙作案。政府应该建立完善的税收保障管理办法，明确为税收构建的共享数据范围、职责等。通过建立信息共享机制，彻底打破信息壁垒和信息孤岛，充分利用信息化手段和大数据技术，提高预测和监控的精准度，同时做好跨区域的信息交换工作。特别对于银行、工商、税务、公安、物流等核心信息，做到在安全可控的基础上进行共享共用。如利用工商登记信息监控股东、集团等提出关联企业；利用税务发票信息锁定"黄金票"的疑点；利用银行信息提取转账流水；利用公安信息锁定法定代表人和财务负责人的身份信息等，通过信息交融和组织，配合模型指标，精确扫描定位"黄金票"的虚开违法行为。同时，对于类似黄金交易的其他商品，如成品油、手机、钢铁等，通过"黄金票"的案件特点，提炼共同性质的模型指标，利用数据共享的成果进行虚开的监控。

5.3.4 部门协同合作，增强打击力度

政府应该组织相关部门成立虚开"黄金票"专案工作组，明确各部门职责，协同合作增加打击力度。税务部门负责"黄金票"虚开案件的筛选，从源头上进行监控，对于疑点企业进行有效的筛选，提高案件甄选的准确度；税务部门协同公安经侦进行案件锁定，寻找证据并对犯罪嫌疑人进行控制；公安部门和检察院负责案件侦破和审理，依法进行案件定性，宣判处罚和处理结果；工商部门负责营业执照吊销等工作，结束企业的存续经营期。在商事制度改革后，注册企业的门槛被进一步降低，特别是注册资本认缴制后，通过"五证合一、一照一码"改革，注册企业变得尤为简单，以前通过买壳进行准备的违法行为，如今直接可以通过注册公司的形式实现，更加省钱、省时、省事，高效便捷地进行公司注册后，再进行"黄金票"的虚开行为，这类企业往往打一枪换一个地方，存续时间不会太久，因此对于"黄金票"的侦破而言，时间是一个必须考虑关键因素。在部门协同合作机制中，特别是对于案件锁定和侦破过程，需要几个部门的共同协作，争取宝贵时间迅速收网破案，如通过黑名单制度限制嫌疑人出入境、择机控制嫌疑人及其同伙等以期增强打击力度和效果。

5.4 本章小结

本章从M公司、商贸行业、政府监管三个角度出发，从实际情况分析得出预防和治理"黄金票"虚开案件的建议，从制度、技术、协同等方面，具体阐述了M公司如

何发展、商贸行业如何杜绝"黄金票"虚开、政府部门如何更加有效地进行案件预防和监管,可以说是基于市场真实情况对"黄金票"案件的实际讨论,在工作中也具有一定的指导意义。

6 研究结论与展望

6.1 研究结论

本文以 M 公司在"营改增"后进行虚开"黄金票"的违法案件为基础,在大量地研究国内、外已有文献和成果后,充分运用税收转嫁与归宿理论、财务舞弊三角理论进行整体分析。本文先从"黄金票"案件的概况出发,介绍了"黄金票"的背景、M 公司的基本情况、案件的基本情况,真实还原了 M 公司虚开"黄金票"案件的发现、侦破到处罚全过程。基于 M 公司"黄金票"案件的具体分析,对本案进行了数理统计和总结归纳,从风险诊断、原因诊断和处罚诊断三大方面提炼出一套可能监控"黄金票"虚开案件的普遍适用规律,运用税收转嫁与归宿理论、财务舞弊三角理论分析为何存在虚开"黄金票"的违法行为,并基于再基于现有的法律体系和技术手段提出一系列的应对措施和方法,具有重大的实际意义。现将研究结论展列如下:

(1)M 公司"黄金票"的产生是因为它具有了作案的一切动机和条件。M 公司在激烈的市场竞争中,因为其自身实力、市场环境等原因,持续亏损无法扭亏。不法分子通过买壳接手入住 M 公司,在上游寻找了黄金的来源,在下游也寻找了多家需要用票的企业,通过领用的专用发票进行虚开,由此赚手续费的违法行为。M 公司作为典型的"中游空壳"公司,对于研究和打击"黄金票"虚开案件具有指导意义。同时,由于成品油、手机等商品与黄金具有类似的情况,因此在实际工作中,基于此类案件的共性进行工作指导,具有实践的意义。

(2)针对"黄金票"虚开案件的模型分析,通过"税负比较"和"专票领用和开具比较"初步筛选疑似名单,通过"存货分析"和"发票品目分析"进行疑似名单的扫描与分析,是一个从疑点到确认的过程,剔除正常情况,保留"黄金票"虚开的企业名册,通过信用等级分析,全面归类犯罪团伙的其他行为,同时为第二步产生的结果做进一步的验证。因此,多个维度的模型扫描可以更加精确地进行"黄金票"虚开的犯罪行为。

(3)M 公司"黄金票"案件的发生,是在利益驱动下运用政策体系漏洞进行的违法行为。M 公司非常具有代表性,利用"营改增"后,更多的行业需要发票,在市场更强烈的需求刺激下,在黄金交易可以"票货分离"的实际情况下,利用不同税率进行发票虚假开具,利用纳税服务的事前服务、事后管理的时间差,利用各部门信息不对称、各地域信息不对等的信息壁垒,进行非法利益的诉求。且在制度改革的今天,企业注册和注销均变得异常简单,犯罪团伙的违法成本很低,打击不及时往往出现

"人去楼空"的情况,只能打击表面无法打击到犯罪团伙本身。成本低、时间短、利益大,虚开"黄金票"由此变得屡禁不止。

(4) M公司"黄金票"虚开案件的启示在于:M公司应该提高税法遵从度,主动依法纳税,同时改善人员结构,广泛吸纳人才,在激烈的市场竞争中不断扩展渠道,扩大市场份额,提高盈利能力;商贸行业应该提高财务管理水平,在充分运用内部控制机制的情况下,依法诚信经营,全面杜绝伪造凭证和虚开"黄金票"行为,同时应该加强税务代理,运用专业机构和人才降低涉税风险;政府监管部门应该加强宣传,完善发票管理制度,加强信息共享,健全举报制度,共同提高"黄金票"虚开的预警精准度,同时各部门应该协同合作,快速、有效地打击此类虚开案件。

6.2 不足与展望

(1)"营改增"后,纳入增值税的行业增多,增值税的抵扣链条被进一步完善和丰富,特别是建筑安装和房地产行业,发票的需求量巨大。本文虽然以M公司在"营改增"后虚开"黄金票"为具体案例,但在为何会存在企业到处寻找发票的原因上分析不够深入,运用的理论支持也仅以三角理论为基础,站在市场角度的切入点虽然很好,但还有深入研究和探讨的空间。

(2)"黄金票"虚开的模型扫描,虽然在锁定M公司的虚开行为中取得了很好的效果,但是验证此模型的商贸行业企业数量仅限于重庆地区的部分企业,指标设置的科学性及阈值设置的合理性有待进一步验证。验证用例扩大后是否还能有如此好的效果需要进一步实践。

(3)笔者虽投入大量的时间与精力进行企业访谈、实地调研,进行行业采访并查阅了诸多资料,但对财务管理、财务预警和虚开增值税发票的理论研究还有所欠缺,理论知识水平有待进一步加强。

参考文献

[1] 樊勇,赵金梅. 营改增实务操作指南 [M]. 清华大学出版社,2017,1-3.
[2] 周月刚. 信用风险管理:从理论到实务 [M]. 北京大学出版社,2017.
[3] 曼昆. 经济学原理 [M]. 北京大学出版社,2015.
[4] 宋彪. 基于大数据的企业财务预警理论与方法研究 [M]. 经济科学出版社,2015.
[5] 张维迎. 博弈论与信息经济学 [M]. 上海人民出版社,2005.
[6] 蒲丽苹."营改增"对企业的影响分析 [J]. 税务筹划,2017 (18):22.
[7] 李梦欣. 新经济时代从"以票控税"到"信息管税"的转变——论电子发票在我国的应用前景 [J]. 中国农业会计,2016 (9):12-13.

[8] 唐丽娜. 营改增后增值税发票的管理探析 [J]. 会计师, 2016 (4): 31-32.

[9] 曹孔超, 刘坤. 虚开增值税专用发票法律规制问题研究 [D]. 江苏警官学院学报, 2016, 31 (2): 54-63.

[10] 田志伟, 胡怡建. "营改增" 对财政经济的动态影响: 基于 CGE 模型的分析 [J]. 财经研究, 2014 (2).

[11] 童锦治, 苏国灿, 魏志华. "营改增" 企业议价能力与企业实际流转税税负——基于中国上市公司的实证研究 [J]. 财贸经济, 2015 (11): 14-16.

[12] 冯秀娟. 最优商品税理论在国际增值税制度中的实践及启示——以英国、法国、澳大利亚、新西兰为例 [J]. 税收经济研究, 2015 (3): 48-53.

[13] 游燕. 增值税制度国际实践与启示 [J]. 北方金融, 2014 (11), 100-104.

[14] 付万里. 我国增值税制度变迁: 动因、路径及效应 [J]. 财经界 (学术版), 2014 (4): 251.

[15] 陈柏华, 张慕颜. 国内外增值税比较研究 (I) (II) [J]. 化学工业, 2010, 28 (4): 14-22.

[16] 姜明. 虚开增值税专用发票实务问题研究 [J]. 黑龙江社会科学, 2014 (6): 28-35.

[17] 孙简. 中美企业税制比较与借鉴 [J]. 现代管理科学, 2015 (12): 76-78.

[18] 杨晓兰, 陈寿国, 丁成林. 增值税制度国际比较及对我国的经验借鉴 [J]. 金融会计, 2010 (3): 62-68.

[19] 孙丽英. 浅议开票公司虚开增值税专用发票的定性与处罚 [J]. 法制与经济 (下旬), 2013 (5).

[20] 孙静宜, 黄成. 虚开增值税专用发票以骗取国家出口退税款行为的定性 [J]. 中国检察官, 2012 (24).

[21] 李小文. 虚开增值税专用发票罪中介绍人地位与处罚之探讨 [J]. 犯罪研究, 2011 (6): 108-112.

[22] 财政部关于印发《增值税会计处理规定》的通知 [J]. 中国工会财会, 2017 (4).

[23] 财政部、国家税务总局关于黄金税收政策问题的通知 [J]. 涉外税务, 2003 (1).

[24] 陈穗红, 石英华. 黄金流通体制改革初期的税收政策研究 [J]. 中国黄金珠宝, 2001 (3): 82-85.

[25] 陈穗红, 石英华. 我国黄金流通体制改革的相关税收政策 [J]. 经济研究参考, 2001 (30): 26-32.

[26] 上海黄金交易所考察小组, 沈刚. 美国黄金市场运行情况及对国内的启示 [J]. 中国货币市场, 2007 (1): 56-59.

[27] 梁月. 从国际视角看中国黄金税收制度改革——基于商业银行黄金多重交易属性的研究 [J]. 金融会计, 2014 (9): 61-68.

[28] 张宁. 浅析增值税征管过程中所存在的税收风险——基于山西黄金税案的案例分析 [J]. 经济研究导刊, 2013 (17): 142-143.

[29] 张燚. "营改增"下增值税虚开专票研究——以××黄金增值税发票案为例. 时代金融, 2017 (14): 32-33.

[30] 侯卉. 增值税专用发票监控的反思 [J]. 税务研究, 2005 (3): 76-77.

[31] 常淳. 从虚开增值税发票的案件引发的思考 [J]. 财经界（学术版）, 2016 (33): 22-23.

[32] 李健, 万芳. 虚开增值税专用发票犯罪的特点、问题与对策研究——以江西经侦打击发票犯罪专项行动为例 [J]. 江西警察学院学报, 2014 (4): 17-21.

[33] 徐倩莹. "金税三期"背景下企业增值税专用发票的风险防范与应对措施 [J]. 企业改革与管理, 2017 (7): 123.

[34] 邢千. 纳税申报代理中对虚开增值税专用发票纳税人的识别与防范. 中国税务, 2017 (4): 4-5.

[35] 白华莉. 企业税收风险的防范与控制问题研究 [J]. 中国集体经济, 2016 (7): 90-91.

[36] 张景华. 税收风险识别模型的构建 [J]. 税务与经济, 2014 (1): 96-99.

[37] 刘锋. 虚开增值税专用发票案件的防范对策 [J]. 税务研究, 2016 (3): 56-59.

[38] 潘新梁. "以票控税"的完善途径浅探 [J]. 中国城市经济, 2011 (9): 22.

[39] Bird, Richard M. "Is a State VAT the Answer? What's the Question?". State Tax Notes. 2007: 120-133.

[40] Emran, S. M., Stiglitz, J. On selective indirect tax reform in developing countries. E. Journal of Public Economics. 2005 (1): 599-623.

[41] Mohammad Alizadeh, Masoume Motallabi. Studying the Effect of Value Added Tax on the Size of Current Government and Construction Government. Ace Elsevier Journal. 2016 (10): 336-344.

[42] Eduardo Marquez Peña. Effects of Value Added Tax on Mexican Economy. A Multisectorial Analysis by Developing an UApplied General Equilibrium Model-V (MEGA). DOAJ Journal. 2010 (3): 2-4.

[43] Igor Perko, Peter Ototsky. Big Data for Business Ecosystem Players [J]. Naše gospodarstvo/Our economy. 2016 (2).

重庆 PY 农产品公司营销策略研究

江 翱 孙洪杰

摘 要： 近年来，随着中国经济的迅猛发展，人民生活水平日益提高，西方现代化农业的理念快速传播，我国农产品市场的消费观念出现了转变，各类农产品尤其是绿色有机农产品需求日益扩大。随着我国现代农业逐渐崛起，农产品行业发展前景广阔，但是产品滞销问题仍是长期困扰农产品公司的难题。因此，农产品的专业营销越来越受到重视，针对农产品的营销策略研究也日益增多，农产品营销策略越来越具有针对性、科学性和建设性。基于此，本文通过对重庆 PY 农产品公司调查分析，并指出了该公司在营销策略方面存在的问题，根据目前市场情况，确立具体的营销市场对象，同时，为该公司打造设计一条合理的营销策略以及实施保障措施。

本文采取案例分析、文献分析、统计分析的方法，首先归集了农产品营销方面的理论基础，明晰了农产品营销具有与传统营销不一样的特征。其次，本文从实践出发，对重庆 PY 农产品公司营销的现状、问题和环境进行分析，明晰了重庆 PY 农产品公司在营销过程中所存在的问题，包括基础设施投入不够、没有品牌意识、缺乏创新思想、营销渠道不清晰以及随意定价等。通过 SWOT 分析矩阵，结合内外部环境综合分析，重庆 PY 农产品公司未来发展战略应以 ST 战略为主，即应该实行差异化战略。最后，在企业市场营销理论指引下，提出了重庆 PY 农产品公司的 STP、4P 策略，即重庆 PY 农产品公司营销应定位于中高端收入、中高学历群体，在产品策略设计方面做好以下工作，提出富硒产品的概念，将这一概念作为该产品的主要特征，不断改善产品包装，树立品牌意识；在定价问题上，要根据具体产品不同分别定价，对较次产品打折出售，根据不同地区人民消费水平和习惯定不一样的价格；在销售渠道层面上，要推进农产品网络营销策略、农产品连锁营销策略，不断完善产品的物流和仓储系统，交易方式不拘泥传统，结合现代交易途径提高交易效率的电子商务销售策略；在促销策略设计上，要进一步创新农产品促销方式，推进线上线下的有机协同。在此基础上，重庆 PY 农产品公司要建立

> 完善的营销评价机制、建立员工营销奖惩制度、不断扩大营销团队、员工需具备专业素养，并加强企业价值观教育，以此实现重庆PY农产品公司良好的营销业绩。
>
> **关键词**：农产品公司；富硒有机农业；市场营销；市场定位

1 导论

1.1 研究背景及研究意义

1.1.1 研究背景

近年来，随着中国经济的迅猛发展，人民生活水平日益提高，西方现代化农业的理念快速传播，促使我国农产品市场的消费观念出现了转变，各类农产品尤其是绿色有机农产品需求日益扩大。随着我国现代农业逐渐崛起，农产品行业发展前景广阔，但是产品滞销问题仍是长期困扰农产品公司的难题。因此，农产品的专业营销越来越受到重视，针对农产品的营销策略研究也日益增多，从某种程度上对现代农产品营销策略的要求也越来越具有针对性、科学性和建设性。对本文所探讨的重庆PY农产品公司来说，目前正处于发展的起步阶段，特别是在富硒农产品发展方面，还处于市场开拓的前期积累和加速培育市场阶段，相应的营销业绩有待提升，因此需要抓住机遇、克服困难，坚持以产品质量为核心、以市场需求为导向，发挥自身品牌优势，找到适合自己的营销策略，这样才能在现代农产品行业快速发展浪潮中突出重围，不断发展壮大。

本文通过对重庆PY农产品公司调查分析，指出了该公司在营销策略方面所存在的问题，根据目前市场情况，确立具体的营销市场对象，同时，为该公司打造设计一条合理的营销策略以及实施有效的保障措施。本文将着力采用营销方面的基础理论知识和评价措施，来分析研究重庆PY公司的营销策略情况，为该公司扩大其销售规模，提高公司净利润率以及帮助当地群众提高收入提供帮助，另外，也对我国中小规模农产品营销企业的发展提供理论帮助。

1.1.2 研究意义

世界范围内，经济交流日益密切，全球经济发展进程对农业的影响显而易见，尤其在中国加入世贸组织（WTO）之后，我国农业的发展在经济高速发展的促使下迈向了一个新的台阶，农产品的供求关系中的制约因素由曾经的数量转变为现在的质量；曾经的资源型农业已经转变为如今的市场需求型农业，农业面临着巨大的挑战。

在我国农业市场化程度逐渐提高的过程中，一些新问题随之而来，最主要的问题集中在流通领域，自20世纪90年代以来，我国农业发展面临诸多的制约因素，农产品销售不畅是其中较为重要的一个制约因素。笔者认为，之所以农产品销售不畅，关键在于营销体系不够健全。随着农业市场化的发展，农产品营销的模式与策略必须与之相符，并要加强创新与改革。

（1）在理论研究意义方面。通过对重庆PY农产品公司营销策略的研究讨论，有益于我国的中小农产品企业提高营销技巧和完善营销策略，同时也为这些公司营销方法方面提供更为丰富的理论参考和价值引导。

（2）在实际应用价值方面。本文对重庆PY公司农产品营销手段的分析研究，可以帮助提高当地种植户的经济收益，使产品形成品牌效应，能帮助当地农业经济多样化发展，同时也能从实际解决问题的角度，帮助重庆PY公司提高市场占有率和品牌效应，实现净收入的提高，有益于公司规模的扩张和企业的发展。另外，展开来讲，重庆PY农产品公司作为一个中小型规模的农产品营销公司，是整个中国农产品营销市场上的一个典型代表，对重庆PY农产品公司营销策略进行研究，也有利于进一步帮助重庆当地农产品相关企业的发展，促进重庆农村经济的不断发展，提高重庆当地农民的经济收入。

1.2 国内外研究现状

1.2.1 国外研究现状

20世纪初，在美国诞生了一门关于市场产品销售方面的学科，即市场营销学。随着时代的进步，生产水平的提高，产品的丰富，市场上产品不再出现紧缺，这就使得产品的销售出现竞争，在这样的背景下，市场营销这个概念得以提出，这个因素慢慢影响着市场的变化。著名学者赫杰特奇于20世纪初期出版了《市场》一书，它是销售学类教科书的开山鼻祖，它的出版意味着市场营销这门学科的诞生。随着时间的推移，市场发展模式日趋丰富，为了尽可能地满足各类市场的需求，产生了许多不同类别的营销模式，如网络营销、直销分销、连锁销售等。

对于市场营销这门学科，美国人有着独到的理解，其市场营销水平遥遥领先于他国。20世纪初期，著名美国学者维尔德发表了关于农产品的市场营销的著名论文，该论文为当时市场营销理论提供了理论依据。当下，美国农产品的营销策略主要为4Cs理论引导，并不断转为4Rs理论。营销模式上也不断创新，区别与传统营销模式，陆续出现了网络、文化、绿色、知识等新型营销模式。

Dasamy（2013）使用关系营销理论，以美国新泽西州为研究对象，分析了当地农民、经销商以及消费者之间的关系，分别考虑农产品的广告宣传、营养标签、农药残留、食品等级以及消费习惯等因素，以此考察消费者对于农产品营销过程中这些因素所表达的态度和反馈。

Thomas（2011）探索了美国当前农产品的营销模式、营销特点和具体适应情况，并重点讲述了网络营销的使用方法，另外，他还对比了美国和阿根廷对于农产品营销方案的不同，以及仓储和物流体系的差异。

Choe（2004）对亚洲农产品的营销模式的转变进行了研究探讨，发现其在新型营销模式中将实现生产者、营销者、消费者成为一个有机整体，单一独立于体系外的生产经营者将会被淘汰。

有机食品是整个世界范围内农产品发展的方向，其拥有着天然无污染、营养丰富、无农兽药残留等优点，在市场竞争中处于有利地位。Danciu（2008）提出必须不断提高有机食品占整个食品大类的比率，因为有机食品认可度不断提高，世界范围内的消费者对这类食品抱有极大兴趣，这就要求市场营销来扩大这部分食品的份额。

Hardesty（2010）等建议生产经营有机农产品的中小企业可以通过直销的方式拓宽自己的营销途径，实现有机食品销售效率的提升，同时也能够降低风险。

1.2.2 国内研究现状

当下中国没有完善的农产品营销模式以及具体经营方案，而对于有机农产品的营销发展方面的研究更是处于萌芽阶段。

徐庆国、刘红梅、黄丰（2013）认为，开发与推广富硒农产品是提高人们健康水平和生活品质的需要，也是发展生态农业和创意现代农业的需要。该文总结了富硒农产品在我国推广所获得的佳绩：政府部门大力倡导农产品的富硒工程开发，使富硒相关的农产品广受欢迎；富硒农产品开发势头迅猛，增硒方式逐步规范；富硒农产品给农民带来的经济收入也大幅提高，且富硒农产品的研发与生产开始有理论化的支持。通过分析我国富硒产品研究与推广工作存在的问题，提出今后应因地制宜、科学合理开发与推广富硒农产品；加强补硒技术研究，实现富硒农产品有章可循的研发和发展；不断强化指导方向和管理模式，加快富硒农产品产业化进程。

学者胡水英（2013）认为我国农产品的销售模式没有统一的标准，大多采用传统的交易方式，但其存在各种问题，必须进行制度创新和理论创新，推行新型营销模式，以适应我国农产品经济的发展。

高显钧（2014）以富硒农产品在我国的发展情况作为研究对象，采用资源稀缺、农业产业化特色农业等理论为作为研究的理论技术支持，结合湖北省恩施市当地富硒农产品的实例研究，并采用理论联系实际的分析方法，探讨研究了富硒农产品在我国发展的市场状况，从而对富硒农产品在我国的发展提出了一些建设性意见：第一，不断加强富硒农产品的宣传推广工作，提高富硒产品的品牌知名度；第二，建立富硒食品相关的标准体系，引导富硒农产品发展的规范化；第三，大力扶持富硒产业龙头企业的发展，以榜样的力量引导富硒行业的发展方向；第四，建立富硒产品的品牌效应，倡导天然富硒农产品的开发和推广，促进该行业的发展。

杨俊（2015）提出富硒产业发展关键是营销，营销思维决定富硒产品出路。该文围绕富硒产品特定市场背景及富硒产品特性、特定市场营销思维，提出富硒产品市场销售模式及理念的倒逼思维，走特定富硒产品、特定市场的"订制营销"之路，选择适合富硒产品市场的销售模式，将富硒农产品生产与销售回归到理性的市场中来，以促富硒农产品走出营销困境，做大做强富硒产业。

廖玉伦、陈玉明等人（2016）指出富硒的农产品硒含量确实远远高于普通农产品，而硒对于人体健康大有裨益，于是倡导应该大力推广富硒农产品在我国的发展，而推广富硒农产品首先要着眼于传统农业。当前社会节奏快，竞争压力大，很多人忙碌地工作，而没有关注自身健康，若缺乏一些微量元素，会引起很多疾病，如缺硒，会导致脱发、脱甲，甚至皮肤疾病，因此补硒工作刻不容缓。对于某些硒元素缺乏的地区，富硒农产品的推广更需要加快日程。

综上所述，本文提出富硒农产品的开发和推广存在一定必要性，并阐述了目前富硒农产品的发展现状，最后还提出了一些建设性意见。

1.2.3　国内外研究述评

比较国内外对于富硒农产品的研究情况，可知我国富硒农产品营销发展还处于初级阶段，且没有足够的理论和案例支持。现阶段我国农产品企业主要存在城市与农村企业发展规模差异大，不同地域的企业发展不平衡等问题。营销的模式主要还是在学习欧美国家的成熟机制，各种营销模式如直接、绿色、组织化、网络营销等方式都是在此基础上提出的。这些理论在我国实行具有一定的局限性，因为它没有基于我国国情，实施过程没有详细提出，缺乏足够的实践经验，没有相应的理论知识做支持，并不适合在我国的发展。尽管目前我国农产品的营销已有很多实践经验，但营销理论相对匮乏，大多直接借用西方理论研究，没有一个系统化的总结。于是，我们一方面需要不断学习西方发达国家成熟完善的营销理论；另一方面，更需要利用这些理论，结合我国的实际情况，将两者有机结合，以适用我国的发展。

1.3　研究内容和方法

1.3.1　主要研究内容

本文以重庆 PY 农产品公司为研究对象，分析指出该公司在营销策略方面存在的问题，根据目前市场情况，确立具体的营销市场对象，同时，为该公司打造一条合理的营销策略以及实施保障措施。具体内容如下：

（1）在阐述国内外研究现状的基础上，通过对重庆 PY 农产品公司的概述，分析重庆 PY 农产品公司营销现状和存在的问题，为下一步的研究提供现实依据。

(2) 对重庆 PY 农产品公司营销环境进行系统分析，在此基础上，采取调查问卷等方式对农产品的营销等情况进行详细的市场调查，从而选择目标市场，分析目标市场的主要特征，并设计市场定位策略。

(3) 设计重庆 PY 农产品公司的营销策略，具体包括产品策略、分销渠道策略、定价策略、促销策略。

(4) 设计重庆 PY 农产品公司营销策略实施的保障措施，包括机制保障、人才保障、文化保障等。

1.3.2 研究方法与技术路线

(1) 文献研究法。本文是建立在农产品销售和专家教授学者对农产品营销理论的构建基础之上的。通过搜寻、整理、比较和分析有关的文献资料，对农产品营销方面的主要方向和存在的一些不足进行分析研究，为进一步提出相关的对策建议、形成文章的理论基础打下了坚实的基础。

(2) 问卷调查与统计分析法。本文以重庆 PY 农产品公司为研究对象，通过调查问卷等方法对该公司生产富硒农产品的行为进行了调查，将搜集的公司材料和数据进行整理，做好了信息准备。运用统计数据分析农产品市场的现状和消费者行为，最终获得调查结论。

本文研究技术路线如图 1.1 所示。

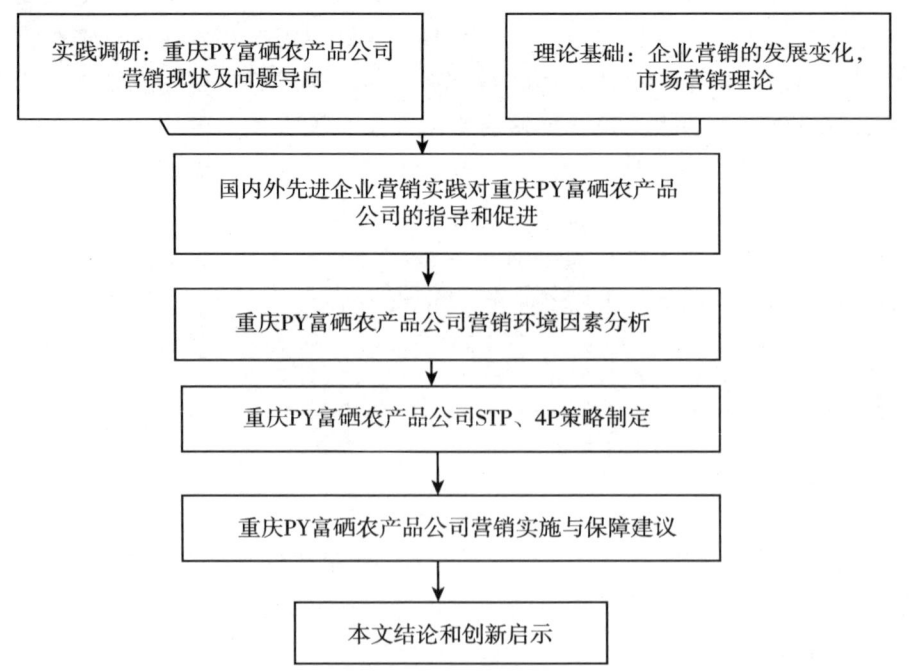

图 1.1　本文研究技术路线

2 相关理论基础

2.1 4P 营销理论

"4P"具体指产品、渠道、价格、促销四者,即重点分析这四个要素,充分兼顾公司具体状况,在此基础上,制订科学合理的方案,也就是我们平时提及的"4P"营销理论。

笔者认为,在4P营销策略的四个基本要素下,产品是基础和支撑,需要通过高质量、安全放心的制度设计,确保营销时能够得到最基础、最强力的保障。价格则是需要通过市场、客户、企业等多种因素,采取符合企业实际的价格策略,在创业初期,为了打开品牌,一般需要在价格方面有所竞争力,而当企业发展到一定阶段后,具备了较高的发展底蕴,则可以通过价格来产生更多的附加值。渠道是企业营销的桥梁,特别是在当前互联网经济模式下,要注重线上线下营销的协同和互动。促销则是企业在营销过程中采取的一些营销手段和方式的创新,目的是促进更好地达成销售意愿,其中重点要做好促销活动的设计和具体运作。

"4P"理论在公司实践中,存在着许多突出的特点:(1)该理论中的4P,通常来说,往往按照公司具体状况,能够自我调节,在此基础上,有针对性的使用,例如,公司能够按照自身的战略、市场形势,独立确定四要素;(2)"4P"理论中,四因素并非常量,现实中往往处于不断变化之中,因此,需要公司与时俱进,不断优化组合,实现效益最大化;(3)"4P"理论中,四者共同组成有机体,必须统一在公司营销策略中,相互促进、相互协调,最终在营销中取得"1+1>2"的效果。

在当前企业营销实践中,"4P"理论作为一种相对传统的营销理论,基本上涵盖了企业在营销实践中的核心诉求,因此在当前营销中具有重要的应用价值。结合笔者工作实践,在具体企业营销中,"4P"营销理论中的四个因素并不是孤立存在的,也不是一成不变的,而是要在具体营销实践中,通过对四个要素进行综合考量,注重四个要素的互动和协同,最终统一到企业的整体营销策略中,通过自我调整或补充,实现互补、共进。

2.2 STP 理论

20世纪50年代中期,史密斯在研究过程中阐明市场细分理论,相对而言,也就是按照目标市场中各个阶层消费者的实际需求,制订相应的营销方案。随后大量专家人士对此展开探讨,使该学说逐渐完善,科特勒在研究过程中将其升级为"STP理论",

现阶段，该学说非常受欢迎，基本上包括以下几点：

(1) 市场细分。换句话来说，也就是最大限度地把目标消费者群体进行分类，在此基础上，对各种顾客的需求进行调查，最终构建起相对科学合理完善的市场框架。其主要包括以下几个阶段：调查、分析、描绘，其参考依据主要涉及人口、地理、行为、心理等方面。

(2) 确定目标市场。根据前面的细分结果，充分兼顾到公司的具体情况，考虑自己具有的能力大小与资源需求，从中选出细分市场，当作公司今后的目标。

(3) 市场定位。根据目标市场，明确公司产品所具有的关键属性，在此基础上，利用各种要素的及时跟进，制订公司今后的战略。

2.3 SWOT 分析理论

SWOT 分析法是用来研究企业环境的一种关键的技术手段，具体来说，基本上是分析公司所具有的优劣势、面临的机会，以及受到的威胁等四个方面，也就是细致深入地分析公司的内外部条件，在此基础上，提出 SW、ST、WO、WT 策略，从而获得公司的 SWOT 结论，并且指明公司今后的方向以及措施方法，如图 2.1 所示。

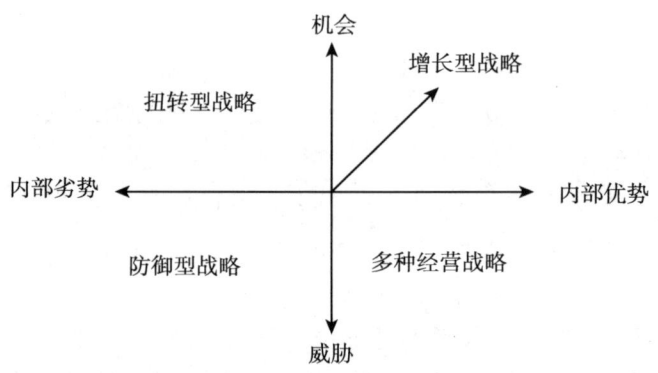

图 2.1　SWOT 分析模型

2.4 PEST 理论

PEST 分析法属于现阶段用来探讨企业战略的重要手段与技术之一，具体来说，是从政治、经济、社会、技术四个方面入手，来细致深入地探讨公司所处的环境条件，在此基础上，从宏观的层面为公司经营运作确定大致思路，从而使公司目标与其所处环境条件保持一致。对于本文研究的重庆 PY 农产品公司而言，在开展营销活动时，一定要认真分析 PEST 四个方面，以期清楚其所处的环境条件，最终使营销能满足环境条件的需要，使其真正能够取得实效，如图 2.2 所示。

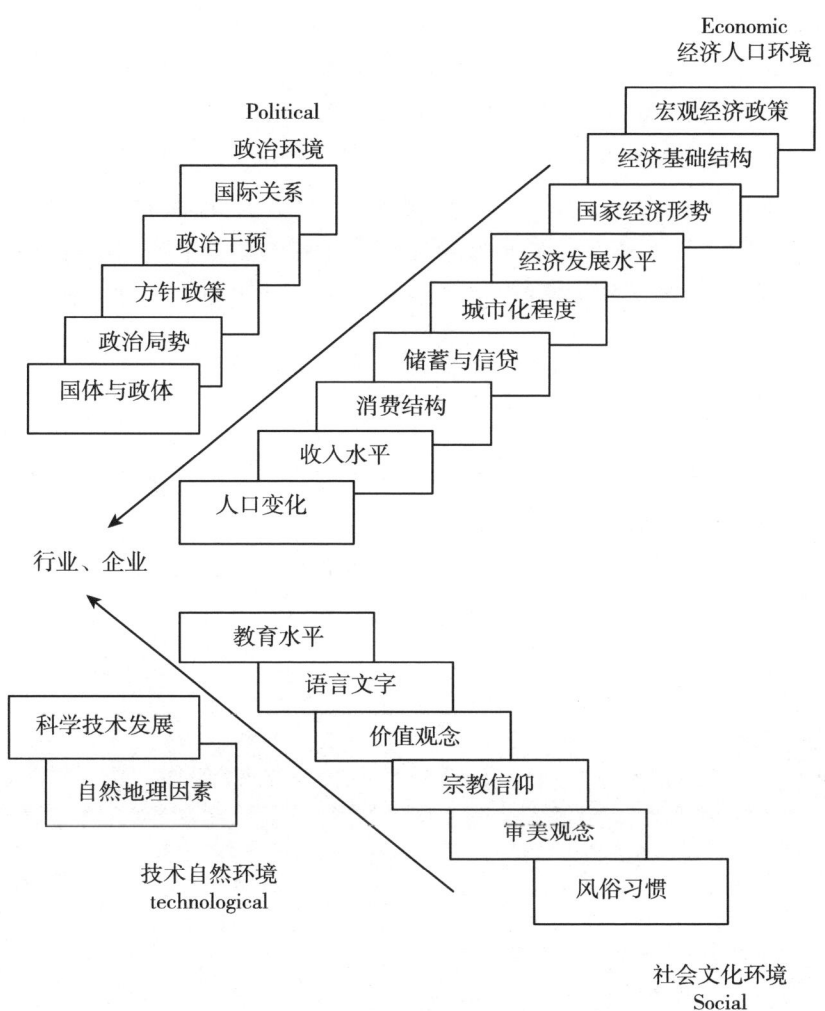

图 2.2 PEST 分析模型

3 重庆 PY 农产品公司营销现状与问题分析

3.1 重庆 PY 农产品公司概况

重庆 PY 农产品公司成立于 2013 年 2 月，注册资金为 1000 万元。公司主要生产和销售富硒农产品。硒是 1973 年联合国卫生组织就确定的人体重要的微量元素之一，富硒农产品具有防治疾病、增进健康、提高免疫力和延缓衰老等功效，是食药同源农产品的典型代表，是所有需要补硒人群的最好食疗食品，尤其是对癌症、糖尿病患者以及免疫功能差的人具有很好的效果。

重庆 PY 农产品公司主打高端订制模式，严格按照《富硒质量管理手册》进行生产经营，其生产、加工以及储藏等过程坚决不使用农药、化肥或者人工添加有机物质等。在生产和加工富硒农产品均建立了严格的生产、质量控制和管理体系，在运输过程做到全程冷链。

"从农场到餐桌，品味天然的味道"是重庆 PY 农产品公司永恒的理念，"自然、营养、环保、安全"是重庆 PY 农产品公司不变的追求。在商品方面，重庆 PY 农产品公司致力开发"新奇特"品种，满足客户一站买齐餐桌美食的心愿，在服务方面，重庆 PY 农产品公司一如既往当好质检员，从田间到餐桌，挑剔地为客户把好每一道质量的关卡。重庆 PY 农产品公司坚守品质、坚持高标准，只为能给更多的人提供健康、安全、美味的食品。

面向未来，重庆 PY 农产品公司将遵循科学发展、创新发展、和谐发展理念，围绕"强化功能，优化结构，提升综合竞争能级"的发展主线，继续坚持产业协同、品牌效益和市场化战略。力争到 2022 年发展成为"重庆龙头，西南领先，全国一流"的现代农业综合性开发公司。重庆 PY 农产品公司生产现场如图 3.1 所示。

图 3.1　重庆 PY 农产品公司生产现场

3.2　重庆 PY 农产品公司营销现状

3.2.1　销售业绩

通过多年持续经营，重庆 PY 农产品公司已累计为数百个家庭、十余个集团客户提供了新鲜安全的富硒农产品，产品认知覆盖人群持续增长。2017 年，重庆 PY 农产品公司富硒农产品产量突破 300 吨，年销售额达到 400 万元，公司资产 4000 余万元。产品产量、销售收入、市场占有率等在重庆市富硒农产品行业中保持较好增长。

重庆 PY 农产品公司的富硒农产品已逐渐在一定市场领域形成颇具影响力的规范化生产运营模式，各合作企业单位都具有良好的口碑，消费者对公司产品品牌有较好认可度。经过不懈努力，重庆 PY 农产品公司近三年无一起重大安全生产、环境保护责任事故，申报产品符合国家产业政策、环保政策、安全生产政策及相关法律法规要求，先后荣获"江津区农业产业化区级龙头企业""现代农业综合示范基地"等称号。

3.2.2 产品和品牌

重庆 PY 农产品公司依托江津区着力于打造成为现代农业、城乡统筹示范窗口，并成功创建国家级现代农业科技园区的发展背景。重庆 PY 农产品公司把握机遇，于 2013 年开始大力发展富硒农产品项目。经过多年发展，重庆 PY 农产品公司已投资约 3000 万元建成现代农业生产基地，包含产业道路、玻璃温室、连栋大棚、育苗棚、单体大棚、富硒堆肥棚、机耕生产道路、排灌站、水利工程等。

重庆 PY 农产品公司委托南京国环有机产品认证中心对生产的富硒农产品进行有机认证，该机构会不定期对公司富硒农产品生产用水、土壤进行检测，同时江津区环保局也会对公司富硒农产品产地生产用水、土壤、空气进行跟踪检测，确保从根源上控制产品质量。

目前，重庆 PY 农产品公司拥有重庆范围内最大、品种最丰富的富硒农产品（见图 3.2）生产基地，已建成环境友好、生态景观优美、高质量产品叠出、配套服务齐全的富硒农业农庄。

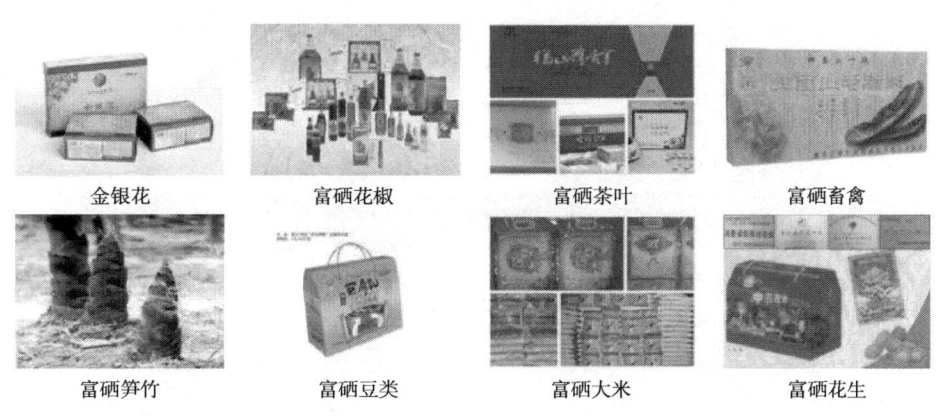

图 3.2　重庆 PY 农产品公司富硒农产品种类

（1）富硒大米概况（见图 3.3）。

重庆 PY 农产品公司富硒大米播种面积 4 万亩，总产 2 万吨。经检测，大米硒含量范围 0.0102～0.1937mg/kg，其中 56.0% 大米样本达到重庆市地方标准，75.3% 达到国家标准，先后荣获"放心米"和重庆市"名牌农产品"等称号。

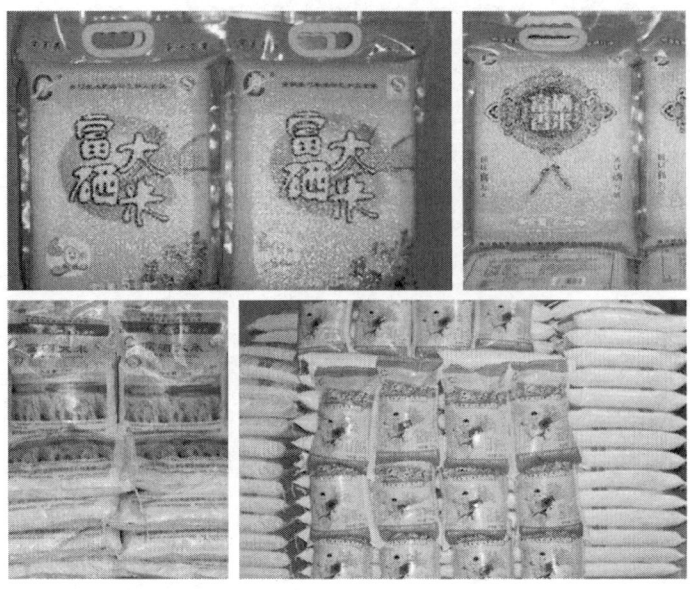

图 3.3　重庆 PY 农产品公司富硒大米

（2）富硒茶叶概况（见图 3.4）。

重庆 PY 农产品公司富硒茶叶种植面积达 1.17 万亩，产量 650 吨。茶叶硒含量范围 0.0549～0.2003mg/kg，平均含量 0.1213mg/kg，其中 63.64% 的茶叶样本达到富硒水平。

图 3.4　重庆 PY 农产品公司富硒茶叶

(3) 富硒花生概况（见图3.5）。

重庆PY农产品公司种植花生1.4万亩，年产量0.26万吨。花生硒含量范围为0.0212~0.1767mg/kg。依照重庆市地方标准，71.4%花生样本达到富硒，花生以品质优、味道美深受消费者亲睐。

图3.5 重庆PY农产品公司富硒花生

3.2.3 产品定价

目前重庆PY农产品公司在产品定价方面，主要是在参考市场定价的基础上，结合富硒的有机、高品质特点，实行的是相对高质、高价策略，特别是与市场传统农产品相比，重庆PY农产品公司富硒产品价格高出了80%以上，这主要是迎合高端消费者的需求，但在某种程度上也对一些中、低端消费者进行了阻碍，需要重庆PY农产品公司在今后市场营销中，结合公司发展战略，进行一些差异性营销考量，实行有所竞争性、覆盖面更广的价格运行体系。

3.2.4 营销渠道

目前重庆PY农产品公司营销渠道主要包括以下几种。

(1) 以连锁超市为终端的富硒农产品销售渠道。

目前大型卖场和超市一般都有有机食品专柜，如果有机生产企业自己建立销售网络，自己寻找经销商或者自己销售，则销售成本太高。目前重庆PY公示富硒农产品的主要销售渠道是进入各大超市，通过商超的规模效应，提高营销效率。超市人流量大，消费者购买农产品的目的明确。同时，超市的农产品专柜还可以发挥着宣传有机农产品及其企业的功能，有利于提高产品的品牌效应。当然，选择超市销售费用较高，且农产品的消耗量比较大，加之各种促销费、年节费、海报费等，有机专卖柜盈利困难。

（2）以专卖店为终端的富硒农产品销售渠道。

欧美发达国家，有机农产品的主要销售渠道之一是建立有机农产品的专营店。但是，这种方式还不能成为重庆 PY 农产品公司富硒农产品的主要销售渠道。建立有机农产品专营店有利于提升品牌形象，增加消费者对该产品的信赖程度，通过举办有机农产品的科普或者促销活动，可以促进消费者对有机农产品的认识和购买欲望。当然，这种营销模式也存在明显的缺点，如建设专营店需要支出门店费用和店面员工的劳务费用，在有机农产品销量不大的情况下，显然难以承受这种经济负担。

（3）以互联网、电话等方式进行富硒农产品销售渠道。

随着科技的发展，营销模式的丰富，出现了网络和电话营销，这种营销方式门槛低、入门快、成本低，使越来越多的小型有机农产品企业和个人参加到这种营销方式中去，但这种方式没有规模效应、比较分散。有机农产品的网上营销，需要借助其他更加丰富的销售手段来辅助其发展，而现阶段，有机农产品的市场不够规范，借助网络进行销售开展困难。重庆 PY 公司开展了网上销售，通过网络销售的途径，节约了实体门店的运营成本，并且网店无需大量囤货，减少了库存的压力。但是消费者在选购有机农产品时，由于网络的特性，无法直接看到真实的产品，从而对产品的信任度降低，需要较长时间的积累才能被更多的消费者认可，才能扩大其销售数量，提高有机农产品的销售收入。

（4）以团购、酒店等进行富硒农产品直销渠道。

在当今时代，我国礼品市场巨大，这也给特色农产品提供了发展思路和发展机会。大量的订单来源于对礼品的团购，PY 公司也因此有了更大的市场和渠道。有机农产品的品质和价值都高于普通的农产品，一些星级酒店逐步开始选择有机农产品为菜品的原料，其渠道较为稳定、需求量大、利润较高，对于企业来说是一种很好的销售渠道。

3.2.5 市场促销

重庆 PY 农产品公司目前在市场促销方面，主要还是采取的是线下模式，即通过传统的市场促销方式，通过给予经销商一定的提成比例，并且在一定的重要节日，或者商家提出的促销节日，给予消费者一定的折扣或其他奖励。

此外，重庆 PY 农产品公司还通过一定的线下媒介，如电视、户外展板、报纸等，对富硒产品进行一些广告或事件营销。

据不完全统计，近年来，重庆 PY 农产品公司每年的宣传推广费用约占企业总销售产值的 15%，这相当于变相地增加了重庆 PY 农产品公司的运营成本，而这种营销费用支出却是必须的，最终都需要通过良好的营销业绩来体现。

3.3 重庆PY农产品公司营销存在的主要问题

3.3.1 农产品营销的基础投入不足

当前，重庆PY农产品公司营销基础设施较为薄弱，与发达地区存在较大差距，这对重庆PY农产品公司营销提出了挑战。

一是物流网络配送不太到位。由于重庆PY农产品公司在物流配送方面的相对薄弱，再加上冷链物流设备在淡季时的闲置，从而使得农户不愿意在冷链方面加大投入。

二是农产品标准化待提高。目前我国农产品的品种类别较多，而且复杂多样，相应的生产标准不统一，再加上一些鱼目混杂的次品充斥着市场，导致货真价实的农产品市场开发受到较大影响。对于重庆PY农产品公司营销来说，目前在产品生产环节，仍然主要依赖于传统的生产方式，实行的是农户个体发展的模式，相对分散，没有产生出集中化与规模化效应，从而很难实现富硒产品的标准化生产。

三是专业、高素质的营销人才较为缺乏。由于重庆PY农产品公司从事农产品生产的主要是传统农民，目前基本上能够胜任农业生产的需要，但公司目前缺乏高素质的现代营销人才，需要从市场发展角度来提升全员的营销意识。

3.3.2 品牌维护和创新意识不强

农业品牌的创立要依托龙头企业的带头作用，但是在我国农业长期发展的过程中，由于传统观念的限制，对于农业类品牌建设和发展并没有过于注重。农业产业开展的前提条件和硬件基础就是农业的基础设施，要想创立农业品牌，必须要高效地利用各类生产要素。虽然我国农业水平近年来快速发展，但是农业的硬件设施条件较差，其品质有待改善。

创立品牌至关重要，创立品牌也需要长久的积累和精力的付出，品牌也是企业的资产。在当今市场上，对于品牌的管理不够完善，有大量的假冒伪劣品牌混杂在市场上，对真正的品牌利益有所损害。所以PY公司要维护市场环境，促进市场良好发展。

虽然重庆PY农产品公司对品牌农产品生产过程中的每个环节有着较高的要求，但不可回避的是，目前重庆PY农产品公司一直没有很好地围绕品牌进行系列开发，也没有出台具体的品牌维护措施。同时，在当前互联网经济的大环境下，重庆PY农产品公司也没有很好地对品牌进行创新，以此迎合互联网消费群体的实际需要。

3.3.3 市场定价不尽合理

重庆PY农产品公司现阶段采用的产品定价策略，基本上通过公司统一确定，充分考虑市场具体情况，通过成本加成定价法来确定，即在单位成本的前提下，辅助以适当的加成来决定销售价，在这里加成即利润。该方式尽管使重庆 PY 农产品公司的利润相对容易控制，然而需要注意的一个问题是，其并未充分考虑产品需求的改变，也没有很好地结合市场占有率，出台一些灵活多样的营销策略，从而造成了无法在很短时间之内满足市场需求的变化，相应的竞争能力不足，影响了企业发展的业绩支撑。

3.3.4 营销渠道冲突

在重庆 PY 农产品公司运行初期，主要的营销渠道是直接渠道，这样可以实现最小化成本，最大化利润。后来，随着重庆 PY 农产品公司的逐步发展，在总公司资金相对有限的情况下，为了尽快占领市场份额，在直营门店的基础上，发展了一批分销商和渠道合作伙伴，共同进行富硒农产品销售，从而形成了市场直营与代理渠道并存的现象。从现代企业营销实践来看，直营与代理并不是必然冲突的，只要重庆 PY 农产品公司能够很好地处理这两者之间的发展联系，同样能够获得直营与代理协同发展的效果。但是由于重庆 PY 农产品公司渠道控制和管理不力，在发展代理商分销渠道的过程中，出现了直接渠道和间接渠道争夺同一个顾客的现象，这在某种程度上扰乱了重庆 PY 农产品公司的市场体系。

3.3.5 推广促销不力

通过对重庆 PY 农产品公司当前在市场推广促销方面的主要做法进行分析可以看出，目前主要存在以下一些问题或不足：

（1）过于注重线下促销，对于线上促销的相关设计还远远不够，这与重庆 PY 农产品公司当前正在处于发展的初级阶段相关，但在当前网络信息社会模式下，及时布局线上营销渠道，加之强有力的市场促销，是现实要求和应有选择。

（2）在促销的方式方法方面，仍然沿用传统的一些广告、折扣、降价等方式，没有很好地结合消费者的需求，对消费者进行一些细化，然后实行有所针对性地促销应对。

3.4 本章小结

在当前富硒农产品市场竞争激烈的大背景下，重庆 PY 农产品公司创立中高端品牌，全新的原创产品加上创新的营销手法，从而稳固了重庆 PY 农产品公司在国内富硒农业中的品牌地位，但同时不可忽视的是，重庆 PY 农产品公司在具体营销过程中，也还存在营销产品定位模糊、营销价格随意性强、营销渠道较为单一、促销策划不够专业等问题，影响了发展业绩的实现。

4 重庆 PY 农产品公司营销环境分析

4.1 重庆 PY 农产品公司宏观环境分析

4.1.1 政策环境（politics）

国家高度重视开展有特色的农业产业建设。对于各地区具有当地特色的农业类型，国家积极鼓励引导各地区借助自己特有的农产品、农作物、农业相关产业积极探索农业发展的新路径，从而带动农业收入，提升农民的经济来源和生活品质。2017 年年初，党中央和国家相关部门发布了对于农产品特色的通知文件，文件中提及，将要在未来的五年之内，在各个县区大力创建特色农产品示范区，选择规模大、基础扎实的企业或者其他经营主体来带领当地的特色农产品行业的发展，树立有特色的新的品牌，建立更多的农业企业，从而大面积地开展特色农产品的开发和建设，增加特色农产品的种类，打开特色农产品的市场，提升其竞争力，提高市场占有率，从而使消费者对农产品丰富多样的需求得到满足。文件中也强调了要大力鼓励和支持各地区内对于本地特色农产品的选择和开发方式，积极促进该行业的快速发展。因此，对于重庆 PY 农产品公司来说，其属于具备富硒产业发展条件的地区，可以通过积极参与创建特色农产品优势区，加快推动富硒农产品开发。

4.1.2 经济环境（economy）

党的十八大以来，我国农业农村发展呈现"稳、进、新"态势，表现为稳中有进、稳中有新。

所谓"稳"，即总体局势平稳。首先表现在农业生产方面。统计数据显示，2017 年全国粮食总产量达 61791 万吨，比 2016 年增加 166 万吨，增长 0.3%。粮食生产再获丰收，属历史上第二高产年。其次表现在农民增收方面。统计数据显示，农村人均收入达到 12363 元人民币，名义与实际提高幅度分别为 8.2% 与 6.2%，相比而言，提高幅度比城镇居民高。再次表现在农村社会方面。民生条件逐渐提高，整体上表现得更加和谐。

所谓"进"，就是一些重要领域有进展、有突破。一是农业结构调整取得较大进展；二是农村改革深入推进，在若干重要领域和关键环节取得新的突破；三是脱贫攻坚开局良好。

所谓"新"，即逐渐出现了一些新产业，与此同时，新动力逐渐得到提升。以电商、旅游休闲等在农村获得了急剧的发展，呈现出一片如火如荼的局势，产生了一系列的新型经营主体，各种社会力量纷纷前往农村发展，这已经发展成一大趋势，恰恰为农业发展注入了新鲜血液。

而从重庆 PY 农产品公司所在的重庆市来看，2017 年，全市实现地区生产总值 19500.27 亿元，按可比价格计算，比上年增长 9.3%。其中第一产业增加值 1339.62 亿元，增长 4.0%。2017 年，全市实现农业总产值 2009.36 亿元，按可比价计算同比增长 3.7%。粮食作物产量 1167.15 万吨，同比增长 0.1%；蔬菜产量 1947.18 万吨，增长 3.8%；水果产量 445.94 万吨，增长 9.1%。

总体来看，近年来，重庆市经济运行态势良好，主要经济指标保持平稳，供给侧结构性改革深入推进，新动能不断累积，经济发展的活力和韧性不断增强，为全市经济转入高质量发展阶段奠定了良好的基础。

笔者认为，伴随着世界经济、我国经济的逐渐企稳，以及我国农业经济的持续向好，这给了重庆 PY 农产品公司的可持续发展以良好的经济支撑。

在当前我国经济发展新常态下，高效利用富硒土地资源，大力开发富硒特色农产品，优化土地利用方式，提高土地综合利用价值，进而加快我国农业发展方式、农业科技和产业形态变革，是贯彻落实生态文明建设和现代农业发展工作部署，推进先行发展现代农业综合配套改革试验工作的重要着力点。基于此，重庆 PY 农产品公司可以借助丰富的富硒土壤资源、富硒生物资源、富硒生态旅游资源等天然富硒环境和富硒生态圈，在国家政策支持和地方政府大力扶持下，努力打造"中国生态富硒之都"。

4.1.3 社会环境（society）

生态环境和食品安全已成为全社会关注的焦点，政府已经把食品安全放到了一个新高度，消费者也意识到了食品安全的重要性。大力发展富硒农业，则是维护生态环境、保障食品安全的重要途径。

重庆 PY 农产品公司通过可靠的途径，借鉴先进生物技术，经过对富硒食品的研究，已研制出富硒农产品，所有食料确保无农药、无化肥、无重金属、无添加剂、无转基因，受到农户的欢迎。因此，从社会文化环境来看，随着社会公众市场经济意识的增强，重庆 PY 农产品公司在具体发展过程中必然会具有良好的社会文化基础。

4.1.4 技术环境（technology）

对于重庆 PY 农产品公司的技术环境来说，随着现代科学技术和互联网技术的提高，从而为重庆 PY 农产品公司的可持续发展提供了良好的技术支撑。重庆 PY 农产品公司完全可以借鉴现代高科技，为企业可持续发展注入更多的技术元素。

（1）富硒农业技术标准体系。农产品也需要标准化，只有其生产过程更加标准化才能使其在市场上得到更多的认可，从而带来更好的收益。重庆 PY 农产品公司主要经营各类富硒农产品，如大米等粮食，蔬菜水果和禽畜制品，还有药材茶叶等物品。该公司应当在自己的生产经营过程中，从农产品的生长环境、种植过程、加工方式、广告及销售和售后服务等生产经营的整个产业链过程中，全面开展规范化建设，拟订公司自己的规范操作流程，将来自国家或者地区及行业内部的标准配套运用在自己的公司，力争公司生产销售全部流程达到标准化，同时也为所在地区的农业生产标准化起到一定的引导和带头作用。同时，PY 公司应当积极响应国家以及市县区的号召，申报农产品标准化建设的试点，争做区域内标准化带头的农产品公司。

（2）建设富硒农产品检测体系。公司应当借助各类国家级、市县级的检测机构，大力开展对于水、土壤和各类富硒农产品的检测，对富硒产品进行专业化的含硒量测定，建立资源库，开展对于本区域内其他各类富硒农产品的监控，使得公司具有检测富硒农产品的能力。

4.2 重庆 PY 农产品公司微观环境分析

4.2.1 行业分析

硒是人体非常重要的微量元素之一，它具有防癌抗癌的功效，同时也有利于保护心脏，对人体非常有益。我国大部分的地区硒含量较少，通过摄入含硒量高的农产品可以达到补充人体硒元素的功效。近年来越来越多的富硒农业兴起，富硒农产品在市场上逐渐丰富，其经济价值较高。目前富硒产品类别丰富，从植物到动物菌类以及药材类都有涉及，富硒农产品产业链较长，覆盖面广，从兴起时就有很好的带动作用，对各行各业都起到了积极的促进作用。在全球范围内，对于硒的研究和富硒农产品的研究正在大力开展，并飞速发展着，而我国范围内各种富硒的农产品业销量很好，为广大消费者所喜爱，各类富硒农产品已经从初加工的模式逐渐转型到开展加大精深加工的力度，丰富其产业模式，扩大其产业格局。开发硒资源、利用硒资源、发展硒产业的热潮正在兴起。

对于富硒农产品的评定及价值认定中，具有重要参考意义的指标就是其硒含量，国家对于富硒农产品在生产的过程控制及质量安全保证时都主要依据硒含量进行控制。含量对该产业建设和发展有很大的影响，高含量的硒是产业发展的重要基础和前提。目前，在重庆、湖北等一些省份都制定了相应的地方标准，而在国家层面并没有相应的对于富硒农产品的国标，这也是国标急需完善的地方。但现阶段存在的标准都只是对富硒农产品的含硒量进行了规定，而并没有对其种植生产的过程进行规定。笔者认为，在全世界范围内，功能性农业的发展是必经之路，也是未来的风向标，富硒农产品制定相应的标准是至关重要的，在全国范围内有必要在统一的要求和标准下开展富硒产业发展和建设。

2016 年，中国的富硒产业联盟和功能农业研究中心以及农业类相关高校联合举办了对于富硒农业的创新论坛，在其发布的论文集中提及，硒元素已经发现 200 年左右，而对硒的功效性的研究在60年前就已有开展，21世纪以来，在全世界范围内都大量开展了与硒相关的研究，特别是硒元素对于人体健康的重要性，以及其抗癌、抗病毒、增强免疫力等功效的研究等。人们逐渐开始关注硒元素对人体健康的重要性。

在我国有七成以上的地区硒含量极低，我国大部分人口体内硒元素含量偏低，目前人体内硒元素一般来源于食品，如粮食、水果、蔬菜、禽畜制品等，当摄入含有富硒的以上各类食品时，有助于人体硒元素的补充。以本文所探讨的重庆PY农产品公司所在的重庆江津地区为例，江津区在数年前就提出了特色农业发展的思路，将利用江津区富硒的特色来开展各类农业产业，区内将每年投入数千万元进行硒产业的开发与建设。在该思路提出五年之后，江津区建设了数十家富硒产业的示范基地，大力开展了富硒农产品的开发，加速了其产业建设，同时也带动了整个江津区富硒产业的发展。

江津区政府对于富硒产业的建设非常重视，出台了一系列有利于硒产业发展的政策。首先，对于从事富硒农产品生产加工的企业给予大力的支持和一定的经济补助，帮助其扩大生产加工规模，加快产业建设带动硒产业的发展。其次，政府部门会定期对各个富硒农产品生产加工的企业进行走访，及时了解企业运营现状，了解其遇到的各类困难，帮助其解决困难，或者给予一定的资金补贴。最后，对于富硒农产品的生产和开发，区政府会给予相应的减免税收等优厚条件，最大力度地支持其公司发展。

江津区政府在本地硒产业的发展起到了巨大的推动作用，为了使本地硒产业与市场紧密连接，区政府开展各类优惠活动和政策吸引外来企业入驻江津区，向全市以及全国范围内大力宣传和推广江津区富硒土地和富硒资源的特色，借助富硒产业大力开展区内发展，从生产加工到市场营销整个范围内大力扶持当地硒产业的建设，在短短数年内就将江津区的富硒茶、富硒大米重要产品在全市范围内形成了很好的口碑，它们销量高，经济价值也高，为江津区的经济收入带来了很大的提升，也为江津区做了很好的宣传和推广。

4.2.2 竞争对手分析

结合目前重庆PY农产品公司的运营现状，其在发展过程中面临的主要竞争对手在于以下几点。

一是在重庆市内，与重庆PY农产品公司构成直接竞争的是重庆硒浦农业开发有限公司。这两家公司在生产品类、营销模式和发展规模方面都比较类似，彼此之间具有很强的替代性，因此两者也成为最直接竞争对手。重庆硒浦农业开发有限公司是重庆一家新兴的农业开发企业，自成立以来，立足江津富硒资源，致力于开发和打造江津的富硒农产品。与此同时，该公司以开阔的视野走出江津，在攀枝花等全国多个地方建立开发基地,力争形成全天候的富硒农产品销售链。这种向外拓展的营销思路,值得重庆 PY 农产品公司学习与借鉴。

二是在全国更广大范围的一些高端农产品公司,再加上一些有意进入富硒农产品领域的资本聚集型企业,均对重庆 PY 农产品公司形成了较大的市场竞争,这在某种程度上也加剧了重庆 PY 农产品公司所在富硒领域的市场竞争。以黑龙江省方正县的富硒大米为例,其以营养安全、品质优良、米粒整齐透明、米饭口感好、香味浓厚等特点赢得广泛赞誉,畅销 30 多个省,并出口到海外,被评为中国国家地理标志产品。在引领国内富硒大米潮流的同时,方正富硒大米仍没有停步,目前正在组织农业专家、大米协会等相关部门,从种子、种植、投入品、仓储、加工、环境、产品、溯源管理等 8 个方面,修订"方正富硒大米"的标准体系框架。为确保"方正富硒大米"保持高水准栽培技术,方正富硒大米在生产环节实现限定品种、限定时间、限定数量施用化肥和农药。新标准整体上做到统一品种、统一生产规程、统一投入品供应及使用、统一田间管理和统一收获生产管理制度,从而使"方正富硒大米"形成了一套科学、规范、高标准的产品供给流程。

基于此,笔者认为,重庆 PY 农产品公司唯有走差异化、高端化富硒农产品的市场拓展之路,深耕重庆富硒农产品市场,并尽快向全国其他区域拓展,以尽快形成全国性的、行业领先的富硒农产品品牌企业。

4.2.3 消费者分析

目前,富硒农产品销售方式都是走传统的大卖场、专卖店、会销、直销及分销等形式,具有销售市场的多样性和组织化程度低等特点,消费者对硒元素的好处和作用不了解,对富硒农产品概念很陌生,即使尝试选择富硒农产品,食用后效果的滞后性和不确定性,在短时间范围内无法感受到富硒产品带给消费者对硒与健康效果的一致性,导致消费者对富硒农产品的偏好降低,严重影响消费者再购买行为。

生产者、生产企业、营销人员对硒知识自身了解的不全面,缺乏系统的专业培训,导致在消费者需要了解硒及富硒农产品的特点和作用时无法给予正确的消费引导,甚至夸大产品的好处和作用,让消费者在购买硒产品之后形成极大效果反差,反倒形成富硒农产品与传统农产品没有区别甚至有上当受骗之感。

富硒农产品市场定价在消费者眼里的天价心态,让原本真实富含硒的农产品在消费者面前望而止步。富硒农产品肉眼及现场无法快速测试、判断其含硒的可靠性,一些生产者同时对农产品是否硒含量达标,有害物和污染物的控制存侥幸心理,不断挫伤消费者积极性。

为了更好地了解重庆 PY 农产品公司消费者的现状,笔者通过问卷调查得到以下数据:

（1）对富硒农产品知晓率和关注度（见图4.1和图4.2）。

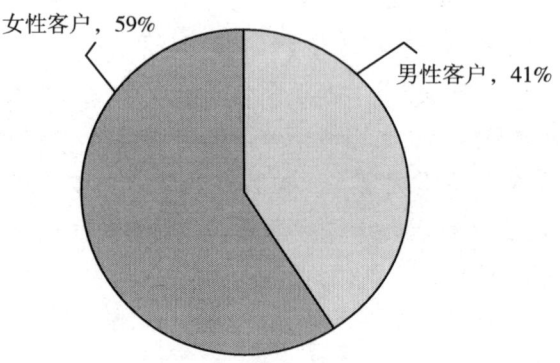

图4.1 性别方面

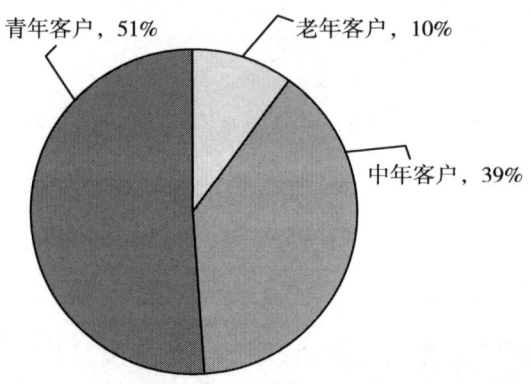

图4.2 年龄方面

（2）了解富硒农产品后有较强消费意愿（见图4.3和图4.4）。

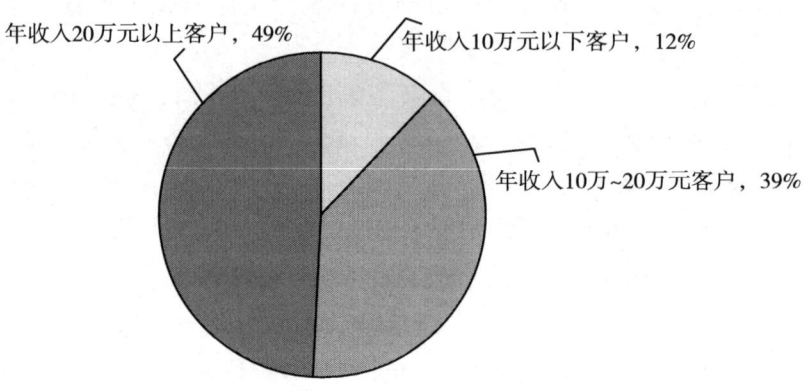

图4.3 年收入方面

结合问卷调查数据，通过对一些富硒农产品消费者的访谈和分析发现：

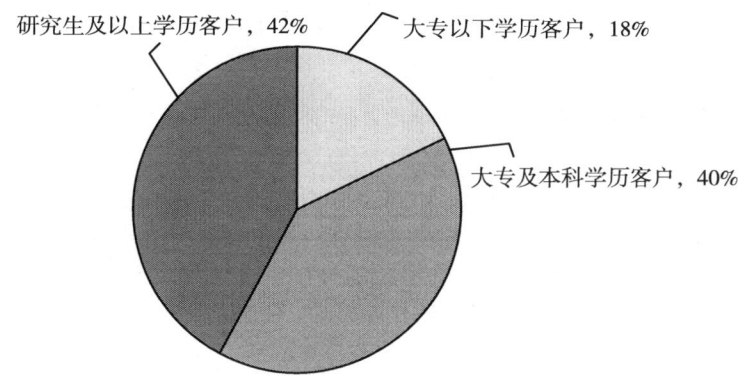

图 4.4　学历方面

（1）关于富硒农产品的消费主体，主要集中在一些对生活品质有较高要求、收入相对较高的群体。在性别方面，女性较男性略多，因女性对于健康高品质生活更为注重，更加亲睐抗衰老农产品。在年龄方面，大多是处于中青年，其对新实物、新理念的接受能力和程度较高。

（2）关于消费者反馈的对富硒农产品的实际需求，目前主要集中在富硒农产品的货真价实上，并且通过食用后，能够产生出强身健体的良好效果。基于此，重庆 PY 农产品公司要通过邀请消费者实地考察、现场体验，以及相应的富硒科普知识，来努力打造出富硒的高品质、亲民、健康、生态的时尚概念。

（3）关于消费者对富硒农产品的关注因素，笔者通过访谈发现，基于重庆 PY 农产品公司所销售的是富硒农产品，消费者对产品质量更为关注，而对于价格的关注也比较多，毕竟农产品消费量也比较大，长期消费的价格也理应得到消费者的关注，这从一个侧面也说明了重庆 PY 农产品公司要走高质、适中价格的营销路线。

（4）关于影响消费者购买富硒农产品的渠道，目前主要集中在商超等线下渠道，这也是当前我国高品质农产品营销的主流渠道。但同时不可忽视的是，随着互联网经济的发展，线上渠道也逐渐成为富硒农产品的重要渠道，尤其是中青年群体，习惯于线上购买农产品的比重较高，并呈现逐年增高的趋势。

4.3　重庆 PY 农产品公司 SWOT 分析

4.3.1　优势分析

（1）富硒农业具有一定的特色，富硒农产品经济价值高。富硒农产品对于生产的投入和加工过程与普通的农产品基本相同，却具有更好的经济利益。到目前为止，富硒农产品包含的种类丰富，从植物到动物，粮食、茶叶、药物都有涉及，而且富硒农产品技术已经基本成熟，可以大范围地扩大产业链，对整个区域的相关产业建设具有一定的带动作用。

（2）政府支持。富硒农产品开发是政府重点扶持的产业类型，重庆PY农产品公司享受到了政府开展的各类优惠政策，在政府的支持下，富硒产业也得到了更多的投资，其市场占有率逐步扩大。

（3）公司目前人力资本相对较好。重庆PY农产品公司员工中以从事农业生产一线的农民为主，但这些农民年龄在30~50岁之间，年富力强，也肯吃苦，在技术人员指导下，基本上能胜任富硒农产品的生产和管理。

4.3.2　劣势分析

（1）现阶段，富硒农产品并没有充分展现其营养价值高的特色，没有将其高营养价值转变为相应的经济利益收入。富硒产品生产规模较大，但是并没有形成名优产品，常见的富硒农产品多为粗加工食品，而市场需求更大的精深加工产品较少。现阶段所拥有的相应的生产加工设备较为落后，高科技产品使用较少，富硒产品的品牌鱼目混杂，质量参差不齐，高标准，高质量的产品比较少。

（2）公司机制不灵活，没有形成真正的企业文化。重庆PY农产品公司作为一家创立时间不长的企业，经营机制还不灵活，激励约束机制不到位。

（3）公司的员工平均操作水平较低，对市场具有较高把控能力的项目经理较少，市场能力较差。

4.3.3　机会分析

（1）随着近年来消费者对于农产品的要求逐渐提高，对农产品的营养价值更加注重，富硒农产品真正满足了消费者的需求，具有很好的发展趋势和很大的发展空间。富硒产业应当属于资源型产业，一部分地区具有高硒含量的土地及其他自然资源可以形成市场垄断，企业及地区应当利用这样的先天优势树立一些富硒品牌，加大宣传，在此行业占据更大的优势，提升富硒产业的经济利益。

（2）国家对于农业发展加大了投入力度。近年来，我国工业化发展进入中期阶段，而城市化建设正在加速进行，以往农业是工业发展的辅助行业，而近年来，工业开始反哺农业。农业是国家的基础产业，农业影响到整个国家的粮食安全和人民的基本生活保障，所以政府对于农业的投入会不断增大力度，促进其更好发展。

（3）农村具有广阔的发展前景。近年来，随着城市化建设的加快和工业化发展的加速，重庆市对于农村经济的发展也更加重视，政府对于农村发展给予了更大的支持，农民的收入由以前的大部分来源于农业生产逐步转向非农领域。农业化生产逐渐向现代化发展，这也为农产品公司的发展带来了良机。

4.3.4　威胁分析

（1）在重庆内外都面临着非常激烈的市场竞争。正如前文所及，本地的硒浦农业开发有限公司,与重庆PY农产品公司具有较大的同质替换性。而在全国内,由于我国富硒土地分布较广,相应的富硒农产品也非常多,而重庆PY农产品公司目前基本处于中等水平,与行业领先水平,如中国国家地理标志产品——黑龙江省方正富硒大米,就是重庆PY农产品公司在发展中的标杆企业,其对重庆PY农产品公司未来发展空间必将造成一定的挤压和阻碍。

(2)国内富硒食品产业发展同构化竞争的挑战。以富硒大米为例,生产地区众多,如安徽巢湖、江苏洪泽湖、河南唐河县、黑龙江鸡东县、浙江绍兴、南京市六合区、重庆江津、江苏连云港等。据网站检索资料显示,全国已有21个县生产富硒大米和杂粮,拥有富硒大米品牌达25个。普通消费者难以区分其区别,因而初级富硒农产品的开发面临同构化竞争的挑战。

(3)食品质量安全的挑战。由于硒食用量的安全范围较窄,各地区富硒农产品含硒量不同,天然硒与人工硒并存,硒含量各自不同,因此必须规范化、标准化,形成与国际、国家和行业标准相衔接的较为完善的标准及管理规模体系,这既是严峻的挑战,也是重庆PY农产品公司赢得市场竞争和加快发展的机遇和关键所在。

4.3.5 SWOT分析结论

结合重庆PY农产品公司在发展中的优势、劣势、机会和威胁,我们可以得出重庆PY农产品公司SWOT分析矩阵,进而形成重庆PY农产品公司与实际联系紧密、具有可操作性的发展战略优化方向,如表4.1所示。

表4.1　　　　　　　重庆PY农产品公司SWOT分析矩阵

S + O	W + O
(1)实施品牌战略,做大做强农业企业; (2)加大投资额度,扩大生产经营规模; (3)合理规划投资方向,优化资源配置	(1)转型升级发展策略,即针对自身条件和现实环境状态,在保持原有生产经营规模的前提下,明确后续投资方向; (2)市场竞争策略,即避开与其他品类的直面竞争,重点发展某一类比较效益较高的生产经营项目,形成自己的主导产品或特色产业
S + T	W + T
(1)均衡投资发展策略,实现多样化的生产经营项目齐头并进式发展; (2)引进新项目发展策略,即重点投资经过论证的新的生产经营项目; (3)投资与内部融资结合策略,调整各方面的积极性,扩大资金总量	(1)风险共担策略,通过员工持股、土地入股等方式实现投资者、经营者和劳动者等多方共担经营风险; (2)风险规避策略,通过投资风险评估、市场趋势预测、加强内部管理等措施,合理规避和降低投资风险; (3)风险分担策略,通过生产经营项目承包责任制、股份制改革等策略,实现风险分担

通过以上SWOT分析矩阵可以看出,结合内外部环境综合分析,重庆PY农产品公司未来发展战略应以ST战略为主,即应该实行差异化战略。

4.4 本章小结

本章主要对重庆PY农产品公司内部环境进行了归集,并通过SWOT分析,明确了重庆PY农产品公司当前在营销过程中存在的一些问题,因此通过SWOT分析可以得出,重庆PY农产品公司营销策略要以ST战略为主,注重差异化营销,以此形成PY富硒农产品公司可持续、具有核心竞争力的"市场蓝海"。

5 重庆PY农产品公司营销策略设计

5.1 STP策略

5.1.1 市场细分

市场细分指的是基于消费者具体化的需求,而将某一产品市场细分为不同的子市场。每一个子市场中的消费者其消费需求具有高度的一致性,而不同的子市场之间的消费者具有很大的差别。对于该公司而言,可以将消费者通过收入水平、年龄结构、学历层次等进行市场细分。

根据重庆地区经济情况,将年收入划分为高收入(20万元及以上)、中等收入(10万~20万元)与较低收入(10万元以下)家庭。

根据富硒农产品潜在消费者年龄情况,将年龄划分为青年、中年、老年。

根据富硒农产品潜在消费者学历情况,将学历划分为大专以下、大专及本科、研究生及以上。

根据公司产品销售区域情况,将区域划分为重庆市内及全国范围内。

5.1.2 目标市场

通过消费者分析部分的问卷调查数据及访谈分析,应选择中高端收入、中高学历群体作为公司的目标市场,因该类群体占据了大部分富硒农产品潜在消费者比重,并且还有如下分析原因。

(1) 该消费群体普遍比较重视产品的品质需要,重庆PY农产品公司的产品是经过有机认证的,符合绿色食品的要求,产品安全而健康,在生产过程中不添加任何添加剂,其品质可以满足这一群体的需求。重庆PY农产品公司的发展目标就是拓展在重庆市的销售渠道,扩大其销售范围,增强市场占有率,提升经济利益,该公司产品为富硒食品,在同类产品中价格偏低,借助价格优势来取得快速的发展,地理位置良好,产品的运输具有极大的便利。

（2）此类群体忠实度高，在通常状况下，一旦该产品在此类群体中产生良好的口碑，该类消费群体将会长久地对该产品进行支持和购买，重庆PY农产品公司生产的有机富硒农产品，营销策略、销售途径和品牌推广，必然与其他农产品不同。其目标消费群体是中高端的消费者，企业需要针对特定的消费者制定有针对性的宣传及推广方式，从而开展营销工作。

（3）该消费群体具有普遍较高的健康观念，对新事物、新理念接收能力和水平较高，对食品健康安全更加重视。富硒食品需要长期摄入，也就会导致固定的消费。该消费群体普遍收入较高，对价格较高的富硒食品具有购买能力，而当该群体习惯于购买健康的富硒食品之后，会将其介绍给自己的家人和朋友，从而扩大这一消费群体，也增强富硒食品的认可度和消费者数量。

5.1.3 市场定位

通过上文分析，我们得知，重庆PY农产品公司在定位过程中必须坚持消费者导向，参考消费者的体验需求来制订科学合理的营销方案。

（1）产品定位：绿色富硒，健康的食品、理想的食品，是质量安全、口感好、耐贮存、具有保健功能的高档食品。

（2）消费者定位：以满足人们不断追求高品质生活需求为出发点，面向中、高端消费群体和礼品、团购市场。

（3）企业定位：发展成为重庆最大的富硒农产品生产及销售龙头企业，进而打造全国范围内富硒农产品市场竞争力强、信誉度高的高端品牌。

5.2 产品策略设计

5.2.1 打造绿色富硒农产品

（1）围绕"富硒""生态"优势，发挥当地的资源优势，开发特色农业的现代化建设。重庆PY农产品公司作为专业从事富硒农产品的生产、加工、销售的企业，要秉承绿色无公害种植理念，严格按照有机富硒标准种植，真正实现富硒农产品的绿色、健康、原生态。重庆PY农产品公司要加大力度建设产品的质量控制体系，加强产品追溯性设计，从生产到加工销售全产业链全方位控制，保证产品质量安全，保护消费者的利益。

（2）坚持绿色生产营销理念。重庆PY农产品公司要实行无公害生产，全程推广富硒农业模式，并力求将其形成有别人其他普通农产品生产区域的地方农产品标签，进而在消费者心中固化重庆PY农产品公司的品牌形象。同时，重庆PY农产品公司可以采取绿色标志认证，借助第三方监管力量，将重庆PY农产品公司的真正富硒产品向社会传播。与此同时，重庆PY农产品公司在进行具体营销时，也要将绿色理念贯穿到产品包装、配送的全过程，让消费者真正得到的是有充分保障的全过程监管的产品或服务。

（3）建立健全农产品责任追溯制度。重庆 PY 农产品公司对农产品致人损害采用无过错责任原则之外，还要尽快建立起更为严格的农产品生产的可追溯制度，做到每一个农产品的品质都能够真正可控，杜绝可能会发生的一些农产品安全事故。

5.2.2 改造产品包装设计

重庆 PY 农产品公司原来的包装更多的是突出产品属性，如大米、蔬菜等字样，而没有突出富硒字样。笔者认为，产品包装不仅需要美观，同时也需要科学的设计、实惠的价格和可靠的质量。科学指的是包装首先必须要满足其基本功能，要具有对产品的保护作用，要方便产品的搬运，同时通过包装的设计吸引消费者的目光，满足包装的需求，符合大部分消费者的喜好和审美。经济的价格指的是包装的设计需要符合常规的工业生产水平，要尽可能地降低生产成本、生产工序以及时间。可靠指的是包装必须要质量好，足以实现对产品的保护，在运输搬运和储存的过程中不能随意破坏，可以保护产品。包装也需要美观，要能吸引消费者的注意力，包装的设计应该综合考虑以上四点，以达到性价比最高。

科学、经济、可靠、美观四者是密切相关的，任何一点都不能被忽略。公司在设计包装时要综合考虑其性价比，以及带来的经济效果。包装要在具有良好的设计时考虑成本的降低，还要顾及群众的审美，同时保证其对产品良好的保护作用，在设计包装时要将四个关键点有机地结合在一起，使包装的设计美观而实用。

基于此，重庆 PY 农产品公司在新包装中要重点突出"富硒"字样，以此显示出其与普通农产品的差异性。

5.2.3 创建富硒农产品品牌

随着科学技术的发展，只有在农产品品质上建立差异性，才能建立起真正的农产品品牌。重庆 PY 农产品公司品牌规划是企业为进行品牌战略，结合社会群众、企业品牌目标，并且考虑市场行情与企业自身实力，来制订符合企业发展的长期或者短期的规划。针对重庆 PY 农产品公司来说，其品牌规划流程为："背景环境及数据分析—达成目标—策略生成—用于实现策略和目标的实施方案—方案实施效果预估—方案实施及效果评价"。

推进产品和服务差异化。对于重庆 PY 农产品公司来说，目前除了在产品质量下工夫外，同样也要突出服务的差异化，即针对不同消费者实行有所差异化的产品或服务策略。对于低端消费者来说，重庆 PY 农产品公司要在物美价廉方面多下工夫，让消费者真正得到实惠。对于中端消费者来说，重庆 PY 农产品公司要重点结合消费者对绿色健康食品的品质需求，确保产品质量过硬，符合环保要求，并为消费者提供良好的体验服务；而对于高端消费者来说，重庆 PY 农产品公司可以采取"私人定制"的方式，结合高端消费者的个体化需求，为高端消费者提供量身定制的高品质绿色健康食品解决方案，真正让消费者满意，使其认同重庆 PY 农产品公司品牌。

5.3 定价策略设计

5.3.1 分档定价策略

对产品分档定价是现阶段常用的价格制定方案，通过对产品品质的分类，实现价格的梯度化制定，从而使得顾客认为产品的价格是依据其质量而制定的，质优则价高。

PY 公司应当将产品进行不同类别的定价，如按照大小号进行区分，或者按产品消费者年龄定位进行区分。各种不同的分类定价的方式可以满足不同消费者的需求，对于差价的控制也应保持合理的价格范围。

同时需要说明的是，重庆 PY 农产品公司同类商品的档次划分不要太多，以免淡化分级定价的优势。要慎重确定各档次商品的价差幅度。幅度太小，达不到吸引不同目标消费者的目的；幅度太大，又会失去购买中间价商品的顾客。

5.3.2 折扣定价策略

折扣（discounts）是企业对消费者的让利。数量折扣是企业为鼓励客户大量购买或经常购买本企业产品所采用的一种价格策略。顾客在一定时期内购买重庆 PY 农产品公司商品所达到的数量或金额，应给予不同的折扣。按购买数量的多少，分别给予不同的折扣，数量越多，折扣越大。实施方法——会员卡、积分卡。

针对中间商来说，重庆 PY 农产品公司也应给予一定的商业折扣。由于中间商在分销过程中承担的功能、责任和风险不同，重庆 PY 农产品公司给予不同的折扣，让中间商有一定的盈利空间，鼓励中间商大批量订货，并与企业建立长期合作关系。

5.3.3 地区定价策略

重庆 PY 农产品公司地区定价，就是把全国（或某些地区）分为若干价格区，对于卖给不同地区顾客的某种产品，分别制订不同的地区价格。

目前重庆 PY 农产品公司主要营销地点在本地，因此在价格制订时，应实行与重庆以外地区有所差异化的策略，但要注意的是，这种差异性不宜太大，除了必要的运输、营销因素外，其余成本应相对一致，从而实现全国范围内的价格相对一致。

5.4 分销渠道策略设计

5.4.1 渠道体系优化

（1）渠道规划。在对渠道进行规划时，要首先考虑对顾客的服务，考虑到产品从生产制造到代理商直至到达客户手中整个产业链之间流通效率和成本问题，对于渠道及代理进行合理的规划，在效益最高的同时降低成本，同时也考虑到代理商的经济利益，使其得到最高的利益回报。

（2）渠道代理商招募。对渠道代理商的招募不是一劳永逸的，而是一个循环的过程。在企业的生产经营过程中，旧的渠道需要被维护，新的渠道需要被发展，公司的代理商首先要从现有的渠道中发展一部分，选择对新产品感兴趣的代理商继续推广，同时也要招募新的代理商，如从竞争对手中选择合理的代理商，为其提供优厚的条件，鼓励该代理商加入 PY 公司。

（3）渠道支持。公司需要给予代理商一定的支持，无论是代理商的销售活动的策划还是技术的支持与培训都需要给予大力的支持。

（4）渠道激励计划。公司需要给业绩较好的代理商一定的奖励，从而调动代理商的积极性，鼓励他们更好地开展代理服务。

（5）渠道评估。公司应当以季度或者年份为单位，对代理商进行考核和调查，从而了解顾客对于各代理商的满意程度，表现良好、业绩突出的代理商应该给予相应的奖励，而对于业绩较差、消费者口碑较差的代理商，公司应考虑改善其代理计划。在考评过程中，顾客满意度应该放在首位，公司应当从顾客的角度来了解代理商的营销情况，通过这些情况的了解和评定，来优化代理商的服务品质。

5.4.2 渠道冲突避免

（1）公平竞争。公司应该给各代理商相同的基础价格，各代理商依据自身的运营状况分别定价，对自己的利润进行把控。

（2）防止恶性竞争。公司应当了解各代理商的竞争状况，从中做好良好的调整工作，防止各代理商开展恶性竞争，从而导致利润受损。

（3）防止串货。公司应当控制厂商的授权，限制总代理为唯一的发货处，防止串货行为，避免假冒产品。

5.5 促销策略设计

5.5.1 创新富硒农产品促销方式

重庆 PY 农产品公司作为农业企业来说，在农产品营销策略中，一定要打破现有的营销思路，善于学习，不断突破自我，尝试和探索新的营销模式，从点的创新直至面的突破，这样才能够找到适合重庆 PY 农产品公司的农产品营销模式，实现业绩倍增。

在农产品营销策略中，除了采用传统的广告传播模式外，比较有效的手段是通过事件营销、新闻营销、公关营销，打开市场。

重庆 PY 农产品公司农产品的营销也需要服务。只有通过服务，重庆 PY 农产品公司农产品的价值才能进一步放大，获得中高端消费者认同。

5.5.2 加强线下体验店的市场促销

在线下，重庆 PY 农产品公司要以体验店为中心，原因包括：首先，按照市场调研我们得知，前往实体店依旧是客户的首选渠道，要想改变他们的渠道选择喜好并非短时间内就能成功的；其次，体验店能够有效解决线上产品相对较少的问题，迎合顾客多样化需求；再其次，通过对 O2O 模式进行分析看出，可以为消费者提供优良的线下体验的产品，往往具有相对较好的线上业绩，体验店利用非常直观、真实的感受，通过优质的环境条件与服务，为消费者提供了明显超过线上的体验，可以为重庆 PY 农产品公司进行线上运作创造良好的条件；最后，体验店良好的形象能够为线上运作提升议价的话语权。

5.5.3 推进线上网络的新型促销

网络的加速发展，对于传统行业产生了猛烈的冲击，到目前为止，线上渠道并非单纯作为一种传播、营销方法和模式，还能够在战略层面对传统运作模式进行重构，网络和传统行业的融合，要求重庆 PY 农产品公司必须立足于战略层面，认真分析各个相关的营销因素，进行科学的组合。

重庆 PY 农产品公司要利用各种网络技术，推出一系列的电商模式，毋庸置疑，O2O 模式属于线上、线下融合最好的一种模式。重庆 PY 农产品公司从运营开始，就摸索进行了若干线上模式，一直到现在均没有实现良好的成效，这不仅有一定的内因，而且还受到各种外界条件的影响所致。今后，重庆 PY 农产品公司在推进线上网络促销过程中需要把握下列问题：首先，从战略的层面分析各种模式所具有的优点，各种模式分别承载相应的功能；其次，对线上、线下的功能进行科学的分工，哪些环节能够发生重叠，哪些环节最好通过两者之一来进行，以提高收益、妥善处理行业痛点当作功能划分的参考；再其次，设计有效的线上渠道与促销步骤，紧密衔接体验店营销；最后，加强线上网络场景化体验，使广大消费者积极利用网络媒体进行传播，进而形成重庆 PY 农产品公司良好的营销业绩。

5.6 本章小结

在企业市场营销理论指引下，本章提出了重庆 PY 农产品公司的 STP、4P 策略，即重庆 PY 农产品公司营销应定位于中高端收入群体，在产品策略设计方面，要打造绿色富硒农产品、改造包装设计、创建农产品品牌；在定价策略设计方面，要实行分档定价策略、折扣定价策略、地区定价策略；在分销渠道策略设计方面，要推进农产品网络营销策略、农产品连锁营销策略、建立和完善农产品物流配套系统、推动农产品交易方式的创新、电子商务销售策略；在促销策略设计方面，要进一步创新农产品促销方式，推进线上线下的有机协同。

6 重庆 PY 农产品公司营销策略实施保障措施

6.1 机制保障

6.1.1 创新营销评估机制

针对当前重庆 PY 农产品公司的实际，当前应结合营销特点，主要开展问卷调查、观察法、成本—收益评估法等，以此来评估重庆 PY 农产品公司营销效果。具体来说，重庆 PY 农产品公司营销效果评估改进设计方案如表 6.1 所示。

表 6.1　　重庆 PY 农产品公司营销效果评估

姓名：					职位：	
总指标	分项指标	比重	得分标准		分值	得分
岗位业绩指标 70 分	工作计划	15%	善于创造性地制定工作计划，出色完成工作，并且每周期工作计划及总结都能按时按质完成		15	
	资料整理	5%	部门内的图纸、客户信息、资料文件、有归类便查找		5	
	工作态度	10%	对本职工作能够积极主动，力求完美的完成，不需督促，可完全信赖，具有协作精神，配合团队，时刻以公司整体利益为重		10	
	任务完成	15%	能够完成主管领导下达的工作任务，完成率达到 90%		15	
	客户管理	10%	能够对上游客户及下游客户有效管理，做到合理维护、跟踪，为业务做好坚实的基础		10	
	销售管理	10%	对自己的业务，主动提出改善计划，力求开拓创新。制订销售计划，确定销售政策，设计销售模式		10	
	卫生状况	5%	办公室卫生保持干净、整洁，打扫及时、彻底		5	
行为指标 30 分	工作计划	5%	善于创造性地制定工作计划，出色完成工作，并且每周期工作计划及总结都能认真、详细、真实的填写，按时上报		5	
	规章制度	10%	对公司的所有规章制度能够全面贯彻执行到位		10	
	个人素质	5%	仪表端庄，行为举止得体，爱岗敬业，忠于职守，不做有损公司利益的事情		5	

续表

姓名：				职位：	
总指标	分项指标	比重	得分标准	分值	得分
行为指标30分	团队建设	5%	能够及时做好对其他部门及人员的配合工作，及保障服务，并及时向公司及本部门人员提出合理化建议	5	
	员工培养	3%	积极主动参加公司安排的相关培训，并能达到考核优秀	3	
	精神面貌	2%	对公司有强烈的主人公精神和无私的奉献精神，在任何场合都不散布有损公司的言语	2	
总分：100分			分值合计		

6.1.2 完善激励机制

通过前面所述可以看出，重庆PY农产品公司在推进营销管理时，必须要将其纳入企业绩效考核体系中，以此展现出市场营销应有的效益。

（1）严格考核营销工作情况，并将其与企业绩效体系进行挂钩。在当前经济社会发展语境下，重庆PY农产品公司要想得到快速的可持续发展，核心是要提升企业经营绩效。根据现代企业财务管理实践，重庆PY农产品公司营销必然需要在绩效考核体系中得到切实反映。结合重庆PY农产品公司当前的实际，笔者认为，当前重庆PY农产品公司营销绩效结构中，应该给予营销70%左右的考核分数。

（2）要将营销工作纳入重庆PY农产品公司绩效考核体系中，通过强有力的考核与兑现，进一步提升营销工作应有的促进发展效能。结合重庆PY农产品公司营销的一些突出问题，当前需要重点严格奖惩兑现。按照营销强化理论，当前重庆PY农产品公司营销要从两个方面来加强奖励兑现：一是与经济效益挂钩，即在重庆PY农产品公司绩效考核体系中，要赋予营销一定的考核比例，用经济杠杆来提升营销的发展效能；二是与政治待遇挂钩，结合重庆PY农产品公司的评先评优工作，要将营销业绩与评先、评优以及员工职业发展进行有机结合，从而彰显出营销应有的地位和其所带来的经济效益。

6.2 人才保障

6.2.1 建立营销队伍

重庆PY农产品公司在营销实践中，要注重加强培养和引进实用性和实务性强的营销人才，做到专业性与复合性兼顾，从而推进重庆 PY 农产品公司营销的人才保障。具体来说，一是要加强引进专业人才，充分借智于高级人才；二是要努力培养一些实用型营销人才，特别是要从一些返乡青年中，发掘出具有较强营销意识的现代化人才，由于这些人才具有天然的农产品渊源，因此，在进行相应营销推广时更加亲民，能够很好地实现传统农产品与现代营销渠道的有机融合。

6.2.2 加强员工培训

对于员工的培养模式和内容决定着员工知识的吸收和利用情况，因此，重庆 PY 农产品公司要结合员工特点，全方位改革对培养模式和内容，主要从综合素质、生产技术、经营管理三个方面进行。

（1）对员工综合素质的培训。一是涉农政策法规的培训，主要包括党和国家有关农业发展的新政策、农民专业合作社政策、现代农业发展趋势及经营理念等；二是职业农民知识培训，主要包括职业农民的概念、内涵和要求，职业农民标准与流程等。

（2）对生产技术的培训。一是农业生产发展的趋势；二是生产关键技术，包括轮作、土壤培肥技术、生物植保技术等。

（3）对经营管理的培训。一是生产组织管理培训，主要内容包括合同管理要求、集约经营管理理念、专业化服务的构成和应用、大范围种植用工管理办法、集约经营资金管理；二是经营成本核算，生产中降低成本的策略和控制技术，主要包括生产资料成本核算、人工成本核算、时间成本核算，如何合理投入，实现增产增收；三是营销管理，培训"全员皆是营销员"的发展理念。

6.3 文化保障

重庆 PY 农产品公司要以常态化企业文化建设为抓手，以提升服务质效为目标，不断加快发展步伐，全面提升企业凝聚力和社会美誉度。

（1）文化润人，打造精神家园。一是制作涉及各个网点的专题宣传片，创立报刊，营造良好的文化氛围；二是召开"珍惜现在、畅想未来、超越自我、实现梦想"主题营销员工座谈会，鼓励营销员工积极发挥聪明才智和主观能动性，为重庆 PY 农产品公司发展建言献策；三是开展系列文化活动，弘扬重庆 PY 农产品公司风采，提高社会美誉度。

（2）文化落地，反哺企业发展。一是积极开展"普惠服务，关爱同行"、文明优质服务百日竞赛等活动，评比"文明示范窗口"和"文明服务标兵"；二是紧抓营销旺季，对营销网点进行整体环境布置，提升网点人文环境的营造，增强员工亲和力，塑造良好的业务营销环境。

（3）以人为本，丰富员工生活。一是组织开展文体活动，鼓励员工积极参与集体活动，不断丰富员工的业余生活；二是人文关怀，让员工爱公司如家。改善员工的工作生活环境，每年组织全体员工体检，关爱员工，增强员工凝聚力；每逢员工整数生日，工会将设专人提前送上生日祝福并发放蛋糕券，让员工体会"如家"的温馨；三是出台企业文化建设活动奖励办法，鼓励员工养成"活到老，学到老"的习惯，不断提高自身能力素质，延伸重庆PY农产品公司服务效能。

6.4 本章小结

随着我国现代农业逐渐崛起，农产品行业发展前景广阔，但产品滞销问题仍是长期困扰农产品公司的难题。因此，农产品的专业营销越来越受到重视，针对农产品的营销策略研究也日益增多，农产品营销策略越来越具有针对性、科学性和建设性。基于此，本文在提出重庆PY农产品公司的STP、4P策略的基础上，也还要创新营销评估机制、完善激励机制、建立营销队伍、加强人才培训、深植文化保障，以此实现重庆PY农产品公司良好的营销业绩。

结 论

本文把重庆PY农产品公司作为研究对象，通过分析营销现状和营销过程中存在的问题及其他营销环境等方面，为其选择目标市场，设计市场定位策略，在此基础上，设计重庆PY农产品公司营销策略以及保障该策略实施的具体措施，并初步得出以下结论：

（1）随着中国市场经济的发展，我国的农产品市场发展迅速，农产品营销体系越来越完善，但农产品市场仍不成熟，面对开放竞争的市场，中小型农产品企业面临极大的机遇，需要加强自身的优势，提高企业自身的品牌知名度，在我国农产品这个庞大市场中取得一席之地。

（2）近年来，随着中国经济的迅猛发展，人民生活水平日益提高，西方现代化农业的理念快速传播，我国农产品市场的消费观念出现了转变，各类农产品尤其是绿色富硒农产品需求日益扩大，但是产品滞销问题仍是长期困扰农产品公司的难题。因此，农产品的专业营销越来越受到重视，针对农产品的营销策略研究也日益增多，农产品营销策略越来越具有针对性、科学性和建设性。

（3）在重庆PY农产品公司营销实践中，存在农产品营销的基础投入不足、品牌维护和创新意识不强、营销渠道冲突、定价不合理等问题导向，通过SWOT分析矩阵，结合内外部环境综合分析，重庆PY农产品公司未来发展战略应以ST战略为主，即应该实行差异化战略。

（4）在企业市场营销理论指引下，重庆PY农产品公司营销应定位于中高端收入群体,在产品策略设计方面,要打造绿色富硒农产品、改造包装设计、创建农产品品牌;在定价策略设计方面,要实行分档定价策略、折扣定价策略、地区定价策略;在分销渠道策略设计方面,要优化渠道设计,注重渠道冲突管理;在促销策略设计方面,要进一步创新农产品促销方式,推进线上线下的有机协同。在此基础上,重庆 PY 农产品公司还要创新营销评估机制、完善激励机制、建立营销队伍、加强人才培训、深植文化保障,以此实现重庆 PY 农产品公司良好的营销业绩,帮助重庆 PY 农产品公司实现企业发展目标。

参考文献

[1] 黄捷. 谈农产品流通渠道的模式创新 [J]. 商业时代,2013 (11).

[2] 张巨勇. 台湾农产品营销的启示 [J]. 福建农业大学学报(哲学社会科学版),2000,3 (2):22-24.

[3] 万后芬. 绿色营销 [M]. 高等教育出版社,2001.

[4] 陈浩. 绿色营销与企业可持续发展. 长沙电力学院学报(社会科学版),2003,18 (1):59-60.

[5] 胡水英. 农产品营销渠道问题的探讨 [J]. 辽宁行政学院学报,2013 (4).

[6] 刘敏. 绿色消费与绿色营销 [M]. 清华大学出版社,2012.

[7] 何志毅,于泳. 绿色营销发展现状及国内绿色营销的发展途径 [J]. 北京大学学报:哲学社会科学版,2015 (2):85-93.

[8] 徐大佑,潘超云. 低碳经济背景下的中国绿色营销阴. 改革与战略,2011,27 (2):27-29.

[9] 曾坤生. 网络时代的农产品市场营销探析 [J]. 农业现代化研究,2016 (3).

[10] 易红玲. 网络数据库与农产品市场营销 [J]. 广西社会科学,2003 (2):85-87.

[11] 孙克俭. 绿色营销研究:内涵、现状与对策机. 对外经贸,2012 (5):111-112.

[12] 李小贺. 浅谈我国绿色营销现状及其对策. 长春教育学院学报,2013,29 (16):70-71.

[13] 马龙龙,孟祥昇. 我国农产品批发市场的发展及存在的主要问题 [J]. 首都经济贸易大学学报,2002 (1).

[14] 范二平. 对我国农产品实施绿色营销的思考 [J]. 生产力研究,2011 (5):24-25.

[15] 张桂华. 农产品营销的新方巧 [M]. 中国商贸,2012 (8):35-36.

[16] 王淑芹,韩乔. 农产品绿色营销策略的研究 [J]. 现代化农业,2013 (3):18-20.

[17] 王延明,张越杰. 吉林省绿色农产品营销 SWOT 分析与对策机. 吉林农业大学学

报，2013（5）：1-10.
[18] 孙瑶. 关于农产品绿色营销策略的探讨. 技术经济与管理研究，2015（13）.
[19] 郑世文. 企业管理中绿色营销理念运用及发展趋势分析［J］. 商，2013（11）：39-40.
[20] 马宁. 绿色营销的意义与探讨机. 科技与企业，2013（10）：299-300.
[21] 孙钱. 浅谈我国企业实施绿色营销的具体对策［J］. 经济师，2013（9）：235-236.
[22] 李明，何红. 企业实施绿色营销对策研究［J］. 河北青年管理干部学院学报，2013，25（4）：80-82.
[23] 杨洁. 发展绿色农业实施绿色营销［J］. 山东商业职业技术学院学报，2013，13（4）：9-11.
[24] 王淑芹，杨倩，李玉红. 循环经济环境下农产品绿色营销策略研究［J］. 现代化农业，2013（1）：42-44.
[25] 杜南试. 生态文明背景下农产品绿色营销策略探析——宜昌市为例. 商业经济，2014（18）：33-34.
[26] 陈干滨. 株洲市A公司农产品绿色营销策略研究［D］. 湖南工业大学，2014.
[27] 李义. 湖南省农产品绿色营销策略研究［D］. 中南林业科技大学，2014.
[28] 陈香. 河南省洛阳市农产品绿色营销发展对策研究［J］. 商场现代化，2013（29）：52-53.
[29] 王宁，王薇. 浅析我国农产品绿色营销策略［J］. 现代化农业，2013（5）：41-43.
[30] 许素琼. 浅谈农产品绿色营销问题及对策［J］. 中国商界，2013（4）：286-287.
[31] 王淑芹，韩乔. 农产品绿色营销策略的研究［J］. 现代化农业，2013（3）：18-20.
[32] 陈潮珠. 创新农产品市场营销思路实施农产品绿色营销战略［J］. 广东合作经济，2013（1）：38-41.
[33] 徐庆国，刘红梅，黄丰. 我国富硒农产品开发与推广的探讨［J］. 作物研究，2013（5）：461-464.
[34] 高显钧. 富硒农业产业化发展研究［D］. 中国农业科学院，2014.
[35] 杨俊. 富硒农产品营销思维与策略［J］. 作物研究，2015（7）：710-713.
[36] 廖玉伦，陈玉明. 我国富硒农产品开发与推广对策探讨［J］. 南方农业，2016（32）：53-54.
[37] J. E. HAGERTGY. Marketing［M］. Professional Publishing Group，1912：3-4.
[38] BERT ROSENBLOOM. Marketing channels：A Management View（7th edition）［M］.

South Western College Pub, 2014: 112 – 128.

[39] HIBBARD, B. H. Marking Agriculture Products [J]. New York: D. Appleton – Century Co. , 2013, 30 (13): 50 – 65.

[40] DAVID J. SCHAFFNER, WILLIAM R. SCHRODER, MARY D. EARLE. Food marketing – An International Perspective [J]. The Mc Graw – hill, Inc. 2014: 4 – 11.

[41] POOLE. B. How will agricultural E – Markets evolve [R]. Washington D. C. : Paper Presented at the USDA Outlook Forum, 2001: 22 – 23.

[42] Shermain D. Hardesty, Penny Leff. Determining marketing costs and returns in alternative marketing channels [J]. Renewable Agriculture and Food Systems. 2016 (1) .

重庆 YH 超市员工离职原因及对策研究

李 平　何淑明

摘　要：　改革开放以来，随着市场经济的全面铺开，制造业和手工业的加速发展以及居民生活水平的普遍提升，我国零售行业发展迅速，成为拉动国民经济发展，带动消费升级的重要力量。20 世纪八九十年代以来我国零售行业的快速发展，与当时相对低廉的劳动力价格密切相关，经济体制改革使大量农村劳动力资源涌入城市，为零售业的发展提供了充足的人力资源。然而，随着劳动者职业素质的提升以及城乡差距的进一步缩小，城市劳动力成本正在逐步上升，农民工返乡潮和城市用工荒成为互为镜像的两种社会发展趋势，其为零售行业带来的冲击和挑战是显而易见的。在这一背景下，研究零售行业的人力资源管理具有相当的急迫性和实用性，具体来说，零售行业如超市、商场的员工是否满意目前的工作状态和薪资待遇，如何留住优秀人才并对员工进行科学有效的管理和激励，这是摆在零售行业管理者和研究者面前的重要课题。

　　本文以重庆市 YH 超市为研究个案，对该超市的员工离职问题进行全面的调查和梳理，运用相关理论对员工离职的原因及其影响因素进行分析和总结，并根据调查分析的结果，提出相应的解决方案。通过研究本文发现，近年来，重庆市 YH 超市出现了较为明显的员工大面积离职现象，其离职率较高的员工的群体性特征为：从事销售、导购和加工工作，年龄较小，学历较低，入职时间较短。重庆 YH 超市的员工离职问题并不是单一的因素造成的，而是在内外部环境的综合作用下引发的，外部经济环境的开放性，就业环境的改善以及超市行业大规模向重庆市集聚都为员工离职提供了方便之门，而内部管理的缺失则是导致员工离职的根本原因。YH 超市存在组织管理不合理、层级制度森严、对员工缺乏有效激励、薪资水平的激励效能低以及文化建设滞后等问题。针对这些问题，本文认为，YH 超市应该进行阿米巴模式改革，促进组织架构扁平化，提高一线人员底薪，加强员工薪酬的公平性和保障性，创新激励手段，充分调动员工积极性，完善员工晋升制度，实现员工的职业规划，加强企业文化建设，提升员工自信心和归属感。通过内部管理制度的整合和变革，降低员工离职率。

关键词：YH 超市；员工离职；员工激励；企业管理

1 绪论

1.1 研究背景

改革开放以来，随着市场经济的全面铺开，制造业和手工业的加速发展以及居民生活水平的普遍提升，我国零售行业发展迅速，成为拉动国民经济发展、带动消费升级的重要力量。根据国家统计局的调查，2000年我国社会消费品零售总额为39105.7亿元，2015年则达到300930.8亿元，增长了近10倍。与之相对应的是各种业态的零售企业如雨后春笋般地在国内市场中涌现，便利店、折扣店、超市门店、仓储会员店、百货店、购物中心等形式的零售企业不断发展壮大，以大型超市门店为例，2009年我国国内共有大型超市门店总数2493家，2015年已增至8584家。零售行业的繁荣不仅带动了消费市场的火爆，同时也为国家税收和保障就业作出了重大贡献，截至2015年年底，零售行业从业人数为11736000人，成为吸引就业人口、保障社会稳定的重要力量。零售行业属于劳动密集型产业，无论是消费品的制造、运输还是销售环节，都需要大量的人力劳动的参与。20世纪八九十年代以来我国零售行业的快速发展，与当时相对低廉的劳动力价格密切相关，经济体制改革使大量农村劳动力资源涌入城市，为零售业的发展提供了充足的人力资源。然而，随着劳动者职业素质的提升以及城乡差距的进一步缩小，城市劳动力成本正在逐步上升，农民工返乡潮和城市用工荒成为互为镜像的两种社会发展趋势，其为零售行业带来的冲击和挑战是显而易见的。

在这一背景下，研究零售行业的人力资源管理具有相当的急迫性和实用性，具体来说，零售行业如超市、商场的员工是否满意目前的工作状态和薪资待遇，如何留住优秀人才并对员工进行科学有效的管理和激励，这是摆在零售行业管理者和研究者面前的重要课题。本文将以重庆市YH超市为研究个案，作为一家国内著名的大型连锁超市，重庆YH超市的发展状况及其面临的问题与挑战折射出了我国零售行业的普遍状况，具有一定的典型性和代表意义，本文将对重庆YH超市的员工离职问题进行全面的调查和梳理，运用相关理论对员工离职的原因及其影响因素进行分析和总结，并根据调查分析的结果，提出相应的解决方案。

1.2 研究目的和意义

1.2.1 研究目的

零售行业的员工离职问题首先会对员工个人产生直接的影响，员工由于职业规划、薪资要求或个人性格等方面的原因做出了离职选择，而这一选择又进而对其职业生涯、收入状况和生活轨迹产生影响。正确的离职选择可能使员工走向更大的成功，获取更多的职业发展机会，而错误的离职决定则可能为其职业前途蒙上阴影。本文的研究目的之一就是要探寻 YH 超市员工离职的原因和影响因素，从而为员工的管理和激励提供参考借鉴，为员工的职业发展和职业规划提供建议。员工离职同样会对超市的运营和管理造成影响，新老员工的更迭在各行各业都在所难免，一定比例的员工离职属于正常现象，但超市工作需要的人力资源数量较大，如果员工离职的比率超过了引进新员工的比率，就很可能造成职位空缺和人力资源紧缺的局面，影响超市的正常运营，并且，引进新员工还意味着超市需要支出额外的培训费用，这会增加超市的人力资源管理成本。本文将运用相关理论对重庆 YH 超市的员工离职原因进行分析，并在调查研究的基础上提出相应的解决方案，从优化超市管理的角度为重庆 YH 超市的员工管理提供对策和建议，以期能够帮助重庆 YH 超市提高人力资源管理水平，留住优秀员工。

1.2.2 研究意义

本文具有理论和实践两方面的意义：

从理论意义上讲，对员工离职问题的研究涉及激励理论、期望理论、公平理论等理论知识，包含管理学、社会学、心理学、经济学等跨学科的理论资源，要求研究者从宏观与微观的层面对员工行为与员工心理、公司管理和行业发展等领域进行深入的研究与分析，需要运用多种理论工具对员工离职现象进行综合性的探析。目前，国内学界对于员工离职问题已经展开了较为深入的研究，对零售行业的人力资源管理给予了相当的重视，另外，这些研究多停留在现象的描述和归纳层面，没有上升到理论高度，或者对于理论的应用存在削足适履、生搬硬套的问题。本文将人力资源管理、绩效管理等相关理论运用于 YH 超市员工离职问题的分析中，首先对 YH 超市的员工离职状况进行实地的调研，再对调研数据进行分析和研究，从而将理论与实际相结合，进而丰富和完善相关理论，从这个意义上讲，本文的研究具有一定的理论意义。

从实践意义上讲，YH 超市的员工离职问题对其内部运营和成本管理造成了影响。大量员工离职会造成超市服务岗位空缺，员工工作负担加重，消费者服务需求得不到满足，从而影响超市的正常运营，而为了填补员工空缺，超市需要引进新员工，这又会造成培训成本的增加。因此，对于超市来说，如何保障人力资源的供应稳定，如何留住优秀员工是超市人力资源管理部门的工作重点。本文通过对重庆 YH 超市的员工离职问题进行深入分析，总结出了员工离职的原因，并运用相关理论对优化超市人力资源管理提出了建议，这将有利于重庆 YH 超市因地制宜地制定相关管理措施，为员工提供更加合理的工作环境，降低员工离职率，创造良好的用工环境。从这个意义上说，本文的研究具有一定的实践意义。

1.3 研究的主要内容、方法和思路

1.3.1 研究内容

本文的研究内容主要分为六个章节。第1章为绪论部分，主要介绍本文的研究背景与意义、思路与方法。第2章为理论概述部分，首先对国内外研究现状进行综述，然后对本文涉及的理论基础进行梳理和评述，为后续的研究提供基本的理论框架。第3章是对重庆 YH 超市员工的离职现状分析，首先介绍重庆 YH 超市的基本情况，然后对重庆 YH 超市近三年的员工离职情况进行调查，分别从岗位特征、性别特征、年龄段特征、入职年限、学历特征等角度对其离职情况进行评估和分析，最后，从行业平均情况的角度，将重庆 YH 超市员工离职数据与行业数据进行对比分析。第4章是对重庆 YH 超市员工离职的综合影响因素分析，从外部因素分析、组织因素分析两个方面入手，其中外部因素分析包括社会环境分析、经济环境分析、行业环境分析三个方面；组织因素分析包括管理结构分析、薪酬体系分析、激励模式分析、企业文化分析等四个方面。第5章是对员工离职依据原因分析而提出的应对策略，包括阿米巴模式改革、提高一线薪酬、创新激励手段、完善晋升制度、加强企业文化建设等五个方面。第6章为结论与展望。

1.3.2 研究方法

本文的研究方法主要有以下几种：

（1）文献研究法。

文献研究法侧重于对人力资源管理的理论进行分析，对超市和零售业的人力资源管理现状及管理经验的总结。文献研究法能够对前人的研究成果进行整合和梳理，从而为本文提供基本的数据和文献支持。运用文献研究法能够增加本文研究的准确性和全面性，在借鉴他们的研究成果的基础上，降低了实地考察的成本。本文将用文献调查法对相关的理论基础进行总结，并通过互联网、档案馆等渠道获取相关文献数据，同时利用 YH 超市内部的文献资料为研究提供数据支持。

（2）问卷调查法。

为了了解重庆 YH 超市员工的离职原因以及他们对超市管理、薪资待遇等方面的情况，本文将采用问卷调查法对案例涉及的员工和管理人员进行问卷调查，了解他们的工作状况及需求，从而为制订相应的解决方案提供基本的数据信息参考。问卷调查法的优势在于，在整个调查过程中，被调查对象处于匿名状态，更有利于收集他们的真实想法，而将他们的意见进行汇总和统计分析之后，可以得出某些规律性、趋势性的结果。

（3）访谈法。

问卷调查法具有容易施行、准确全面的优势，但在设计调查问题时往往只能采用封闭式的问答题目，以进行标准化的统计处理。这种操作方式会削弱调查对象的主动

性，同时也错失了深入了解被调查者的机会，为了听取离职员工对超市管理的意见和批评，了解他们离职的具体原因，分析他们的需求和感受，本文还将采用访谈调查法的方式，对离职人员和超市管理人员进行"一对一"的访谈交流，具体了解他们的体验和感受，为本文的调查研究与对策制定收集更多意见和建议。

（4）系统研究法。

员工的工作和离职不仅涉及人力资源管理一方面的问题，还与超市的整体运营状况以及整个市场环境、用工环境、法律与社会保障等方方面面的内外部环境密切相关。因此，必须将重庆YH超市的员工离职现象放在一个大的系统中加以理解和考察，才能全面准确地分析超市员工离职的真正原因。因此，本文将采用系统研究的方法，将重庆YH超市的员工离职问题放在整体与部分的关系模式中进行考察，对YH超市的内外部环境进行深入的分析，找出员工离职的深层次原因。

1.3.3 研究思路

本文将以提出问题、分析问题、解决问题的整体思路展开，首先对重庆YH超市的员工离职现状进行分析和总结，从实际情况入手，结合相关理论，对员工离职背后的原因和影响因素进行探究，最后根据存在问题与原因分析，制订相应的解决方案。图1.1是本文的研究路线。

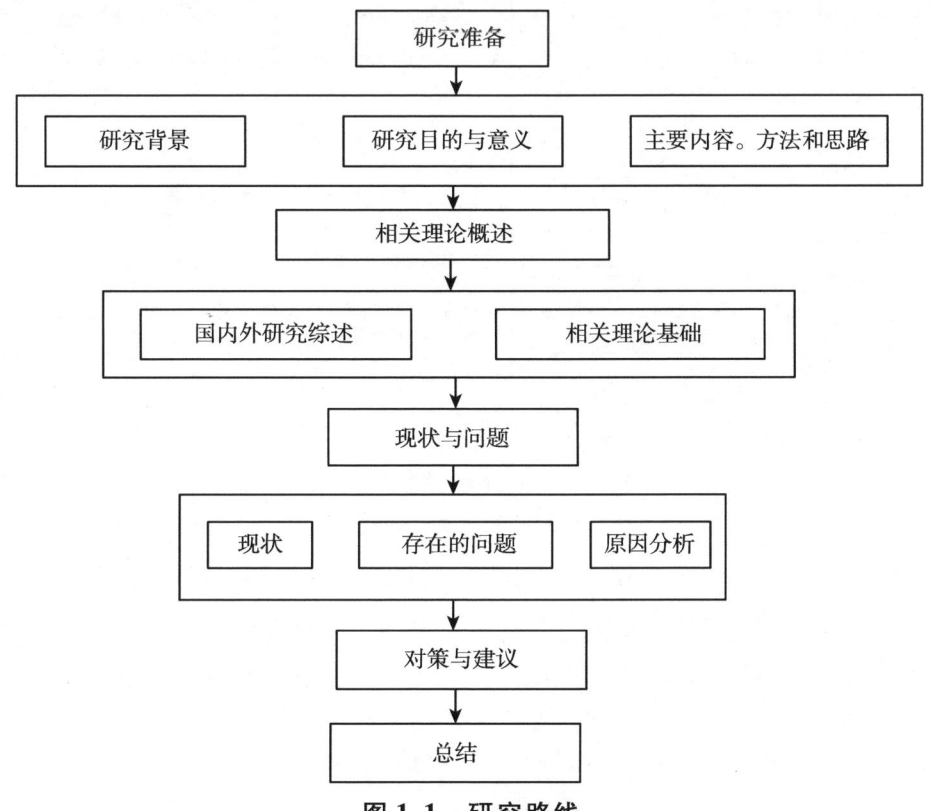

图1.1 研究路线

2 文献综述及相关理论基础

2.1 文献综述

2.1.1 国外研究现状

(1) 中介链模型。

国外学者对企业员工的离职原因进行了深入的分析,并建立了员工离职评价模型。1979年,美国管理学家莫布雷(Mobley)提出员工离职的"中介链模型",该模型将员工离职行为看作一个连贯性的理性评价过程。在莫布雷看来,员工对现有工作的不满意状态虽然会触发其离职的动机和想法,但员工离职行为的作出却是一系列基于理性决策和利益最大化的连贯性的评价行为。当员工对现有工作产生不满情绪后,首先会考虑辞职的预期收益和成本,同时开始寻找新的职业机会,在此过程中,员工还会对预期职位和现有职位进行对比和评估,并最终确定是辞职还是留下来等待机会。因此,中介链模型可以用下面的简图表示(见图2.1)。

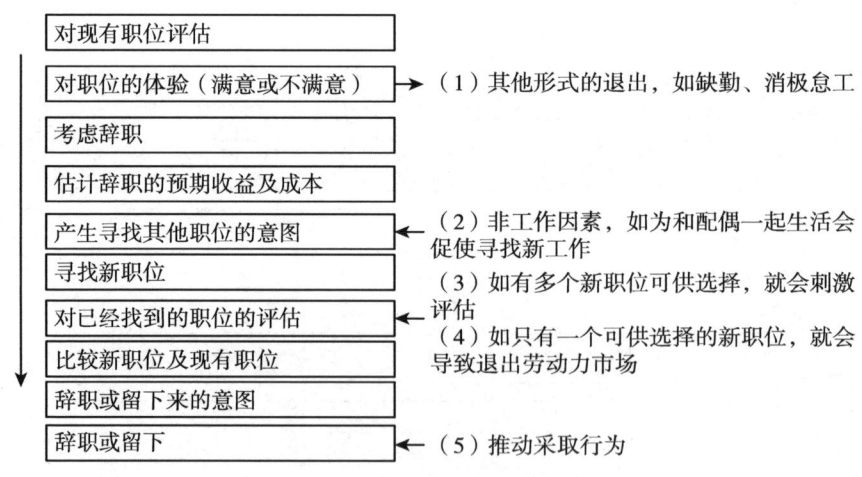

图 2.1 中介链模型示意图

资料来源:转引自 wiki mbalib,MBA智库百科"中介链模型"[EB]/[OL]. 2018.

中介链模型的价值在于,它将员工离职行为看作一个连贯性的、多重关系的复杂决策行为,避免了以往对员工离职行为的简单判断,在莫布雷看来,最适合作为员工离职警报器的行为是员工的辞职意图,而以往的研究者则过于简单地将员工的不满情绪作为判断离职行为的标准。因此,中介链理论为企业管理者提供了更为详细的员工离职管理方案,使企业可以从行业对比、成本选择等角度入手,为员工提供更加具有吸引力的用工机会。

扩展的莫布雷中介链理论是在中介链理论和其他离职理论的基础上，综合各家所长而形成的，其模型如图2.2所示。

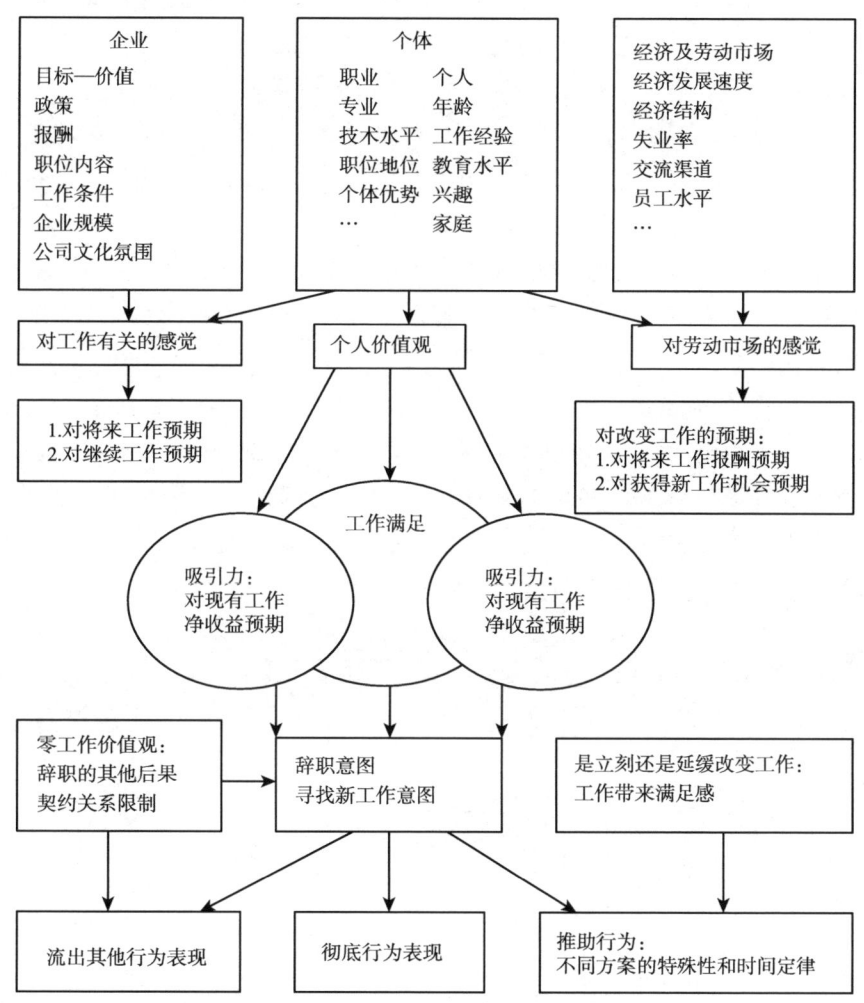

图 2.2　扩展的中介链模型

资料来源：转引自 wiki mbalib，MBA 智库百科"扩展的中介链模型"[EB] / [OL]. 2018.

从图 2.2 可以看出，扩展的中介链模型将员工离职分解为四个方面的因素共同影响的结果。

第一，工作满足。员工对现有工作的价值评判是建立在目前工作的状态、待遇、强度和机会等预期的评估以及这些评估结果与其可能获得的工作机会进行的比较基础上的。

第二，在公司内部改变工作角色的预期。员工对现有工作的不满除了离职这一解决方案之外，还可以通过公司的内部的岗位调动或管理调整而得到补偿，因此员工对企业内部工作角色调整的预期会影响甚至决定其离职决定。其中包括员工对工作发生改变的可能性预期、岗位变动或薪资调整可能性及其程度的预期与判断,对企业内部晋升、调换工作岗位的预期判断。

第三,企业外部改变角色的收益预期。当员工对现有工作出现不满而企业内部的角色转换预期程度低时,员工会考量企业外部工作机会的预期,包括寻找新工作的成本、新的发展机会的大小、外部工作机会的收益增加预期等。

第四,非工作价值观或偶然机会。员工离职并非总是出于理性决策的结果,如个人人际关系、性格、兴趣、信仰、居住地或者更加偶然的同事关系、过错和纠纷也可能导致离职。

扩展的中介链模型对原有的理论做了更为细致的规定和分解,从而为准确把握员工离职原因提供了参考,同时它也考虑到了非理性因素的影响,使得这一理论更加客观,更加符合实际。

(2) Price 离职动因模型。

Price 离职动因模型由美国管理学家普莱斯(Price)于 1977 年提出,普莱斯通过大量的实例研究和统计计算,最终将影响员工离职的因素归纳为以下几种,从图 2.3 可以看出,在普莱斯看来,工资水平、融合性能力、基础交流和正规交流与员工离职呈正相关关系,而集权化程度则与员工离职呈负相关关系。

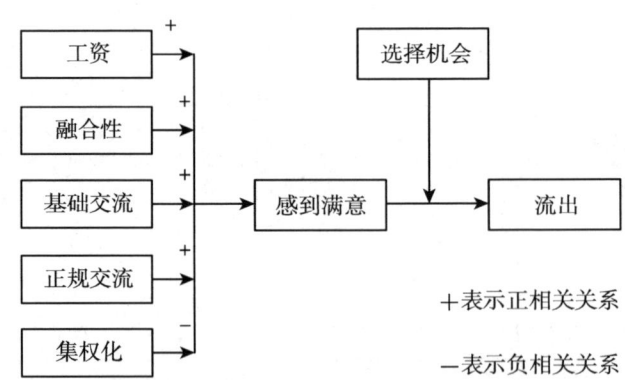

图 2.3　Price 离职动因模型示意图

资料来源:转引自王亮. 员工离职三大模型之评述 [J]. 科技信息,2009 (31).

对比莫布雷的中介链模型可以看出,PRICE 模型更加侧重于对企业内部与员工管理相关的因素的测量,这既是这一模型的优势和亮点所在,同时也决定了这一模型的局限性。在普莱斯看来的,员工离职与员工所接受的待遇、面对的环境密切相关。但普莱斯假设了员工拥有同样的、十分全面的甄别与评价工作的能力,也就是说,员工对于自身所处的状况及其工作预期都有充分的认识和把握。这种基于理性选择的假设实际上并不存在,在现实生活中,员工的入职和离职还在很大程度上受到非理性因素和偶然因素的影响,而且,员工所做的许多判断实际上并未经过充分的考量。

2.1.2 国内研究现状

国内学者结合国内企业的实际情况，对企业员工离职的关键影响因素，宏观因素和微观因素都做了充分的研究。

（1）员工离职宏观因素。

杨颖（2012）对我国餐饮行业员工离职问题进行了研究，作者首先回顾了近三十年来我国餐饮行业的发展现状，进而提出了这一行业普遍存在的离职率高的问题。在作者看来，餐饮行业的招聘机制、人才培养和选拔机制存在诸多问题，而绩效管理水平差、薪酬状况和培训力度不足，都是加剧这一行业离职率高的重要原因[①]。钱伟（2015）以医疗卫生行业为个案，对员工离职的宏观因素进行了分析，他将医疗行业的高离职率总结为缺乏现代人力资源管理理念、专业人力资源管理人员匮乏和医护人员流失严重补给乏力三个方面的原因，在作者看来，员工离职的原因主要是在管理制度和就业环境这两个方面。[②] 王乐乐（2016）对我国中小企业近年来出现的高离职率进行了研究，他认为，中小企业之所以存在离职率高的原因，在于中小企业难以为员工提供稳定的晋升渠道和薪酬待遇，同时，它们对员工的个人发展、职业生涯规划和技术培训缺乏充分的长远支持，因此，员工对中小企业的依赖性和"粘性"较差，因此中小企业普遍存在员工离职的现象[③]。

（2）员工离职微观因素。

崔勋（2003）将员工个人特性对离职意愿的影响进行了分析和研究，他认为，员工的离职意愿与性别、年龄、学历、婚姻状况、户口、地区来源等因素密切相关，为了验证其理论假设，他在国内上海、北京、天津、山东等多地进行了调查，发放了5500份问卷，采用抽样调查的方式对国内的员工离职状况进行了调查，最终证明了除婚姻和年龄变量外，其他个人特性因素与员工离职都有较大的关系。[④] 赵西萍、刘玲、张长征（2003）对员工离职倾向进行了多变量分析，他们在调查问卷的基础上，采用因子分析法和多元相关分析法，其研究结果显示，对工作本身的满意度、提升的满意度、生涯开发压力感以及情感承诺是影响员工离职的关键变量，而从企业性质来看，国有企业的离职倾向最高，其次是民营企业，最后是三资企业，但这三种企业总体来说

[①] 杨颖. 浅析我国餐饮业人力资源管理中员工离职率高的原因与对策 [J]. 中国科技信息, 2012（5）：117.

[②] 钱伟. 民营医院员工离职原因分析及对策研究 [J]. 价值工程, 2015, 34（31）：21-23.

[③] 王乐乐. 新形势下我国中小企业员工离职浅析 [J]. 石家庄理工职业学院学术研究, 2016（Z2）：50-54.

[④] 崔勋. 员工个人特性对组织承诺与离职意愿的影响研究 [J]. 南开管理评论, 2003, 6（4）：4-11.

都面临着较高的离职风险，需要相关部门引起重视。① 白光林（2015）对职业高原与员工离职之间的关系进行了测量和调查，他认为，工作满意度是影响离职倾向的关键要素，而对工作的满意程度除了取决于工作本身的性质和要求之外，很大程度上还与员工个人职业生涯的阶段性特征密切相关。职业高原是个体职业发展中的停滞期，在这一时期，员工很容易陷入对目前工作的厌倦和不满之中，从而造成离职。作者通过调查和计算，印证了职业高原与工作满意度之间的正相关关系，但作者同样肯定了成就动机对于离职倾向的调节作用。

杨昌顺（2015）从心理契约的层面解析了企业技术型员工的离职原因。在作者看来，技术型员工在与企业达成合作关系的过程中，文字性契约只是员工正常工作的一种基本条件，而心理契约才是促进双方密切关联的最核心因素，心理契约的违背也是导致员工离职的重要影响因素。通过实证研究作者得出结论，在技术型员工与企业达成的心理契约中，安全舒适的工作环境是员工十分看重而企业却很少履行的，而员工期望的较为理想的晋升机会也与实际情况不符，这造成了员工与企业的心理契约的失效，从而造成了员工离职。② 董晓、郭爱英（2015）从组织承诺的视角对员工离职管理进行了研究，他们以一家汽车制造厂为研究个案，根据他们的调查结果显示，在其调查对象中，工作环境差、企业文化落后、发展空间狭小是造成员工离职的最重要的三个因素，为了改善这一状况，作者从情感承诺、持续承诺、规范承诺三个方面提出了相应的解决方案。③ 王海婷、朱瑾（2016）从员工个人的角度对保险行业的高离职率进行了分析，作者认为，保险销售人员普遍存在对该行业较高的薪酬预期，但在实际情况中，保险销售行业面临严峻的业绩压力，同时，其薪酬待遇、激励措施、业绩考核等方面都与保险销售人员的心理预期存在差距，这导致了保险销售行业的高离职率。④

2.1.3 研究评述

总的来说，国内外学者对员工离职问题都做了比较详细的研究和调查。相比而言，国外学者更加侧重于数学模型的建立和基础理论的发展创新，因而目前包括国内的许多研究成果都借鉴了国外学者的理论模型。数学模型在考察员工离职问题方面具有强大的优势，它具有客观性和准确性，能够较为全面地分析影响员工离职的外界环境因素，有利于管理者作出相应的改进措施。但需要注意的是，数学模式并非万能的，许多情况下，员工的离职与宏观经济环境、非理性因素、偶然因素都有较为密切的关系，

---

① 赵西萍，刘玲，张长征. 员工离职倾向影响因素的多变量分析 [J]. 中国软科学，2003 (3)：71-74.

② 杨昌顺. 企业技术型员工的离职原因和管理对策研究——以心理契约为视角 [J]. 领导科学，2015 (5)：54-56.

③ 郭爱英，董晓宏. 组织承诺视角下的员工离职管理研究 [J]. 商业时代，2015 (7)：110-112.

④ 王海婷，朱瑾. 保险销售岗员工离职原因及保留策略研究 [J]. 江苏商论，2016 (16)：57-59.

而这些因素是很难通过数学模型简单地反映出来的。国内学者对员工离职问题的讨论大多以不同行业、不同工作环境作为区隔标准，对影响员工离职的具体原因进行了分析，这种研究具有很强的实用性和针对性。目前，国内研究侧重于面上研究，而本次研究将重点针对一家企业进行深入分析，更具针对性和适用性。

2.2 相关理论基础

2.2.1 马斯洛需求层次理论

1943年，美国著名行为主义心理学家马斯洛（A. H. Maslow）在《人类动机理论》中提出了著名的"需求理论"，他将人的需求依次划分为5个层次（见图2.4）。

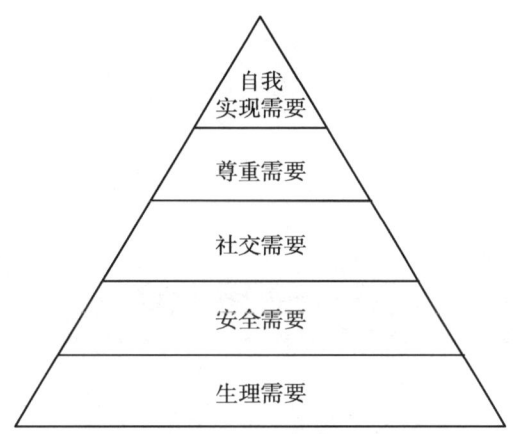

图 2.4 马斯洛需求层次理论

从图2.4可以看出，马斯洛将人的需要从上到下分为5个层次，其中最低的层次是生理需要和安全需要，只有在生理需要和安全需要得以实现的情况下，人才会提出更高层次的需要（社会需要、尊重需要和自我实现需要）。根据这一理论，企业应该满足员工的基本生活保障和安全保障，并进而为员工提供自我实现、自我增值的机会。长期以来，企业往往着力于通过提高工资待遇和绩效奖励的方式，激励员工的创造性，但这种方式实际上仍然是比较低层次的激励方式，并不能有效释放员工的自我实现的潜能，更不能把员工的个人价值的实现与公司利益有机结合起来。员工的需要是多层次的，既存在递级上升的情况——在较低层次上得到满足之后，就转向更高层次的需要；又存在同一时期有多重需要，各有侧重，因人、因时、因地而异的情况。并且，员工需要的满足与企业需要、企业利益之间既可能是和谐一致的关系，也可能相互冲突，关键还要看如何协调两者之间的关系。在这一"金字塔"结构中，最高层次的需要是自我实现的需要，是人的潜能、理想、抱负的最大限度的实现，自我实现的需要满足了人最高层次的追求，是一种精神性的满足。马斯洛的需求理论区分了需求的层次,并且提出了渐次满足的规律,这一理论直观、清晰,在国内影响很大。

2.2.2 期望理论

弗洛姆的期望理论是他在 1964 年提出来的,其从人的需要和目标之间的联系出发,认为设定某种期望,这种期望让个体产生认可,并认为这种期望是有价值的,那么个体便会为之付出努力。期望理论的过程可以概括为:"个人努力→取得绩效→组织奖励→满足个人需要",整个过程将绩效和目标与个人努力通过心理上的期望联系起来,只要处理好了绩效评价和个体期望值之间的关系就能达到激励的最终目的。

弗洛姆的期望理论可以用如图 2.5 所示的模型表达出来。

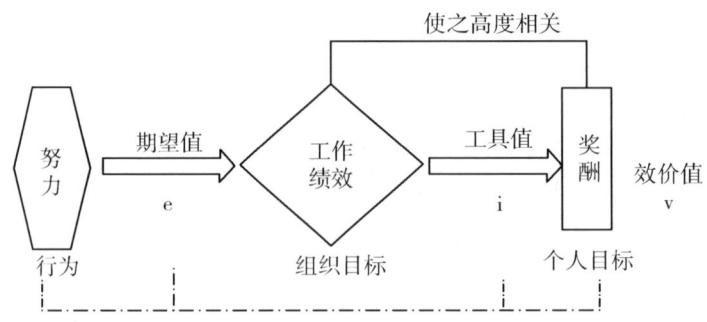

图 2.5 期望理论模型

资料来源:转引自杨婧,陈顺良.基于指标期望理论的初步设计方案选择模型[J].江苏科技信,2014(4).

在图 2.5 中,e 代表期望值(expectancy),i 代表工具值(instrumentality),v 代表效价值(valence),因此,弗洛姆的期望理论又被称为 VIE 理论,从这一理论中可以得出的结论是:激励效能的大小取决于个人努力工作的行为,组织工作的绩效以及与之匹配的薪酬体系,当这三者之间建立相互联结的紧密关系时,薪酬激励的激励效用最大,对于管理者来说,必须明确不同员工的效价值范围,并尽可能加大其效价值,不断拉大和调整期望与实际,期望值与非期望值之间的差距,不断刺激激励效应发生。

2.2.3 目标一致理论

目标一致理论是日本学者中松义郎在《人际关系方程式》一书中提出来的,他认为,在群体生活中的个人必须在其个体方向与群体方向达成一致时,个人的作用和潜能才能最大限度地发挥,同样,只有在群体功能符合个人的发展要求时,群体的潜力才会大于个人成就的总和。反之,当个体处于被压抑、被限制的状态时,其工作才能很难被发挥出来,从而也会给整体效果造成损失。目标一致理论用数学模型可以描述为图 2.6。

在图 2.6 中,F_{max} 表示一个人潜在的最大能力,θ 表示个人目标与组织目标之间的夹角。可用公式表示三者之间的关系:$F = F_{max} \times \cos\theta$($0° \leq \theta \leq 90°$)。

从目标一致理论可以看出,在员工与企业的关系中,员工并不是单方向地依赖或

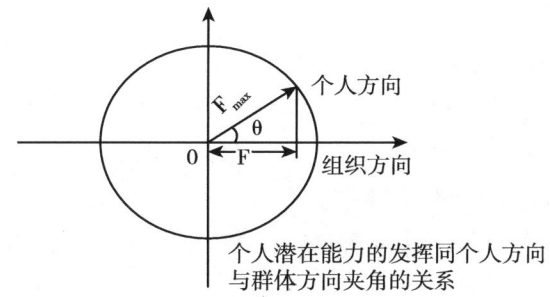

图 2.6　目标一致理论示意图

资料来源：转引自 wiki mbalib，MBA 智库百科"中松义郎的目标一致理论"[EB]/[OL]. 2018.

者影响企业，而是具有目标上的一致性，同时也具有利益方面的一致性。因此，企业管理者在对员工进行管理的过程中，应该本着替员工着想、为员工服务的态度，这不仅有利于留住优秀员工，同时也可以保障企业自身的利益。

2.2.4　公平理论

亚当斯提出了公平理论，这个理论又称为比较理论，公平理论强调的是员工工资的合理分配，只有达到了公平分配才能对员工产生行为上的积极影响。从心理学上讲，亚当斯发现个体之间喜欢进行比较，包括个人与他人之间的工资比较，个人现时和历时某个时期的工资比较，当个体发现存在公平问题时就会影响到工作行为的效率，只有工资公平才能更加有效激励员工行为。

亚当斯的公平理论可以表示为如图 2.7 所示的关系式。

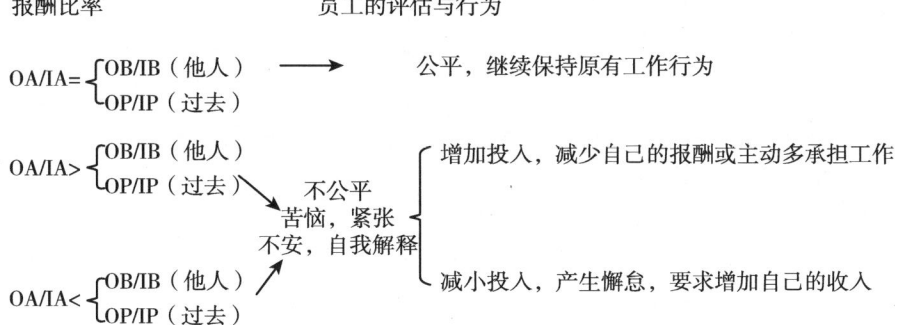

图 2.7　员工评估与行为的关系式

资料来源：转引自孟雅楠. 试析公平理论在领导活动中的应用[J]. 改革与开放，2011（6）.

其中，O（output）代表产出，I（input）代表投入，A 代表自己，B 代表参照对象。

IA = 自身的投入；

OB = 他人的产出；

OP = 自己过去的产出；

IB = 他人的投入；

IP = 自己过去的投入。

从图 2.7 可以看出，当个人的投入大于他人的投入，而收入相同或更低时，员工就会在比较中产生挫败情绪，同样，当个人的收入比他人低，而付出的努力却比别人多时，也会产生一种受挫感。在比较中，个人建立起对自己的投入产出比的定位与认知，而这种对于公平感的认知会持续影响员工的工作表现。

2.2.5 组织寿命学说

组织寿命学说是美国学者卡兹（Katz）在 20 世纪 90 年代提出来的，卡兹认为，任何组织（包括公司、企业、公共机构）都有一个从成长、壮大、持续发展到走向衰落的过程，也就是说，组织同样具有一个生命周期。而组织寿命的长短，主要取决于组织内部的信息沟通能力。他通过大量的研究调查，绘制出组织寿命的曲线，这一曲线又被称为"卡兹曲线"。

从图 2.8 可以看出，在组织成立初期，员工之间处于磨合期，这时信息传递的速率相对较低，这一过程大约要持续 1.5 年左右，1.5～5 年这段时间是组织发展潜力最为旺盛的时期，因为这一时期组织内部的信息传递与交流的能力最强。而在这之后，组织内部思维开始僵化，信息交流开始受阻，组织寿命也开始走向老化和萎缩。

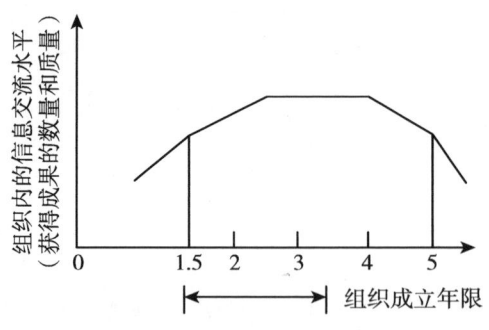

图 2.8 组织寿命曲线

资料来源：转引自翟藏库，刘萍. 从人才流动理论看高校全员聘任. 人民论坛，2011（2）.

2.3 本章小结

本章主要介绍了国内外关于员工离职的理论研究现状以及相关的理论基础。国外学者总结出了莫布雷中介链模型和 PRICE 离职动因模型，这些理论工具对于本文的研究具有一定的借鉴意义。国内学者对员工离职的关键因素、外部环境和微观因素都做了详尽的分析，这些分析方法和分析结果对本文具有重要的指导意义。此外，本章还梳理了期望理论、需求层次理论、公平理论，这些理论从员工的需求和激励层面为员工离职的原因分析提供了重要的思路，而目标一致理论和组织寿命学说则从企业管理者的角度为员工离职的管理和治理提供了理论参考。

3 重庆 YH 超市员工离职现状分析

第 2 章主要介绍了国内外关于员工离职的理论研究现状以及相关的理论基础。梳理了期望理论、需求层次理论、公平理论等相关概念，本章将结合这些理论知识，对 YH 超市的员工离职现状进行分析，首先对 YH 超市的基本情况做一个概述，在此基础上，重点对重庆 YH 超市近三年员工离职状况进行分析，从岗位、性别、年龄、入职年限、学历等角度，分析离职员工的特点。

3.1 重庆 YH 超市基本情况

YH 超市是一家专业从事现代超市零售的民营股份制大型企业集团，总部设在中国福建省福州市，1998 年，民营企业家张轩松在福建省政府推动的传统农贸市场向现代流通方式转变政策背景下，创办了 YH 屏西超市。随着用户群体的增多和我国城市消费水平的快速发展，目前，YH 超市已经成长为国家级的"流通"及"农业产业化"双龙头企业，全国 500 强企业。2004 年，重庆 YH 超市有限公司成立，目前在重庆市共设有门店 108 家，拥有员工 20000 多名。

3.1.1 组织架构

图 3.1 是重庆市 YH 超市有限公司的组织架构图。

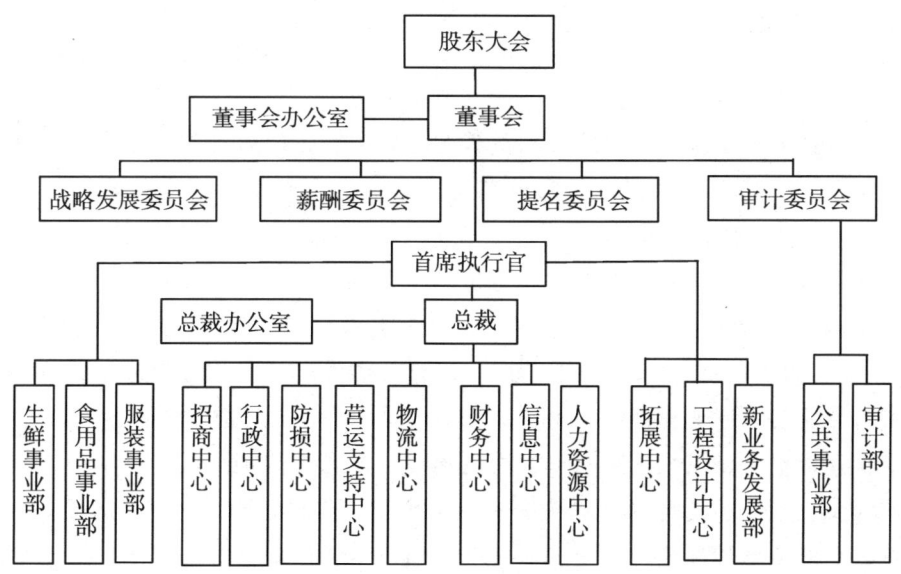

图 3.1 重庆 YH 超市组织架构

从图 3.1 可以看出，重庆 YH 超市股份有限公司建立了比较健全的股份制公司组织架构，建立了完善的董事会制度，同时在董事会之下设立了首席执行官制度，保证了董事会及股东大会的各项决策能够有效实施，在首席执行官及总裁之下，设立了十分健全的营运管理体系，包括行政、财务、审计、人力资源管理等相关部门，还包括超市核心业务的营运以及工程建设部门。因此，总的来说，重庆 YH 超市建立了比较健全的组织管理体系。

3.1.2 企业战略

重庆 YH 超市有限公司近年来秉承 YH 超市"绿色 YH""科技 YH""人文 YH"的发展理念，不断拓宽在城市零售、物流和生鲜领域内的品牌优势。具体来说，重庆 YH 超市的企业战略包括以下三个方面。

第一，建设地区零售网络体系，打造以重庆为中心的西南大区生鲜零售平台，加强在优势领域与跨国零售企业的竞争能力。目前，重庆市拥有 108 家 YH 门店，而在四川省只有 47 家，在贵州省只有 16 家，因此，重庆 YH 超市紧紧把握竞争优势，试图将重庆 YH 超市打造成西南生鲜零售的供货地、集转地和枢纽中心。

第二，打通物流、仓储、流通、零售和制造之间的界限，通过"垂直采购基地"和"社区门店"的建立，打造大型零售企业的全新业态模式，实现从广到深的业务覆盖，从生产到销售的业务整合。

第三，以"YH 精致超市"的建设为契机，提升 YH 超市的技术、人文实力，打造精致化、高端化、科技化的 YH 服务体系，满足消费者多层次购物需求，占领日益扩大的中高端零售市场，满足消费升级。

3.1.3 人力资源管理状况

目前，重庆市 YH 超市股份有限公司共有员工 20153 人，这些员工主要分布在各下属门店，位于江北的重庆 YH 总部仅有员工 689 名。在各门店内部，重庆 YH 超市通过不同的岗位设置，建立了从经理、领班到组长、营业员的垂直管理体系，图 3.2 是重庆 YH 超市各下属门店的人员组织管理模式图。

从图 3.2 可以看出，YH 超市门店对员工的管理主要是依照不同的业务门类进行的，同时从经理到营业员之间，建立了四级管理层次，直接对营业员进行管理的是领班/组长，而统筹所有员工活动的是经理。这样，庞大的营业员队伍就通过层级排列，纳入 YH 超市的人力资源管理中。

为了更全面地分析重庆 YH 超市的人员构成，笔者从性别、年龄、学历、工作年限四个方面对该公司人力资源的基本情况进行了统计，其结果如图 3.3 所示。

从图 3.3 的基本情况统计来看，重庆 YH 超市主要以女性员工偏多，占据了总人数的近七成，这与 YH 超市的零售业务的工作特性分不开，除了搬运和仓储等工作需要男

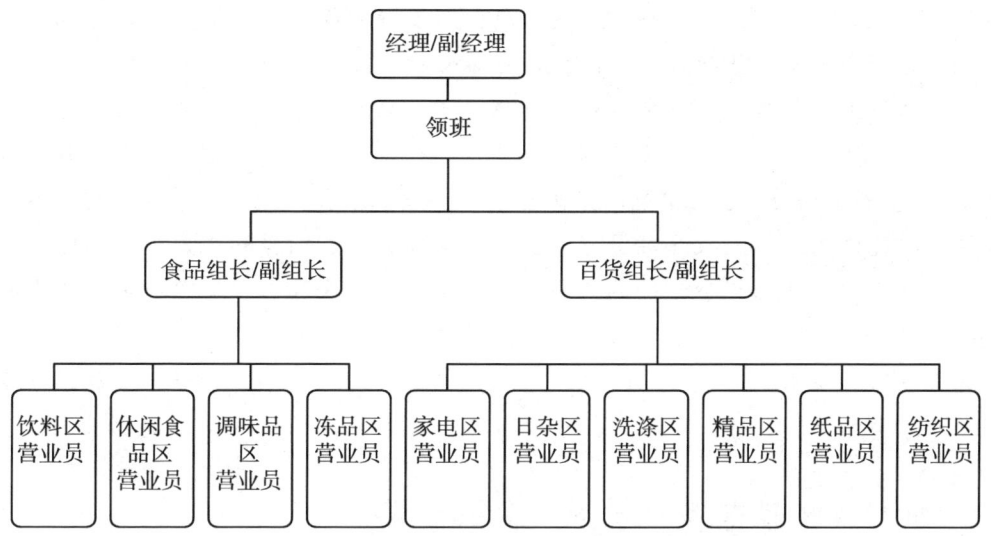

图 3.2 重庆 YH 超市门店人力管理模式

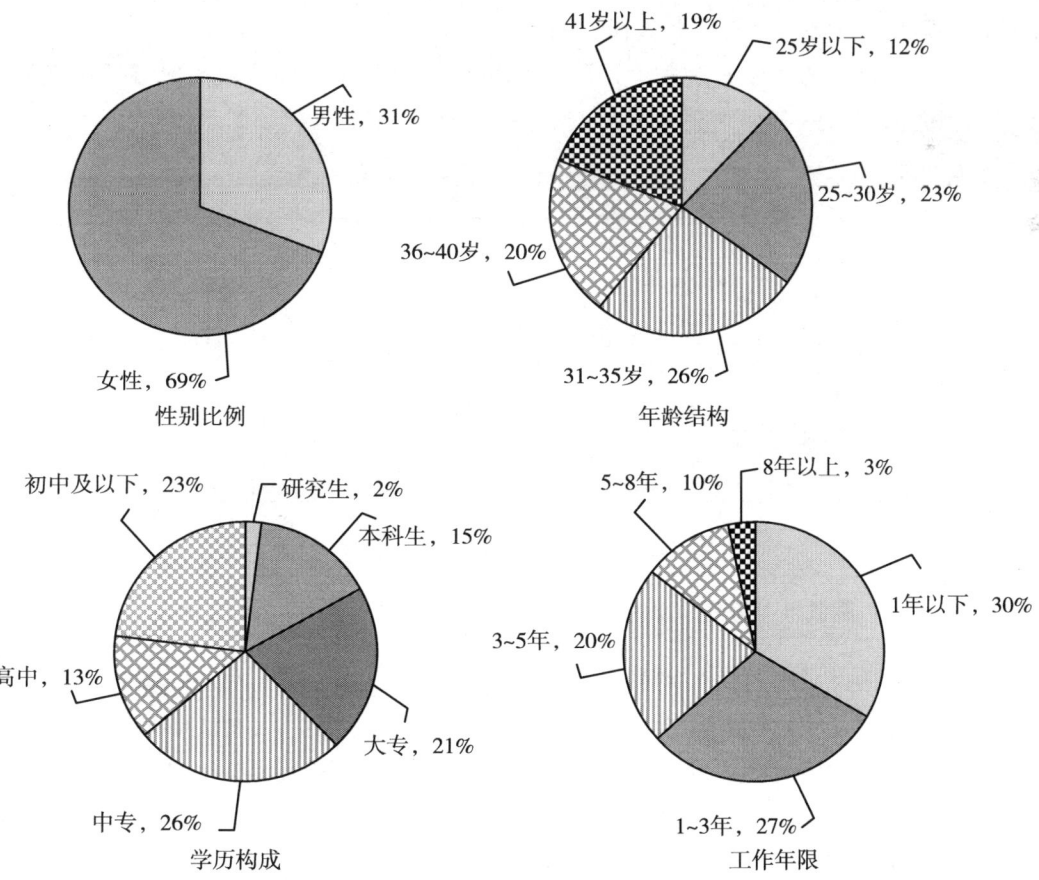

图 3.3 重庆 YH 超市员工基本情况

性员工外，大多数工作，如导购、陈列、熟食加工等方面，女性员工的技能娴熟，亲和力强，在超市工作中更有优势。从年龄结构来看，各年龄层次较为均衡，这有利于超市迎合各年龄段消费者的需求和偏好，同时也有利于各层级员工的交流学习，但需要指出的是，25岁员工多为兼职和新引进人员，他们的流动性很强，离职可能性也较大，而40岁以上的员工也可能面临退休和调动等离职情况。从学历情况来看，本科生和研究生占比仅为17%，大多数员工学历为大专及以下，而且初中及以下学历者占据了23%，超过了本科及以上学历的人数。而从工作年限来看，一年以下员工的人数占比最多，达到了30%，其次是1~3年工作年限的员工，占据了27%，这两项加起来就占了近6成，这说明，YH超市员工的流动性整体来说是很大的，工作经验超过8年以上的员工十分缺乏。

3.2 重庆YH超市近三年员工离职状况

近年来，由于重庆市零售行业整体经营情况的变化以及重庆YH超市内部经营管理的问题，重庆YH超市出现了较大面积的员工离职现象，这不仅给YH超市人力资源管理部门造成了巨大的人才补给压力，同时也为超市增大培训成本，实现可持续发展造成了不小的困扰。图3.4是重庆YH超市2014~2016年员工离职的总体情况。

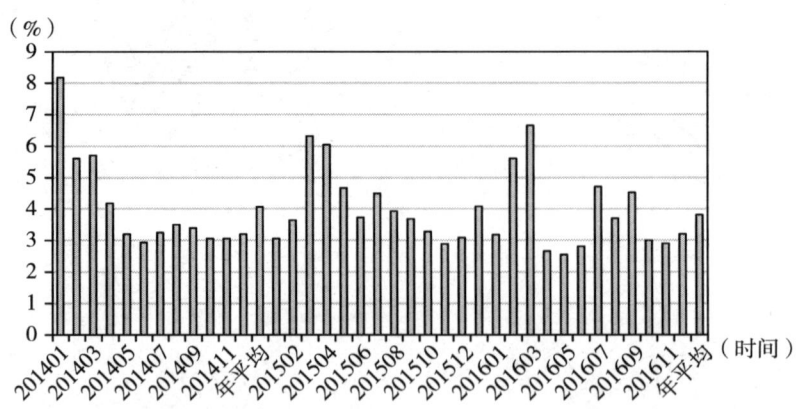

图3.4　重庆YH超市2014~2016年员工离职情况统计

从图3.4中可以看出，重庆YH超市2014~2016年员工离职情况总体是不容乐观的，三年来仅有几个月的时间离职率低于3%，其余大多数时间离职率均在3%以上，在2014年1月、2015年2月、2015年3月以及2016年3月，员工离职率均超过了6%。而且，重庆YH超市的离职率呈现出周期性的起伏变化趋势，在每年均有一段时期呈现出员工离职的高潮期，这说明，重庆YH超市的离职现象并非无迹可寻的，而很可能是由某种管理缺陷或市场原因造成的。

不论是外部环境造成的离职还是超市内部管理造成的离职，均会对超市的经营管理造成危害。当然，员工的离职和调动是正常现象，如果没有持续不断的人员流动，YH 超市的管理也会走入僵化，推行新的管理方法或者引进新的技术和管理经验都很难推行，因此，我们的研究目标不是阻止 YH 超市员工的离职，而是要通过研究和分析，找出导致超市员工不正常离职的原因，尽量将员工离职率控制在正常水平之内，同时，通过对员工离职现象的考察，分析和发现企业经营管理方面的漏洞与不足，进而改进管理方式，提高服务效率，创造更高的经济效益。为此，本章将对重庆 YH 超市的员工离职情况进行全面的分析，通过对近年来离职员工的各方面情况，如岗位、性别、年龄、入职年限、学历等方面的情况的考察，把握和总结离职员工的基本情况，找出离职员工的群体性特征，进而帮助我们分析是什么原因最终导致了员工的离职。

3.2.1 岗位离职状况有差异，导购、加工、收银等离职率较高

为了对重庆 YH 超市股份有限公司的员工离职情况进行具体的了解，笔者走访了重庆市渝北区 YH 超市兴科大道门店，并对该店内的各岗位进行了分类，按照管理岗位、行政财务岗位、销售导购岗位、物流运输岗位、防损岗位、加工岗位、后勤岗位和收银客服岗位对其离职情况进行了分类统计，其统计结果如表 3.1 所示。

表 3.1　重庆 YH 超市兴科大道门店各岗位员工离职情况统计

岗位类别	岗位描述	总人数	3 年内最高离职率	3 年内平均离职率
管理岗位	店长、各部门经理等专门从事管理的工作人员	28	6.5%	2.1%
行政财务岗位	包括财务部门和人力资源管理部门、企划部门等工作人员	12	7.6%	3.3%
销售导购岗位	包括卖场销售人员和其他在外从事销售的工作人员	165	8.1%	4.1%
物流运输岗位	主要从事货物运输和仓库搬运，装卸的工作人员	18	6.1%	2.9%
防损岗位	负责店面的安全以及内控风险管理	23	4.1%	2.8%
加工岗位	主要负责熟食加工和散装食品加工制作	32	6.4%	3.9%
后勤岗位	主要负责员工饮食、后勤保障、社团活动等	8	5.9%	3.0%
收银客服岗位	负责超市的收银、客诉和公关管理等	39	7.9%	3.4%

表 3.1 是近年来重庆 YH 超市兴科大道门店各岗位员工离职情况统计,从中可以看出,就岗位分类来讲,YH 超市兴科大道门店中离职率最高的三类岗位是销售导购岗位、加工岗位和收银客服岗位,而离职率最低的三类岗位分别是管理岗位、物流运输岗位和防损岗位。

销售导购岗位、加工岗位和收银客服这三类岗位均是超市中最为广泛的,与消费者交流最多,同时也是工作量最大,需求量最为集中的三类超市岗位,这三类岗位的离职率高与其工作压力大、工作报酬低、工作时间长等特点不无关系,而作为超市经营的根基,如何留住这类工作人员、保证他们安心就业、勤奋工作,是超市管理者必须重视的问题。

3.2.2 离职员工性别状况有差异,女性离职高于男性

在超市工作中呈现出明显的性别分化,一般来说,男性在运输、仓储、搬卸等体力劳动中以及在管理岗位中所占的比例较高,而女性在销售、导购、营运等领域所占的人数较多。因此,不同岗位的离职率也可以通过性别表现出来,更重要的是,男性与女性在国内职场中虽然已经实现了地位平等,但不容回避的是,男性与女性面临的家庭、职业环境是不同的,双方都面临着不同的挑战,因此,从性别角度分析 YH 超市的离职率情况是很有必要的。

图 3.5 是重庆 YH 超市近年来离职率与员工性别的差异情况。

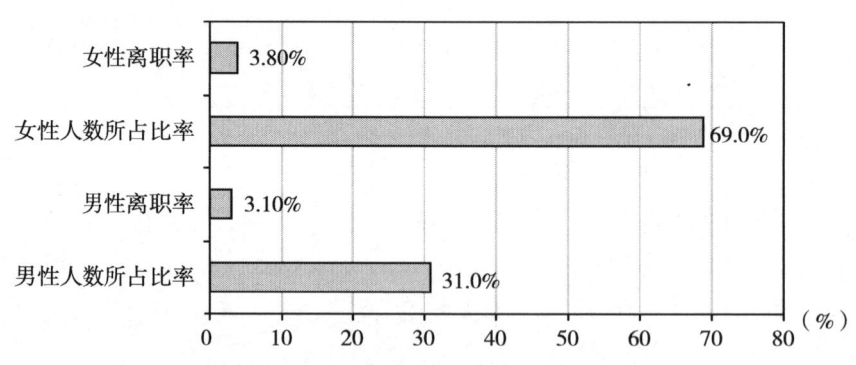

图 3.5 重庆 YH 超市离职率与性别关系

从图 3.5 中可以看出,重庆 YH 超市女性的离职率要高于男性,另外,男性的总人数要少于女性,因此,综合起来可以看出,重庆 YH 超市女性离职现象是更加严重的。女性离职率高的可能原因是:女性必须承担更多的家庭责任,如生育、抚养孩子;女性所从事的销售、宣传岗位工作压力巨大,且薪酬条件较差,因此使许多女性员工萌发了离职的想法。

3.2.3 不同年龄段员工离职状况有差异，30岁以下员工离职率最高

超市员工的离职现象还与年龄阶段有密切的关系，这是因为，在一般的职业发展中，年龄始终是一个人职业过程中遇到的主要障碍，不同年龄段的员工拥有的工作经验、资历、人脉关系是不一样的，而不同年龄员工面临的职业规划、挑战也有差别，这使得各年龄员工的离职意愿也有不同。

图3.6是笔者对不同年龄段的员工的离职情况所做的统计。

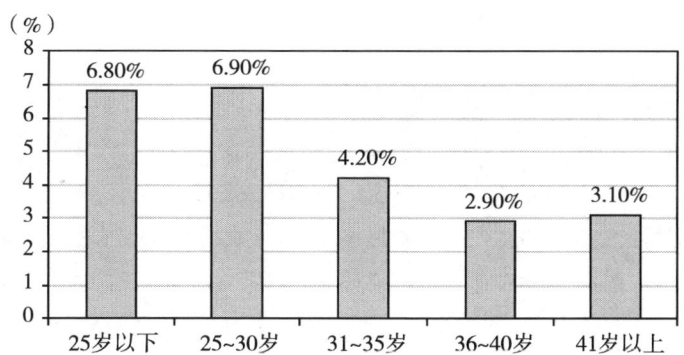

图3.6 重庆YH超市不同年龄段员工离职率

从图3.6可以看出，重庆YH超市员工离职率与年龄之间呈现出明显的负相关关系，年龄越大的员工离职率相对来说低一些，而年龄在30岁以下的员工的离职率最高，年龄在36~40岁这一阶段的员工离职率最低。

员工离职率最高的年龄段集中在30岁以下，可能的原因是，这一阶段的员工面临着较多的职业选择机会，同时由于他们进入职业领域内的时间较短，他们获得的职业经验和职业技能较少，这一方面可能给他们带来较大的压力，使其在公司中那些年龄较大、经验丰富的员工的竞争对比中处于劣势，因此他们选择离职或转行的概率也就更大了。另外，30岁以下的员工在工作调动、行业选择、家庭婚姻和职业规划等问题方面也面临着更多的选择，这也可能导致他们离职。

3.2.4 不同入职年限员工离职状况有差异，1~3年员工离职率最高

从离职员工的入职年限分析员工的离职情况对于企业管理者非常重要，因为超市针对不同入职年限的员工分配的任务和提供的薪酬待遇不一样，找出哪一个入职年限的员工最容易离职，不仅可以为接下来的人力资源管理的改进措施提供参考，而且也容易区分出不同入职年限的员工对公司安排的接受情况。图3.7是重庆YH超市员工离职与其工作年限关系的统计情况。

从图3.7可以看出，重庆YH超市员工离职率与入职年限之间呈现明显的逐级下降趋势，也就是说，入职年限越长，总体来说，离职率也就越低，而对于1年以下或者

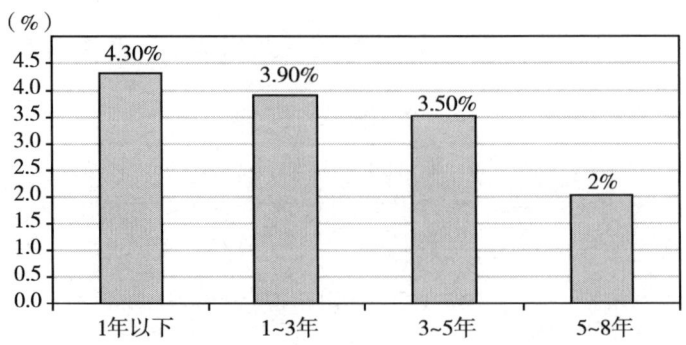

图 3.7 重庆 YH 超市员工离职率与工作年限统计情况

1~3年的员工来说，员工离职率是非常高的。因为这一阶段的员工往往对新的工作环境抱着观望和试探的心理，一旦他们觉得工作不满意，就会提出辞职，而对于工作年龄超过 3 年的员工来说，除非是由于特殊的原因，或者对工作环境极不满意，或者工作环境突然面临着巨大的改变，否则他们不会轻易选择辞职，因为辞职意味着以往积累的经验、技能和人脉关系突然失去了发挥价值的空间。而且对于入职年限较长的员工来说，他们的升迁机会更多，工资福利待遇也更好，因此他们离职的可能性总体来说就更低了。

3.2.5 不同学历层次员工离职状况有差异，学历越低离职率越高

学历状况对员工离职也有一定影响，因为不同学历水平的员工面临着不同的职业选择，相对来说，学历较高的员工获得的职业选择更多，但他们在公司内部得到的薪酬待遇和发展机会也更大，学历较低的员工从事的职业较为固定，但被动失去工作的概率也很大。图 3.8 是重庆 YH 超市员工离职率与学历关系的调查结果。

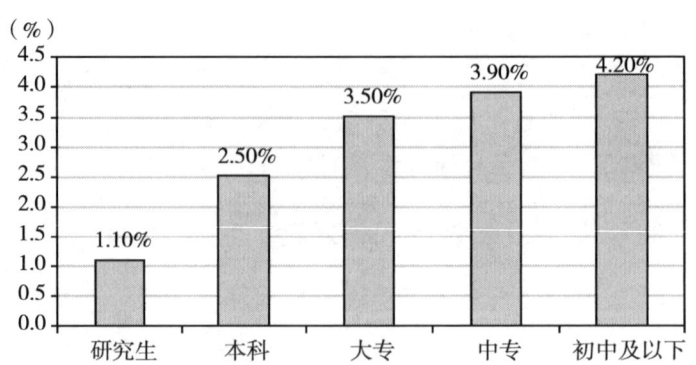

图 3.8 重庆 YH 超市不同学历员工离职率

从图 3.8 可以看出，YH 超市不同学历员工的离职率不同，总体情况下，学历越低的员工越容易离职，但对待这一问题应该更加全面地思考，因为研究生和本科学历在重庆 YH 超市的人数本来就比较少，而且他们大多在管理岗位和行政、财务部门，因此他们的

离职率确实较低,却并不一定是学历的高度直接造成了离职率的变化。而对于初中及以下以及中专学历的员工来说,由于他们主要在销售、运输等劳动密集型的部门工作,这些部门的员工流动性本来就较大,所以学历因素必须放在综合的情境中加以考虑。

3.3 重庆 YH 超市员工离职率与同行的比较

单从重庆 YH 超市员工离职率数据的分析只能看出 YH 超市自身的离职率变化情况,而通过 YH 超市与同行的比较,则可以将离职率的变化与行业影响、市场变化的影响排除出去,因为各个同行面临的外部环境大体相同,因此,与同行进行比较更可以看出不同的企业管理和企业文化对离职率的影响,有利于 YH 超市从自身管理方面找到自身存在的问题。为此,本文选择了重庆市大型超市平均离职率、沃尔玛(重庆)百货有限公司、人人乐超市(重庆)有限公司和 YH 超市进行对比,以探究重庆 YH 超市在重庆大型超市离职率水平中所处的水平,如图 3.9 所示。

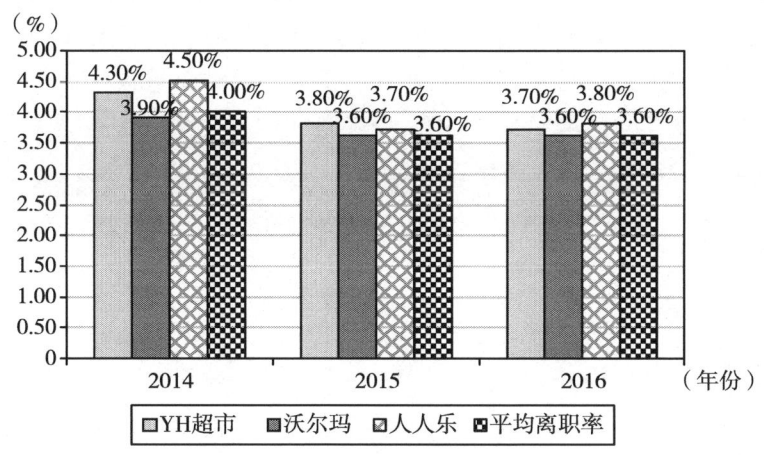

图 3.9　YH 超市与同行离职率对比

从图 3.9 可以看出,重庆 YH 超市近三年的离职率均高于行业平均水平,特别是在 2014 年,与行业平均水平的差距很大。但值得肯定的是,近三年来,YH 超市的离职率呈下降趋势,而在 2014 年,整个行业都出现了较高的离职率。另外,从 YH 超市的几个竞争对手来看,人人乐超市除了在 2015 年低于 YH 超市外,其余各年份皆高于 YH 超市,同为国内超市品牌,人人乐超市同样面临着较为严重的员工离职率问题。而在这三者中间,离职率最低的是沃尔玛超市,沃尔玛是全球知名的超市品牌,在零售行业具有丰厚的资金和经验,其在人力资源管理方面也积累了大量的技术和人才,因此在员工离职率方面一直处于平均水平之下,这说明它的员工管理是比较有效的,值得国内同行学习借鉴。

3.4 本章小结

本章主要探讨了 YH 超市员工离职的现状问题，并对离职员工的性别、工作年限、年龄、学历、岗位等方面的具体特征与离职率之间做了初步的比对，从本章的研究可以勾勒出重庆 YH 超市离职率较高的员工的群体性特征：从事销售、导购和加工工作，年龄较小，学历较低，入职时间较短。

4 重庆 YH 超市员工离职的原因分析

员工离职是一个复杂的现象，既可能受到外部环境，如社会环境、经济环境、行业环境、地域环境等因素的影响，也可能是企业内部管理方面的原因，如企业发展阶段、管理模式、薪酬水平等，同时，员工自身的原因也容易引起离职，更重要的是，这些因素并非单个的起作用而是形成较为复杂的合力，共同作用于员工的离职。因此，对于企业来说，重点不是分析某个特定的员工如何离职的，而是要找到企业自身和外部环境中引起离职的因素，尽可能地规避外界影响，同时通过提升内部管理能力，实现企业整体竞争力的提升，增加企业对就业者的吸引力和凝聚力。本章将对重庆 YH 超市面临的内外部环境进行分析，从中发现影响 YH 超市员工离职的原因。

4.1 外部原因

4.1.1 社会环境

所谓社会环境，针对员工离职这一特殊问题来说，主要包括政府的社会政策，如劳动保障政策、人事政策等，社会价值观以及社会舆论和社会文化等方面。从社会环境的角度看，重庆市是我国四个直辖市之一，随着国家对西部大开发和长江经济带的投入力度不断加大，重庆面临着极佳的经济发展机会和政策福利，重庆直辖市成立以来，国家对重庆建设的支持力度不断加大，特别是 2016 年年初习近平总书记视察重庆，进一步明确了"一个目标""两点定位""四个扎实"的发展目标，为重庆市的社会发展和经济进步指明了方向。近年来重庆市推行国家教育改革综合试点，在文化产业方面加速发展，为社会文化建设提供了重要支持，在教育领域取得了突破性进展，基本实现学生就近入学，高中阶段毛入学率达到 95.1%，高等教育毛入学率达到 43%。劳动者素质得到了极大的提高。为了促进就业，重庆市政府制定了职业农民、技能人才、小微创业者等七大群体增收激励计划，城镇新增就业超过 70 万人，居民人均可支配收入达到 22120 元、增长 10% 左右。引导返乡农民工就业创业 32 万人，分流安置去产能企业职工 3 万人。

因此，总的来说，重庆市近年来为劳动者就业和企业发展提供了稳定的社会环境，为保障就业和促进农民工、大学生就业作出了十分积极的贡献，这有利于就业市场的活跃，有利于为企业和就业者搭建更好的就业平台。这对于重庆YH超市的员工离职率造成了一定的影响，在目前的社会环境下，劳动者自主选择工作岗位的灵活性增强了，而且安定和谐的社会环境也打消了员工恐惧找不到工作的后顾之忧，因此员工的离职率自然也提高了，但这对于YH超市吸引优秀人才同样有利，而且社会环境的优越只有作用于YH超市自身才会真正对员工离职起作用。

4.1.2 经济环境

所谓经济环境，对于员工离职来说，影响最为显著的因素主要有居民消费能力、物价水平和工资水平等因素，这些经济运行指标可能对员工离职产生影响。

近年来，重庆经济发展迅速，人民生活水平不断提高，消费能力持续上升，2016年，重庆市GDP总额达17558.76亿元，比上年增加了10.7%，人均GDP为57902元，比上年增加了9.6%，全社会消费品零售总额7271.35亿元，比上年增加了13.2%，城镇实现消费品零售6905.74亿元，增长了13.1%。食品、服饰、居住价格分别上涨了3.6%、2.4%、1.1%。从以上经济数据中可以总结出与YH超市员工离职的两点关联信息：

首先是重庆市居民消费水平持续提高，消费能力的提升为超市零售行业带来了广阔的市场前景，同时也加大了超市行业在人才方面的竞争，更多的企业能够开出更加优厚的价格和待遇，吸引劳动者，这为YH超市留住人才造成了压力。

其次是经济发展带来了物价上升，超市员工的生活成本、工作成本和交通成本都有所上升，而这些压力会导致YH超市员工的薪酬待遇不能满足员工自身更高的生活成本需求，进而引起离职。

4.1.3 行业环境

近年来，重庆市超市零售市场不断扩大，竞争激烈程度持续增强，超市行业面临着频繁洗牌的复杂局面。图4.1是2016年西南地区四大城市的超市品牌入驻及开店情况。

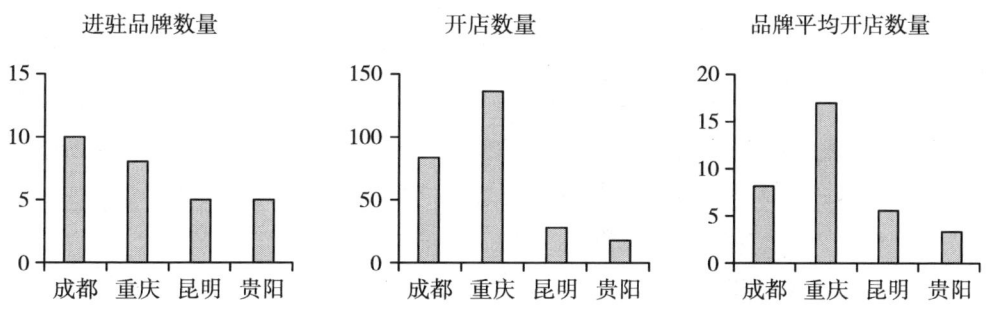

图 4.1　2016年西南地区超市入驻及开店情况

从图 4.1 可以看出，在超市品牌入驻方面，成都市已有 10 个知名的超市品牌入驻，包括家乐福、沃尔玛、欧尚、乐天玛特等品牌，重庆市居第二位，除了欧尚、伊藤洋华堂尚未在重庆开设门店外，其余 8 家在重庆都有门店，昆明和贵阳分列三四位，而从开店数量来看，重庆市遥遥领先西南四大省会城市，2016 年一年时间在重庆市开业的大型超市就达 138 家，而 YH 在重庆的扩展步伐尤其迅速，目前在重庆市的大型超市中，YH 超市拥有的门店数量超过了 100 家，成为重庆门店最多的大型超市（对比超市业态，不含百货）。

激烈的市场竞争环境为 YH 超市员工的离职带来了很大的影响，因为在竞争加剧的情况下，各超市为了自身的发展，都会纷纷在人力资源方面加大投入，通过"招兵买马"迅速占领市场，获取人才优势，因此，YH 的竞争对手也更可能开出更好的条件招揽人才，这势必会增加 YH 员工的离职率。

4.2 内部管理原因

前面对重庆 YH 超市员工离职的外部环境因素进行了分析，从以上的分析可以看出，外部经济环境和市场竞争确实对员工离职造成了很大的影响，特别是随着重庆市消费市场的持续火爆和众多超市加大对市场占有率的竞争，YH 超市势必面临着巨大的竞争压力，而其他竞争对手通过更具吸引力的招工方式，必然产生"抢人"的局面，加大 YH 超市员工的离职率。但外部原因绝不是 YH 超市员工离职的主要原因，这是因为，从前面可以看出，YH 超市近年来的员工离职率始终大于或等于重庆地区大型超市的员工平均离职率，在同等的市场环境下，YH 超市的员工离职率比竞争对手高，这说明除了外部因素外，内部管理因素才是造成 YH 超市员工离职的根本原因。另外，外部因素对 YH 超市员工离职产生影响必须是在内部管理的中介下才可能发生，即使经济不景气或者市场竞争加剧，企业也可以通过各种管理方式的升级创新而留住人才，因此，对于 YH 超市员工离职的原因分析，外部环境的分析固然重要，但内部管理原因才是最根本的，外部因素只能规避，而对内部原因的分析则是做出改进和提升的基础，因此，本节中将要讨论的是重庆 YH 超市员工离职的内部原因。

4.2.1 人员管理组织结构不合理

重庆 YH 超市的人力资源组织形式整体特征是层级式的，反映在门店中表现为超市门店对员工的管理主要依照不同的业务门类进行的，同时从经理到营业员之间，建立了四级管理层次，直接对营业员进行管理的是组长，而统筹所有员工活动的是经理，这样，庞大的营业员队伍就通过层级排列，纳入 YH 超市的人力资源管理中；而反映在超市总部的人员管理中，则是从董事长到各分部门的层级形式，总之，在 YH 超市的内部组织架构中，层级管理模式是非常明显的，这种组织结构类似于一个"金字塔型"的结构，越到领导层，其人数越少，权力越集中，而且其决定权也就越大，而越到下层,则人数越多,权力越小,权力也越分散。层级制的另一特点是领导负责制,越在组织结构的上层,拥有的决定权就越大,而越到下层,其听命于上级的情况就越多,主动权和自由性就越低。层级制的好处是可以强化高层领导对下级的控制,形成权力不断集中的管理模型,便于企业对所有部门的管理和控制。但根据笔者在重庆YH超市几家门店的调研发现,重庆YH超市人员组织管理结构的不合理主要就表现在层级制的弊端上,而这种管理模式对于底层员工的离职影响是非常大的,主要表现在以下几方面。

首先,层级制的管理模式不利于领导对底层员工的了解和沟通。表4.1是笔者对重庆YH超市12家门店中300位员工所作的随机抽样调查,调查的目的是研究重庆YH超市底层员工与店长及以上级别的领导层的沟通情况。

表4.1　　　　　重庆YH超市底层员工与领导沟通情况　　　　　单位:%

级别/沟通频率	每天	一周内数次	一月内数次	一年内数次	几乎不
店长	33	41	25	1	0
副总经理	13	21	16	24	26
总经理	0	0	2	25	73
总部总监	0	0	0	6	94
总裁或董事长	0	0	0	0	100

从表4.1可以看出,重庆YH超市底层员工与领导层沟通的频率随着领导层级的上升而减少,也就是说,越是级别高的领导,与员工接触的机会越少。产生这种情况主要的原因就是层级制管理模式使员工与上级领导之间产生了隔阂,领导只需要指挥下一级领导或员工,通过报告、报表和工作总结等文件了解员工情况,他们对底层员工的实际情况是不了解的。这一情况对重庆YH超市员工离职是有很大影响的。

其次,员工与领导之间的疏离会导致员工的认同感缺失,使员工在超市工作中缺乏参与感和积极性。笔者通过调查了解到,重庆YH超市员工与领导"一对一"的沟通机会很少,九成以上的情况是领导训话和与员工犯错时,员工才有机会见到领导,在笔者的访谈过程中,甚至出现了不少员工从入职到离职的间隔里,一次也没有见过店长以上的领导。这说明,重庆YH超市的层级管理结构对员工—领导之间的互动关系产生了消极的影响。

第三,层级制也阻碍了高层领导对员工状况的了解,在层级制的组织框架下,中高层领导一般实行分管制,如分管营运、分管财务、分管物流的领导属于不同的部门,如果领导负责的项目与底层员工没有直接关系,他们与员工接触的机会就更少了。而即使是属于同一个纵向序列,上层领导一般也会选择通过直属下层管理人来进行纵向的管理,而不是与员工取得沟通和联系,这使员工与领导之间的隔阂非常之深,从领导角度来看,造成的问题是:领导对所制定的方案、计划没有充分征得员工的意见,没有听取员工的意见和建议,没有考虑员工的个人需求。最终导致政策和方案缺乏实用性，甚至损伤员工的积极性，破坏员工对超市的信任与依赖关系。

4.2.2 薪资待遇缺乏公平性和保障性

重庆 YH 超市的底层员工一般负责的工作是商品陈列、搬运、仓储、导购、熟食加工等，这些工作的技术要求低，但劳动强度大，对于服务态度和服务质量都有较高的要求，对于从事这些工作的劳动者来说，薪酬待遇的高低是决定他们是否留下来继续工作的重要影响因素，基于这样的情况，笔者对重庆 YH 超市 12 家门店中 300 位员工所作的关于薪酬满意度的随机抽样调查，其结果如图 4.2 所示。

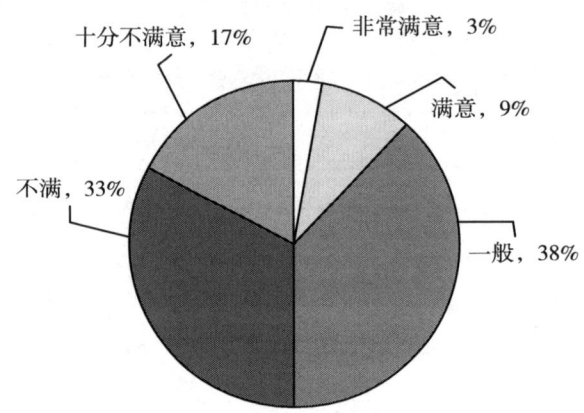

图 4.2 重庆 YH 超市员工薪酬满意度

从图 4.2 可以看出，重庆 YH 超市员工对超市给予的薪酬标准的满意度是较低的，只有 12% 的员工对薪酬待遇基本表示满意，而有 50% 的员工对薪酬待遇表示不满。

另外，笔者还调查了几个重庆市大型连锁超市的薪酬待遇情况并进行了横向对比，为了调查方便，笔者以生鲜区销售员为例，分别从重庆市区沃尔玛、人人乐超市、家乐福超市、中百超市和 YH 超市中抽取年龄和入职年限相同的生鲜营业员，对他们每月的平均收入（包括基本工资和提成收入总和减去五险一金）进行了比较，其结果如图 4.3 所示。

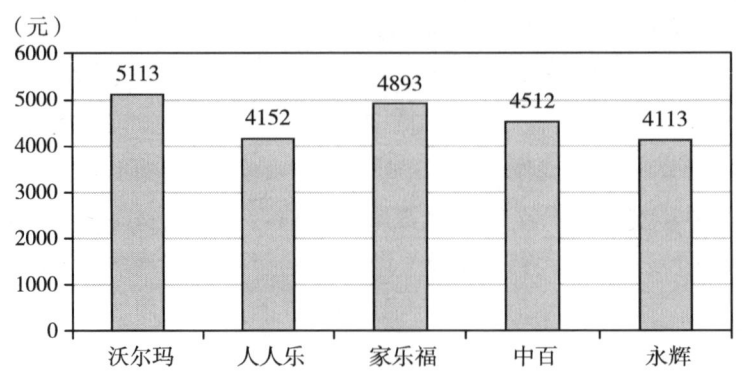

图 4.3 重庆连锁超市生鲜营业员月平均收入比较

从图 4.3 的比较结果可以看出，YH 和人人乐超市排在被比较的五家超市的最末两位，其中 YH 超市的薪酬标准是 5 家超市中最低的。这说明，重庆 YH 超市在薪酬方面对员工的吸引力是较弱的。

较低的薪酬标准对员工具有两个方面的消极影响。

首先，薪酬较低使员工感受不到公平的待遇，特别是在一个开放的市场环境下，在竞争对手的横向比较下，员工很容易在工资比较中感受到一种不公平感，依据亚当斯的公平理论，当个人的投入大于他人的投入，而收入相同或更低时，员工就会在比较中产生挫败情绪，同样，当个人的收入比他人低，而付出的努力却比别人多时，也会产生一种受挫感。没有证据表明，YH 超市销售人员与其他超市同行在同样的工作中付出的努力要少，而他们得到的待遇却明显不一致，这很容易造成 YH 超市员工的离职或跳槽。

其次，薪酬较低对于底层员工特别是收入水平本来就很低的员工来说，还会使他们丧失生活的保障，进而不得不做出离职的决定。薪酬待遇最基本的作用就是为员工提供最基本的生活保障，笔者在调查中发现，重庆 YH 超市员工的薪酬结构主要由基本工资加奖金两部分组成，而基本工资在薪酬结构中所占比重只有 50% ~ 70%，也就是说，将近 40% 左右的收入是由销售业绩来评定的，这虽然有利于提升营业员的积极性，但却不是对所有部门都使用，特别是那些季节性较强、销售业绩不佳的部门（岗位），员工的工资收入的起伏变化大且平均水平低，许多员工反映，在销售淡季他们的薪酬收入中几乎只有基本工资收入，减去交通、食宿等基本生活、通勤的开支，其月收入可能仅有 1000 多元甚至更低，这无疑会使员工萌生离职的想法。

4.2.3 缺乏对员工的充分激励

笔者在对重庆 YH 超市离职员工的走访和交流中发现，离职员工除了因为薪酬标准低的原因之外，还有一部分员工是因为工作无聊、缺乏兴趣和积极性而离职的。超市工作具有繁琐、服务要求高的特点，YH 超市要求员工要服务周到，任劳任怨，但对于员工的激励却缺乏充分的重视，在没有充分激励的情况下，员工的积极性自然不高。重庆 YH 超市缺乏对员工的充分激励，主要表现在三个方面：

首先是激励形式单一。目前重庆 YH 超市在对底层员工进行激励时主要的形式就是奖金、福利和荣誉称号这三种。其中前两种属于物质激励，后一种属于精神激励。无论是奖金福利还是荣誉称号主要都是对员工过去工作业绩的奖励，其对员工今后工作的引导和激励作用是有限的，而在实际操作中，奖金收入包含在业绩考核评定中，而福利主要是休假和员工餐，这些激励形式缺乏创新，相比外国先进的零售企业，YH 超市的激励形式太过于单一、老套了。国外超市员工享有的家庭福利、医疗保养福利、旅游、股权的激励等方式对于重庆 YH 超市员工来说还十分遥远。

其次是激励力度不强。激励与奖励不同，激励是对员工将来的工作业绩的合理规划和展望，是通过积极的承诺为员工加油鼓气，引导员工在将来的工作中积极努力，换取未来的奖励,而奖励则是对已经完成的业绩的肯定,是对员工承诺的实现,是激励产生的结果。两者不能完全等同起来。在 YH 超市的薪酬结构和福利待遇中,定位于奖励的,如提成、奖金、分红等形式较多,而定位为激励的措施较少,这导致员工能够接受到的引导和刺激效力过低。同时由于激励形式单一,加之这些激励措施得不到超市的重视,因此通过这些激励措施达到的对员工的激励效果是十分有限的。在重庆 YH 超市的员工销售计划中,管理者为员工所制定的销售计划大多是高于(或远高于)员工力所能及的范围,也就是说,员工获得激励的难度太高,能够完成既定的销售目标都要拼尽全力,要得到超市激励则完全只能凭运气,对于工作的积极性提不起来,自然也就产生了较高的离职率。

最后是内在激励欠缺。目前重庆 YH 超市的激励方式更多侧重于外在的激励,而忽视了对员工的内在激励,内在激励的方式更多来自员工对工作的成就感、工作的挑战性,以及获得上级领导的赞赏或者认可等。外在的激励在短期时间内可能通过直接激励的方式促进员工更加努力,但如果放在更长时间内,一旦没有持续的外在激励增加,或者外在激励被收回或减少,将直接导致员工的投入下降,意愿度降低,即出现外在激励方式产生的"棘轮效应",进一步加剧员工的离职意愿。

4.2.4 员工晋升渠道受阻

晋升对超市底层员工来说是一种重要的激励措施,通过提升其职位,不仅增加了员工在超市中的地位,赋予优秀员工更大的工作积极性,而且在客观上也促进了超市自身的人才培养。因此,鼓励底层员工通过自身努力成为部门领导是实现对员工激励的重要措施。但是笔者在对重庆市 YH 超市的调研中发现,基层员工晋升渠道受阻,晋升机会微乎其微,晋升门槛较高,使得较多底层员工对超市晋升制度感到不满。图 4.4 是笔者对重庆 YH 超市喜悦汇店、龙湖新壹城店、龙湖大学城店、爱琴海店四个门店所做底层员工晋升情况的统计。

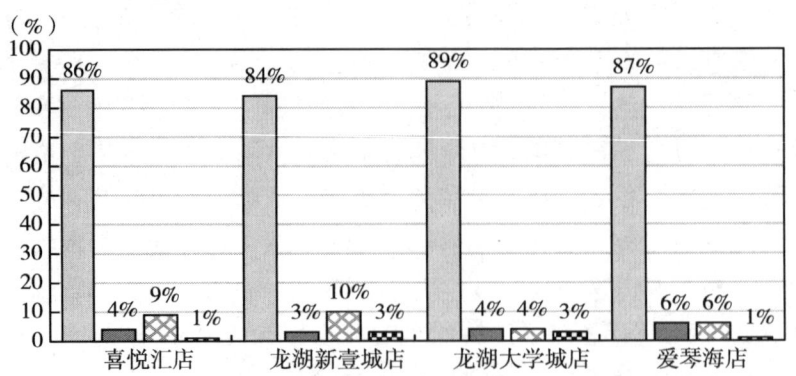

图 4.4 重庆 YH 超市基层员工晋升情况

从图 4.4 可以看出，基层员工晋升的主要方向是技术岗位和中级管理岗位，能够进入店长及以上级别的晋升机会的门槛限制高，普通员工根本无法达到，总体来看，超过 85% 的员工并没有晋升机会。通过分析这些员工没有晋升机会的原因笔者发现，导致普通员工晋升受阻的主要原因是 YH 超市的人事制度方面的缺陷。

首先，YH 超市的管理岗位人员主要来自社会招聘和公司选派，而公司在进行招聘过程中，主要考虑的是应聘者的学历、资历和薪资，对管理者是否具有相关经验的问题考虑较少，很多入职的管理人员根本没有从事过基层工作，对销售、陈列、生鲜运营等日常工作流程不熟悉，与基层员工交流和沟通机会少，没有从事超市工作的直接经验。

其次，超市管理层对基层员工的晋升设置了许多障碍，导致许多优秀员工即使十分努力，却依然因为各种原因而失去了晋升资格，其中，对基层员工影响最大的因素就是年龄和学历，因为这两项标准是无法更改的，特别是对于许多中年员工来说，他们有的在超市工作超过了 5 年，具有丰富的从业经验，且任劳任怨，为超市的业绩提升做出了积极的贡献，但是由于往往仅仅是初中或中专（高中）学历，年龄超过了 40 岁，这两项隐形指标对员工的晋升非常不利，这样，YH 超市留给员工的晋升空间就被进一步缩减了。

最后，YH 超市对从事基层工作的员工缺乏客观全面的绩效考核，则导致基层员工的晋升失去了客观评价标准，使得基层员工的晋升失去了客观性、公平性和公开性。往往是一些重要部门和重点岗位的员工被晋升，而后勤部门、冷门岗位则常年被管理者忽视和遗忘。

4.2.5 员工归属感缺乏

员工归属感是一种心理层面的员工对公司价值的认同，对公司待遇、公司制度的肯定和支持，同时也是一种情感上对公司的依赖和满足。根据马斯洛的需求层次理论，心理上的成就感满足是工作的终极需求，是超越物质满足的更高层次的满足，这种理论应用到企业管理中则体现为对员工心理需求的满足，营造员工的归属感，使其在超市工作中体会到家庭般的关爱，不但有利于员工的工作积极性的提升，而且也可以构建一种更加具有活力的公司文化，促进公司自身的发展。

然而根据笔者对重庆市 YH 超市的调查走访，笔者发现 YH 超市员工对超市的归属感十分薄弱，大多数员工仅仅将超市看作谋生的场所，而且超市的薪资待遇让他们觉得并未得到一份有尊严的工作，许多员工甚至产生了羞于提及自己在超市工作的心理，更有甚者将超市管理层看作是压迫者和剥削者，认为他们压榨了自己的时间和精力。他们对超市缺乏情感上的认同，对工作缺乏热情，在超市中的存在感和归属感极低。

之所以造成这种情况，从超市管理方面来看，有三个主要原因：

首先是因为重庆 YH 超市森严的层级管理制度。前面提到重庆 YH 超市采用的"金字塔型"的层级管理制度（矩阵式），从董事会到基层员工之间有数个层级管理机构，这种管理方式虽然能够保证对每一个员工进行专业化的分工和管理，但缺陷是减少了员工与上层领导层之间的互动交流，而且造成了一种自上而下的官僚化的管理体系，各个部门之间的联系也被人为地割裂开了。而这种层级制的管理模式最容易造成员工的归属感和认同感的丧失，员工能够体会到的只是上一级部门的直接领导，而不是重庆 YH 超市这一大的集体带给他/她的心理认同。

其次是重庆 YH 超市企业文化建设的缺乏。员工归属感的丧失与重庆 YH 超市企业文化建设的缺失也不无关系，员工难以从 YH 超市的品牌形象，价值关怀和企业文化中找到与自身相契合的因素，重庆 YH 超市在进行员工培训和超市内部文化建设方面，忽略了对员工价值观的培训，在品牌建设和企业文化宣传过程中，过多地侧重于市场营销宣传和对外形象宣传，而忽略了对基层员工的文化教育与引导。实际上，基层员工在工作中展现出的价值观和行为准则正是超市形象和文化价值取向的直接体现，是 YH 超市进行对外宣传最有效、最直观的载体，但显然重庆 YH 超市的文化宣传侧重于对外，而忽略了内部员工的文化建设。

最后是重庆 YH 超市对员工情感付出的缺失。在繁重的日常工作和唯业绩论思想的指导下，YH 超市管理层将所有的精力都放在了提升短期销售业绩的目标上，没有从深层次对基层员工的稳定性和价值认同投入更多的重视，在管理者看来，业绩是检验员工的唯一标准，基层员工理应一茬换一茬，除非他们能完成超市的销售任务，他们忽略了对员工的理解和帮助，特别是在心理、精神上构建基层员工的主人翁意识。

4.3 本章小结

本章对重庆 YH 超市员工离职的原因进行了分析，从外部原因和内部原因两个方面深入地剖析了员工离职的动因。从外部环境来看，重庆市近年来为劳动者就业和企业发展提供了稳定的社会环境，为保障就业和促进农民工、大学生就业做出了十分积极的贡献，在目前的社会环境下，劳动者自主选择工作岗位的灵活性增强了，而且安定和谐的社会环境也打消了员工恐惧找不到工作的后顾之忧，因此员工的离职率自然也提高了，经济发展的同时，超市员工的生活成本、工作成本和交通成本等都有所上升，而这些压力会导致 YH 超市对员工的薪酬待遇不能满足员工更高的生活成本需求，进而引起离职。激烈的市场竞争环境为 YH 超市的员工的离职带来了很大的影响，因为在竞争加剧的情况下，各超市为了自身的发展，都会纷纷在人力资源方面加大投入，通过"招兵买马"迅速占领市场，获取人才优势，因此，YH 的竞争对手也更可能开出更好的条件招揽人才，这势必会增加 YH 员工的离职率。而从内部管理来看，重庆 YH 超市人员管理组织结构不合理，层级制（矩阵式）的管理模式不利于领导对底层员工的了解和沟通，员工与领导之间的疏离会导致员工的认同感缺失，使员工在超市工作中缺乏参与感和积极性，层级制也阻碍了高层领导对员工状况的了解。薪资待遇缺乏公平性和保障性，薪酬较低使员工感受不到公平的待遇，对于底层员工特别是收入水平本来就很低的员工来说，还会使他们丧失生活的保障，进而不得不做出离职的决定；缺乏对员工的充分激励，首先是激励形式单一，目前重庆YH超市在对底层员工进行激励时主要的形式就是奖金、福利和荣誉称号这三种；其次是激励力度不强；最后是激励效果不佳，员工晋升渠道受阻，过于重视学历和年龄，为基层员工晋升制造了障碍，同时缺乏对基层员工的考核，使其晋升失去了公平的标准。

从以上的分析可以看出，重庆YH超市的员工离职问题并不是单一的因素造成的，而是在内外部环境的综合作用下引发的，但必须承认的是，外部因素只起到了助长和削弱的作用，而内部管理的缺陷才是造成这一系列问题的根本原因。因此，在解决问题的过程中，应该主要从内部管理方面寻找解决方案。

5 重庆YH超市员工离职的应对策略

前面对重庆YH超市员工离职现象进行了全面的分析，并总结出了员工离职的内外部原因，其中内部管理缺失是造成重庆YH超市员工离职的根本原因，而外部环境的变化则加速了重庆YH超市的员工离职现象，要解决这一问题，必须对重庆YH超市的员工管理模式进行优化和改革，激发员工的积极性和认同感，激励基层员工努力为超市的发展服务，将员工利益与超市利益结合起来。本章将针对前面提出的问题，分别提出解决方案，以期能够从整体上降低YH超市的员工离职率。

5.1 进行阿米巴模式改革，促进组织架构扁平化

根据前面的分析，重庆YH超市人员管理组织结构不合理，层级制的管理模式不利于领导对底层员工的了解和沟通，员工与领导之间的疏离会导致员工的认同感缺失，使员工在超市工作中缺乏参与感和积极性，也阻碍了高层领导对员工状况的了解。针对这一问题，重庆YH超市可以采用阿米巴模式，对超市管理架构进行扁平化处理，从而在修复层级管理弊端的同时，提升超市员工管理的效率。

阿米巴模式是由日本京瓷公司的稻盛和夫首创的一种企业管理模式，稻盛和夫认为，"阿米巴经营要求各阿米巴不懈地努力以提高单位时间核算，其方法有'提高销售额''削弱经费开支''缩短时间'三种"[1]，所谓阿米巴（amoeba）是指一种单细胞的变形虫，阿米巴模式用这一生物所具备的在受到攻击时重新组合，再次存活的特性形象地说明了一种独立经营、扁平化管理、团队化运作的企业管理模式。阿米巴模式具

---

[1] 稻盛和夫. 阿米巴经营 [M]. 中国大百科出版社, 2009.

有部门独立、员工参与和权力下移的特点，倡导将企业按照业务部门分为若干个小组或团队，各个团队内部具有较高的独立权力，包括利润处置和人事任免权。扁平化的管理架构是阿米巴模式的最终结果，这种模式有利于赋予员工更大的主动性和参与度，使其产生归属感，激发他们的积极性，同时也有利于增加员工对团队/企业的黏性，降低员工的离职率。

进行阿米巴模式的改革对 YH 超市管理层来说，意味着要将原有的纵向层级模式改变为横向的"阿米巴"模式（见图 5.1）。

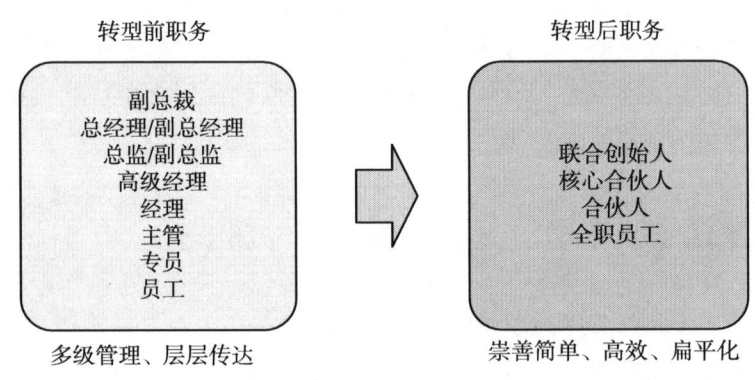

图 5.1 重庆 YH 超市阿米巴模式转型示意图

如图 5.1 所示，通过阿米巴模式的转型，员工与上级部门领导之间的距离被大大缩减了，这有利于他们直接与团队进行交流和沟通，表达他们的要求和建议，促进超市的发展。而团队为了完成独立的销售任务，必须更加精准地利用每一个员工的特长和能力，发挥他们的潜力，这将有利于员工积极性的发挥，体现员工价值，阻止员工盲目离职。

5.2 提高一线人员底薪，提升员工薪酬的公平性和保障性

针对前面提出的重庆 YH 超市员工薪资水平不合理、薪资待遇缺乏公平性和保障性、薪酬较低使员工感受不到公平的待遇，对于底层员工特别是收入水平本来就很低的员工来说，还会使他们丧失生活的保障，进而不得不做出离职决定的问题，本文认为，YH 超市应该从提高一线人员底薪，加强员工薪酬的公平性和保障性两个方面入手，提高 YH 超市员工的工作积极性，减少离职率。

根据珀特尔和劳勒的综合激励理论，组织奖励的外部环境直接影响了员工的努力能否换来恰当份额的奖励，组织的评价关系到员工激励过程中能够公平地依据绩效水平得到奖励。由于薪酬体系不完善，薪酬、福利对员工的激励性不明显。因此从前面分析中我们发现了重庆 YH 超市员工的不满和抱怨，这种缺乏公平感的薪酬体系对于留住员工是不利的。为了完善重庆 YH 超市对员工的激励，从薪酬体系方面讲，首先应该

提高薪资水平和员工待遇，其次应该促进薪资结构的多元化，最后，应该强化薪资待遇的激励性。

薪资水平低是困扰重庆YH超市员工激励的基础性问题，由于薪资水平低，无论是薪资水平的激励性和结构性问题都无法从根本上解决。因此，要改善薪资体系，首要的就是提升薪资水平。薪资水平的提升有两条途径：第一条途径是精简机构，优化企业人员配置，实现精细化管理，从而削减开支，为员工提供更高的薪资待遇；第二条路径是通过技术、服务的升级创新提升劳动附加值，增加员工的劳动价值，从而使员工获取更高的工资。这两条路径都把员工薪资水平的提高与对其的激励作用结合起来了。在第一条路径的基础上，员工必然形成相互竞争，力争上游的工作积极性，以防止被裁汰，这无疑是对他们日常工作的激励。而第二条路径则迫使他们改进技术和服务方式，提升自我的劳动价值。这两条路径对于重庆YH超市员工来说都是可行的，因为两者都减小了企业成本，增加了企业利润值，同时给员工提供了更大的福利。更重要的是，薪资提高对员工来说本身也是一种有力的激励行为，能够极大地提升他们的工作积极性。

促进薪资结构的升级既能够维护员工的利益，提升他们的收入水平，丰富他们获取报酬的方式，同时对企业来说，也有利于企业通过薪资引导员工工作与公司发展方向趋于一致。目前，重庆YH超市员工存在着薪资结构单一的问题，底薪加奖金的陈旧模式已经不能满足利益发展的时代需要了。特别是对于超市员工来说，他们对新的薪资模式的接受能力和需求都较强。因此，再结合公司自身现状的前提下，重庆YH超市员工可以适当采用浮动薪酬、绩效薪酬与固定工资相结合的模式，同时还可以通过薪酬结构的调整，增加员工的投资性收入，如通过员工持股或者股权激励等方式，提升员工的薪资水平。

在完善薪资体系的过程中，必须兼顾公平和效率，提升薪酬待遇的激励性，形成多劳多得、按劳分配、按贡献奖励的薪酬激励机制，对于一线销售员工和技术人才，公司应该适当照顾，提升他们的薪资水平，而对于行政人员和后勤人员，也要激发他们的工作热情，通过绩效工资、利润分红等形式提高员工的薪资待遇。

5.3 创新激励手段，充分调动员工积极性

重庆YH超市对于员工的激励手段方面还有提升空间。创新激励手段不止应该增加激励方式，而且应该侧重于长期激励，这样才能真正起到降低离职的作用。长期性激励的目的是通过薪酬等方式激励员工持续为公司效力，留住人才，防止人员流动率过大，浪费了大量的培训成本。加大长期性薪酬激励的比重可以从以下两个方面入手：

第一，实行梯度薪酬制度。梯度薪酬计划是按照销售人员的工作年限、经验和资历等指标制定的具有梯度差别的薪酬标准。梯度薪酬主要反映在基本薪酬中，按照现

有的基本薪酬标准，按照逐年增加的原则，可以将重庆YH超市人员薪酬体系中基本薪酬做如下划分（见表5.1）。

表 5.1 梯度薪酬变化

工作年限	基本工资增长比率	其他福利
1~2年	5%	—
2~4年	7%	休假福利
4~6年	9%	休假福利+住房补贴
6~8年	12%	休假福利+住房补贴+股权激励

第二，实施股权激励，股权激励是一种长期性的激励方式，它与被激励对象今后的工作业绩直接挂钩。限制性股票要求员工今后继续为企业创造价值才能获取股票收益，而股票期权更是要求员工努力工作，提升公司业绩，才能使差额扩大，获取更多的收益。从员工努力工作到得到激励，继续工作，完成了一个完整的回路，在这个过程中，员工的个人价值和企业的业绩都得到了提升，管理层要实现股票权益，必须努力工作，只要任意一个环节不能持续，员工的激励都是无法完成的。股权激励作为一种新的薪酬激励办法，主要着眼点不是员工之前的业绩情况，而是员工未来的努力程度。公司许诺在达到某项指标的情况下，员工会获得相应的奖励，而员工会为此努力，并最终实现目标，得到奖励。这种互动关系的维持不是一个短暂的平衡，而必须通过长期的工作来实现。限制性股票是对管理人员的长期性激励，因此有时间限制，销售人员必须完成一定期限的工作任务才能得到股票权利，如果提前离开公司则相当于放弃了股票权益；而股票期权是指激励对象享有按照约定价格购买购票的权益，随着公司效益的好转，被授予股票期权的激励对象可以获得约定期限内股票当日价格与购买价格之间的差额收益。这两种激励行为的完成，都有赖于被激励者长期努力工作，维持和提高公司业绩。

因此，重庆YH超市可以采用股权激励的方式，对具有丰富经验的资深员工、具有重大贡献的营运、管理人才实施股权激励，按照股权激励的操作办法，向员工派发一定数量的股票，鼓励员工为YH超市创造更大的价值，以获得相应的长期性报酬。

5.4 完善员工晋升制度，实现员工的职业规划

针对重庆YH超市员工晋升渠道受阻，过于重视学历和资历，为基层员工晋升制造了障碍，同时缺乏对基层员工的考核，使其晋升失去了公平的标准的问题，本文认为，YH超市应该完善员工晋升制度，实现员工的职业规划。

在晋升体制方面，重庆YH超市应该建立健全新生代员工的晋升机制，为员工提供畅通、公平、透明的晋升渠道，以激发他们的工作积极性，促进他们更好地为公司效

力。晋升激励既可以算作是物质激励，也可以算作是精神激励，因为晋升激励一方面可以通过职位的提高，增加员工的薪资待遇，给他们实际的刺激，又可以提高他们的精神满足和成就感，给予他们精神方面的激励。由于目前国内企业中普遍存在基层员工晋升渠道狭窄的问题，为了适应时代发展，重庆YH超市应该适当下调学历、资历、年龄和入职年限对员工的限制，放宽这方面的门槛，使更多优秀人才能够通过晋升发挥更大的作用。另一方面，除了管理岗位的升迁之外，专业性岗位也应提供更多晋升机会，专业性岗位的晋升标准更加明确，对新生代员工的晋升更加有利，丰富晋升渠道，使各类优秀的员工都有展示自己的舞台。

除了增加员工的晋升机会外，YH超市还应该积极对员工进行职业规划的帮助，职业规划不仅能够为员工的职业发展提供指导，而且能够将企业发展与个人的规划结合起来，从而降低员工的离职率。具体来说，为了实现企业与员工的共同利益，一方面，员工的职业规划代表着行业发展的未来，所有行业最终都必然由员工支撑，所以他们的职业发展规划就是行业、企业发展的未来。因此，将企业发展规划与员工职业发展结合起来可以为企业的长远发展提供切实有效的参考，为其未来发展提供一条通畅的道路。另一方面，企业发展规划与员工个人职业规划的结合能够为员工当下职业规划的落实和实施提供坚实基础，从而实现员工发展目标与企业发展目标的一致性，为员工提供实现自身价值的舞台，起到激励员工、留住员工的作用。因此，重庆YH超市应该对员工的性格、家庭成长背景、兴趣、特长和学历背景等情况进行充分的考察，要对当前和今后很长一段时间内员工所从事的职业和行业的发展趋势、前景、机遇与挑战有充分细致的了解，在此基础上，再通过科学的程序，认真对员工进行职业发展规划。

5.5 加强企业文化建设，提升员工自信心和归属感

重庆YH超市层级制（矩阵式）的管理模式减少了员工之间、部门之间以及员工与管理层之间的沟通和协作，宣传侧重于对外的营销，而忽略了内部员工的文化建设，将所有的精力都放在了提升短期销售业绩的目标上，没有从深层次对基层员工的稳定性和价值认同投入更多的重视，这些问题造成了员工的归属感丧失，对超市缺乏依赖感和认同感。针对这一问题，应该主要从企业文化建设的层面寻求解决。

重庆YH超市首先应该加强内部文化建设，通过员工培训，综合能力提升的方式向员工传达YH超市的价值追求和用人理念，增加员工的学习和提升机会。通过员工俱乐部和交流会等形式，与员工积极交流和沟通，积极组织各种公共活动和公益活动，如户外拓展活动、旅游聚餐福利、员工运动会、公益事业、交流学习等，通过活动促进员工之间的相互交流，提升YH超市在当地的文化形象。超市方面还可以聘请优秀员工担任YH超市文化宣传专员，这样既可以通过优秀员工的亲身事迹宣传企业形象，提升

品牌影响力，还可以激励员工，树立榜样。

为了适应新的时代需求，重庆 YH 超市可以积极利用网络社交工具加强企业文化建设，促进员工交流，如可以通过组建超市内部微信群，开设超市员工服务公众号等形式，方便员工交流信息和促进合作。还可以经常举办超市内购活动，进行各种员工社区服务和生活服务，提升员工的自豪感。

6 结论与展望

6.1 结论

随着我国劳动力素质的迅速提升以及劳动力需求的持续扩大，传统大型零售超市企业大多面临着人才匮乏、劳动力紧张、劳动者需求得不到满足的问题，如何留住优秀人才并对员工进行科学有效的管理和激励，是摆在零售行业管理者和研究者面前的重要课题。本文以重庆市 YH 超市为研究个案，对该超市的员工离职问题进行全面的调查和梳理，运用相关理论对员工离职的原因及其影响因素进行分析和总结，并根据调查分析的结果，提出相应的解决方案。

通过研究本文发现，近年来，重庆市 YH 超市出现了较为明显的员工大面积离职现象，其离职率较高的员工的群体性特征：从事销售、导购和加工工作，年龄较小，学历较低，入职时间较短。重庆 YH 的员工离职问题并不是单一的因素造成的，而是在内外部环境的综合作用下引发的，外部经济环境的开放性，就业环境的改善以及超市行业竞争加剧都为员工离职提供了方便之门，而内部管理的缺失则是导致员工离职的根本原因。YH 超市存在组织管理不合理、层级制度森严、对员工缺乏有效激励、薪资水平的激励效能低以及文化建设滞后等问题。针对这些问题，本文认为，YH 超市应该进行阿米巴模式改革，促进组织架构扁平化，提高一线人员底薪，加强员工薪酬的公平性和保障性，创新激励手段，充分调动员工积极性，完善员工晋升制度，实现员工的职业规划，加强企业文化建设，提升员工自信心和归属感。通过内部管理制度的整合和变革，降低员工离职率。

经过以上研究，本文得出以下三点结论：

第一，从市场中任何一个企业来说，员工的大面积离职都不可能是由单一原因造成的，必须从综合性的角度对其离职原因进行分析，才可能标本兼治的处理离职问题。

第二，超市基层员工的离职危害到整个超市的正常运转，而他们的离职原因中最为常见和明显的原因就是薪资问题与待遇问题，而更深层次的则是尊严、自信和认同的问题，管理者对离职问题的处理应该从这两个方面同时入手，而不可偏废其一。

第三，企业文化在降低员工离职方面发挥着潜在但极其重要的作用，加强企业文化建设不仅意味着加大外部宣传力度，还需要对员工进行文化教育和培训，增强员工的自信心和认同感。

6.2 本文的不足及努力方向

此次论文写作由于时间仓促,资料方面准备存在不足,加之笔者学力有限,难免有疏漏和错讹之处,特别是在数据分析和基础理论创新方面,本文还有很大的改进空间。具体来讲,本文的不足之处有:

(1) 对员工激励的相关理论掌握不全,创新度不高。

(2) 限于人力等因素,本文对重庆 YH 超市员工的整体状况和激励情况的数据掌握还不够深入,对已有的数据挖掘深度也不够。

(3) 本文提出的解决方案没有具体分析不同企业、不同领域的员工的特点,因此解决问题的全面性和实用性还有待加强。

笔者将在今后的研究中重点从以下方面继续努力突破:

(1) 深化对员工激励、员工管理等方面的理论学习,特别是从管理学、社会学、心理学等层面对超市员工的工作特点、组织形式和心理特征进行深入研究。

(2) 通过各种渠道更全面收集掌握和整理重庆 YH 超市的员工离职情况,结合相关理论模型对现有数据进行深入的挖掘和分析。

(3) 对 YH 超市与横向的同行、其他地区的 YH 超市门店以及其他类似行业(如百货、便利店、购物中心)等离职情况进行综合性的比较研究。

参考文献

[1] Bae, K. H., J. K. Kang & J. M. Kim. Tunneling or value addition? Evidence from mergers by Korean business groups [J]. Journal of Finance, 2002, Vol. 57 (6): 2695 – 2740.

[2] Berle, A. & Means, G.. The Modern Corporation and Private Property [M], Macmillom, New York, 1932.

[3] Berglof, E. Reforming corporate governance: Redirecting the European agenda [J]. Economic Policy, 1997 (12): 91 – 123.

[4] Claessens, S., S. Djankov & L. H. P. Lang. Who controls East Asian corporations? [R], World Bank Policy Research, 1999, Working Paper, No. 2054.

[5] 崔勋. 员工个人特性对组织承诺与离职意愿的影响研究 [J]. 南开管理评论, 2003, 6 (4): 4 – 11.

[6] 赵西萍, 刘玲, 张长征. 员工离职倾向影响因素的多变量分析 [J]. 中国软科学, 2003 (3): 71 – 74.

[7] 杨颖. 浅析我国餐饮业人力资源管理中员工离职率高的原因与对策 [J]. 中国科技信息, 2012 (5): 117.

[8] 钱伟．民营医院员工离职原因分析及对策研究［J］．价值工程，2015，34（31）：21-23．

[9] 王乐乐．新形势下我国中小企业员工离职浅析［J］．石家庄理工职业学院学术研究，2016（Z2）：50-54．

[10] 杨昌顺．企业技术型员工的离职原因和管理对策研究——以心理契约为视角［J］．领导科学，2015（5）：54-56．

[11] 郭爱英，董晓宏．组织承诺视角下的员工离职管理研究［J］．商业时代，2015（7）：110-112．

[12] 王海婷，朱瑾．保险销售岗员工离职原因及保留策略研究［J］．江苏商论，2016（16）：57-59．

[13] 稻盛和夫．阿米巴经营［M］．中国大百科出版社，2009．

[14] 宋剑锋．永辉超市"破茧计划"助力中高管化茧成蝶［J］．培训，2017（8）：93-97．

[15] 郭鲍冬，蒋力．财务分析案例——以永辉超市股份有限公司为例［J］．时代金融，2016（21）：204-205．

[16] 陶薇．"农改超"的开创者永辉超市营销模式分析及启示［J］．现代企业，2017（5）：47-48．

[17] 陈维，张越，吴小勇．零售企业如何有效激励一线员工？——基于永辉超市的案例研究［J］．中国人力资源开发，2017（7）：110-122．

[18] 朱邦耀，宋玉祥，李国柱．中国本土零售连锁超市空间扩张特征与格局研究——以永辉超市为例［J］．人文地理，2016（4）：80-86．

[19] 商商．永辉超市：怎样逆袭成就百亿商业帝国［J］．上海商业，2017（10）：43-45．

[20] 杨冰．企业品牌的效应与价值研究——以永辉超市为例［D］．河北工程大学，2016．

[21] 许烟文．永辉超市：超市的农贸市场化［J］．上海百货，2016（8）：10．

[22] 王子威．永辉超市设法让员工"为自己干"［J］．武汉商务，2014（8）：47-49．

[23] 孙玉敏．"门店合伙人"成就永辉超市［J］．上海国资，2016（7）：70-71．

[24] 卜祥．超市里的O2O战争［J］．财经天下，2015（16）：14．

[25] 楠乡，石海娥．永辉：把痛点变成优势［J］．光彩，2016（6）：44-45．

[26] 王瑶．论超市基层员工激励体系现状及改进策略［J］．商，2015（17）：42．

[27] 阮元元．XX超市基层员工激励体系现状及改进建议［D］．云南大学，2013．

[28] 卢钧博．步步高商业连锁超市员工激励机制研究［D］．湖南大学，2016．

[29] 邹祥平．心理契约视角下的超市基层员工激励［J］．大观周刊，2011（47）：222．

[30] 邹祥平．心理与文化的契合：超市基层员工激励［J］．大观周刊，2013（4）：62．

[31] 吴劲．超市员工激励制度建设［J］．今日湖北旬刊，2013（11）．

[32] 张昀明．中国超市企业员工激励研究［D］．南开大学，2005．

[33] 李丽菊．超市员工在绩效管理中的激励机制［J］．东方企业文化，2010（12）：248．

[34] 王素芬．连锁超市员工绩效管理的激励机制研究［D］．首都经济贸易大学，2007．

[35] 朱莉．论连锁超市员工绩效管理的激励机制［J］．才智，2013（31）．

HY 跨境电子商务公司发展战略研究

刘婉仪　梁　云

摘　要：　跨境电子商务作为一种迅速发展的新型对外贸易模式，是典型的互联网和传统产业相互影响相互融合的产物。相对于传统外贸模式的环节繁复、耗费时间长、商品交易成本相对较高、渠道结构僵化等缺点，跨境电子商务显然更自由、灵活和准确。跨境电子商务对于鼓励创新、扩大就业和促进外贸转型升级，从而减少流通成本具有重要意义。

在信息高速发展的当今社会，跨境电子商务为全球国际贸易的深入发展提供了新的技术支持和增长模式，同时也对跨境电子商务企业提出更多更高的要求。因此，对跨境电子商务企业发展战略的研究是一个值得关注的课题。

本文以跨境电子商务理论为基础，运用战略管理理论与分析方法，对 HY 跨境电子商务公司展开实例研究，围绕"HY 跨境电子商务公司发展战略研究"这一主题展开探讨。通过运用 PEST 分析模型、波特五力模型以及 SWOT 分析模型，对 HY 跨境电子商务公司的外部宏观环境与内部资源条件进行了剖析，分析了 HY 跨境电子商务公司的竞争优势与劣势、所面临的机会与挑战。笔者认为，当前国内跨境电商在政治、经济、社会、技术上总体处于一个利好的宏观环境中，固然市场竞争激烈，但也同时存在大量的商业机遇。本文在对 HY 跨境电子商务公司发展战略环境和条件加以分析的基础上，对 HY 跨境电子商务公司的发展战略进行研究，明确了 HY 跨境电子商务公司的战略目标和战略发展阶段，提出了战略制定的基本思路，研究了其增长战略和竞争战略的选择，并从创新营销模式、推进战略联盟、加强供应链管理三个方面提出了推进战略实施的相关对策。最后提出了相应的战略保障措施，以提升 HY 跨境电子商务公司的核心竞争力，实现其长远的可持续性发展目标。

关键词：跨境电商；HY 公司；发展战略；战略选择

1 引言

1.1 研究背景及意义

1.1.1 研究背景

近年来，随着全球经济一体化的迅速成长发展和电子信息技术的逐步完善，互联网时代已经到来。在"互联网＋"时代，电子商务应用将从以往的销售渠道逐步向更广泛的业务交易平台发展。基于电子商务的业务升级、企业转型以及网络创业将成为中国电子商务应用发展的新常态[1]。跨境电子商务正成为如今成长最迅速的贸易类型之一，中国跨境电子商务正保持年平均增速高于20%的速度快速增长。同时，中国跨境电子商务贸易在对外一般贸易中所占比例也在逐年递增，成为我国经济发展新的增长点之一。

总的来说，跨境电子商务同时拥有境外制造成本低廉的优势，还有互联网交易的便捷优势，以及各种税费等其他因素造成的价格差距，其发展动力势头强劲。近年来，跨境电子商务作为重点扶持的新业态之一，国家为了鼓励和支持，发布了一系列相关政策。电子商务已然成为国内各级政府都高度重视和鼓励的一个战略性新兴产业[2]。自2013年以来，国家持续不断地给予跨境电商行业政策方向上的指引，而且逐渐在跨境电商行业所涉及的各个环节都发布了具体措施以及在相关政策上进行调整。在政策的逐步明朗和规范下，跨境电商行业地位不断发生调整，发展方向也更加深入广泛[3]。2013年8月底，经国务院同意，商务部、发改委等多部门联合印发《关于实施支持跨境电子商务零售出口有关政策的意见》，支持推动国内跨境电商零售行业的快速成长；2016年1月，海关总署批准上海、重庆、杭州、宁波、郑州、广州、深圳、天津、福州、平潭10个城市作为国内跨境电商试点城市；2016年8月，国务院新闻办公室宣布，将在辽宁、浙江、河南、湖北、重庆市、四川、陕西新设立7个自由贸易试验区。截至目前为止，我国的自贸区数量已达到11个。自2013年上海建立国内首个自贸试验区起，相关部门陆续发布各类利好政策，大大推动跨境电子商务健康快速发展，为国内跨境电商的发展营造了良好发展氛围。随着国家陆续发布的自贸区新政策实施落地，国内各大城市争先恐后地开始布局跨境电商，积极打造地方经济发展新方向。未来几年，我国经济将持续保持中高速增长，电子商务规模和领域亦将不断扩大。

跨境电子商务是交易属性比较复杂的贸易形式，由于各国之间经济差异、文化差异、法律法规差异，跨境电商不但需要接受来自海关、检验检疫等众多监管部门的监督，也要和物流、仓储乃至支付企业进行对接[4]。相对全球的跨境电子商务市场，国内跨境电商平台的价格竞争更加激烈，利润空间较小，企业生存更为困难。机遇与挑战并存，我国快速成长起来的跨境贸易企业必将面临更多挑战，加强对跨境电子商务发展战略的研究十分必要。

1.1.2 研究意义

理论意义：企业战略管理理论虽早已在实际中被广泛运用，但学术界对于将企业战略管理理论运用于跨境电商的探讨并不多。本文把企业发展战略运用到跨境电商企业的发展中，将进一步丰富跨境电商发展战略的相关理论。

实践意义：本选题以"HY跨境电子商务公司发展战略研究"为专题研究方向，分析项目发展现状及面临的环境机遇与挑战，就HY跨境电子商务公司的发展战略加以研究，提出有关对策和建议，对HY跨境电子商务公司的成长发展有良好的实际指导意义，也可为国内其他类似跨境电子商务公司的发展提供一定的参考与借鉴。

1.2 研究的内容、技术路径及方法

1.2.1 研究内容

本文以HY跨境电子商务公司为研究对象，在分析研究跨境电商的基本概念、特征、分类及模式，以及跨境电商产业链的基础上，分析HY跨境电子商务公司发展现状及相关资源条件，以跨境电商基础理论为指导，运用战略管理分析工具与方法，通过宏观环境分析、微观环境分析，深入剖析HY跨境电子商务公司发展所面临的外部环境与内部条件，用SWOT分析总结HY跨境电子商务公司的优势和劣势、机会与挑战，从战略目标、战略发展阶段的规划以及增长战略、竞争战略的选择等方面对HY跨境电子商务公司发展战略的制定开展研究，并就战略推进及保障措施加以研究，提出相关对策建议。研究的主要内容如下：

第一，分析HY跨境电子商务公司发展现状与发展条件，对HY跨境电子商务公司发展战略制定的内部条件加以分析。

第二，运用战略管理相关分析工具与方法，如PEST分析、波特五力模型、SWOT分析等分析工具，对HY跨境电子商务公司发展的战略条件和战略环境进行分析。

第三，按照战略管理相关理论，就HY跨境电子商务公司的战略目标进行研究，制定发展战略并对战略的实施及保障措施加以研究，提出相关对策建议。

1.2.2 结构安排

本文的撰写架构共分为七部分：

第1章是引言。首先说明本文的研究背景、研究意义、研究内容、路径及研究方

法等。

第2章是选题相关的理论基础和文献综述。具体探讨跨境电商、企业发展战略的相关文献综述，回顾跨境电商的概念、分类、主要模式、相关理论的研究。这为下一章研究 HY 跨境电子商务公司发展战略条件分析打下基础。

第3章是 HY 跨境电子商务公司发展战略条件分析。根据文献探讨及相关理论，分析 HY 跨境电子商务公司内部资源要素、企业能力。

第4章是 HY 跨境电子商务公司发展战略环境分析。通过宏观环境分析、微观环境分析企业所处战略环境，并运用 SWOT 分析总结 HY 跨境电子商务公司优势与劣势、机遇与挑战。

第5章是 HY 跨境电子商务公司发展战略的制定。通过对 HY 跨境电子商务公司的战略地位与战略发展思路分析，制订相应战略目标，选择适合的增长战略和竞争战略，确定战略实施的主要对策。

第6章是战略实施保障措施。通过对组织保障、技术保障、资金保障、人力资源保障四部分保障措施分析，为战略的执行明确了具体保证措施。

第7章是研究结论与展望。通过上述分析得出研究结论，为 HY 跨境电子商务公司制定合理的发展战略。此外，指出本文研究中存在的不足之处，并对未来的研究方向提出展望。

1.2.3 研究方法

第一，文献资料研究法。本文对国内外跨境电商相关定义和理论进行综述，通过图书馆、中国知网等方式查找中外专著、期刊、学位论文、网络文章等参考文献，为论文选题及写作奠定了丰富的理论知识。通过对文献的回顾与研究探索研究思路，对 HY 跨境电子商务公司进行了较为深入、系统的发展战略研究。

第二，个案分析法。以 HY 跨境电子商务公司为个案，与公司相关人员进行沟通交流，翻阅许多公司档案资料，收集整理大量相关的市场营销、战略管理等方面的资料进行研究，为本文对 HY 跨境电子商务公司进行战略分析和研究奠定了坚实的基础。

第三，系统分析法。本文主要运用了 PEST 分析法、波特五力模型和 SWOT 分析法等战略研究工具，对 HY 跨境电子商务公司战略环境及战略条件进行了较为系统的分析。

1.2.4 研究路径

本文具体研究路径如图 1.1 所示。

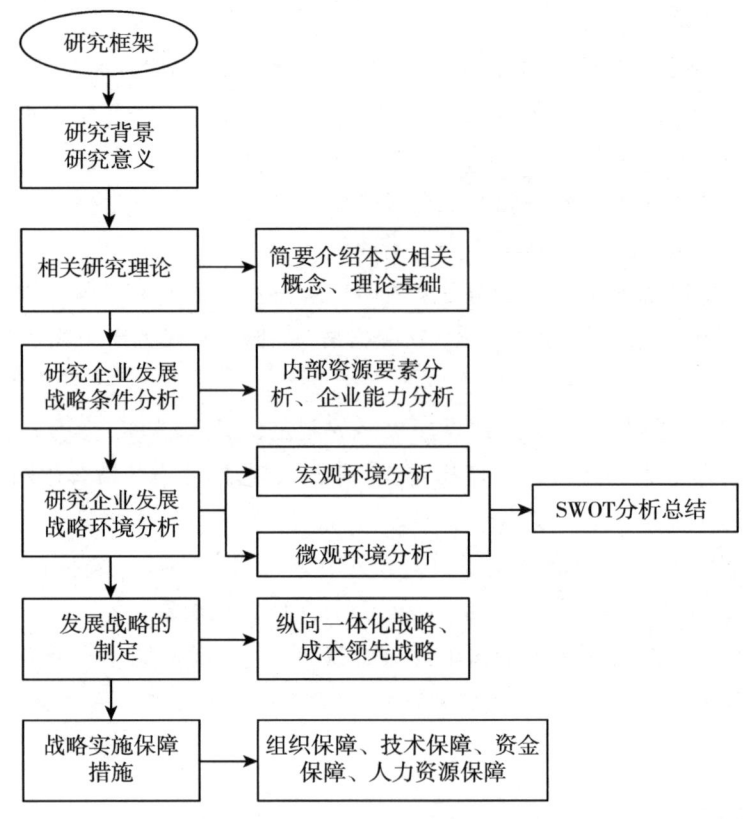

图 1.1 本文的研究思路

1.3 可能的创新点

一是研究视角创新。跨境电子商务公司是一种新业态,目前,专门针对跨境电商企业发展战略的研究不多,有一定的创新意义。

二是研究内容创新。运用战略分析理论方法,对 HY 跨境电子商务公司的内外部环境分析,在提出 HY 跨境电子商务公司发展战略的基础上,如何进一步完善发展战略的实施,对 HY 跨境电子商务公司的发展具有一定参考价值。

2 文献回顾与理论基础综述

2.1 文献回顾

2.1.1 关于跨境电商的相关研究

梳理已有研究,学者从基本概念、发展轨迹和特征、发展潜力、国家相关政策等多方面对跨境电商展开研究,取得了一定的研究成果。

近年来,跨境电商在全世界范围内异军突起,获得了世界各国和企业的关注。孟祥铭、汤倩慧(2014)认为,跨境电商把传统国际贸易加以网络化和电子化,是一种新型国际贸易方式[5]。廖蓁、王明宇(2014)研究了跨境电商的概念后指出,跨境电子商务是指不同国别或区域间的交易双方(个人或企业)通过互联网和其他有关信息平台达成的各类商务活动,包含出口和进口两个层面的总和[6]。随着电子信息技术的提升和经济全球化的势头,跨境电商已经成为我国对外贸易的新发展趋向,与此同时也给电商行业带来新的发展方向。跨境电商改变了外贸企业传统惯例的经营模式,可以有效地开拓海外营销渠道、提升品牌国际形象和加强核心竞争力,深刻影响了我国对外贸易产业链结构[7]。更多学者研究了跨境电商的发展及其带来的影响,Estrella Gomez–Herrera, Bertin Martens 和 Geomina Turlea(2014)指出,如今欧盟地区的跨境电子商务已经不再被距离所影响,并且跨境电子商务模式在欧盟地区的民众心中接受度较高,越来越多的人开始参与到跨境电商的这场购物盛宴中[8]。跨境电子商务在欧盟的发展愈来愈快,已经占有很大一部分的贸易额。董鹏、刘翠、桑杰(2014)指出,随着全球贸易经济一体化的持续深入和科技信息技术的飞速发展,跨境电子商务在我国对外贸易中的位置日趋凸出,愈来愈重要,中国跨境电商"黄金时代"已经到来[9]。朱妮娜、吴莉(2015)指出,放眼全球,不同国家不同地区的经济发展程度和产业机构诸多不同,这导致了各个国家各个区域间跨境电商市场的发展、特征都不尽相同。中国所在的亚太地区因其庞大的市场规模和势不可挡的增长速度使其成为全世界最重要的区域市场之一[10]。在如今移动互联网高速蓬勃发展下,备受全球瞩目的"一带一路"的构建和推动不能完全因循过去的传统外贸思想,而是要充分利用具有时代特性的互联网创新思维。鄂立彬、黄永稳(2014)指出,随着时代发展,全球经济一体化的大时代背景下,电子商务蓬勃发展,跨境电子商务成为我国外贸型企业转型升级通向全球贸易市场的最佳途径[11]。钱玉娟(2013)指出,虽然在全球范围内我国跨境电商起步较早,但贸易规模还有较大提升空间,仍然处于发展的初级阶段。根据有关数据显示,2011年、2012年,国内跨境电子商务的交易额分别是1.6万亿元和2.3万亿元,同比增长33%和25%,增速都远远高于传统的外贸交易增速。因此,跨境电子商务未来的发展还有相当大的潜力[12]。

一些学者针对国家相关政策及其影响对跨境电子商务进行了研究。张兆安(2014)提出,目前跨境电子商务发展如此迅速,扩大物品进口规模不但可以解决我国贸易顺差的问题,还能够满足国内消费者日益增长的物质需求。相关部门要为国内跨境电子商务的持续发展创造健康的条件和环境,应当从提高制订政策规划的速度、"行邮出关"、对关税作适当调整、加强对进口环节的管理力度、完善相关部门监管措施、确保国内外物流衔接六个方面着手[13]。廖蓁、王明宇(2014)指出,早在2012年,海关总署就已经在上海、重庆、杭州、宁波、郑州等地开展试点工作。2013年7月,国家有关部门为大力扶持国内跨境电商的发展拟订了"国六条",商务部等部门在《关于实施支持跨境电子商务零售出口有关政策意见的通知》中针对从事零售出口的企业在海关、检验检疫以及税收等可能遇到的问题出台了一系列应对措施,让有关部门与跨境电商企业、相关物流实现信息互通。随着跨境电商行业的快速发展和相关法规制度的不断健全,相信将会出台专门针对出口电商的新型监管模式和信用体系。也有不少学者研究了跨境电商的关键业务环节,如雷杨、王淑琴、蒙立军(2013)提及,现有的传统检验检疫通过渠道对于跨境电商并不太适用。没有海关报关证明用快递或邮件的形式通关,让跨境电商企业想要进行退税和结汇变得困难。电子商务的特点决定了其退换货比例相对传统行业较高,这也是困扰跨境电商的一大难题。黄怡园、王浩(2013)指出,跨境电商发展的关键在于对配送物流进行优化[14]。降低物流配送成本,施行免费配送吸引消费者是第一步。物流费用在消费者最终的购买价格中占据相当一部分比重,通过采取降低开支等方法来降低货物的物流成本,通过免费配送的方法吸引更多的消费者,换取更大的销售利益,最后实现良性循环。第二步,通过创建海外仓、选择更加有效率的优质物流方式,尽量缩短货品的配送时间,提高消费者消费满意度。第三步,高效整合跨境电商行业的整体供应链资源,创建规模更大、相对完善的国际物流体系,让资源利用更加充分有效。如行业内的公司联合出资修建共同的海外仓,甚至是选择专业的海外仓企业进行合作等。这些都有利于缩短国际物流运送周期,通过快捷有效地处理解决仓储、物流、订单配送等问题,进而全面提高跨境电商的服务质量。罗春玉(2014)指出,虽然现在是跨境电子商务的"黄金时代",但国内跨境电商企业依然面临两道门槛:第一,国内对知识产权的保护力度远远不及欧美发达地区,企业必须提防假冒伪劣产品和在避免侵犯知识产权上加大投入力度;第二,国内和国外文化差异等原因导致消费环境不同,营销模式也迥然不同,需要相互适应[15]。因此,跨境电商企业除了需要为消费者提供良好的购物体验外,也要把控自身卖家体验。

2.1.2 关于企业发展战略的研究

战略是一个企业或组织根据环境的不断演变,来优化自身资源提高竞争力,从而确保实现利益有关主体为之奋斗希望达到能够达到的图景,是企业或组织的长期发展目标[16]。郑洪涛、张颖(2009)认为,企业的战略,是企业管理者为利益相关主体创造价值所选择的途径。战略目标是企业最高层次的目标,与其使命相辅相成并作为其使命的支撑[17]。不少学者对企业发展战略进行了研究,美国学者 Albert Otto Hirschman(1958)提出发展战略是企业战略管理的一个方面,他不但提出了发展战略的概念;同时从技术、竞争、营销、品牌等多个层面对企业发展战略进行定义。H. Igor Ansoff(1965)在 Hirschman 企业发展战略的定义基础上,提出企业是否能够保证发展、持续壮大的关键因素是企业发展战略的制定和实施[18]。SWOT 分析的创始人 Kenneth R.

Andrews（1971），提出从优势、劣势、机遇、威胁四个方面来剖析企业发展战略的合理性，评估其所处的经营环境，同时指出企业要持续不断消除本身经营弊端以及解决外部威胁，从而获得长期发展机遇[19]。Kenneth R. Andrews 提出的战略匹配理论认为，企业制定的战略决策如果想要提升资源配置效率，就必须与企业所处外部宏观环境和内部资源相匹配。C. K. Prahalad 和 Gary Hamel（1990）提出了企业资源观发展战略理论。他认为，企业必须依靠自身资源的不断配置和积累才能够持续发展，企业想要获得竞争优势就必须要培养自身的核心竞争力[20]。李德才（1990）研究发现内外部环境也是影响企业发展的因素之一。他认为，在制订企业发展战略时必须对企业所处内外部环境作出充分评估，同时企业的发展也应当遵循一定的战略原则[21]。自 20 世纪 90 年代中后期以来，企业战略管理理论形成了多种不同的学派。亨利·明茨伯格（Henry Mintzberg，2002）为战略管理划定了包括设计学派、计划学派、定位学派、创意学派、认识学派、学习学派、权力学派、文化学派、环境学派以及结构学派十大流派[22]。亨利·明茨伯格认为，如果把战略管理视作一头大象，则十大流派仅仅是从各个不同侧面看到了大象的局部，唯有归纳综合各派观点，才能对战略管理有整体认知。李民安（2006）指出，企业战略活动可以视为是企业与战略管理相关联，囊括战略决策和战略执行行为的一种组织行为[23]。谢洪明、刘跃所（2005）认为，企业的战略活动是由企业的战略目标及其所处内外部环境共同决定的。企业战略行为与企业网络、战略生态之间相互影响，共同发展[24]。谢武（2003）认为，企业的战略行为是企业制订发展目标，为了达到预期目标通过手段把与企业相关的方针政策、经营活动相互结合，从而促使企业、战略和企业所处环境相互协调发展的一种行为[25]。罗珉（2012）认为，由于企业所处环境随时都在发生变化，企业应当构建具有动态模式的战略能力，来应对企业发展战略执行过程中不断变化的内外部环境[26]。笔者发现，虽然学者对企业发展战略的研究时间较长，得到不少结论，但对于跨境电商企业发展战略的研究目前相对较少。张坤、张鹏、马强（2015）指出，中小企业的电子商务成长之路缺少长期的发展战略，企业自身发展模式往往采用模仿其他企业，或是同时融合多种电子商务模式的形式来制订自身发展战略，缺乏创新，也不能良好促进电子商务的发展[27]。

综上所述，已有研究主要集中在发展战略的概念、内外部环境影响和发展战略的动态灵活性，为本研究可提供一定的参考和借鉴，但学者对于跨境电商企业发展战略的研究明显不足。随着跨境电商企业的进一步发展，加强对跨境电商企业发展战略的研究十分必要。

2.2 跨境电商的内涵

2.2.1 跨境电商的概念和分类

跨境电子商务广义上是指分属于不同国家或地区的交易双方，通过跨境电商平台实现交易,并使用跨境物流配送货物的一种新型国际商务活动[28]。狭义的跨境电子商务是指,通过以互联网网络平台作为媒介,进行的包括跨国交易和国际物流配送等各类贸易活动[29]。跨境电子商务原本就是电子商务在全球范围内的国际化应用,即在对外贸易中实行网络化交易[30]。本文着重研究跨境进口电商,即电商平台通过海外采购,销售到国内的模式。

跨境电商市场依据商业模式进行划分,跨境电商主要分为 B2B、B2C 以及 C2C 三种模式。B2B 即 Business – to – Business,是企业与企业之间利用互联网作为平台来进行交易活动的商业模式。国内跨境电商的重点发展领域就是 B2B 模式,约占国内整个跨境电商的 90%。B2C 即 Business – to – Customer,是企业面对消费者进行销售活动的贸易形式。B2C 一般由品牌或者生产厂商通过网络直接销售给广大消费者,在产品品质上更有保障,所以这种模式也更被大家所熟知接受。C2C 即 Customer – to – Customer,是由个人作为卖方通过互联网网络交易平台销售给个人买方的商业模式。C2C 由个人卖方通过注册使用,在第三方网络平台发布商品的基本信息、销售价格等内容,个人买方通过比较筛选,最终通过第三方网络平台完成交易。

根据平台服务类型区分,跨境电商主要分为信息服务类网络平台和在线交易平台两种模式。信息服务平台即自身不介入交易,仅为买卖双方提供网络交易场所,为买卖双方提供交易信息互通,推动买方卖方达成交易的平台媒介。在线交易平台主要是卖家自身发布展示产品乃至企业多方面的信息,消费者通过在线交易平台对产品进行咨询、购买、支付,最后卖家通过物流配送将货品送到消费者手中的全购物链环节平台模式。

2.2.2 跨境电商的主要模式

当前国内跨境进口零售电商主要包括海外直邮和保税仓发货两种模式。海外直邮模式是货物在企业的海外仓,当消费者在电商平台上下单后,企业直接从海外仓发货,采用个人物品快递的形式邮寄到国内消费者手中。海外直邮的货物在进入国内通过海关时,由于每天通过海关的物品实在太多,虽然海关只采取抽查的方式进行检查,也需要等待一定时日清关,所以相对来说海外直邮模式耗时更长且具有不稳定性。保税仓模式是跨境电商将海外采购的货物统一检验检疫后进入保税仓监管,待消费者下单、商品卖出后,消费者缴纳相关税费,货物从保税仓直接邮寄给消费者,无须再等待清关,所以保税仓模式相对耗时短、时效性高。

2.2.3 跨境电商产业链分析

跨境电商产业链是指在实现跨境电商活动的过程中,各参与主体所构成的链式关系。跨境电商产业链的参与主体大致分为完成进出口贸易的外贸企业、提供交易平台媒介的平台企业、提供物流配送的物流企业和第三方服务类企业四个大类。跨境电商的主要贸易流程包括：卖方在互联网网络平台上发布产品的相关信息、标明销售价格等，买家通过搜索浏览，购买商品并完成支付后，卖家通过跨境物流将货物交付到消费者手中。第三方服务类企业主要是在买卖双方进行交易时，提供营销、运营等服务。图 2.1 展示了跨境电商产业链中所有介入成员承担的角色和地位。

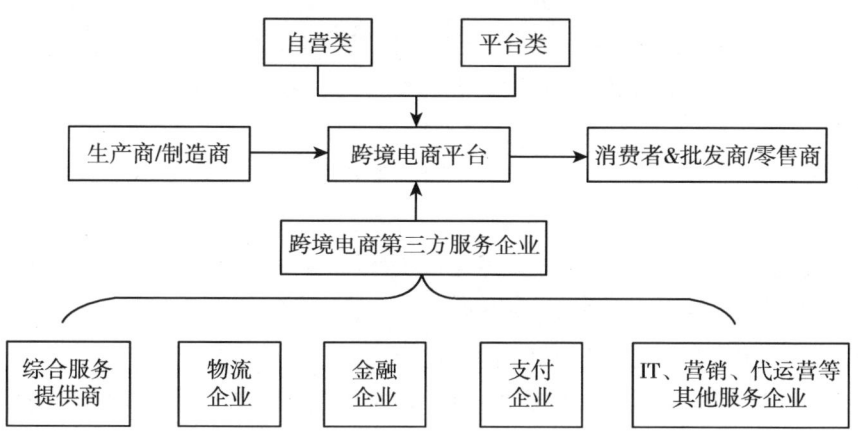

图 2.1　跨境电商产业链结构

2.2.4　跨境电商的发展

（1）全球跨境电商的发展。

美国作为电子商务的发源地，与欧洲、亚洲呈现电子商务领域三家独大的情况。美国作为全球依靠互联网技术发展电子商务最早而且发展程度最成熟的国家，也是全球拥有最多优秀品牌的电子商务市场之一，直到现在依然处于跨境电子商务领先和主导地位。Amazon 作为美国最大的在线零售商代表，自 1995 年成立以来，历经了从一家网上书店到综合网络零售商，再到服务型企业的发展过程。在跨境业务上，除了通过收购或者自建本土化网站进入目标市场，也面向世界各国的商家运营全球开店业务，实现全球采购和全球销售。

至于另一大电子商务市场欧洲，相对于本土电商来说，欧洲的跨境电商发展更加成熟，市场规模与美国大体相当。欧洲前 300 强在线零售商中大半都已涉足跨境电商行业，跨境电商买家的梳理也在不断扩大。由于欧洲各国语言互通，因此在线零售商会在欧洲其他国家的电商平台销售产品，而买家也会很方便地从邻国购买商品。除了广为人知的美国跨境电商企业 Amazon、EBay，欧洲也有一些比较有影响力的本土跨境电商平台，包括远销南美、非洲等地的法国知名购物网站 Cdiscount，全球 B2C 网站综合排名仅次于 Amazon 的排在第二位的德国跨境电商企业 Otto，法国最大的时尚电商 Vente‐privée 等。

但是，由于欧美国家数量众多，不同的国家有不同的法律体系，因此在电子支付方面，法律和监管体系的多样性阻碍了欧美国家跨境电子商务的进一步发展。

（2）我国跨境电商的发展。

我国跨境电子商务发展经历了三个阶段，实现了从信息服务到在线交易、全产业链服务的跨境电子商务转型[31]。

第一阶段，跨境电子商务 1.0 阶段（萌芽期，1999～2003 年）：跨境电商在中国起步于 20 世纪末，最早出现的是帮助中小企业出口的 B2B 平台，代表企业有阿里巴巴（国际站）、中国制造网等。第一阶段跨境电商的核心业务是网络渠道的搭建和网络营销的推广，为中小企业提供商品展示、交易撮合等基础服务。

第二阶段，跨境电子商务 2.0 阶段（发展期，2004～2012 年）：2004 年敦煌网的上市，标志着我国跨境电子商务正式进入 2.0 阶段，敦煌网、兰亭集势、大龙网、DX、米兰网等一大波 B2C 的跨境电商在这一时期极速涌现。在此阶段，企业借助跨境电商平台，进行有效资源整合，实现在线交易、供应链、服务一体化，收取交易佣金和营销推广等方式成为跨境电商平台获取利益的主要方式。

第三阶段，跨境电子商务 3.0 阶段（爆发期，2013 年至今）：随着大平台、大型工厂、大用户、大订单上线，移动用户爆发，跨境电子商务迎来 3.0 阶段。在此阶段，批发商的中大额交易成为跨境电商平台主要订单和移动用户数量爆发成为 3.0 阶段最显著特征。以天猫国际、洋码头、京东全球购等为代表的平台式跨境电商，以聚美优品、网易考拉等为代表的自营式跨境电商成为这一时期典型企业。

2.3 研究的理论基础

2.3.1 跨境电商理论基础

（1）比较优势理论。

比较成本贸易理论由大卫·李嘉图在 1817 年提出，也被后人称为比较优势理论。比较优势理论定义：任何国家之间劳动生产率都是有差距的，任何国家都存在一定程度上的比较优势。每个国家应当集中生产和出口相对更加具有优势的产品，进口相对比较劣势的产品，从而节省劳动力，使双方都可以得到利益，这也是贸易能够发生的原因。李嘉图的比较优势理论产生于劳动价值论的基础之上，劳动价值论是指劳动成本决定商品的价值，劳动成本增加，那么商品的价值也一定会增加，反之则减少。李嘉图还指出，无论什么商品都不会永远处于绝对劣势位置，总会有比这种商品所处的劣势位置还要低的国家，于是就会产生相对比较优势。

（2）要素禀赋理论。

要素禀赋理论，即 O－H 理论，在 20 世纪初期由赫克歇尔和伯蒂尔·俄林两人合作共同提出，所以又被称为赫克歇尔—俄林理论。要素禀赋理论认为，各个国家要素禀赋不同因而产生了国际贸易。该理论指出，不同国家之间的生产要素禀赋差异和供求关系差异，会导致不同国家之间的要素价格产生一定差异，这会致使各个国家的商品生产成本产生差异，从而导致各个国家的商品价格出现差异性，这就是国际贸易发生的原因。

(3) 交易成本理论。

罗纳德·哈里·科斯在1937年首先提出了交易成本理论。他指出，交易成本是买卖双方进行交易活动时所产生的谈判交易费用成本，以及通过价格机制存在的其他方面的成本。根据交易成本理论可以得到结论：交易活动的最终目的是获得利润，交易活动一定会产生交易成本[32]。科斯认为，交易成本理论主要包括信息搜寻成本、协议成本、缔约成本、监督成本、违约成本。信息搜寻成本，即交易时搜索商品信息和交易对象信息所产生的成本；协议成本，即交易双方针对交易进行协商、谈判、讨价还价所产生的成本；缔约成本，即交易双方在完成谈判、最终签订契约所产生的成本；监督成本，即监督对方是否按照契约内容行事所产生的成本；违约成本，即交易过程中，一方违反契约所必须付出的事后成本。

2.3.2 企业发展战略理论

(1) 发展战略。

发展战略是指企业为达成其盈利预期，如何在不同发展阶段平稳迅速成长的理论体系[33]。传统意义上的发展战略主要是指愿景、目标、策略和战术四个层面。愿景是指企业希望将来可以达到的设想；目标明确了企业的发展速度和规模；策略是以愿景作为导向，用来支持目标的发展点；战术是企业为了实现具体目标从而采取的措施方式。通过四个部分自上而下构成了处理解决企业发展中面临的各种问题的战略理论体系。

(2) 企业发展战略。

企业各类战略统称为企业发展战略。企业发展战略是指在一定时期内对企业发展方向、发展目标进行指引，调整企业发展速度以及质量、掌控企业发展关键节点和针对企业发展过程可能面对的重大选择作出提前规划和应对策略的理论体系。企业发展战略能够协助企业引导长期发展方向，明确企业发展目标，指明企业发展关键节点，确定发展所需要的能力和资源。研究战略就是为了解决企业成长遇到的问题，让企业能够健康快速、长远地发展。

(3) 资源基础理论。

1984年，伯格·沃纳菲尔特发表的《企业资源基础理论》标志着资源基础理论的诞生，经过皮特瑞夫、巴尼、鲁梅尔特、柯林斯、蒙哥马利、格兰特等人对资源基础理论继续研究发展形成的一个比较系统完善的理论体系[34]。资源基础论的基本思想是将企业视为一个资源的集合，并以此来解释企业相互间存在差异和如何维持竞争优势的原因。正是因为不同的原因，所以每个企业所拥有的资源也各不相同，具有差异性，这种差异性决定了企业竞争力的差异。

（4）竞争战略理论。

迈克尔·波特在20世纪80年代提出竞争战略理论。企业竞争战略同样属于企业战略，它用来指导以及管理执行战略经营单位的计划和行为。波特的竞争战略理论包括波特五力模型、三大基本战略、价值链、钻石体系和产业集群五个部分。三大基本战略包括成本领先战略、差异化战略以及集中战略。成本领先战略是指，企业通过运用一定的方式方法让获得的商品或者服务成本尽量低于同行业其他企业，从而得到竞争优势。差异化战略是指，企业通过提供差异化服务或商品，为企业带来竞争优势。集中战略是指，企业集中于某个特定的买方、产品或者区域的竞争战略。

（5）大战略矩阵理论。

小汤普森和斯特里克兰根据波士顿矩阵修改得到用于指导企业选择战略的大战略矩阵理论。大战略矩阵模型包含企业竞争地位和市场增长率两个坐标，任何一个企业都可以在大战略矩阵的四个战略象限中找到其所属战略地位，从而在坐标象限中对企业的战略进行分析和选择。

3 HY跨境电子商务公司发展战略条件分析

3.1 HY跨境电子商务公司投资方情况介绍

HY跨境电子商务公司由重庆JSC集团有限公司与HY股份有限公司两家公司合并投资。

重庆JSC集团有限公司是隶属于重庆轻纺控股（集团）公司，是1997年由重庆市人民政府批准成立的大型国有企业，注册资本1.18亿元。之前的主营业务包括传统的丝绸、服装、食品等国内外贸易，目前主要从事有色金属、化工原料、煤炭、矿产品等商品贸易。为贯彻落实进一步深化供给侧结构性改革，JSC集团正积极谋求新的业务领域。HY跨境电子商务公司是JSC集团投资的第一个互联网电商项目，希望借此打开集团新的发展之路。

HY股份有限公司成立于2015年，下设RQ科技有限公司、RQ报关服务有限公司、XYC物流有限公司等全产业链配套企业，具备外贸进出口经营权、进口预包装食品、进口乳制品、进口肉类、水果许可等资质，可经营欧洲全品类日用品、厨具、化妆品及服装、箱包、鞋帽、酒水等，并在海外组建专业采购团队负责采买货品。

跨境电子商务是一种有效增加海外销售渠道、提升国际形象、拓展核心竞争力和促进对外贸易快速发展和升级的有效方式[35]。HY跨境电子商务公司是JSC集团深化国企体制改革，与民营企业HY股份有限公司强强联手，优势互补，走混合所有制发展之路下的转型产物；也是JSC集团抢抓"一带一路"和重庆自贸区落地机遇，推进内陆开放，勇敢走出的第一步；更是正视新科技革命挑战，利用"互联网+"思维和技术，对传统外贸业务转型升级和对跨境电商业务的一次集成创新。

3.2 HY跨境电子商务公司基本情况介绍

HY跨境电子商务公司是一个综合型的全球贸易企业，包括跨境贸易直营业务和进口商品欧洲购物公园业务两个部分。

跨境贸易直营业务，即通过跨境电商线上和线下直接经营外贸业务。HY跨境电商线上平台已于2017年开始试营业，如今已在英国、德国、意大利、法国、西班牙、荷兰等欧洲国家建立了分支机构和专属团队，与600多家欧洲厂商签订合作协议直接供货，为国内消费者提供无任何中间环节的高质量商品，涵盖6大品类近1000个欧洲进口品牌，所有商品与欧洲同步同价，致力打造覆盖全国的跨境电子商务B2C交易平台。

欧洲购物公园经营，是HY跨境电商直营业务相配套的产业园区服务性经营。欧洲购物公园是国内第一个欧洲风格的购物公园，建筑面积7.3万平方米，距离重庆西永保税仓仅280米。其是集餐饮购物、娱乐休闲、文化交流展示为一体的体验型购物综合体，包括四个主题体验馆和多种娱乐体验设施。欧洲购物公园联合欧洲多国领事馆，将引进比利时迷你欧洲公园版权资源，修建迷你欧洲乐园，包括欧洲建筑博物馆、7D互动影院、亲子体育公园等综合商业体和旅游项目。还将重点打造全国首家欧洲本土奥特莱斯，引进荷兰鲁尔蒙德名品奥特莱斯。项目一期规划中的1A号楼，计划建设欧洲互动体验式母婴主题乐园，引进丹麦安徒生童话主题，并分别在1楼和2楼开设主题海洋乐园和森林秘境乐园。欧洲购物公园的特色区块还囊括专为儿童设立的休闲场景、DIY课堂、母婴产品的全线展示、颠倒空间、体感互动、儿童迷你剧场等。如何创造一个不同寻常的实地体验场景是影响人们购物决策时体验营销的核心要点。通过大力建设线下欧洲购物公园，提升消费者购物体验满意度，发展体验式欧洲文化购物综合体，其目的是创造一个温馨梦幻的童话氛围、充满人文情怀的互动体验购物休闲公园，让每个家庭在公园中享受独特的购物和亲子休闲乐趣，加强HY跨境电子商务公司的竞争地位和拓展自身所在市场。

欧洲购物公园主要有三个方面的业务：

一是为跨境电商平台直营服务，如为欧洲进口商品通关等提供相应服务；二是为欧洲进口商品展示购物服务，为进口货物分拨全国提供集散服务；三是为与跨境电商平台和直营相关的产业和业务提供综合服务，包括房地产租售、餐饮、文化娱乐和旅游服务等。

跨境电商商品展示、货物集散服务平台（简称平台）、跨境电商线下直营体系（简称直营）和欧洲购物公园综合服务（简称产业园）这三大业务板块关系如图3.1所示。

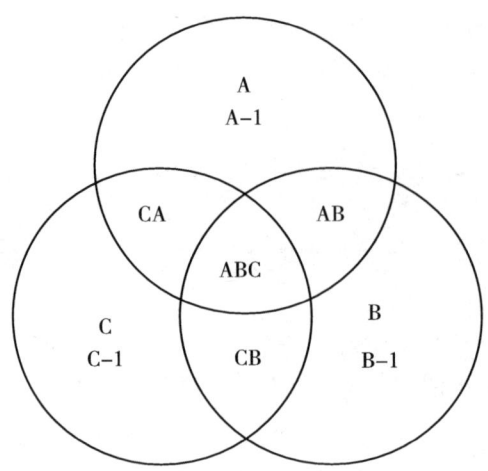

A："平台"
B："直营"
C："产业园"
A-1："平台"国内外用户
B-1："直营"国内用户
C-1："产业园"国内客户
CA："产业园"对平台的服务；
CB："产业园"对直营的服务；
AB："平台"对"直营"，"直营"对"平台"相互服务；
ABC："平台"、"直营"和"产业园"融合服务。

图 3.1　三大业务板块关系

3.3　HY 跨境电子商务公司发展条件分析

分析 HY 跨境电子商务公司发展条件是指通过对 HY 跨境电子商务公司资源和能力组合状况的全面评估来分析其发展条件。企业的能力来自其所拥有的资源，企业的资源、能力构成企业独特的竞争力，三者形成了企业的竞争优势。企业的资源、能力在价值链的每一个环节都存在并有相应体现，在这些相连关系中体现了企业的资源与能力。

（1）内部资源要素分析。

资源分为有形资源和无形资源。有形资源就是能够容易被看到，能轻易被量化的资产，如企业的财务资金、现有的资产设备、财务资源、实物资源等都属于有形资源。无形资源是指"看不见摸不着"的资源，恰恰正是难以被其他企业模仿甚至掌握的，如企业的人才、品牌、企业文化、客户等，即人力资源和客户资源等。

财务资源分析：HY 跨境电子商务公司投资方 JSC 集团，是隶属重庆轻纺控股（集团）公司的国有企业，拥有总资产 5.9 亿元，2017 年销售收入 2.8 亿元，以目前 JSC

集团的银行授信来看，足以为 HY 跨境电子商务公司提供必要的资金保障，筹措发展资金能力较强。

同时，HY 跨境电子商务公司已与西永综合保税区西永管委会签订合作协议，享受本企业税收方面优惠政策返还纳税年度起已缴的增值税、企业所得税、个人所得税及重庆相关优惠政策的返还按留存标准的 50% 自留。各级相关部门的大力支持让 HY 跨境电子商务公司的发展更加顺利。

实物资源分析：HY 跨境电子商务公司投资方 HY 股份有限公司已在西永保税区投资修建了约 7.2 万平方米的"欧洲购物公园"，集旅游休闲、商品保税展示、跨境电商体验、购物餐饮文化交流于一体，包括四大主题体验馆，多项休闲娱乐体验设施。目前项目一期规划的 1A 号楼，已经部分投入使用。购物公园距离西永保税仓仅 280 米，保证消费者在体验馆下单后，最快在 30 分钟内就可以收到其购买物品。

客户资源分析：HY 跨境电子商务公司除直接面对零售消费者外，其线下体验平台也有加盟商已在重庆部分区县开设线下加盟体验店，由 HY 跨境电子商务港公司向加盟体验店供货铺货，发展加盟商的同时减轻库存压力。所以 HY 跨境电子商务公司的客户除了直接在平台消费的消费者外，也有加盟商。

组织管理水平分析：HY 跨境电子商务公司采取董事会领导下的 CEO 负责制、制度化管理等现代企业管理模式进行管理。由两家投资公司委派董事组建成立了公司董事会，并选任出董事长，选聘了总经理及管理团队。董事长负责发展方向规划与重大经营事项等，CEO 带领管理团队负责按照董事会要求执行日常经营管理。下属子公司实行运行经理负责制，部门构成相对简单，执行流程相对较短，办事效率较高。HY 跨境电子商务公司的管理模式将国有企业的严格管理与民营企业的灵活高效融为一体，确保既能科学管理，又能高效决策。

人力资源分析：人才对企业发展的重要性不言而喻，企业发展、竞争的核心力都来自人才的选用。HY 跨境电子商务公司成立后，除了两家投资公司派人直接进驻公司管理层外，也聘请了一批相关专业的本科毕业生和硕士研究生。从年龄结构上看，公司整体平均年龄不到 35 岁，比较年轻；从学历结构上看，公司本科以上学历者达到 80% 以上。同时，HY 跨境电子商务公司从杭州、上海等国内电商发达地区聘请了一批高学历、经验丰富的电商领域专业人才，素质高、技术和管理能力强，有利于日常管理和沟通，保证公司日常运行顺畅。

（2）企业能力分析。

企业能力是企业在进行资源整合并完成一定的任务时产生的，这些任务可以是合适的人力资源、企业的经营管理、技术研究或开发设计等[36]。

市场营销能力分析：市场营销能力是 HY 跨境电子商务公司从成立至今面临的最大难题。过去，电商想要快速发展，都是通过大力"烧钱"模式，通过大力度的补贴或者打折降价亏本促销让消费者尽快熟知。这种模式相对简单粗暴、但有效。但 HY 跨境电子商务公司的投资方之一 JSC 集团作为国有企业，上级单位、国资管理相关规定都不允许使用这种"烧钱"模式"赔本赚吆喝"。现在 HY 跨境电子商务公司主要通过互联网营销和加盟店负责所在区域的市场开发两种模式进行市场营销。跨境电商的目标客户大多数都是收入较高、对生活品质有追求的年轻人，针对这部分人群，HY 跨境电子商务公司加大对互联网营销的投入比例，在新浪微博、微信公众号等社交平台进行推广。同时，作为重庆本土企业，大渝网、华龙网、重庆本地宝、重庆晨报等重庆知名媒体都对 HY 跨境电子商务公司有详细的报道介绍。HY 跨境电子商务公司目前已经开业的几家加盟店分布在重庆各个区县，由加盟商负责对所在区县的市场进行开发，但效果并不明显。对 HY 跨境电子商务公司来说，用户数量较少，目前的关键在于开发拓展市场，提升知名度。

采购能力分析：HY 跨境电子商务公司成立以来，在欧洲商品进口业务上，有较多着力：在欧洲建立了一支 40 多人的专业采购团队，与 3000 多家欧洲企业开展了业务合作，供应链体系已经初步形成。之后要做的是在这一基础上，进一步深入和优化商品采购和供应链。不仅要与知名厂商建立长期供货关系，而且还应在适应中国消费者的消费偏好、价格、质量上，创造独特价值和竞争力。目前 HY 跨境电子商务公司除了向欧洲生产厂商直接采购外，也与当地代理商、大型超市有合作。要保证 HY 跨境电子商务公司的成本领先优势，就必须优化供应链，降低成本，尽量向品牌厂商直接采购，保证商品价格。

4 HY 跨境电子商务公司发展战略环境分析

4.1 我国跨境电商发展总体情况分析

当前国内跨境电子商务的发展受到了政府的高度关注，并且已经成为重要的国家战略组成部分之一。有关部门为积极推动跨境电子商务健康、有序发展，增强企业信心，对跨境贸易中可能出现的一系列问题出台相关指导意见[37]。自 2013 年商务部等多部门联合印发《关于实施支持跨境电子商务零售出口有关政策的意见》，为跨境电商发展提供新的支撑。2016 年，国家商务部、网信办、发改委将跨境电子商务纳入"十三五"规划，成为国家经济战略的发展方向，跨境电商必定会成为国内电商企业连接世界的一个重要工具，成为重要的经济增长点。最近几年，我国跨境电商交易增长势头迅猛，远远超过同期外贸增速。中国电子商务研究中心的数据表明，2016 年中国进出口跨境电商交易额达到 6.3 万亿元，2017 年跨境电商整体交易规模超过 7 万亿元，预计 2018 年将达到 8.8 万亿元。跨境电商在我国外贸行业所占比重逐年递增，市场影响力在逐渐加强。

4.2 宏观环境分析

企业所处环境可能引起企业资源和竞争能力的变化，然而环境是随时可能发生变化的，所以在研究企业战略时，必须加强对战略环境的分析，以提高战略适应性。国内跨境电商行业目前正处于高速蓬勃发展新时期，了解与跨境电商有关的国家政策、技术支撑、经济现状等就十分必要。现通过 PEST 模型，从政治、经济、社会、技术四个方面，对跨境电商外部宏观环境进行分析。

(1) 政治 (politics) 环境分析。

在新一轮全球工业技术的变革中，各行业、领域和互联网的融合发展被认为具有强大的潜力和前景，并已逐渐成为发展趋势。随着如今跨境电商的高速发展，跨境电商为中国带来巨大改变：它们凭借成本低、消费便利等特点给整个市场带来了新的活力和效率，改变了消费者的固有消费模式，实现了互联网的发展。国内各级政府纷纷出台优惠政策，推进跨境电商行业发展进程。在国家发改委和海关总署的推动下，2012 年，郑州成为第一个获得国家批准的跨境电商试点城市，同时出台了相应鼓励政策和措施促进国内跨境电商发展。上海、杭州、宁波也紧随其后获批成为跨境电商试点城市，2013~2015 年，重庆、苏州、深圳、平潭、长沙、银川、牡丹江、青岛、哈尔滨、烟台、西安 11 个城市陆续获批成为跨境电商试点城市。跨境电商试点城市的设立，为跨境电商的发展打下坚实基础。

最近几年，我国加大了对跨境电子商务的政策扶持力度。2013 年至今，国家有关部门对跨境电商的扶持和规范市场秩序的相关政策主要如下：

2013 年 8 月，国务院办公厅印发《关于实施支持跨境电子商务零售出口有关政策的意见》。宣布在上海、重庆、杭州、宁波、郑州 5 城市开展试点工作，针对跨境电商在交易过程中可能遇到的问题提出 6 项具体措施。

2014 年 1 月，国家税务总局发布《关于跨境电子商务零售出口税收政策的通知》，明确提出对出口企业出口货物施行退（免）税政策。

2014 年 3 月，国务院总理李克强在全国两会上作政府工作报告中提到，要稳定和完善出口政策，加快通关便利化改革，将扩大跨境电子商务试点。

2014 年 7 月，海关总署印发《关于跨境贸易电子商务进出境货物、物品有关监管事宜的公告》，同意企业采用"清单核放，汇总申报"的方式报关清关。新的海关监管方式为提高电子商务企业的海关报关通关效率和降低成本创造了有利条件，大大促进行业发展。

2015 年 1 月，国家外汇管理局发布《关于开展支付机构跨境外汇支付业务试点的通知》公告，将在全国范围内开展试点，允许部分支付机构为跨境外汇支付和结算服务。至此，跨境外汇支付试点正式扩围至全国范围。

2016年4月，海关总署印发《关于执行跨境电商税收新政有关事宜的通知》。在此通知之前，消费者通过跨境电商购买商品只须缴纳行邮税，甚至税费50元以内免税，税收新政宣布消费税和增值税取代行邮税。税收新政明显消除了跨境电商零售进口税收和一般贸易进口税收两者之间的差异，创造了一个相对更加公平的贸易竞争环境。跨境电商企业在过渡期内能够深入探索和完善新的监管模式，国家不断对跨境电商行业提供帮助扶持促使跨境电商迅速发展。

2016年12月，全国人大初次审议了《电子商务法（草案）》，这是我国第一部电商领域的综合性法律。在相当长一段时间里，立法的滞后性和法律漏洞让电商发展面临许多矛盾和问题。这部法律可以有效地规范市场，保护消费者和企业等各方的合法权益，促进国内电子商务繁荣发展。

2017年8月，国家质检总局印发《关于跨境电商零售进出口检验检疫信息化管理系统数据接入规划的公告》。提供便利的检验检疫通关服务，激励跨境电子商务更加健康地发展。

上述文件不光确认海淘为正当合法交易，让海淘不再处于无人监管的灰色地带。同时解决了结汇、退税等问题，维护广大消费者权益，提出了更加适合电子商务交易发展的便利化监管模式和税收政策，规范了交易流程。

综上所述，跨境电商的发展前景广阔，是我国重点培养的新业态之一，总体上有较多利好政策支持。

（2）经济（economy）环境分析。

在影响企业营销活动的主要环境因素中，经济环境因素是其中之一。它包括人口、收入因素、消费支出、产业结构、经济增长率等，其中对企业营销活动影响最大的是收入和消费两个方面。随着改革开放的深入，居民收入持续增长，购买力度大幅度上升，为跨境电商发展提供了坚实的经济基础。随着生活水平的提高，消费观念转变，跨境电商需求也迅速增长。随着供给侧结构性改革的深入，大量资本的介入，让跨境电商快速发展，彼此之间的竞争也加剧。

（3）社会（society）环境分析。

经济全球化促进了商品流通全球化，也促进了消费需求和经济发展。在各个不同的国家，传统产业在电子商务的应用不断发展，电子商务已逐渐渗透到各个销售环节之中[38]。由于国内的商品种类已不能满足消费者日益丰富的消费需求，于是消费者开始在互联网上寻找自己满意的商品。

消费者通过电商平台大量购买海外的高性价比品牌，通过深度了解外国品牌文化和国外产品，导致海外产品的国内需求快速增长，消费者购物习惯的转变给跨境电子商务带来新的机遇。以各国消费者为基点，完美有效地对接供给和需求两端，降低了贸易成本，使得我国跨境电子商务拥有一个良好的发展环境，促进跨境电子商务相关产业链发展，让我国的跨境电子商务发展更上一个台阶。

(4) 技术（technology）环境分析。

物流信息化和创建海外仓渐渐成为国内跨境电商的发展趋势。物流配送是跨境交易环节中最重要的步骤之一，物流运输时限直接影响消费者消费体验感官。为提高运输效率，专门为跨境贸易服务的物流企业纷纷开始建立海外仓。此外，物流信息管理系统和产品可追溯系统也是跨境物流发展的中心。这两个系统可以有效避免消费者普遍担心的不法商家虚假发货、用假冒伪劣产品充当正品的欺诈行为，对于提高消费者信心，加快跨境电子商务的发展具有非常重要的意义。

国际电子支付的高效便捷是跨境电子商务得以飞速发展的原因之一。由于跨境电商在贸易过程中牵涉到国际结算和支付，2013年2月，中国人民银行发布《支付机构跨境电子商务外汇支付业务试点指导意见》，规范外汇支付业务，防范资金流动风险。

大数据运用成为跨境电商新型竞争力。企业通过大数据对市场和消费者进行分析，根据市场变化，为消费者提供更加个性化的服务，对于企业选择有针对性的销售商品的营销策略具有重要意义。

4.3 微观环境分析

4.3.1 客户购买行为分析

运用行为经济学对消费者的网络购物活动进行分析，研究影响客户购买行为的因素，对于促进网络购物市场的发展和创新探索具有十分重要的意义[39]。

根据艾媒咨询数据显示，近六成的跨境电商消费者选择海淘的原因出于对发达国家高质量商品的需求。同时，三成以上消费者选择购买海外商品的原因出于对商品性价比、品牌丰富度及正品保证度的考虑。高出六成的客户单次消费金额集中在300～1000元。消费者对于购买海外商品支出接受度普遍较高，他们更愿意为商品质量以及品牌等能够满足自身消费需求的维度买单。据艾媒咨询《2017上半年中国跨境电商市场研究报告》数据分析表明，每月起码一次海淘经历的用户高达65.2%，其中有11.6%的用户每周都进行海淘消费活动。由此得出结论，海淘已经逐步发展成为消费者的一个购物新渠道。海外商品的高品质、良好购物体验让消费者愿意使用这种新模式进行购物消费。相信在未来几年，随着消费者消费不断升级，会有更多消费者提高海淘频率和支出金额。

HY跨境电子商务公司主营欧洲日用品零售，包括目前跨境电商最火爆的母婴商品、彩妆护肤品、家居个护品、进口零食、厨房用具等。这类消费品相比其他商品消耗更快，需求量相对较大，同时又容易批量处理。HY跨境电子商务公司的目标客户是25～40岁的中产阶级，他们受过高等教育、容易接受新鲜事物，更加注重产品的质量、食品安全、物品个性化追求，对价格敏感度相对较低。随着生活水平逐渐提高，国内品牌的商品已经不能满足他们日益增长的消费需求，于是他们转而追求海外商品。这个群体相当一部分人有过海淘、代购的购物经历,但是,这种零散式的跨境消费体验并不美好:耗时较长的物流运输、等待海关清关遥遥无期、可能产生的昂贵税费、个人卖家代购物品的真假质疑、与海外商家语言不通无法交流、不能提供良好的售后服务等都会让跨境消费体验感受大打折扣,而这一切都是跨境电商可以蓬勃发展的优势所在。

4.3.2 竞争分析

波特五力模型详细阐述了影响行业发展的五种基本的竞争作用力,通过五力模型能揭示一个行业的吸引力、竞争力、利润潜力。伴随着互联网的普及、越来越多消费者消费需求日益丰富,跨境电商爆发出巨大的消费潜力。当前国内跨境电商市场非常具有吸引力,竞争对手也在逐步增多,随着跨境电商平台的相继成立,业内竞争也将愈发激烈(见图 4.1)。

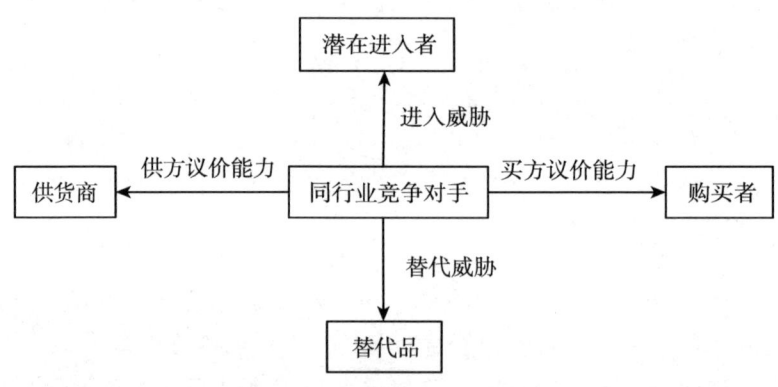

图 4.1 波特五力模型[40]

(1)同行业竞争对手分析。

目前重庆跨境电商市场除 HY 跨境电子商务公司外,其他企业主要有世纪购、西港全球购(见表 4.1)。

表 4.1 HY 跨境电子商务公司、世纪购、西港全球购比较分析

	西港全球购	世纪购	HY 跨境电子商务公司
性质	国有控股混合制	国有全资	国有控股混合制
主营业务	母婴产品	轻奢产品及母婴产品	欧洲日用品
销售模式	加盟模式	自营模式	自营、加盟相结合
进货渠道	品牌代理、国外品牌商供货	旗下香港子公司向国外代理商采购	向欧洲厂商直接采购并取得部分中国独家代理经销权
线下实体	全国超过 1000 家保税加盟实体展示店	世纪新都 200 平方米世纪 SHOW 专柜、寸滩保税港 8000 平方米体验店	西永保税港 6 万平方米展示展销体验店、2.3 万平方米欧洲商业风情街、全国 6 家加盟展示店

世纪购是重庆商社（集团）旗下官方线上购物网站，是全国跨境电商模式首批试点企业之一。与其他网上商城相比，世纪购的优势在于作为重庆本土老牌零售企业，有消费者对其的信任加持。世纪购不仅有跨境商品，还有国内商品销售，是目前重庆地区规模最大、最具影响力的本土跨境电商平台之一。

西港全球购隶属于重庆渝欧跨境电子商务有限公司，是重庆外经贸集团投资的企业。西港全球购旗下最知名的是母婴品牌"宝妈时光"，当前已在全国25个省市开设一千多家线下体验门店。除此之外，西港全球购还开办了"西港精品超市"、Debenhams百货连锁经营等项目。

（2）购买者议价能力分析。

HY跨境电子商务公司采用的是B2C模式，消费者是直接需要面对的客户。对于HY跨境电子商务公司提供的货物，都是标准化商品，消费者可以同时通过多种渠道购买，此时销售价格成为消费者衡量的标准，因此有较强的议价能力。目前为止，HY跨境电子商务公司还未形成以推广自身品牌为核心的团队，所以在市场的知名度和运营口碑都相对较为薄弱，客户粘度相对较低，因而市场竞争力相对较弱。但是，随着旗下品牌"小欧家"上线，平台将加大推广力度，提升运营能力，有利于提升市场占有率，增加公司利润。

（3）供货商议价能力分析。

HY跨境电子商务公司的供应商几乎都是欧洲品牌厂家直接供应。是商品流通的源头，规模大、交易额高，对市场的控制力强，因而具有较强的议价能力。

（4）潜在进入者分析。

在当前一片利好政策扶持下，跨境电商领域随时都有新的进入者，但是相对来说，新进入者对HY跨境电子商务公司现有市场的威胁并不大。如今想要进入跨境电商行业的投资者不少，但伴随着市场的发展逐渐成熟，新的进入者会趋于减少，潜在进入者最有可能采用"收购"的方式进入，而不是从零开始开辟一个全新市场。HY跨境电子商务公司不仅拥有线上贸易电商平台，同时拥有体积庞大的线下体验中心，还有与西永保税区几乎"零距离"的地理优势。因此从目前来看HY跨境电子商务公司的优势还是比较明显的。

（5）替代品分析。

HY跨境电子商务公司主要经营欧洲日用品销售，这一部分比较容易和其他跨境电商销售的产品重合，产生替代品威胁。消费者在选购商品时一般会考虑替代品的价格、质量和获得途径的难易程度。同样的商品在不同跨境电商销售价格不同，而网络销售的特点给消费者带来比价的便利性，HY跨境电子商务公司可以凭借自身的价格优势吸引更多消费者。消费者在购买类似的商品时，除了价格外，还会考虑产品的品牌、质量、性价比等，在替代品的竞争优势超过其本身时，替代品会给原有商品带来很大威胁。获得途径方面，互联网让消费者通过网络寻找替代品的困难程度大大降低，消费者更加容易找寻到物美价廉的商品，相对容易产生替代品威胁。

4.4 SWOT 分析

4.4.1 优势

（1）体验式营销购物优势。

体验经济以发达的服务经济为基础，紧紧跟随互联网信息时代的脚步发展，注重追求顾客感受性满足程度，成为消费者新的精神追求[41]。唯有通过塑造消费者感官体验和思维认同，以此吸引消费者，改变消费行为，最终增加企业利润[42]。HY跨境电子商务公司设立线下体验中心——欧洲购物公园，距离重庆西永海关280米，消费者线上下单最快半小时即可拿到商品。欧洲购物公园的进口商品展示，让消费者更加直观体验商品和购物乐趣，所见即所得，是目前其他跨境电商所没有的优势。另外，项目内2万多平方米的欧洲风情街，提供欧洲餐饮、娱乐、文化、艺术等服务，全力打造一个新的购物商圈。

零售服务过程同时分布在线上线下，让消费者和零售商之间的互动过程也涉及线上和线下[43]。HY跨境电子商务公司大力打造的"欧洲购物公园"线下体验中心，在线下体验式购物时，消费者的通过购买商品感受线上线下过程的差异与整合，大大满足了消费者的购物体验、提升了消费者购物满意度。消费者在选择商品时除了为获得商品本身外，即获得商品的基本作用和利益外，消费者也希望在消费过程中获得感情和情绪上的触动[44]。体验式购物让消费者选择优质商品的同时，考虑到自己的真正需求，进行理性、健康的消费。无论现在电商如何蓬勃发展，传统商业购物消费行为所产生的感官体验是在线购物无法取代的。HY跨境电子商务公司正好弥补了线上购物这一部分的缺失。感官性是体验经济最重要的特点之一，追求消费者感官性满意程度，提高消费者用户满意度，让企业和消费者一起健康成长是HY跨境电子商务公司未来发展的主题。

（2）已建立多个海外机构及团队。

目前，HY跨境电子商务公司已在英国、德国、意大利、法国、西班牙、荷兰等欧洲国家建立了分支机构和专属团队，与600多家欧洲厂商签订合作协议直接供货，为国内消费者提供无任何中间环节的高质量商品，涵盖6大品类近1000个欧洲进口品牌。同时，由于厂商直接供货，没有中间环节，在保证产品质量的同时，也保证商品价格与欧洲几乎同价。

（3）"自营+平台"类跨境电商主流模式优势。

HY跨境电子商务公司采用的线上自营和线下联营的商业模式是跨境电商发展的主流模式。保证正品、有价格优势、物流体验感良好、完善的售后服务是跨境电商企业的核心竞争领域。同时，作为平台类企业，HY跨境电子商务公司提供线下加盟联营，融合商品种类繁多、品牌丰富、正品保障等多项优势，使其盈利模式更加多元化。

（4）区位和物流优势。

不断完善的国际物流大通道和保税区为重庆跨境电商的发展提供了资源优势。"渝新欧"铁路的连通，为重庆和"一带一路"沿线地区国家提供物流运输保障。在"渝新欧"铁路开始运营之前，重庆和欧洲地区货物往来需要40天左右，现在时间缩短了一半以上，大大降低运输周期，降低货物在运输过程中可能带来的风险。

2008年，国务院正式批复设立国内首个内陆保税港区——重庆两路寸滩保税港区；2010年国务院批准设立重庆西永综合保税区。保税区可以有效整合各项资源，降低物流运输成本，带动区域经济发展。

HY跨境电子商务公司所在的重庆西永综合保税区自2010年设立后，已经吸引了如惠普、富士康等一批IT巨头相继进驻。另外还有一批物流企业、配套企业、报关企业等正在洽谈。在重点打造西部外向型信息产业集群的同时，带动重庆地区的国际中转、配送、采购、转口贸易和出口加工等业务的发展。

4.4.2 劣势

（1）公司管理层融合不足。

HY跨境电子商务公司是国有企业JSC集团与民营企业HY股份有限公司合资项目，国有企业与民营企业处理事务方式方法大相径庭。JSC集团和HY公司，分别是外贸和房地产企业。虽然体量大，但都是传统行业，投资跨境电商行业新领域，都还处于摸索阶段，没有实战经验。同时，双方企业只在业务上有过合作，此次投资HY跨境电子商务公司，需要双方共同管理公司，缺乏经验，今后在资源分配与业务管理、企业文化等方面必定会遭遇分歧。

（2）跨境进口布局较晚。

2014年起，在消费市场需求旺盛、相关部门大力支持下，传统电商、服务商、创业公司等纷纷进入跨境进口电商行业，让原本的蓝海瞬间变红海。HY跨境电子商务公司于2015年才开始布局，2017年线下欧洲购物公园、网上商城才同步开始试运营，失去了先发优势。此时重庆商社旗下的世纪购、渝欧公司的西港全球购都已立足重庆，成为重庆地区跨境电商龙头企业。HY跨境电子商务公司在此情况下，想要突出重围具有较大困难。

（3）宣传力度不够。

HY跨境电子商务公司的宣传力度不到位，在重庆鲜为人知。除了在2015年11月项目启动仪式上，相关政府部门、部分使领馆人员出席活动，引起一定社会反响外，其余时间，HY跨境电子商务公司甚少出现在公众媒介。此外，平台官方网站设计简单，宣传简介乏味沉闷，不能激起顾客的购买欲望。

4.4.3 机遇

（1）"一带一路"带来战略发展机遇。

国内跨境电商在发展过程中受地方经济基础及交通因素的影响明显，有显著的地域特征，大多集中在广东、深圳、上海、杭州等沿海发达城市。"一带一路"连通了我国的东部、中部和西部，推动我国产业布局向纵和深发展，进而加快重庆等中西部城市的经济发展速度[45]。重庆处于"新丝绸之路经济带"和"21世纪海上丝绸之路"的交汇点，地理位置十分重要，可联动"一带一路"实现其经济效应，发展跨境电商[46]。

（2）"试点城市"政策扶持。

2012年8月，国家发改委、海关总署正式批准重庆、上海、宁波、郑州和杭州5个城市成为国内跨境贸易电子商务服务试点城市以大力推动跨境电商的发展，5个城市将从新兴海关监管模式、检验监督、结汇、支付、税收、出口信用体系等一系列关键环节上得到政策扶持。2013年11月，重庆获批成为全国唯一一个拥有跨境电子商务全业务试点资格的城市，可进行一般进口、保税进口、一般出口和保税出口业务。在双重政策优势下，重庆跨境电子商务必将加速发展。

4.4.4 挑战

（1）跨境电商服务平台风险监管有待提高。

2011年11月16日，重庆被国家发展改革委确定为全国第一批电子商务示范城市。在此机遇下，重庆积极创造各种条件，推动本地跨境电子商务企业发展。2014年由重庆电子口岸中心建设的重庆跨境贸易电子商务服务网是为跨境贸易电子商务产业打造的统一服务窗口，为跨境贸易电子商务企业和消费者提供"一站式"服务。然而，作为开放式服务平台的硬伤，重庆跨境贸易电子商务服务平台也不可避免地难以对商家进行监管，难以保证售后服务。提供虚假宣传和产品质量问题成为消费者投诉的集中区域。

（2）跨境电商发展的产业链尚未形成。

重庆作为国内唯一一个拥有跨境电商服务四种模式全业务的试点城市，传统外贸企业和相关产业链企业也迎来转型升级的良好契机。跨境电商的蓬勃发展可推动相关产业链企业的形成与发展。但在发展过程中，涌现的一批电子商务企业，规模较小、专业化程度不够、几乎没有竞争优势。大多数企业依然被传统外贸方式深刻影响，在转型升级时遇到障碍，产业链形成困难。

（3）跨境电商人才竞争激烈。

在"一带一路"战略和国家对跨境电商大力扶持的背景下，重庆的跨境电商虽然容易取得发展成果，但是也容易遇到跨境电商人才紧缺的问题。企业要想抓住这个转型升级的良好契机，从传统外贸企业转变为新型网络电商企业，必须储备大量既懂得网络运营管理又懂得外贸营销的复合型电商人才。中国电子商务研究中心的报告检测数据表明，目前国内电子商务人才严重短缺。与重庆相比，沿海地区经济更为发达，对人才吸引力更大。一些重庆电商企业自身实力相对薄弱，发展空间较小，更加难以吸引到本就紧缺的电商人才。

HY跨境电子商务公司SWOT分析如表4.2所示。

表 4.2　　HY 跨境电子商务公司 SWOT 分析

内部优势	内部劣势
1. 体验式营销购物优势 2. 已建立多个海外机构及团队 3. "自营+平台"类跨境电商主流模式优势 4. 物流和区位优势	1. 公司管理层融合不足 2. 跨境进口布局较晚 3. 宣传力度不够
外部机遇	外部挑战
1. "一带一路"带来战略发展机遇 2. "试点城市"政策扶持	1. 跨境电商服务平台风险监管有待提高 2. 跨境电商发展的产业链尚未形成 3. 跨境电商人才竞争激烈

5　HY 跨境电子商务公司发展战略的制定

5.1　HY 跨境电子商务公司的战略地位与发展思路

5.1.1　HY 跨境电子商务公司的战略地位分析

根据前文的分析，HY 跨境电子商务公司目前处于一个高速增长的市场当中，而其整体的竞争力是中等偏上的，按照大战略矩阵理论加以分析，HY 跨境电子商务公司所处的矩阵位置如图 5.1 所示。

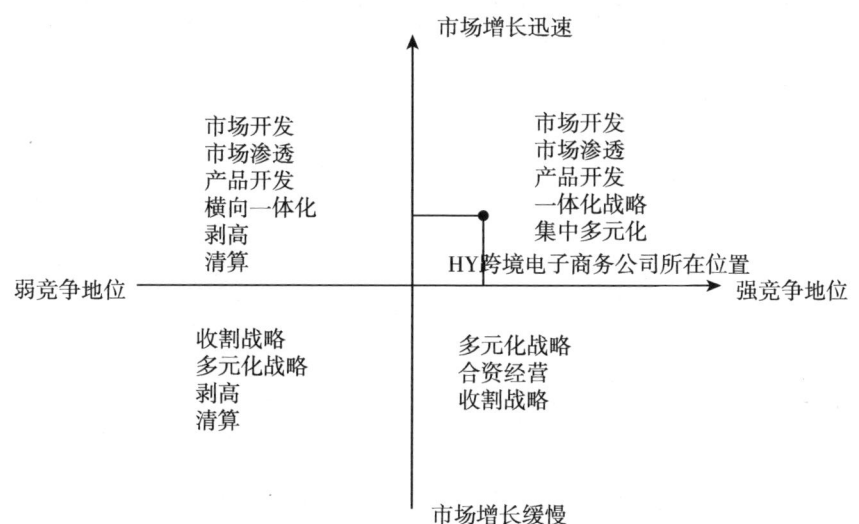

图 5.1　HY 跨境电子商务公司所处的大战略矩阵位置

如图 5.1 所示，HY 跨境电子商务公司的战略地位处于大战略矩阵的第一象限。按照象限的提示，应当选择继续集中当前市场和产品，配合一体化战略扩大经营规模。战略地位的确定，对 HY 跨境电子商务公司的战略制定有重要的指导意义。

5.1.2　HY 跨境电子商务公司的战略发展思路

根据 HY 跨境电子商务公司所处的战略地位，将其战略发展思路确定为：坚持以平台经营为中心，以中欧贸易为主体，以跨境电商和线下直营贸易为重点，依托西永综合保税区和"渝新欧"国际物流大通道，加强跨境贸易平台建设，构建线下直营体验体系，带动电商园区融合发展。五年内将 HY 跨境电子商务公司打造成综合性跨境贸易龙头企业，中国西部较大的跨境贸易直营外贸企业和全球进口商品集散分拨中心之一，建成重庆最大的欧洲商品体验式购物公园。

本研究认为，推进其战略发展思路，必须坚持以下基本原则：

（1）以平台经营为中心，服务直营相结合。

HY 跨境电子商务公司是一个综合型跨境贸易服务企业。前文提到，跨境电商企业根据平台服务类型区分主要有信息服务类网络平台和在线交易平台两种模式。其经营方式不同，赢利模式也不同。前者是跨境电商平台经营，为商户服务；而后者则是利用跨境电商平台，做进出口贸易。HY 跨境电子商务公司目前已初步构建起自有供应链，并已经建立了独立的跨境电商平台，应该做平台经营，既为自有跨境电商贸易服务，也可外放为第三方贸易商服务。而且在笔者看来，以 HY 跨境电子商务公司自身的投资规模、投资方的进出口贸易条件和基础而言，应该将跨境电商平台经营作为业务的中心，将平台服务和直经的跨境贸易相结合，将平台经营的轻资产、低成本、大规模跨境贸易服务与直营外贸的实体性和较高利润结合起来，扩大业务范围，提高市场竞争地位，获取更大利润空间。

（2）以中欧贸易为主体，进口出口相结合。

HY 跨境电子商务公司成立一年来，已经在欧洲商品进口业务上有较多着力：在欧洲建立了一支 40 多人的专业采购团队，与 3000 多家欧洲企业开展了业务合作，并取得近 500 家中国独家代理经销权，供应链体系已初步形成。平台之后的发展要以这一供应链体系为基础，进一步深入和优化欧洲各国名优商品采购和供应链。不仅要与知名厂商建立长期供货关系，而且还应在适应中国消费者的消费偏好、价格、质量上，创造独特价值和竞争力。不仅要从欧洲进口更多的商品，而且还要向欧洲出口更多的中国商品。按照"比较优势"理论，我国具有劳动力比较优势，欧洲发达国家具有资本和技术的比较优势，因此我国与发达国家之间发生贸易对双方都有益。中国商品在全球都有很强的价格优势、物美价廉，深受广大消费者欢迎。因此，要坚持中欧贸易为主体，兼顾渝新欧沿线其他国家，将进口和出口贸易有机结合起来。

（3）以跨境电商和线下直营为重点，产业、园区相结合。

HY 跨境电子商务公司包括跨境电商平台服务，进出口贸易电商及线下直营体验和跨境电商产业园建设等多层次的业务，是一个综合性、差异性和关联性较强的企业。从长远发展看，这三个方面相互关联，相互补充，应同时发展；但从资金投入回报比看，三个方面齐头并进，投资金额巨大，回报率相对较低，不符合投资人的利益。宜抓重点，以点带面。重点即跨境电商平台服务和线下直营两点，这才是 HY 跨境电子商务公司企业发展的重点和关键环节。以跨境电商平台和直营业务为重点，做大做强，带动线下直营产业发展，可以将跨境电商产业和跨境电商园区的发展有机地结合起来，有利于把欧洲购物公园发展成重庆最大的欧洲商品购物体验中心，有利于把 HY 跨境电子商务公司建成中国西部较大的跨境贸易直营外贸企业。

5.2 战略发展阶段规划

通过分析，本文将 HY 跨境电子商务公司发展战略规划分为两个阶段：第一阶段是大力发展线上网络平台进口零售、直营体系建设运营和线下欧洲购物公园三个部分；第二阶段是在第一阶段商品进口零售的基础上，利用成熟的物流体系发展大宗商品出口贸易。本文的战略发展阶段规划主要针对第一阶段进行。

HY 跨境电子商务公司第一阶段战略规划包括以下三个部分：

（1）HY 跨境电子商务公司建设与运营。

目前 HY 跨境电子商务公司的网络设施投资已经到位，已于 2017 年上线测试运营。应在此基础上，做好平台功能拓展和运营，以及市场开拓工作，具体应加强以下工作：

①平台网络通道开通（上线）与维护；

②平台交易关务及服务，如海关报关、通关、报检、与银行、物流、仓储等环节的对接等；

③国内和国外用户注册，市场拓展等工作。

（2）HY 跨境贸易直营体系建设与运营。

HY 跨境贸易线下直营体系，既是本项目重要盈利来源之一，也是电商服务平台不可或缺的战略组成部分。目前公司已在这一块开始了投资，在保税商品展示体验、欧洲供应链团队、国内加盟商体系等方面做了大量工作。应在此基础上，不断完善和全面推进直营体系建设与运营。重点推进以下工作：

①欧洲进口商品集中采购及供应链平台化管理。创新采购方式，扩大采购范围，降低采购成本，提高供应链管理的效率。

②整合国内进出口物流、仓储资源。条件成熟时，建设自营进出口商品分拨集散体系；创新管理体制，提升物流效率，降低物流成本和仓储库存积压。

③建设进口商品加盟直营体系。到 2025 年,将加盟商发展到 3000 家,形成全国、省(市、区)、市县三级的加盟直营网络。

(3) 欧洲购物公园建设与运营。

跨境电商落地会对所在地的房地产和其他相关产业形成带动效应,会推动所在地的相关产业集群化和产城一体化发展。因此,HY 跨境电商公司在推进跨境电商线上项目的同时,可通过线下实体项目与房地产和其他相关产业融合发展。

线下实体欧洲购物公园的建设和运营已有相当基础。目前已投资 5.06 亿元,建设了 7.2 万平方米的欧洲购物公园一期。二期工程应对已投资的产业和项目,进行整合调整,将其打造成为平台和线下直营项目提供综合服务的产业园项目。在建设和运营中,应重点推进以下工作:

①物业租售。现有物业 7.2 万平方米,除一部分自用(租用)外,其他的可以出租供入园企业使用,也可以出售。

②综合服务。为平台和线下直营项目及入园企业提供全方位、"一站式"的包括物业管理、金融财务、综合政务、后勤保障、人力资源、安全消防、企业咨询、法律、融资、物流仓储、网络信息等综合服务。

③开发。完善一期工程的装修;积极筹划产业园二期开发,探索产业园相关产业发展的新路径。

5.3 战略目标

企业制订战略目标需要充分利用外部环境和内部资源条件,不断强化企业自身的核心竞争力,目标选取恰当,充分把握机会和规避风险。

按照上述发展思路及战略发展阶段规划,笔者认为,HY 跨境电子商务公司五年发展总体战略目标为:将 HY 跨境电子商务公司打造成综合性跨境贸易龙头企业,中国较大的渝新欧沿线区域跨境贸易电商 O2O 平台,中国西部较大的跨境贸易直营外贸企业,重庆最大的欧洲商品体验式购物公园。

具体目标为:

(1) 加强市场开发,扩大市场规模。计划 5 年内实现线下入驻商户数超 600 家,线上电商平台商户数超 400 万家(包括少部分全球商家),加盟商数超 600 家,产业园地产和综合服务租售面积达到 68000 平方米。

(2) 提高营收能力和盈利能力。根据第三方会计师事务所对 HY 跨境电子商务公司尽职调查得出结论,预计到 2021 年,HY 跨境电子商务公司直营业务营业额将达到 28.8 亿元,营业收入将达到 1.33 亿元;产业园营业收入将达到 0.48 亿元,并达成线下年度营收 2.11 亿元,项目年度营收 2.26 亿元。

未来 5 年分年度发展战略目标如表 5.1 所示。

表 5.1　　　　　　　　HY 跨境电子商务公司分年度发展目标

经营单位	类别	2017 年	2018 年	2019 年	2020 年	2021 年
平台	注册用户（万户）	5*	1**	2**	3**	4**
	成交额（亿元）	*	*	*	1*	1*
	营业收入（万元）	3**	6**	9**	1***	1***
直营	加盟商（户）	5*	1**	2**	4**	6**
	营业额（亿元）	*	*	1*	2*	2*
	营业收入（万元）	1**0	3***0	5****0	9****0	1****0
产业园	租售面积（㎡）	2***0	3***0	4***0	5***0	6***0
	营业收入（万元）	1****5	2****5	3****0	4****5	4****5
集团金融	信用证融资（亿元）	*	*	*	1*	1*
	营业收入（万元）	6****0	9****0	2****0	3****0	3****0
营业收入合计	（万元）	4****5	7****5	1*****0	1*****5	2*****5

注：资料来源于企业内部数据，不宜全部公开，故以 * 加以处理。

5.4　增长战略的选择

结合 HY 跨境电子商务公司拥有两大方面的优势——供应链管理以及跨境电商市场需求的持续增高。本文认为，增长战略上，HY 跨境电子商务公司应选择纵向一体化战略。纵向一体化战略有助于确保自身供给与需求，带来经济性，扩大企业的竞争范围，以进一步巩固自身的竞争地位。HY 跨境电子商务公司纵向一体化战略的实施要通过优化组织结构，整合价值链中采购、运输阶段，降低成本，来取得竞争优势。

在整合价值链方面，可通过成立独立的海外采购团队负责商品的采购、报关服务公司负责商品的报关报检流程、物流公司负责商品的运输送达、科技公司负责线上电商网络平台的搭建和维护，确保自己的供给与需求，让原本受制于其他企业的后向业务活动成为企业能够有效进行的内部业务，企业生产经营中所受到的环境和风险就可以大幅度减少，相应经营成本也会降低。

HY 跨境电子商务公司通过独立的海外采购团队直接向欧洲厂商采购商品，不受中间商牵制，避免采购中间环节可能出现的各种问题，在商品品种、上架时间和价格上都有较大优势。商品采购环节完毕，由下属子公司 XYC 物流通过"渝新欧"铁路转运回国。商品回国后，通过旗下的 RQ 报关服务公司向监管部门办理完善相关手续后直接进入保税区。日常线上销售的网络平台由旗下 RQ 科技公司负责搭建和维护，提供技术支持，确保直面消费者的商品销售最后一步顺利进行。

成立产业链中各环节的配套独立公司能带来以下优势：

一是有助于 HY 跨境电子商务公司的管理层从日常琐碎事物中脱身，将主要精力集中在把控企业总体战略、运用投资、融资等金融手段，快速占领市场。

二是有助于优化 HY 跨境电子商务公司的资源分配，提高整体利润。各个子公司相互独立，相互通过一种有利益影响的合作关系来进行工作配合。独立的海外采购团队保证了商品的成本、可获得性和质量，使得平台有更大的商品控制权；独立的报关服务公司和物流运输公司保障了商品的时效可控性、稳定性；线上网站是电商面对消费者的窗口，独立的网络科技公司保障了线上电商网络平台顺利运行。各个公司相互独立，发展到一定规模时，在为 HY 跨境电子商务公司服务的同时可以对外开放，为整个市场服务，从规模经济中获益，带来内部控制和协调的经济性、商品信息的经济性、降低交易成本的经济性；稳定货品关系的经济性，提高 HY 跨境电子商务公司核心竞争力。

5.5 竞争战略的选择

迈克尔·波特认为能给企业带来成功机会的三种基本竞争战略是差异化战略，总成本领先战略和目标集聚战略。

HY 跨境电子商务公司竞争战略的选择，应采用成本领先战略。成本领先战略是指企业不断通过技术革新手段，压缩产品生产所需成本、提高产品质量，用物美价廉的产品来吸引消费者，进而不断提高产品市场占有率。面对激烈的市场竞争，凭借自身的能力资源优势，采用成本领先战略，通过较低的价格获得更高的市场份额（见图 5.2）。

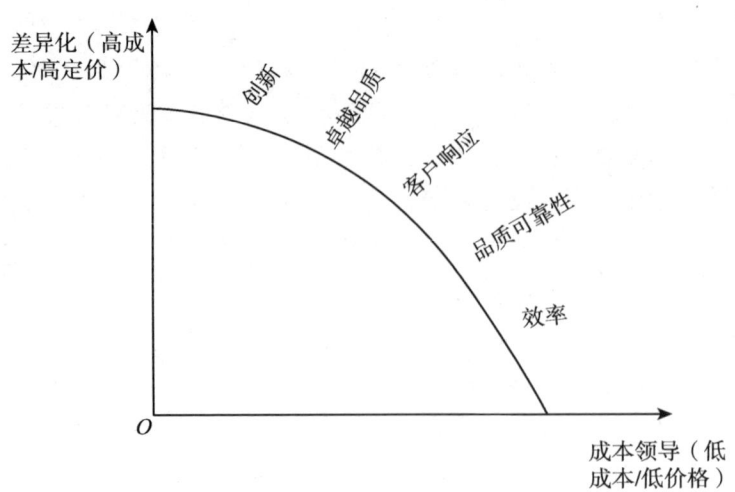

图 5.2　竞争定价及价值创造边界[47]

在创造独特企业竞争力的过程中，成本领先压倒一切的任务是提高运营效率和降低核心成本。对于企业来说成本领先战略的目标并不是可能达到的最低成本，而是达到相对竞争对手较低的成本。对于 HY 跨境电子商务公司来说，其商品销售价格的计算公式如下：

商品零售价格 = 商品采购成本 + 国际物流运输费用 + 国内物流运输费用 + 包装成本 + 关税 + 网络平台成本 + 利润。

在上述公式中，关税以及网络平台成本是固定的。商品采购、包装、快递费用等内部管理的成本都是可以优化的。利用商品的成本优势提高单位利润率，从而提高公司的总利润和总体投资回报率。

成本领先战略的关键在于获得成本优势的途径。想要得到成本优势，企业在价值链上的累积成本就必须低于其竞争对手。达到这个目标有两个途径[48]：

（1）比竞争对手更有效地实现内部价值链活动，更好地经营管理可能会降低价值链活动的成本因素。

（2）改造公司价值链，完全忽略一些高成本的价值链活动。

结合 HY 跨境电子商务公司在商品采购、网络平台销售系统以及物流管理方面的实际情况，HY 跨境电子商务公司成本领先战略的执行，要抓住以下方面工作：

一是控制成本驱动因素。价值链上某项具体的活动成本通常会受规模经济或规模不经济的影响[49]。在采购过程中，扩大规模采购和延长货物账期，分摊后可有效降低成本。首先，可以通过扩大采购规模来降低货物采购成本。在刚开始进行货物采购时，价格较高，此时可以通过牺牲利润，以明显低于市场的售价销售，带动客流实现销量提升，而后扩大采购规模从而降低成本，实现成本领先。其次，与银行进行开具长期信用证谈判，通过使用长期信用证支付货品价格的形式降低资金使用压力以实现低利润销售。使用长期信用证，减少企业资金占用情况，可以控制资金成本来销售商品，以获得竞争优势。

二是整合供应链管理，减少采购中间商，直接向欧洲厂商进货。经过 HY 跨境电子商务公司欧洲专业采购团队 40 余人一年多的努力，HY 跨境电子商务公司欧洲采购中心与 3000 多家欧洲企业无缝对接，采取从大型超市采购、对外招商、直接从厂商采购三种模式，与欧洲多家知名大型超市通过直接招商引进货源或取得长期供货关系，还与 500 多家欧洲企业达成了战略合作并取得了中国独家代理经销权，在品种、上架时间、价格上做到与欧洲同步，并保证与欧洲同质同价。

5.6 战略实施的主要对策

5.6.1 创新营销模式

创新商业模式，打造平台经营，增强线下直营的核心竞争力。平台经营是"互联网＋"时代经营的新思路、新模式。它的特点是轻资产、零库存、低成本、高效益，体现了网络经济对经营管理的效率要求。每一个企业的经营，本质上都是平台的经营，但能否让别人的生产要素，在你的平台上交易，取决于平台的核心竞争力，取决于能否为交易主体提供更低的成本和更高的效益。在跨境电商领域，对商业营销模式进行创新，在别人没有关注或较少关注的"线下体验、线上下单"的贸易服务领域起步，并辅之以线下直营体系建设，平台服务和加盟直营相辅相成，线上线下相辅相成，最大限度地做到轻资产、零库存、低成本、高效益的有机结合。

5.6.2 推进战略联盟

深入推进 JSC 集团和 HY 股份有限公司合作联盟，在产权上两家公司强强联合，国企优势和民企优势互补，形成综合优势；在经营管理体制上也充分发挥国企支撑、民企市场运作体制上的优势和灵活性，为客户提供全方位、"一站式"、共益服务；同政府、市场、职工、投资人做加法，共益融合，同产业和社区共同成长。

5.6.3 加强供应链管理

为加强供应链管理，HY 跨境电子商务公司建立了独立的供应链体系。下设 RQ 科技有限公司（负责线上电商平台）、RQ 报关服务有限公司、XYC 物流有限公司等全产业链配套。独立的供应链体系在为 HY 跨境电子商务公司服务的同时也可对外开放，对整个市场服务，以获得更大的规模优势，降低物流成本，在为 HY 跨境电子商务公司降低运营成本的同时获得其他方面的收益来源。

目前 HY 跨境电子商务公司在欧洲成立多支海外团队并建立海外仓，能够满足大部分客户的需求。HY 跨境电子商务公司可利用已有的供应链资源及线上网络平台系统，为第三方物流客户开发其物流服务端口，帮助其简单快捷地使用 HY 跨境电子商务公司提供的海外仓资源。同时，RQ 报关服务有限公司有丰富的清关经验，能够帮助客户解决清关方面的问题。

在运营初期，HY 跨境电子商务公司是下属物流、报关、网络科技公司的主要收入来源，并以此来支撑各子公司独立运作。经过一段时间发展运营后，对外开放，对整个市场服务，扩大规模优势，提高营业收入，为 HY 跨境电子商务公司带来主营业务外的收益。

6 战略实施保障措施

6.1 组织保障

（1）阶段性调整企业结构，以适应新的业务发展，对现有流程进行优化和重构以满足客户的需求和市场导向。

（2）加强企业文化建设，加强企业软实力。努力坚持"以人为本"，加大领导力度，正确引导企业发展方向，使之成为引导 HY 跨境电子商务公司各项工作的指导思想，成为职工发自内心愿意遵守的行为准则，加强公司凝聚力，加强职工对公司的认同感和荣誉感，用企业文化发展来促进企业发展。

（3）继续打造学习型企业。鼓励所有职工跟上企业发展。只有学习才能跟上时代步伐，在公司形成整体学习氛围，提高服务质量和工作能力，建立完善相关制度，创建知识交流共享平台，为职工学习和自我提升创造必要条件。

（4）重视职工合理化建议，加大举办公司集体活动频率，可以畅通职工之间、员工与管理层之间相互沟通交流，增强职工对公司发展的参与意识，增强企业凝聚力，为管理层经营决策提供科学依据，为公司全面发展提供必要保障。

6.2　技术保障

跨境电商整个贸易流程，从采购到销售、到订单、再到仓库管理、到最终物流运输，每一个环节都是在信息技术系统的支持下完成。所以信息技术系统是跨境电商的核心技术。

首先，HY 跨境电子商务公司需要加大对跨境电子商务技术系统的投入。根据最新的研究成果，在借鉴竞争对手成果的基础上，不断改进和升级企业自身信息技术系统，以确保系统的稳定性和适用性，以便快速响应用户需求。其次，打破信息壁垒，实现数据共享。HY 跨境电子商务公司货物大部分都存放于西永保税仓，只有及时了解产品库存，才能方便欧洲采购团队向供货商选购和补充货物；只有积极主动接受海关监管，才能高效完成商品备案、统一检验检疫、保税仓发货等流程。

为了完成上述规划目标，HY 跨境电子商务公司必须认真依据公司部署和规划，认真安排每年工作计划，确保规划目标能够顺利实现。同时，根据不断变化的市场，积极调整企业战略、注意资源分配合理性，随时归纳总结，发现问题及时有效地解决。

6.3　资金保障

准确合理预算资金使用量，明确资金筹措办法，有效利用资金，减少资金浪费。HY 跨境电子商务公司总投资 6 **** 万元[①]。资金来源包括自筹和银行贷款两个方面，HY 跨境电子商务公司有一定的自有资金保障和良好的融资能力，发展战略推进具有良好的资金保障条件。

---

① 资料来源于企业内部数据，不宜全部公开，故以 * 加以处理。

6.4 人力资源保障

由于人才结构和人力资源的难以复制,人才的占有决定了企业在市场竞争中的地位。为此,应从以下方面强化人力资源保障:

(1) 加强人才培训,打造高质量人才团队。培训有助于提高员工技能和业务水平,可以引导员工做出正确的职业规划,帮助员工成长成才,全面提高员工软实力。

(2) 加强专业人才队伍建设,提高团队管理水平。由于HY跨境电子商务公司是刚成立不久的新公司,高层管理团队目前几乎全部来自两家投资公司管理人员兼职。随着未来公司业务升级,不可避免需要加大外部招聘力度引进技术人才。内部资源共享、外部引进力量,打造一支有的放矢的管理团队。

(3) 不断建立健全员工薪酬体制,做到员工薪酬在企业外部具有一定竞争力,企业内部具有相对公平性。针对岗位的特征,开展不同的薪酬政策,提高员工工作积极性。在考核制度上,做到相对客观、科学,要求并促进每个员工的业绩,根据员工的绩效分享公司成果,尊重员工工作成绩,吸引留住最好的员工。

7 结论与展望

本文通过管理学、营销学的知识和方法,从分析HY跨境电子商务公司的发展战略环境入手,通过PEST分析、波特五力模型分析、SWOT分析,找出了HY跨境电子商务公司发展的关键要素、核心竞争力及自身的优势和不足,提出了HY跨境电子商务公司的发展战略,并为战略的执行明确了具体保证措施。

本文研究了HY跨境电子商务公司面临的外部环境,包括宏观环境和微观环境分析,归纳出HY跨境电子商务公司的面临的机遇与挑战。发现HY跨境电子商务公司的外部机遇有:重庆处于"一带一路"战略关键节点,特殊的地理位置可联动"一带一路"实现其经济效应,跨境电商"试点城市"政策扶持可加速行业发展;威胁在于重庆跨境电商服务平台风险监管有待提高,跨境电商发展的产业链尚未形成,跨境电商人才竞争激烈。

本文通过分析HY跨境电子商务公司发展战略的外部环境,归纳出HY跨境电子商务公司的优势与劣势。本文发现,目前HY跨境电子商务公司的主要优势有集合线上线下的体验式营销购物优势,处于"渝新欧"国际物流大通道起点和西永保税区的物流和区位优势;劣势在于国有企业和民营企业合资导致管理存在困难,平台布局较晚,宣传力度不够。

本文还分析了HY跨境电子商务公司发展战略的条件,制定了HY跨境电子商务公司的发展战略目标——坚持以平台经营为中心,以中欧贸易为主体,以跨境电商和线下直营贸易为重点，依托西永综合保税区和"渝新欧"国际物流大通道，加强跨境贸易平台建设，构建线下直营体验体系，带动电商园区融合发展。五年内将 HY 跨境电子商务公司打造成综合性跨境贸易龙头企业，中国西部较大的跨境贸易直营外贸企业和全球进口商品集散分拨中心之一，建成重庆最大的欧洲商品体验式购物公园。

研究发现，在两个层面战略的配合执行下，能够给 HY 跨境电子商务公司带来以下直接作用：提高整体的毛利水平，其中包含两个层面：一是总体效率的增加带来的毛利的增加，二是毛利率的提高。通过纵向一体化拓展，给产业链带来经济效益；通过成本领先战略的执行，HY 跨境电子商务公司能够做到在大部分的商品种类里面取得竞争价格优势，从而提高整体的利润水平。

本文将 HY 跨境电子商务公司的发展战略分为两个阶段：第一阶段即大力发展线上网络平台进口零售、直营体系建设运营和线下欧洲购物公园三个部分；第二阶段是在第一阶段商品进口零售的基础上，利用成熟的物流体系发展大宗商品出口贸易。本研究的局限在于由于时间关系和企业实际情况，只着重对 HY 跨境电子商务公司发展战略的第一阶段进行了分析研究，接下来笔者将继续关注环境变化，进一步深化对 HY 跨境电子商务公司第二阶段发展战略的研究。

参考文献

[1] 吴清烈. 大电商："互联网+"时代的电子商务新思维 [J]. 南京邮电大学学报（社会科学版），2016（1）：31-38.

[2] 聂林海. "互联网+"时代的电子商 [J]. 中国流通经济，2015（6）：53-57.

[3] 孙晴. 基于跨境电商的中国制造业群体品牌战略研究 [D]. 浙江大学，2017.

[4] 邓威. Z 跨境电商综合服务企业竞争战略研究 [D]. 广东财经大学，2016.

[5] 孟祥铭，汤倩慧. 中国跨境贸易单子商务发展现状与对策分析 [J]. 沈阳工业大学学报（社会科学版）2014（2）：120-125.

[6] 廖橬，王明宇. 跨境电商现状分析及趋势探讨 [J]. 电子商务，2014（2）：9-10.

[7] 徐松，张艳艳. 应将跨境电商建成"中国制造"出口的新通道 [J]. 经济纵横，2015（2）：26-30.

[8] Estrella Gomez - Herrera, Bertin Martens, Geomina Turlea. The Dricer And Impediments For Cross - Border E - commerce In The EU [J]. Information Economics And Policy, 2014（28）：83-96.

[9] 董鹏，刘翠，桑杰. 2014 中国跨境电商迎来黄金时代 [J]. 上海信息化，2014（4）：38-41.

[10] 朱妮娜，吴莉. "一带一路"背景下我国跨境电商发展潜力及趋势分析 [J]. 改革与战略，2015，31（12）：134-137.

[11] 鄂立彬，黄永稳. 国际贸易新方式：跨境电子商务的最新研究 [J]. 东北财经大

学学报,2014 (2):22-31.

[12] 钱玉娟. 跨境电商的黄金时代 [M]. 中国经济信息,2013:501.

[13] 张兆安. 我国跨境电子商务进口的发展完善 [J]. 上海企业,2014 (6):46-47.

[14] 黄怡园,王浩. 中国跨境电子商务市场的路径探索 [J]. 新西部(理论版)2013 (32):67-68.

[15] 罗春玉. 跨境电商增速达四成 营销模式激烈碰撞 [N]. 通信信息报,2014-04-09 (A13).

[16] 张勇. JZD集团农资电商平台发展战略研究 [D]. 山东理工大学,2017.

[17] 郑洪涛,张颖. 企业内部控制学 [M]. 大连:东北财经大学出版社,2009.

[18] Ansoff H I, CorporateStrategy: An Analytic Approach to Business Policy fo Growthand Expansion. NewYork: McGaw-Hill, 1965.

[19] Michael E Porter. Strategy and the internet [J]. Harvard Business, 2010, 16 (12): 21-29.

[20] Prahalad C K, Hamel C. The Core Competence of the Corporation. Harvard Business Review, 1990 (5): 79-91.

[21] 李德才. 论战略管理研究 [J]. 工业技术经济,1990 (6):1-3.

[22] 亨利·明茨伯格,布鲁斯·阿尔斯特兰德,约瑟夫·兰佩尔. 战略历程:纵览战略管理学派 [M]. 北京:机械工业出版社,2002:66-69.

[23] 李民安. 企业战略行为调控的难点分析 [J]. 科学学与科学技术管理,2006, 27 (9):129-131.

[24] 谢洪明,刘跃所. 战略网络、战略生态与企业的战略行为 [J]. 科学管理研究, 2005 (1):33-36.

[25] 谢武. 基于制度变迁的企业战略行为研究 [D]. 合肥:中国科学技术大学,2003.

[26] 罗珉. 战略选择论的起源、发展与复杂性范式 [J]. 外国经济与管理,2006, 28 (1):9-16.

[27] 张坤,张鹏,马强. "互联网+" 下中小企业电子商务发展现状及策略 [J]. 中国商论,2015 (30):87-89.

[28] 王外连,王明宇,刘淑贞. 中国跨境电子商务的现状分析及建议 [J]. 电子商务,2013 (9):23-24.

[29] 王迪. 吉林省邮政公司电子商务业务发展战略研究 [D]. 吉林大学,2015.

[30] 王东. "互联网+" 背景下我国B2C跨境电子商务的发展和应用研究 [D]. 安徽:安徽大学,2016.

[31] 雨果网.2013-2014年中国跨境电商产业研究报告 [EB/OL]. http://www.cifnews.com/Article/11743.

[32] 徐萌萌. 中国跨境电商发展的现状及问题研究 [D]. 安徽大学, 2016.

[33] 刘进. 互联网金融背景下我国旅游电子商务企业发展战略研究 [D]. 湘潭大学, 2015.

[34] 刘力钢, 刘杨, 刘硕. 企业资源基础理论演进评介与展望 [J]. 辽宁大学学报 (哲学社会科学版), 2011, 39 (2): 108-115.

[35] 董鹏, 刘翠, 桑杰. 政策"破冰"——引爆国内跨境电商发展热潮 [J]. 武汉商务, 2014 (5): 22-25.

[36] 王智林. YGD 公司发展战略研究 [D]. 西北大学, 2014.

[37] 王颖. 跨境电子商务企业发展战略研究 [D]. 贵州财经大学, 2017.

[38] 李根. 众事达 (福建) 信息技术有限公司发展战略研究 [D]. 西南交通大学, 2013.

[39] 胡世畹. 网络购物中的消费者购买行为研究 [J]. 知识经济, 2017 (21): 47-48.

[40] 迈克尔·波特, 陈丽芳译. 竞争战略 [M]. 中信出版社, 2014 年 8 月: 44.

[41] 约瑟夫·派恩, 詹姆斯·H. 吉尔摩. 体验经济 [M]. 夏业良, 译. 北京: 机械工业出版社, 2002.

[42] Ismail A. R., Experience Marketing: An Empirical Investigation [J]. Journal of Relationship Marketing, 2011, 10 (3): 167-201.

[43] 刘铁, 李桂华, 卢宏亮. 线上线下整合营销策略对在线零售品牌体验影响机理 [J]. 中国流通经济, 2014 (11): 51-57.

[44] 马智萍. 电子商务环境下体验式营销策略探讨 [J]. 中国集体经济, 2015 (30): 73-74.

[45] 刘玉. 浅析"一带一路"对重庆国际物流的影响 [J]. 经济研究导刊, 2016 (13): 173-174.

[46] 张灿. 重庆跨境电商发展现状及对策建议 [J]. 重庆科技学院学报 (社会科学版) 2016 (5): 58-59.

[47] 希尔, 琼斯, 周长辉. 战略管理. 第七版 [M]. 中国市场出版社. 2007: 160-163.

[48] Michael E. Porter, Competitive Advantage, New York: Free Press, 1985: 97.

[49] 小阿瑟·A. 汤普森 (Arthur A. Thompson Jr.) [美], A. J. 斯特里克兰 (A. J. Strickland Ⅲ), 约翰·E. 甘布尔 (John E. Gamble), 王智慧译. 战略管理 概念与案例. 第 14 版 [M]. 北京大学出版社. 2009 年 8 月: 10.